Die Relevanz der Unternehmensmarke

T0326590

SCHRIFTEN ZU MARKETING UND MANAGEMENT

Herausgegeben von Prof. Dr. Dr. h.c. mult. Heribert Meffert

Band 48

PETER LANG

Frankfurt am Main · Berlin · Bern · Bruxelles · New York · Oxford · Wien

Marcel Kranz

Die Relevanz der Unternehmensmarke

Ein Beitrag zum Markenmanagement bei unterschiedlichen Stakeholderinteressen

PETER LANG

Europäischer Verlag der Wissenschaften

Bibliografische Information Der Deutschen Bibliothek
Die Deutsche Bibliothek verzeichnet diese Publikation in der
Deutschen Nationalbibliografie; detaillierte bibliografische
Daten sind im Internet über <http://dnb.ddb.de> abrufbar.

Zugl.: Münster (Westfalen), Univ., Diss., 2003

Die Drucklegung erfolgte mit freundlicher Unterstützung
durch den Marketing Alumni Münster e.V.

Gedruckt auf alterungsbeständigem,
säurefreiem Papier.

D 6
ISSN 0176-2729
ISBN 3-631-51556-1
© Peter Lang GmbH
Europäischer Verlag der Wissenschaften
Frankfurt am Main 2004
Alle Rechte vorbehalten.

Meinen Eltern

und

Bianca

Geleitwort

Die Marke ist in der Literatur zur marktorientierten Unternehmensführung ein intensiv diskutierter Bereich. Dabei werden zum Teil pauschale Urteile über die Bedeutung dieses unternehmerischen Gestaltungsparameters geäußert, die suggerieren, dass die Marke ein allgemeingültiger Erfolgsgarant für die Unternehmen und zudem von uneingeschränkter Relevanz sei. Dies ist jedoch vor dem Hintergrund einer zunehmenden Wertorientierung der Unternehmen in Kombination mit einem steigenden Ressourceneinsatz für die Markenführung kritisch zu hinterfragen. Das Untersuchungsobjekt der Unternehmensmarke erhöht die Komplexität der Frage nach der Relevanz der Marke, da diese Markierungsform sich neben den Konsumenten an die unterschiedlichen Bezugsgruppen des Unternehmens richtet. Im Zuge der zunehmenden Wertorientierung stehen Markenmanager immer öfter vor der Herausforderung, die spezifische Bedeutung der Unternehmensmarke in den einzelnen Bezugsgruppen zu analysieren.

Vor diesem Hintergrund hat sich der Verfasser das Ziel gesetzt, aufbauend auf einer umfassenden Konzeptualisierung der Relevanz der Unternehmensmarke, diese in den wichtigsten Bezugsgruppen der Unternehmen zu untersuchen und empirisch zu überprüfen. Darüber hinaus sollen unter Berücksichtigung von Einflussfaktoren der Markenrelevanz Implikationen für die Führung von Unternehmensmarken herausgearbeitet werden. Dieser Zielsetzung folgend bildet die Konzeptualisierung der Markenrelevanz die Grundlage der vorliegenden Arbeit. Unter Berücksichtigung verhaltenswissenschaftlicher und institutionenökonomischer Erkenntnisse wird die Markenrelevanz auf Basis drei allgemeingültiger Markenfunktionen erfasst. Auf der Grundlage der vorgenommenen Konzeptualisierung werden für die Bezugsgruppen der Konsumenten, der potenziellen Mitarbeiter sowie der Kapitalgeber Hypothesen über die Ausprägung der Markenrelevanz und der Markenfunktionen gebildet. Diese Hypothesen werden anschließend in einer breiten empirischen Untersuchung überprüft. Weiterhin werden in jeder Bezugsgruppe mehrere interne und externe Einflussfaktoren der Markenrelevanz herausgearbeitet. Nach einer abschließenden bezugsgruppenübergreifenden Validitätsprüfung der Ergebnisse leitet der Verfasser konkrete Implikationen für die Markenführung ab, welche sich auf die Instrumentalbereiche der Corporate Identity beziehen. Darüber hinaus werden Ansatzpunkte für die weitere Forschung auf dem Gebiet der Markenrelevanz aufgezeigt.

Insgesamt werden durch die vorliegende Untersuchung mit ihrer empirisch fundierten Analyse beachtliche Erkenntnisfortschritte auf dem Gebiet der Führung von Unternehmensmarken generiert. Der Verfasser setzt sich in konstruktiv-kritischer Weise mit den bestehenden Erkenntnissen der Markenführung auseinander und führt mit der Relevanz der Unternehmensmarke ein Konstrukt ein, welches insbesondere vor dem Hintergrund zunehmender Effektivitätsdiskussionen einen wertvollen Beitrag zur Marketingforschung leistet. Die empirische Überprüfung der Konzeptualisierung stützt sich auf eine beachtliche Datenbasis und berücksichtigt aktuelle methodische Erkenntnisse. Angesichts des bisherigen Forschungsstandes kommt der Arbeit der Charakter einer Basisuntersuchung zu, die sowohl eine Bereicherung der wissenschaftlichen Diskussion darstellt als auch für die Führung von Unternehmensmarken in der Praxis von Nutzen ist.

Der empirische Teil der vorliegenden Arbeit basiert zum Teil auf den Daten einer Forschungskooperation des Marketing Centrum Münster der Westfälischen Wilhelms-Universität mit der Unternehmensberatung McKinsey&Company. Die Daten wurden durch die Gesellschaft für Konsum- und Absatzforschung (GfK Nürnberg) erhoben. Ohne die umfassende Unterstützung dieses Projektes durch McKinsey& Company und die GfK Nürnberg wäre die Realisierung der vorliegenden Untersuchung in dieser Form nicht möglich gewesen. Hierfür gilt mein besonderer Dank.

Münster im Juli 2003   Prof. Dr. Dr. h.c. mult. em. H. Meffert

Vorwort

In der kaum überschaubaren Anzahl an Veröffentlichungen zur Markenführung werden die verschiedenen Aspekte dieses umfassenden Themenkomplexes unter einer zentralen Prämisse behandelt. Diese lässt sich einfach ausgedrückt auf die Formel bringen: „je mehr Marke desto besser". Vor dem Hintergrund zunehmender Kosten insbesondere der Markenkommunikation und zunehmenden Rechtfertigungsdruck auf das Markenmanagement bleibt zu fragen, ob diese Formel uneingeschränkt Gültigkeit besitzt, oder die Relevanz als ökonomische Hebelwirkung der Marke variiert. Diese Fragestellung gewinnt im Anwendungsbereich von Unternehmensmarken ein hohes Maß an Komplexität. Die Unternehmensmarke als umfassendste Form der markenstrategischen Optionen ist dadurch gekennzeichnet, daß sie sich nicht nur an die Bezugsgruppe der Nachfrager, sondern an alle relevanten internen und externen Bezugsgruppen richtet. Die Frage nach der Relevanz der Unternehmensmarke ist also für das gesamte Bezugsgruppenspektrum zu stellen, was wiederum die Frage nach Interdependenzen zwischen den einzelnen Gruppen aufwirft. Die wissenschaftliche Beschäftigung mit dieser Fragestellung kann als rudimentär betrachtet werden, was die Notwendigkeit einer Konzeptualisierung der Markenrelevanz nach sich zieht.

Vor diesem Hintergrund legt die Arbeit auf der Grundlage einer wirkungsorientierten Definition der Markenrelevanz eine Konzeptualisierung dieses Konstruktes vor. Dazu werden die Markenfunktionen als Konstruktdimensionen herangezogen, welche zur Befriedigung direkter und derivativer Bedürfnisse genutzt werden. Die theoretische Analyse sowohl aus verhaltenswissenschaftlicher Perspektive als auch unter Berücksichtigung der neuen Institutionenökonomik sowie ein Abgleich mit der Literatur zur Markenforschung bestätigen die Erfassung der Markenrelevanz durch die drei herausgearbeiteten Markenfunktionen.

Auf Basis der Konzeptualisierung werden für die drei zentralen Bezugsgruppen der Unternehmen, Konsumenten, potenzielle Mitarbeiter und Kapitalgeber Hypothesen über die Ausprägung der Markenrelevanz sowie der Markenfunktionen gebildet. Diese erfahren dann eine umfassende empirische Untersuchung. Darüber hinaus werden bezugsgruppenspezifische Einflussfaktoren untersucht, welche die Ausprägungen der Markenrelevanz determinieren. Die Dependenzanalysen werden mittels der Regressionsanalyse durchgeführt, wobei in der Bezugsgruppe der Konsumenten panelökonometrische Erkenntnisse berücksichtigt werden. Vor dem Hintergrund des umfangreichen Datenmaterials können bezugsgruppenübergreifende Kontrollanalysen durchgeführt und die Ergebnisse validiert werden. Die empirischen Befunde bilden das Fundament für die gewonnenen Implikationen bezüglich der Führung der Unternehmensmarke. Es wird eine allgemeine Vorgehensweise zur Prüfung der Markenrelevanz und der Einbindung ihrer Ergebnisse in den Managementprozess der Markenprofilierung vorgestellt. Hierbei werden die Instrumentalbereiche der Corporate Identity berücksichtigt.

Das Entstehen dieser Arbeit war nur mit der Unterstützung zahlreicher Personen und Institutionen möglich. Mein besonderer Dank gilt zunächst meinem akademischen Lehrer Herrn Prof. Dr. Dr. h.c. mult. Heribert Meffert, der meine fachliche und persönliche Entwicklung am Institut für Marketing förderte. Er gab nicht nur die entscheidenden Impulse bei Auswahl und Konkretisierung der Themenstellung, sondern unterstützte die Arbeit in allen weiteren Phasen ihrer Entstehung. Herrn Prof. Dr. Klaus Backhaus danke ich herzlich für die Übernahme des Zweitgutachtens und die sehr angenehme Zusammenarbeit im Rahmen der lehrstuhlübergreifenden Projekte im Marketing Centrum Münster. Weiterhin danke ich den aktuellen und ehemaligen Vorständen sowie allen Mitgliedern des Ehemaligenvereins des Instituts für Marketing „Marketing Alumni Münster e.V." Ich bin stolz, durch ein Stipendium dieser Institution nachhaltig gefördert worden zu sein.

Die empirische Analyse in der Bezugsgruppe der Konsumenten basiert teilweise auf einer Befragung, die im Rahmen einer Forschungskooperation des Marketing Centrum Münster mit McKinsey&Company durchgeführt worden ist. Die Erhebung wurde durch die Gesellschaft für Konsum- und Absatzforschung (GfK Nürnberg) durchgeführt. Ich danke allen Beteiligten und insbesondere Herrn Dr. Raimund Wildner (GfK Nürnberg) sowie Herrn Dr. Jesko Perrey (McKinsey&Company) für die konstruktive Zusammenarbeit im Rahmen dieser Kooperation und für die Genehmigung der Datennutzung.

Dank gebührt nicht zuletzt allen aktuellen und ehemaligen Mitarbeiterinnen und Mitarbeitern am Institut für Marketing der Westfälischen Wilhelms-Universität Münster. Sie haben mich während der Erstellung der Dissertation weitgehend entlastet und mir in vielerlei Hinsicht das Leben erleichtert. Hervorzuheben sind dabei meine ehemaligen Kollegen und Freunde Dr. Ingo Lasslop, der mit seinem ausgeprägten analytischen Sachverstand die Arbeit im besten Schumpeterschen Sinne immer wieder vorangetrieben hat sowie Dr. Mathias Giloth, der sich trotz hoher anderweitiger Belastungen meinem Manuskript gewidmet hat. Außerhalb des Instituts für Marketing möchte ich mich bei Herrn Dr. Marc Fischer und Herrn Dr. Mirko

Caspar für ihre Unterstützung in methodischen Fragen bedanken. Darüber hinaus haben die Lektoratskünste von Frau Christiane Rossner zur Formvollendung dieser Arbeit nachhaltig beigetragen.

Ganz besonderer Dank gebührt meiner Familie und insbesondere meinen Eltern, Dr. Stephan und Christa Kranz, die in einem nicht zu übertreffenden Maße meine Ausbildung und meine persönliche Entwicklung liebevoll gefördert haben. Sie gaben mir den Freiraum, meine Ziele zu verwirklichen und haben mir immer das Gefühl von Geborgenheit gegeben. Dafür danke ich Ihnen von ganzem Herzen.

Dir, liebe Bianca, kann ich in geschriebener Form eigentlich gar nicht gebührend danken. Angefangen von Nachtschichten während meiner Diplomarbeit bis hin zu der akribischen Durchsicht des vorliegenden Manuskriptes hast Du mir immer den Rücken freigehalten. Dein unerschütterlicher Glaube an mich und den Erfolg „unserer" Arbeit war mit Sicherheit der relevante Hebel dieser Dissertation. Als kleine Geste möchte ich Dir und meinen Eltern diese Arbeit widmen.

Siegburg im August 2003   Marcel Kranz

Inhaltsverzeichnis

Abbildungsverzeichnis

Tabellenverzeichnis

Abkürzungsverzeichnis

a. a. O.	am angegebenen Ort
a. M.	am Main
ABWL	Allgemeine Betriebswirtschaftslehre
AG	Aktiengesellschaft
AGFI	Adjusted Goodness of Fit Index
AMA	American Marketing Association
AMOS	Analysis of Moment Structures
Aufl.	Auflage
Bd.	Band
bspw.	beispielsweise
bzw.	beziehungsweise
ca.	circa
d. h.	das heißt
DBW	Die Betriebswirtschaft
DEV	durchschnittlich erfasste Varianz
df	Degrees of Freedom (Freiheitsgrade)
Diss.	Dissertation
DM	Deutsche Mark
DPMA	Deutsches Patent- und Markenamt
e. V.	eingetragener Verein
EDV	Elektronische Datenverarbeitung
EQS	Equation based Structural Program
et al.	et alii, et alia, et alteri
etc.	et cetera
f.	folgende
ff.	fortfolgende
FAZ	Frankfurter Allgemeine Zeitung
FEM	Fixed Effects Model
FR	Faktorreliabilität

GFI	Goodness of Fit Index
GfK	Gesellschaft für Konsum- und Absatzforschung
ggf.	gegebenenfalls
ggü.	gegenüber
GLS	Generalized Least Squares
GmbH	Gesellschaft mit beschränkter Haftung

| H. | Heft |
| Hrsg. | Herausgeber |

i. d. R.	in der Regel
i. e.	id est
insb.	insbesondere

| Jg. | Jahrgang |
| Kap. | Kapitel |

| LIMDEP | Limited Dependent Variable Modeling |
| LISREL | Linear Structural Relationship |

MCM	Marketing Centrum Münster
McK	McKinsey & Company
Mio.	Million(en)
Mrd.	Milliarde(n)

n. s.	nicht signifikant
No.	Number
Nr.	Nummer

OLS	Ordinary Least Squares
o. g.	oben genannter (e, es)
o. O.	ohne Ort
o. V.	ohne Verfasser

| resp. | respektive |
| RMR | Root Mean Residual |

RLS   Restricted Least Squares

S.   Seite
sog.   sogenannte (n, r, s)
SPSS   Superior Performing Software Systems (ehemals Statistical
             Package for the Social Sciences)

u.   und
u. a.   und andere / unter anderem
Univ.   Universität
unveröff.   unveröffentlichte (r, s)
u. U.   unter Umständen

vgl.   vergleiche
VIF   Variance Inflation Factor
Vol.   Volume

WiSt   Wirtschaftswissenschaftliches Studium
WISU   Das Wirtschaftsstudium
WWW   world wide web

z. B.   zum Beispiel
ZfB   Zeitschrift für Betriebswirtschaft
ZfbF   Zeitschrift für betriebswirtschaftliche Forschung
ZFP   Zeitschrift für Forschung und Praxis
zugel.   zugelassene

A. Die Relevanz der Marke als Herausforderung an die Markenführung der Unternehmen

1. Die Bedeutung der Marke vor dem Hintergrund veränderter Rahmenbedingungen

Marken besitzen sowohl in der Marketingwissenschaft als auch in der praktischen Diskussion einen ungebrochen **hohen Stellenwert** für die marktorientierte Unternehmensführung.[1] Seit der ersten theoretischen Diskussion des Markenkonzeptes im Zusammenhang mit ökonomischen Fragestellungen im ersten Drittel des 20. Jahrhunderts[2] hat sich ausgehend von einer primär angebotsorientierten Perspektive der Marke das Verständnis der Markenkonzeption gewandelt und erweitert. Obgleich bei weitem nicht von einer konsistenten Begriffswelt im Bereich der Marke und der Markenführung gesprochen werden kann[3], mündet diese Entwicklung grundsätzlich in der Betrachtung der Marke als ein in der Psyche verankertes, unverwechselbares Vorstellungsbild von Produkten oder Dienstleistungen, also in einer primär rezipientenorientierten, absatzmarktbezogenen Sichtweise.[4]

---

[1] Diese Bedeutung spiegelt sich neben der hohen Anzahl von über 5.000 internationalen Beiträgen, Monografien und Handbüchern zum Thema Marke seit dem Jahr 2000 in der Einschätzung von Praktikern wieder, die konsistent mit Marketingwissenschaftlern die Bedeutung der Markenpolitik als „hoch" bis „sehr hoch" einschätzen. Vgl. Meffert, H. / Bongartz, M., Marktorientierte Unternehmensführung an der Jahrtausendwende aus Sicht der Wissenschaft und der Unternehmenspraxis – eine Empirische Untersuchung, in: Deutschsprachige Marketingforschung – Bestandsaufnahme und Perspektiven, im Auftrag der Wissenschaftlichen Kommission Marketing im Verband der Hochschullehrer für Betriebswirtschaft e. V., in: Backhaus, K. (Hrsg.), Stuttgart 2000, S. 381-405. Die Zählung der Veröffentlichungen basiert auf einer Summierung aus den Datenbanken „ProQuest" und „WISO-Online" im Oktober 2002, die weitgehend überschneidungsfrei gefiltert worden sind.

[2] So wurden die „Grundgesetze der natürlichen Markenbildung" bereits 1939 durch DOMIZLAFF beschrieben. Vgl. Domizlaff, H., Die Gewinnung des öffentlichen Vertrauens. Ein Lehrbuch der Markentechnik, Hamburg 1939. Zu einer ausführlichen Darstellung der Entwicklungsstufen der Markenführung vgl. Meffert, H. / Burmann, Ch., Wandel in der Markenführung – vom instrumentellen zum identitätsorientierten Markenverständnis, in: Meffert, H. / Burmann, Ch. / Koers, M. (Hrsg.), Markenmanagement: Grundfragen der identitätsorientierten Markenführung, Wiesbaden 2002, S. 18 ff.

[3] Vgl. dazu z. B.: de Chernatony, L. / Dall'Ollmo, / Riley, F., Defining A "Brand": Beyond the Literature with Expert's Interpretations, in: Journal of Marketing Management, Vol. 14, 1998, S. 417 ff.

[4] Vgl. Meffert, H. / Burmann, Ch. / Koers, M., Stellenwert und Gegenstand der Markenführung, in: Meffert, H., Burmann, Ch., Koers, M. (Hrsg.), Markenmanagement: Grundfragen der identitätsorientierten Markenführung, a. a. O., S. 6.

Das zentrale Anliegen der markenführenden Unternehmung liegt dabei in der **Verhaltensbeeinflussung** der Markenrezipienten. Dies spiegelt sich deutlich in den grundlegenden, primär konsumentenbezogenen **Zielsetzungen** der Markenpolitik wieder[5]: Die Marke soll generell eine absatzfördernde Wirkung ausüben und so zum Beispiel zum **Erstkauf** einer Leistung oder eines Produktes führen. Über eine präferenzfördernde Wirkung soll die Marke eine Differenzierung und Profilierung gegenüber dem Wettbewerb sicherstellen und damit ein relativ höheres Preisniveau bzw. einen intensiven **Wiederkauf** generieren. Hier wird somit versucht, auf das **Preisverhalten** und das **Nutzungsverhalten** Einfluss zu nehmen. Weiterhin wird die Marke eingesetzt, um eine differenzierte Marktbearbeitung zu ermöglichen und Verhaltensweisen definierter Segmente auszulösen oder zu beeinflussen.[6] Letztlich soll das gesamte Unternehmen von den Wirkungen der Marke profitieren und als **Wertbestandteil** im Sinne eines Markenwertes aufgefasst den Gesamtwert des Unternehmens steigern.[7]

Dieser grundlegende Anspruch der Markenführung gewinnt vor dem Hintergrund einer zunehmenden **Wertorientierung** im strategischen Management eine besondere Bedeutung.[8] Die Ausrichtung an finanziellen Entscheidungskriterien in sämtlichen Unternehmensbereichen wird unter dem Begriff des **Shareholder Value-Konzepts** intensiv diskutiert.[9] Shareholder Value wird dabei von verschiedenen Vertretern als „ein der Marktorientierung übergeordnetes Leitbild"[10] gesehen, dass die Interessen der Shareholder in den Mittelpunkt unternehmerischen Handelns stellt. Wenngleich dieser umfassende Anspruch unterschiedlich beurteilt werden kann, bleibt festzuhalten, dass die Wertorientierung der Unternehmen auch für die

---

[5]   Vgl. Meffert, H., Marketing – Grundlagen marktorientierter Unternehmensführung, 9. Aufl., Wiesbaden 2000, S. 848 f.

[6]   Vgl. Freter, H., Marktsegmentierung, Stuttgart 1983.

[7]   Diese Perspektive wird in der Literatur prominent herausgestellt, vgl. stellvertretend Aaker, D. A., Managing Brand Equity: Capitalizing on the Value of A Brand Name, New York 1991, S.2 ff.; Kapferer, J.-N., Die Marke - Kapital des Unternehmens, Landsberg / Lech 1992, S. 1.

[8]   Jenner, Th., Markenführung in den Zeiten des Shareholder Value, in: Harvard Business Manager, 23. Jg., Nr. 3, 2001, S. 55.

[9]   Vgl. Rappaport, A., Shareholder Value Analyse, Stuttgart 1995, zu einem Literaturüberblick Hachmeister, D., Shareholder Value, in: DBW, 57. Jg., Nr. 6, 1997, S. 823-839.

[10] Baetge, J., Gesellschafterorientierung als Voraussetzung für Kunden- und Marktorientierung, in: Marktorientierte Unternehmensführung: Reflexionen - Denkanstöße - Perspektiven, in: Bruhn, M. / Steffenhagen, H. (Hrsg.), Wiesbaden 1997, S. 103-118.

Markenführung von Bedeutung ist:[11] Unternehmen mit komplexen Markenportfolios streichen ihre Marken zusammen und versuchen dadurch ihre Rentabilität zu steigern.[12] Mitarbeiter aus Funktionsbereichen außerhalb des Marketing stellen den Nutzen von Marketinginvestitionen in Frage, was häufig durch ein schwach entwickeltes Marketinginformationssystem gefördert wird. Erschwerend kommt hinzu, dass nach der deutschen Gesetzgebung der Ansatz eines immateriellen, selbsterstellten Vermögenswertes wie der Marke in der Bilanz der Unternehmen nicht zulässig ist und dadurch eine Beschäftigung mit dem Erfolgsbeitrag der Marke nicht de jure vorgeschrieben ist.[13] Somit sehen sich die Markenverantwortlichen oft im Unklaren über die Produktivität ihrer Bemühungen.

Als möglicher Indikator für die Wertdimension der Marke wird häufig das Konstrukt des **Markenwertes** diskutiert. Die monetäre Markenbewertung steht bis dato vor noch nicht abschließend gelösten Validitätsproblemen.[14] Das Markenmanagement

---

[11]   Vgl. dazu die Beiträge im Reader zur Wertorientierung von BRUHN: Bruhn, M. (Hrsg.), Perspektiven und Handlungsfelder für die Wertsteigerung von Unternehmen, Festschrift zum 10jährigen Bestehen des Wirtschaftswissenschaftlichen Zentrums (WWZ) der Universität Basel, Basel 1998 sowie die aktuelle Konferenz des Marketing Science Institut: Measuring Marketing Productivity: Linking Marketing to Financial Returns, MSI Conference Summary, October 3-4, 2002, Report No. 02-119, Cambridge 2002.

[12]   So reduziert z. B. der Konsumgüterhersteller Unilever das Markenportfolio um zwei drittel auf ca. 400 Marken. Vgl. o. V., Unilever vollzieht eine radikale Wende in der Markenpolitik, in: Frankfurter Allgemeine Zeitung, 8.03.2000, S. 5.

[13]   Vgl. Hammann, P. / Gathen, A., Bilanzierung des Markenwertes und kapitalmarktorientierte Markenbewertungsverfahren, in: Markenartikel, H. 5, 1995, S. 205 f.

[14]   Die Motivation zur Auseinandersetzung mit dem Markenwert war die Ausgangsfrage nach dem Anteil des Wertes einer Unternehmung, der über den Bestandswert des Unternehmens hinausgeht. Ausgehend von einer auf Zahlungsgrößen rekurrierenden engen Interpretation wurde der Markenwert um die Konsumentenperspektive als originärer Entstehungsort des Markenwertes erweitert. Dieser Schritt hat zur Konsequenz, dass in den Markenwert Größen des Markenerfolges auf psychographischer Basis einfließen. Das führt neben der ohnehin gegebenen Zurechnungsproblematik der Wertgrößen zu einem noch höheren Komplexitätsgrad, welcher sich in erheblichen Differenzen der Bewertungsergebnisse niederschlägt. Ein Vergleich der hoch bewerteten Marke „CocaCola" zu verschiedenen Bewertungszeitpunkten von 1988 bis 1992 zeigt Schwankungen um Extremwerte von 0,2 Mrd. bis 33 Mrd. Dollar. Auch in aktuellen Messungen der Unternehmensmarke Volkswagen für das Jahr 2000 ergeben sich Differenzen unter Berücksichtigung von drei Bewertungsverfahren von 11,6 Mrd. Euro, was ca. 60% des Börsenwertes der Volkswagen AG zum Ende des Geschäftsjahres 2000 entspricht. Diese Differenzen belegen die Validitätsproblematik anschaulich. Vgl. Bekmeier, S., Markenwert und Markenstärke – Markenevaluierung aus konsumentenorientierter Perspektive, in: Markenartikel, H. 8, 1994, S. 385; Herp, T., Der Markenwert von Marken des Gebrauchsgütersektors, Frankfurt a. M. 1982; Sander, M., Die Bewertung und Steuerung des Wertes von Marken, Heidelberg 1994; Kranz, M., Markenbewertung – Bestandsaufnahme und kritische Würdigung, in: Meffert, H. / Burmann, Ch. / Koers, M. (Hrsg.), Markenmanagement: Grundfragen der identitätsorientierten Markenführung, Wiesbaden 2002, S. 430-454.

benötigt aus einer wertorientierten Führungsperspektive jedoch mehr denn je Informationen über die **Wirkungsintensität der Marke** und **differenzierte Aussagen** über die wirksame und wirtschaftliche Verwendung von Mitteln zur Markenführung. Die Effektivität und die Effizienz des Mitteleinsatzes gehen sowohl durch
Entwicklungen im Konsumentenverhalten als auch durch wettbewerbsbedingte
Aspekte stetig zurück:

- In Bezug auf die **Konsumenten** wird eine abnehmende Markentreue infolge steigender Instabilität des Konsumentenverhaltens festgestellt.[15]
  Darüber hinaus ist eine zunehmende Preisorientierung zu beobachten, die
  sich in einer erschwerten Durchsetzung von markeninduzierten Preisprämien niederschlägt.[16]

- Im Hinblick auf die **Wettbewerbsbedingungen** sind Herausforderungen in
  der steigenden Zersplitterung der Medien, der Homogenisierung der ange-
  botenen Produkte und Leistungen[17] sowie einem verstärkten Grundniveau
  an Kommunikationsaufwendungen, dem sogenannten Threshold Level, zu
  sehen, der insbesondere auf zunehmende Streuverluste zurückzuführen ist.
  Dies geht mit einer nahezu unüberschaubaren Zahl von verfügbaren Marken in einzelnen Produkt- und Dienstleistungsbereichen einher, was durch
  die Einführung neuer Marken sowie den Eintritt internationaler Marken-
  anbieter zu erklären ist.[18]

---

[15] Eine aktuelle empirische Untersuchung zeigt, dass die Markentreue in nahezu allen betrachteten Märkten seit 1993 gesunken ist. Während sich 1993 noch eine durchschnittliche Treuerate
von 78% ergab, lag diese in der aktuellen Studie bei nur noch 69%. Vgl. Bauer Verlagsgruppe
/ Axel Springer Verlag (Hrsg.), Verbraucheranalyse 2001, Hamburg 2001.

[16] Meffert, H. / Giloth, M., Aktuelle markt- und unternehmensbezogene Herausforderungen an die
Markenführung, in: Meffert, H. / Burmann, Ch. / Koers, M. (Hrsg.), Markenmanagement:
Grundfragen der identitätsorientierten Markenführung, a. a. O., S. 110f.

[17] Nach einer aktuellen Studie der BBDO zur wahrgenommenen Markengleichheit, die in den
Jahren 1987, 1993 und 1999 durchgeführt wurde, stieg der Anteil der Konsumenten, die Marken bzw. Angebote in ausgewählten Produkt- und Dienstleistungsbereichen als austauschbar
empfinden, in der neueren Untersuchung auf über 80 %. Vgl. BBDO (Hrsg.), Brand Parity III,
interne Daten, Düsseldorf 1999, zitiert nach: Baumgarth, C., Markenpolitik: Markenwirkungen
– Markenführung – Markenforschung, Wiesbaden 2001, S. 10. Zur Homogenisierung von Leis-
tungsmerkmalen vgl. auch Murphy, J., What Is Branding?, in: Hart, S. / Murphy, J. (Hrsg.),
Brands. The New Wealth Creators, Houndmills u. a. 1998, S. 1-12.

[18] Allein in Deutschland wurden 1999 über 76.000 neue Marken angemeldet. Dies entspricht
einer Steigerung von über 11 % im Vergleich zu 1998 und von 247 % im 10-Jahres-Vergleich.
Vgl. Deutsches Patent- und Markenamt (DPMA), Jahresbericht 2001, S. 23-24.

Um die beabsichtigten positiven Erfolgsbeiträge der Marke zu generieren, muss zunächst eine Marke, also die Wahrnehmung in den Köpfen der Rezipienten, erzeugt und später erhalten sowie im Sinne der Markenziele erweitert werden. Ein Problem stellt dabei grundsätzlich die Frage nach der Zurechnung sowohl des Ressourceneinsatzes als auch der tatsächlichen Überprüfung der erzielten Wirkungen der Marke dar.[19] Als zumindest weitgehend der Marke zurechenbarer Indikator für den Ressourceneinsatz kann das Investitionsvolumen in Werbung herangezogen werden.[20] Hier lässt sich im Gesamtüberblick eine massive Steigerung der Bruttoinvestitionen von 10 Mrd. Euro im Jahr 1992 auf über 18 Mrd. Euro im Jahr 2000 feststellen.[21] Die skizzierten Entwicklungen legen die Frage nahe, inwieweit der **steigende Ressourceneinsatz** der Unternehmen **gerechtfertigt ist.** Der ökonomische Mehrwert der eingesetzten Mittel sollte insbesondere vor dem Hintergrund der beschriebenen Wertorientierung eine zentrale Fragestellung der Markenforschung und –praxis darstellen.

Es ist jedoch festzustellen, dass die Frage, ob die Marke einen signifikanten Werttreiber darstellt, meist **a priori** und **unreflektiert** bei der Beschäftigung mit Aspekten der Markenführung unterstellt wird. Die Marke wird dabei als uneingeschränkter Erfolgsfaktor gesehen. So konstatiert z. B. MICHAEL, dass *„Markenkapital immer wichtiger ist als Stammkapital".*[22] Solche Aussagen suggerieren einen **automatisch** positiven Grenznutzen der Marke, der unabhängig von Faktoren wie etwa den abgesetzten Produkten und Leistungen oder den Marktbedingungen ist. Wird der Fokus von der „klassischen", konsumentenbezogenen Perspektive der Markenführung auf die **Ebene des Gesamtunternehmens** erweitert, erhält diese Aussage an zusätzlicher Brisanz. Steht eine Marke für ein gesamtes Unternehmen, umfasst ihr Geltungsbereich nicht nur einen bestimmten Personenkreis, sondern richtet sich an alle Personen, die mit dem Unternehmen in Kontakt kommen. Die Unternehmensmarke oder „Corporate Brand" soll dann ihre verhaltens-

---

[19] Vgl. Kranz, M., Markenbewertung – Bestandsaufnahme und kritische Würdigung, in: Meffert / H. / Burmann, Ch. / Koers, M., Markenmanagement: Grundfragen der identitätsorientierten Markenführung, a. a. O., S. 431.

[20] Vgl. Rossiter, J. R. / Larry, P., Aufbau und Pflege klassischer Marken durch klassische Kommunikation, in: Esch, F.-R. (Hrsg.), Moderne Markenführung, 2. Aufl., Wiesbaden 2000, S. 495.

[21] Vgl. Bauer Media KG, Konjunktur und Werbung 2002, Studie der Bauer Media KG, o. O. 2002; S. 11.

[22] Michael, B., Wenn die Wertschöpfung weiter sinkt, stirbt die Marke!, in: ZfB Ergänzungsheft 1 / 2002, S. 55.

beeinflussende Wirkung nicht nur bei einer Bezugsgruppe wie etwa den Konsumenten, sondern auch z. B. bei Kapitalgebern entfalten.[23] Jedoch auch für diesen
erweiterten Fall postuliert DEMUTH die uneingeschränkte Erfolgswirkung der Marke:
„Corporate Branding schafft Wettbewerbsvorteile in globalisierten Märkten" und
steigere als Resultat „die Gewinnchancen des Unternehmens nachhaltig"[24].

Folglich würde die Wirkungshypothese zur (Unternehmens-)Marke lauten „je
nachhaltiger die Marke aufgebaut werden kann, desto erfolgreicher ist das Unternehmen". Ein Beispiel aus dem Internethandel zeigt anschaulich, dass diese
Hypothese einer vertiefenden Betrachtung bedarf. Das Unternehmen „boo.com"
hatte durch massive Marketinginvestitionen in kurzer Zeit eine profilierte Marke für
die Gesamtheit des Unternehmens aufgebaut, leitete jedoch im Jahre 2000 eine
ganze Serie von Unternehmensauflösungen auf Grund ökonomischer Probleme
ein.[25] Obgleich dieses Misserfolgsbeispiel u. a. auf Problemstellungen im Rahmen
der Markenführung im Internet[26] zurückzuführen ist, zeigt es deutlich, dass die
oben aufgestellte Hypothese eindeutig falsifizierbar ist. Vor diesem Hintergrund
kristallisiert sich die Frage heraus, inwieweit und unter welchen Bedingungen die
Unternehmensmarke ein bedeutender Gestaltungsparameter für die Erreichung
der Unternehmensziele ist.

2. Markenrelevanz und Unternehmensmarke als Untersuchungsgegenstand

2.1 Begriffsverständnis der Markenrelevanz im Kontext der Unternehmens-
marke

Im vorausgegangen Kapitel wurde der investive Charakter der Markenführung
herausgearbeitet, was aus einer ökonomischen Perspektive die Betrachtung ihrer
Beiträge zum Unternehmenserfolg nach sich zieht. Diese Beiträge resultieren aus

---

[23]   Dieser Aspekt wird in Kapitel 2.2 dieses Abschnittes konkretisiert.

[24]   Demuth, A., Das strategische Management der Unternehmensmarke, in: Markenartikel, H. 1,
       2000, S. 22.

[25]   Vgl. o. V., Marktplätze - der Aufschwung vor dem Fall, in: Informationweek, Ausgabe 23, No-
       vember 2000.

[26]   Vgl. hierzu ausführlich Bongartz, M., Markenführung im Internet: Verhaltenstypen - Einflussfak-
       toren - Erfolgswirkungen, Wiesbaden 2002.

der im Sinne der Unternehmensziele realisierten Wirkung der Marke auf das Verhalten. Ein **aktuelles Beispiel** aus dem Bereich der Energieversorger und der Bezugsgruppe der Konsumenten zeigt die Dringlichkeit einer genaueren Analyse dieses Zusammenhangs von Ressourceneinsatz und Erfolgsbeitrag.

Enorme Werbeinvestitionen haben die Unternehmensmarke „E.ON" zu einer der bekanntesten Energiemarken gemacht.[27] Die klassischen psychografischen Größen wie Bekanntheit und Werbeerinnerung erreichen Werte, die denen traditioneller Konsumgüter gleichen. E.ON erlangte nur vier Monate nach der Einführung im November 2000 eine ungestützte Bekanntheit von 75% und eine ungestützte Werbeerinnerung von 66%.[28] Allerdings bleibt fraglich, ob sich der Aufwand gleichermaßen in ökonomischen Kennzahlen wie Umsatz und Gewinn niederschlägt. So berichtete die Presse im März 2002, dass der E.ON-Konzern mit seiner "Mix it, Baby"-Kampagne nur rund 1.100 Kunden zum Anbieterwechsel bewegen konnte.[29] Bei geschätzten Werbeausgaben von 22,5 Mio. EUR ergeben sich damit Akquisitionskosten in Höhe von 20.500 EUR pro Kunde; bei einem geschätzten Jahresumsatz von durchschnittlich 600 EUR pro Kunde dürfte sich diese Investition kaum über die natürliche Kundenlebenszeit amortisieren. Ein ähnliches Bild zeigt sich bei dem Stromhändler „Yello", der durch seine Kampagne „Strom ist gelb" eine hohe Aufmerksamkeitswirkung erzielt hat.[30] Würde der Erfolg dieses Ressourceneinsatzes allein auf die Anzahl der Neukunden für das beworbene Produkt „Mix-Power-Strom" oder „Yello-Strom" bezogen, müsste von einer höchst unrentablen Investition gesprochen werden. Eine Aussage über die Wirkung der Kampagnen in Bezug auf andere Bezugsgruppen der Unternehmensmarke liegt bis dato nicht vor.[31]

Dieses Beispiel verdeutlicht, dass die Frage nach der **Relevanz des Markenkonstruktes** für Unternehmensmarken offensichtlich wesentlich differenzierter analysiert und beantwortet werden muss, als dies bei einer reinen Produktmarke der

---

[27] Vgl. von Bassewitz, S., Die Geburt einer neuen Marke, in: Die Welt, 23.11.2001, S. 9.

[28] Vgl. Michael, B., Wenn die Wertschöpfung weiter sinkt, stirbt die Marke!, a. a. O., S. 50.

[29] Vgl. o. V., "Vergiss es, Baby" Abruf vom 17.02.2002, http://www.spiegel.de

[30] Vgl. Pütter, C., Kein Fall von Gelbsucht, in: Werben und Verkaufen, Nr 16, 2002, S. 34.

[31] MICHAEL sprach in einer Diskussion im Rahmen eines Workshops der Wissenschaftlichen Gesellschaft für Marketing und Unternehmensführung e.V. im Mai 2002 in Münster von einer nicht endkundengerichteten Kampagne. Der intensive Markenaufbau von „E.ON" richte sich vor allem an die Mitarbeiter des neu geschaffenen Konzerns. Diese Äußerung ist nach Kenntnis des Autors bis zur Erstellung der vorliegenden Arbeit nicht in schriftlicher Form publiziert. Vgl. zum Vortrag von MICHAEL Meffert, H. / Backhaus, K. / Becker, J., Erlebnisse um jeden Preis – Was leistet Event-Marketing?, Arbeitspapier Nr. 156 der Wissenschaftlichen Gesellschaft für Marketing und Unternehmensführung e. V., Münster 2002. Im jüngsten Beitrag MICHAELS in der „ZfB" zu diesem Unternehmen scheint jedoch der Endkunde im Vordergrund zu stehen. Vgl. Michael, B., Wenn die Wertschöpfung weiter sinkt, stirbt die Marke, a. a. O., S. 50.

Fall ist. Die Logik der **Markenrelevanz** ist jedoch unabhängig von der Anzahl der zu beachtenden Bezugsgruppen. Marken sind als Gestaltungsparameter der Unternehmung an ihrem Zielerreichungsgrad zu messen, d. h. anhand der zielgerechten Wirkung der Marke auf das Verhalten der adressierten Personen. Das Verhalten als abhängige Variable ist dabei eine reale, beobachtbare Größe und damit einer Messung direkt zugänglich. Die Marke erfordert als nicht direkt beobachtbares Konstrukt eine Konzeptualisierung und Operationalisierung sowie eine daraus abgeleitete Messvorschrift.[32] An dieser Stelle soll jedoch auf die unterschiedlichen Möglichkeiten der Erfassung verzichtet und grundsätzlich die Prämisse eines Marken-Verhaltenszusammenhangs gesetzt werden. Dieser lässt sich graphisch in Form einer Funktion der Verhaltenswirkung in Abhängigkeit von der Marke abbilden (vgl. Abbildung 1). Die Abbildung skizziert zugleich den Grundgedanken der **Markenrelevanz**. Zunächst wird deutlich, dass die Marke unterschiedliche Wirkungsgrade aufweisen kann. So ist die Verhaltenswirkung in Punkt a_1 auf der idealtypisch dargestellten, linearen Funktion r_1 bei gegebener Markenausprägung geringer als in Punkt a_2 auf der Funktion r_2. Weiterhin ist der Grenznutzen der Marke in den beiden Funktionen unterschiedlich, was durch die beiden Winkel α und β deutlich wird. In einer Marginalbetrachtung geht eine Erhöhung der Markenstärke ausgehend vom Niveau $a_{1,2}$ auf $b_{1,2}$ mit einer größeren Wirkungsveränderung $\Delta 2$ im Vergleich zu $\Delta 1$ einher.

Die unterschiedliche Steigung der Funktionen ist durch die Überlegung zu erklären, dass die **Markenwirkung** sowohl in ihrer absoluten Höhe als auch in einer Grenzbetrachtung nicht immer identisch ist. Die in Abbildung 1 dargestellten Geraden r_1 und r_2 können dabei sowohl zwei unterschiedliche Bezugsgruppen *einer*

---

[32] Die Konzeptualisierung und Operationalisierung der Marken wird vor allem unter dem Begriff der Markenstärke diskutiert. Während über die Konzeptualisierung ein Konsens besteht, wird die Markenstärke auf sehr unterschiedliche Arten operationalisiert und gemessen. Vgl. dazu Keller, K. L., Conceptualizing, Measuring and Managing Customer Based Brand Equity, in: Journal of Marketing, Vol. 57, Nr. 1, 1993, S. 1-22; Bekmeier-Feuerhahn, S., Marktorientierte Markenbewertung, Wiesbaden 1998; für einen Überblick: Echterling, J. / Fischer, M. / Kranz, M., Die Erfassung der Markenstärke und des Markenpotenzials als Grundlage der Markenführung, Backhaus, K. / Meffert, H. et al. (Hrsg.), Arbeitspapier Nr. 2 des Marketing Centrum Münster und McKinsey&Company, Münster 2002.
Das Konstrukt weist dabei hohe Überschneidungen mit dem Einstellungskonstrukt auf. Die herrschende Meinung geht im Zusammenhang mit der Einstellung von einem positiven Einstellungs-Verhaltenszusammenhang aus. Vgl. Kroeber-Riel, W. / Weinberg, P., Konsumentenverhalten, 7. Aufl., München 1999, S. 169 f.; Trommsdorff, V., Konsumentenverhalten, 4. Aufl., Stuttgart 2002, S. 151.

Marke, als auch *zwei verschiedene* Marken in unterschiedlichen Marktumgebungen (z. B. Branchen) in *einer* Bezugsgruppe repräsentieren.

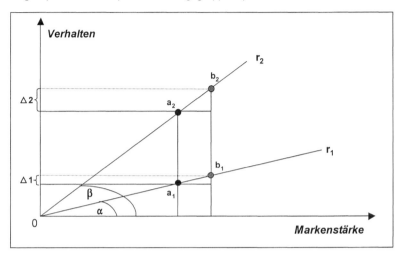

Abbildung 1:   Marke und Verhaltenswirkung

Quelle: in Anlehnung an Fischer, M. / Hieronimus, F. / Kranz, M., Markenrele-
             vanz in der Unternehmensführung – Messung, Erklärung und empiri-
             sche Befunde für B2C Märkte, Backhaus, K. / Meffert, H. et al.
             (Hrsg.), Arbeitspapier Nr. 1 des Marketing Centrum Münster und Mc-
             Kinsey & Comp., Münster 2002, S. 12.

So ist bspw. zu vermuten, dass die Unternehmensmarke in der Bezugsgruppe der
Kapitalmarktteilnehmer (r_1) einen geringeren Wirkungsgrad aufweist als in Bezug
auf die Konsumenten (r_2).[33] Für den Fall einer Bezugsgruppe und unterschiedlichen Marken wird zwischen „markengetriebenen" und „nicht-markengetriebenen"
Marktumgebungen unterschieden. Dies wird bei dem Vergleich des Absatzmark-
tes für Automobile (r_2) und dem beschriebenen Markt für Energie (r_1) deutlich. Hier
wird vermutet, dass im Automobilmarkt die Unternehmensmarke eine höhere Relevanz aufweist als im Energiemarkt. Dahinter steht letztlich die Frage, ob die
Marke als Gestaltungsparameter der Unternehmensführung in dem spezifischen
Kontext von Bedeutung, i. e. relevant ist. In der Abbildung 1 repräsentiert die

---

[33] Vgl. dazu die Untersuchung in Abschnitt C dieser Arbeit.

Funktion r_1 somit eine geringe, die Funktion r_2 eine hohe Relevanz der Unternehmensmarke.

In der bisher nur rudimentär vorhandenen Literatur zur Relevanz der Marke definieren KAPFERER/LAURENT die Sensibilité aux marques „(Markensensibilität)" konsumentenorientiert. Markensensibilität ist nach ihrer Definition dann gegeben, wenn die Marke grundsätzlich in den Kaufentscheidungsprozess einbezogen wird.[34] Der Endkundenfokus ist durch den empirischen Hintergrund der Verbrauchsgüter des täglichen Bedarfs zu erklären. Diese Definition ist jedoch für den Untersuchungsgegenstand der Unternehmensmarke zu eng. In einer erweiterten Begriffsfassung, welche unterschiedlichen Bezugsgruppen der Unternehmensmarke Rechnung trägt, soll in Anlehnung an das in Kapitel 1 skizzierte Markenverständnis die **Markenrelevanz** in der vorliegenden Arbeit wie folgt definiert werden:

Die Markenrelevanz beschreibt das spezifische Bedeutungsgewicht des Einflussfaktors Marke für Entscheidungsprozesse und dem daraus resultierenden Verhalten einer Bezugsperson, welches im Sinne der primären Markenziele beeinflusst werden soll.

Die Realisierung der primären Markenziele in den unterschiedlichen Bezugsgruppen ist wie die Führung eines Marken*produktes* mit erheblichen Investitionen verbunden. Für den Bereich der Bruttowerbeinvestitionen als Indikator für den Ressourceneinsatz lässt sich hier sogar ein **überproportionales Wachstum** feststellen. So haben sich die Aufwendungen seit 1995 für unternehmensbezogene, produktunabhängige Werbekampagnen verzehnfacht und sind inzwischen auf ein Niveau von über einer Mrd. Euro gestiegen.[35] Weiterhin haben Unternehmen, die bis dato kaum in Werbung und damit implizit in die Unternehmensmarke investiert haben, ihr Aktivitätsniveau massiv erhöht. Als Beispiele können in diesem Zusammenhang Unternehmen aus den Bereichen Energieversorgung, Telekom-

---

[34] Kapferer, J.-N. / Laurent, G., La sensibilité aux marques, Paris 1992, S. 17. Ähnlich bezeichnen CASPAR / HECKER / SABEL in ihrer Untersuchung zum Bereich der Industriegüter die Markenrelevanz *„als Grad der Wichtigkeit der Marke bei der Auswahl und Kaufentscheidung der Nachfrager"*. Caspar, M. / Hecker, A. / Sabel, T., Markenrelevanz in der Unternehmensführung – Messung, Erklärung und empirische Befunde für B2B-Märkte, Backhaus, K. / Meffert, H. et al. (Hrsg.), Arbeitspapier Nr. 4 des Marketing Centrum Münster und McKinsey&Comp., Münster 2002, S. 10.

[35] Vgl. Michael, B. M., Die Fantasie beflügeln, in: Wirtschaftswoche, Nr. 23, 2000, S. 106-107.

munikation und Finanzanlagen genannt werden. Hier sind jeweils Steigerungen der Werbeaufwendungen von über 60% zu beobachten. Im Jahre 2000 stand die Deutsche Telekom mit 253 Millionen Euro sogar an Platz 1 der Rangliste der werbetreibenden Unternehmen.[36] Dabei behalten die aufgezeigten, erschwerten Rahmenbedingungen auch für die Unternehmensmarke Gültigkeit. Diese Entwicklung verleiht der Frage nach der **Relevanz der Unternehmensmarke** zusätzliches Gewicht. Mit der Betrachtung der Markenrelevanz auf der Ebene der Unternehmensmarke gewinnt der Untersuchungsgegenstand an Komplexität: Es sind sowohl unterschiedliche Rahmenbedingungen als auch unterschiedliche Bezugsgruppen der Markenführung zu berücksichtigen.

2.2 Die Unternehmensmarke als erweiterte Perspektive der Markenführung

In den vorangegangen Ausführungen wurde bereits die erweiterte Perspektive der Unternehmensmarke angesprochen. Diese lässt sich als Ergebnis des Wandels der Markenführung kennzeichnen, der im Folgenden kurz skizziert werden soll. Die Marke hat ihren Ursprung in einer rein **produktspezifischen** Perspektive. Ihre Existenz war zunächst an das Vorliegen einer Fertigware gebunden, welche spezifische Merkmale wie gleichbleibende Qualität oder einen breiten Absatzraum erfüllen musste, um in dieser **angebotsorientierten** Sichtweise den Anforderungen eines Markenartikels zu genügen.[37] Ein Bezug zu anderen Personen als den Konsumenten wurde nicht hergestellt. Der Konsumentenfokus blieb in der weiteren Entwicklung bestehen, jedoch änderte sich das Verständnis von der angebots- zu einer **wirkungsorientierten Perspektive**, indem die Wirkung der Marke beim Rezipienten, i. e. dem Konsumenten, in den Mittelpunkt rückte. Hier manifestierte sich jedoch weiterhin der enge, einseitige Bezug zum Absatzmarkt im Sinne einer

---

[36] Vgl. o. V., Werbeausgaben, in: Horizont, Nr. 5, 2001, S. 34.

[37] Vgl. hierzu und im Folgenden Meffert, H. / Burmann, Ch., Identitätsorientierte Markenführung – Grundlagen für das Management von Markenportfolios, in: Meffert, H. / Wagner, H. / Backhaus, K. (Hrsg.), Arbeitspapier Nr. 100 der Wissenschaftlichen Gesellschaft für Marketing und Unternehmensführung e. V., Münster 1996, S. 5 f. Die historische Nutzung der Marke als Herkunftsbezeichnung im Sinne eines „Marken- oder Brandzeichens" kann nicht als Markenkonzept im Sinne der hier vertretenen Marketingperspektive gezählt werden. Vgl. zur Historie des Markenartikels Dichtl, E. / Eggers, W., Marke und Markenartikel als Instrumente des Wettbewerbs. München 1992.

Outside-in-Orientierung.[38] In der weiteren Änderung der Aufgabenumwelt der Markenführung wurde zunächst das Vordringen von Dachmarkenstrategien bzw. Firmenmarken beobachtet, was auf eine erstmalige Entkopplung der Markenführung von dem ursprünglichen Produktfokus verweist. Dies wurde dessen ungeachtet zunächst durch eine höhere Verantwortungszuweisung durch den Kunden erklärt.[39]

Im weiteren Verlauf erweiterte sich jedoch in den 1990er Jahren das Verständnis der Marke grundlegend hin zu ihrer Betrachtung als konsumentenunabhängiges, sozialpsychologisches Phänomen: Mit der Ergänzung um eine unternehmensbezogene **Inside-out-Orientierung** wurde die Berücksichtigung weiterer Bezugsgruppen der Marke außerhalb des Konsumenten konzeptionell erfasst.[40] Diese Ergänzung bezieht darüber hinaus insbesondere die spezifischen Fähigkeiten und Ressourcen des markenführenden Unternehmens ein, deren Identifikation und zielgerichtete Gestaltung damit den Kern der Markenführung bilden.[41]

---

[38]   Die Outside-in-Orientierung führt den Erfolg der Marke *allein* auf die herrschende Marktstruktur, d. h. insbesondere die Zusammensetzung und Bedürfnisse der Nachfrager sowie die Aktivitäten der Konkurrenz, zurück.

[39]   Vgl. Goodyear, M., Marke und Markenpolitik, in: Planung und Analyse, H. 3, 1994, S. 66.

[40]   Die Autoren lösen sich konsequenterweise von der rein konsumentenorientierten Nomenklatur und sprechen von „Bezugs- oder Anspruchsgruppen" der Marke, vgl. u. a. Kapferer, J.-N., Strategic Brand Management, London 1997, S. 94 ff.; Meffert, H., Markenführung in der Bewährungsprobe, in: Markenartikel, Nr. 12, 1994, S. 478-481; Upshaw, L. B., Building Brand Identity: A Strategy for Success in a Hostile Marketplace, New York u. a. 1995; de Chernatony, L., Brand Management Through Narrowing the Gap Between Brand Identity and Brand Reputation, in: Journal of Marketing Management, Vol. 15, Nr. 1-3, 1999, S. 158 ff.

[41]   Einen Beitrag zur theoretischen Fundierung der Outside-in-Orientierung der Markenführung leisten der auf der Industrial-Organization-Theorie beruhende *Market-based View* sowie das dieser Forschungsrichtung zuzuordnende *Structure-Conduct-Performance-Paradigma*. Vgl. zu den Grundlagen des Market-based View u. a. Bain, J., Industrial Organization, New York 1959; Böbel, I., Wettbewerb und Industriestruktur - Industrial-Organization-Forschung im Überblick, Berlin u. a. 1984, S. 13 ff.; Kaufer, E., Alternative Ansätze der Industrieökonomik, in: Freimann, K.-D. / Ott, A. E. (Hrsg.), Theorie und Empirie der Wirtschaftsforschung, Tübingen 1988, S. 115 ff.
Die theoretische Fundierung der Inside-out-Orientierung der Markenführung basiert auf dem Resource-based View und dem zugehörigen *Resource-Conduct-Performance-Paradigma*. Vgl. zum Resource-based View u. a. Barney, J. B., Firm Resources and Sustained Competitive Advantage, in: Journal of Management, Nr. 1, 1991, S. 105 f.; Grant, R., The Resource-Based View of Competitive Advantage: Implications for Strategy Formulation, in: California Management Review, Nr. 3, 1991, S. 123 ff.; Penrose, E., The Theory of the Growth of the Firm, Oxford 1959; Prahalad, C. L. / Hamel, G., The Core Competence of the Corporation, in: Harvard Business Review, Vol. 68, 1990, S. 79-91; Meffert, H., / Burmann, Ch., Theoretisches Grundkonzept der identitätsorientierten Markenführung, in: Meffert, H. / Burmann, Ch. / Koers,

Im Sinne einer korrespondierenden Verbindung zwischen außen- und innengerichteter Sichtweise findet die Synthese der Outside-in- und Inside-out-Orientierung im modernen **Konzept der identitätsorientierten Markenführung** ihren Niederschlag. Die Markenidentität wird dabei in der sozialpsychologischen Interpretationsform[42] *„als in sich widerspruchsfreie, geschlossene Ganzheit von Merkmalen einer Marke, die diese von anderen Marken dauerhaft unterscheidet"*[43] definiert. Sie konstituiert sich erst über einen längeren Zeitraum als Folge der Wechselwirkungen von außenwirksamen Handlungen eines Unternehmens auf Basis seiner spezifischen Ressourcen und Fähigkeiten und der Wahrnehmung dieser Handlungen durch die Bezugsgruppen der Marke.[44]

Auf Grund der angesprochenen wechselseitigen Beziehungen wird zwischen dem **Selbstbild der Marke,** aus der Sicht der internen Anspruchsgruppen (z. B. Führungskräfte, Mitarbeiter), sowie dem **Fremdbild der Marke,** aus der Sicht externer Bezugsgruppen der Marke (z. B. Kunden, Investoren) unterschieden. Den Kern des Selbstbildes bildet die Markenphilosophie, welche den Inhalt, die Idee sowie die wesensprägenden Eigenschaften der Marke in Form eines plastischen Markenleitbildes festlegt.[45] Die Markenphilosophie wird in der anglo-amerikanischen

---

M. (Hrsg.), Markenmanagement: Grundfragen der identitätsorientierten Markenführung, a. a. O., S. 38 ff.

[42]   Vgl. Kapferer, J.-N., Die Marke - Kapital des Unternehmens, a. a. O., S. 17 ff.; Meffert, H. / Burmann, Ch., Markenbildung und Markenstrategien, in: Albers, S. / Herrmann, A. (Hrsg.), Handbuch Produktmanagement, Wiesbaden 2000, S. 169.

[43]   Meffert, H. / Burmann, Ch., Identitätsorientierte Markenführung – Grundlagen für das Management von Markenportfolios, a. a. O., S. 31.

[44]   Unabhängig von den jeweiligen Definitionen des in der Literatur kontrovers diskutierten Identitätsbegriffes lassen sich mit Individualität, Wechselseitigkeit, Kontinuität und Konsistenz vier konstitutive Merkmale der Identität festhalten. Vgl. hierzu Meffert, H. / Burmann, Ch., Theoretisches Grundkonzept der identitätsorientierten Markenführung, in: Markenmanagement: Grundfragen der identitätsorientierten Markenführung, a. a. O., S. 44 ff. Die Wechselseitigkeit bezeichnet die grundlegende Annahme, dass die Identität einer Marke nur in der Wechselwirkung zwischen Menschen und den sie umgebenden Objekten der Außenwelt entstehen kann. Darüber hinaus setzt das Entstehen von Identität Kontinuität und Konsistenz voraus. Während Kontinuität die Beibehaltung essentieller Merkmale der Marke im Zeitablauf bezeichnet, ist die *Konsistenz* zeitpunktbezogen und bezieht sich auf die Vermeidung von Widersprüchen auf Basis einer innen- und außengerichteten Abstimmung aller Markeneigenschaften. Die *Individualität* beschreibt als viertes konstitutives Merkmal die Einmaligkeit der Marke, die entweder auf einzelnen, einzigartigen Eigenschaften oder der einzigartigen Kombination auch anderweitig vorzufindender Eigenschaften beruhen kann.

[45]   AAKER und JOACHIMSTHALER führen in diesem Zusammenhang fünf Fragen an, die zur Identifikation relevanter Identitätskomponenten beitragen können: „Does it capture an element important to the brand and its ability to provide customer value or support customer relationships? Does it help differentiate the brand from its competition? Does it resonate with the customer?

Literatur auch mit den „Core Values", also den zentralen Werten der Marke beschrieben.[46] Das Fremdbild der Marke findet seinen Niederschlag im Markenimage als Ergebnis der subjektiven Wahrnehmung, Dekodierung und Akzeptanz
der von der Marke ausgesendeten Signale durch die Rezipienten der Marke. Das
Markenimage umfasst als mehrdimensionales Einstellungskonstrukt die Gesamtheit aller Vorstellungen eines Individuums hinsichtlich der Eignung der Marke zur
Befriedigung seiner rationalen und emotionalen Bedürfnisse.[47] Insofern ist das
Markenimage als **Akzeptanzkonzept** der Bezugsgruppe in ihrer Beurteilung der
Marke zu interpretieren, während die Berücksichtigung der innengerichteten Perspektive zu einem **Aussagenkonzept** führt, in dessen Mittelpunkt die Formulierung eines Nutzens steht, den die Marke aus Sicht des Anbieters erfüllen soll.[48]
Die identitätsorientierte **Markenführung** lässt sich schließlich als *„außen- und innengerichteter Managementprozess, (...) zur Erzielung eines definierten Soll-
images bei den* **relevanten externen und internen Bezugsgruppen** *des Unternehmens*"[49] definieren. Damit wird die integrierte Betrachtung der Marke und ihren
Bezugsgruppen besonders deutlich.

Das Konzept der identitätsorientierten Markenführung hat mit seinen Verknüpfungen zu den sozialwissenschaftlichen Konzepten der **Identität** und **Kultur** maßgeblich zur **intensivierten Beschäftigung** mit der Unternehmensmarke beigetragen.[50] Darüber hinaus hat die Darstellung des Unternehmens sowie die Wirkung
von verwendeten Symbolen und gemeinsamen Werthaltungen in anderen For-
schungstraditionen intensive Beachtung gefunden. Neben der bereits beschriebe-

---

[46] Does it energize employees? Is it believable?" Aaker, D. A. / Joachimsthaler, E., Brand Leadership, New York 2000, S. 57.

Ebenda, S. 44 sowie Meffert, H. / Burmann, Ch., Identitätsorientierte Markenführung –
Grundlagen für das Management von Markenportfolios, a. a. O., S. 30.

[47] Vgl. Böcker, F., Präferenzforschung als Mittel marktorientierter Unternehmensführung, in:
ZfbF, 38. Jg., 1986, S. 546; Keller, K. L., Conceptualizing, Measuring and Managing Customer-Based Brand Equity, a. a. O., S. 3 ff.

[48] Vgl. Kapferer, J.-N., Die Marke – Kapital des Unternehmens, a. a. O., S. 45; Meffert, H. / Burmann, Ch., Theoretisches Grundkonzept der identitätsorientierten Markenführung, a. a. O.,
S. 49 ff.

[49] Meffert, H. / Burmann, Ch., Identitätsorientierte Markenführung, a. a. O., 1996, S. 15.

[50] Vgl. Bierwirth, A., Die Führung der Unternehmensmarke - Ein Beitrag zum zielgruppenorientierten Corporate Branding, zugel. Univ. Diss, Münster 2001, S. 7 f. BIERWIRTH spricht dabei
von einer lange „verwaisten" Forschungslandschaft zur Unternehmensmarke im deutschsprachigen Raum. Dem ist nur bedingt zuzustimmen, da sich frühe Quellen finden lassen, die sich
spezifisch mit der Unternehmensmarke und ihren Wirkungen befassen, vgl. z. B. Bergler, R.,
Psychologie des Marken- und Firmenbildes, Göttingen 1963.

nen Entwicklung auf dem Gebiet der Markenführung sind die Forschungsperspektiven der Designlehre, der Organisationslehre und der Psychologie für die Konzeption der Unternehmensmarke prägend (vgl. den zusammenfassenden Überblick unter Nennung zentraler Vertreter in Abbildung 2).[51]

Es wird deutlich, dass insbesondere in der jüngeren Entwicklung eine starke wechselseitige Beeinflussung der einzelnen Forschungsperspektiven zu konstatieren ist. Bevor auf die Begriffsbestimmung der Unternehmensmarke eingegangen wird, soll zunächst auf Basis der Konzeption der identitätsorientierten Markenführung der Zusammenhang der in Abbildung 2 bisher noch nicht erwähnten Konstrukte skizziert werden.[52]

Im Zusammenhang mit der Unternehmensmarke manifestiert sich das **Selbstbild** der Marke in der Gruppen- bzw. Unternehmensidentität, der **Corporate Identity (CI)**.[53] Das Konzept der CI wird losgelöst von der Unternehmensmarke in unterschiedlichen Interpretationsrichtungen diskutiert.[54]

---

[51] Dabei erhebt die Nennung der Autoren keinen Anspruch auf Vollständigkeit, vielmehr sollen nur Forscher mit intensiver Forschungstradition überblicksartig aufgeführt werden. Vgl. dazu auch Balmer, J. M. T., Corporate Identity and the Advent of Corporate Marketing, in: Journal of Marketing, Vol. 14, 1998, S. 963 ff.; Bickerton, D., Corporate Reputation versus Corporate Branding: the realist debate, in: Corporate Communications, Vol. 5, No. 1, 2000, S. 43.

[52] Vgl. zu den einzelnen Konstrukten ausführlich, Balmer, J. M. T., Corporate Identity, corporate branding and corporate marketing – Seeing through the fog, European Journal of Marketing, Vol. 35, 2001, S. 248-291; Melewar, T. C. / Jenkins, E., Defining the Corporate Identity Construct, in: Corporate Reputations Review, Vol. 5, No. 1, 2002, S. 76-90 und die in der Abbildung 2 genannten Autoren.

[53] Vgl. Meffert, H. / Burmann, Ch., Identitätsorientierte Markenführung, a. a. O., S. 33 f. Damit ist die Corporate Identity in einem engen Zusammenhang mit der *Unternehmenskultur* zu sehen. Die Unternehmenskultur umfasst als Grundgesamtheit aller gemeinsamen Werte- und Normenvorstellungen des Unternehmens die größtenteils unbewussten und selbstverständlichen „grundlegenden Annahmen", die teilweise sichtbaren „Normen und Werte" sowie ihre sichtbaren „Manifestationen". Durch diese Abgrenzung wird auf die funktional-objektivistische Sichtweise der Unternehmenskultur abgestellt, die im Gegensatz zu einer subjektiv-interpretativen Perspektive die Unternehmenskultur als gestaltbare Variable klassifiziert. Vgl. dazu Heinen, E., Unternehmenskultur, München 1987, S. 42 f.; Schein, E. H., Organizational Culture and Leadership, 2. Aufl., San Francisco 1992, S. 18; Lasslop, I., Die Ermittlung der Unternehmenskultur – eine kritische Analyse ausgewählter Messmodelle, unveröffentlichte Diplomarbeit am Institut für Anlagen und Systemtechnologien, Münster 1996.

[54] Die vier Interpretationsrichtungen spiegeln sich in dem designorientierten, dem führungsorientierten, dem strategischen und dem planungsorientierten Ansatz wider. Vgl. Meffert, H., Corporate Identity, in: DBW, 51. Jg., H. 6, 1991, S. 817.

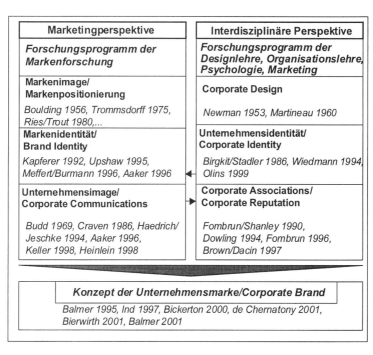

Marketingperspektive	Interdisziplinäre Perspektive
Forschungsprogramm der Markenforschung	*Forschungsprogramm der Designlehre, Organisationslehre, Psychologie, Marketing*
Markenimage/ Markenpositionierung	Corporate Design
Boulding 1956, Trommsdorff 1975, Ries/Trout 1980,...	*Newman 1953, Martineau 1960*
Markenidentität/ Brand Identity	Unternehmensidentität/ Corporate Identity
Kapferer 1992, Upshaw 1995, Meffert/Burmann 1996, Aaker 1996	*Birgkit/Stadler 1986, Wiedmann 1994, Olins 1999*
Unternehmensimage/ Corporate Communications	Corporate Associations/ Corporate Reputation
Budd 1969, Craven 1986, Haedrich/ Jeschke 1994, Aaker 1996, Keller 1998, Heinlein 1998	*Fombrun/Shanley 1990, Dowling 1994, Fombrun 1996, Brown/Dacin 1997*

Konzept der Unternehmensmarke/Corporate Brand

Balmer 1995, Ind 1997, Bickerton 2000, de Chernatony 2001, Bierwirth 2001, Balmer 2001

Abbildung 2:   Forschungsperspektiven zur Unternehmensmarke

Dabei ist die formal einheitliche Gestaltung im Sinne eines konsistenten **Corporate Designs** in Wort und Bild kleinster gemeinsamer Nenner und somit auch Bestandteil der hier vertretenen Begriffsfassung der Corporate Identity. Das Corporate Design stellt mit den **Corporate Communications** und dem Corporate Behavior das konstituierende Instrumentarium der Corporate Identity dar. Die Corporate Communications als abgestimmter Einsatz sämtlicher innen- und außengerichteter kommunikationswirksamen Handlungen bilden die Schnittstelle zum wahrgenommenen **Fremdbild** der Unternehmensidentität.[55]

Die Wahrnehmung schlägt sich in den mit der Unternehmung verknüpften Assoziationen[56] (Corporate Associations) bzw. im **Corporate Image** nieder, welches

---

[55]   Vgl. z. B. Balmer, J. M. T. / Dinnie, K., Corporate identity and corporate communications: the antidote to merger madness, in: Corporate Communications, Vol. 4, No. 4, 1999, S. 182-192.

[56]   Vgl. Dacin, P. A., Corporate identity and corporate associations: A framework for future research, in: Corporate Reputation Review, Vol. 5, No. 2/3, 2002, S. 254-266. Corporate Associ-

BRISTOL prägnant als „*merely the pictures which your organisation has created in the minds of your various publics*"[57] bezeichnet. Ebenso wie das Corporate Image ist auch die **Reputation** als Wahrnehmungskonstrukt einzuordnen. Dem Konstrukt der Reputation wird vor allem in der anglo-amerikanischen Literatur eine hohe Aufmerksamkeit geschenkt, wobei die Begriffsverständnisse, insbesondere die Abgrenzung zum Corporate Image, unterschiedlicher Natur sind.[58] Im Rahmen dieser Arbeit soll dabei grundsätzlich FOMBRUN und BALMER gefolgt werden, welche die Reputation als eine aggregierte, evaluative Größe sehen, welche sich bezugsgruppenübergreifend über einen längeren Zeitraum bildet.[59] Die Reputation ist insofern als das langfristig stabile Ergebnis einer Aggregation von Corporate Images zu sehen.[60] In einer anderen Begriffsfassung wird die Reputation als umfassendes Konzept verstanden, welches neben einer externen Perspektive auch eine interne Perspektive beinhaltet.[61] In dieser Fassung wird neben der hohen Konvergenz zum Konstrukt der Unternehmensmarke auch die Klassifikation der Reputation als Wahrnehmungskonstrukt aufgegeben.[62] Diesem Verständnis soll

---

ations können als Subebene des Corporate Image interpretiert werden, die spezifischer und in ihrer Komplexität geringer sind. Das führt zu einem weniger starken Verhaltensbezug der Corporate Associations.

[57] Bristol, L. H., Developing the corporate image, a management guide to public relations, New York 1960, S. 13.

[58] Vgl. für eine Auflistung unterschiedlicher Begriffsfassungen: Balmer, J. M. T., Corporate Identity and the Advent of Corporate Marketing, a. a. O., S. 970 f.; Pruzan, P., Corporate Reputation: Image and Identity, in: Corporate Reputation Review, Vol. 4, No. 1, 2001, S. 50-64.

[59] Fombrun, C. J., Reputation – Realizing Value from the Corporate Image, Boston 1996, S. 37; Balmer, J. M. T., Corporate Identity and the Advent of Corporate Marketing, a. a. O., S. 970.

[60] Hier besteht eine Parallele des Verhältnisses von Corporate Image und Reputation zu dem Verhältnis von (Produkt-)Image und Einstellung. Images werden nach TROMMSDORFF als mehrdimensionale und ganzheitliche Grundlage der Einstellung definiert, vgl. Trommsdorff, V., Konsumentenverhalten, a. a. O., S. 150. Einstellungen werden im Rahmen ihrer Messung als *eine* Ergebnisgröße und damit als ein aggregierter Messwert aufgefasst. Vgl. Berekhoven, L. / Eckert, W. / Ellenrieder, P., Marktforschung - Methodische Grundlagen und praktische Anwendung, 9. Aufl., Wiesbaden 2001, S. 79 f.
       Damit stellen in Bezug auf das Unternehmen in Anlehnung an das TROMMSDORFFSCHE Begriffsverständnis (Corporate-) Images die Gesamtheit der disaggregierten Elemente der unternehmensbezogenen Einstellung bzw. der Reputation dar. Vgl. Lasslop, I., Effektivität und Effizienz von Marketing-Events – wirkungstheoretische Analyse und empirische Befunde, Wiesbaden 2003, im Druck, S. 73 f. Ein inverses Verhältnis von Reputation vertritt DOWLING, der jedoch in seiner Nomenklatur eine weitere Ebene der „Corporate Super Brand" einzieht, welche der hier vertretenen Reputation entspricht. Vgl. Dowling, G. R., Creating Corporate Reputations, Oxford 2001, S. 19.

[61] Vgl. z. B Pruzan, P., Corporate Reputation: Image and Identity, in: Corporate Reputation Review, a. a. O., S. 50 f.

[62] Vgl. ebenda, S. 61. Weiterhin wird hier ein direkter Bezug zu gesellschaftlich erwünschtem Verhalten als Merkmal der Reputation hergestellt, was wiederum eine hohe Übereinstimmung

im Rahmen der vorliegenden Arbeit nicht gefolgt werden. Zusammenfassend ist grundsätzlich BIERWIRTH zuzustimmen, der die Reputationsforschung in einer engen Beziehung zu den Forschungsarbeiten zur Unternehmensmarke sieht.[63]

Die skizzierten Begriffe und deren Forschungshintergrund spiegeln sich auch in den vorgelegten Definitionen der Unternehmensmarke wieder. So findet sich der Symbolaspekt des Corporate Design in den Definitionen von MERBOLD (1994) als *„symbolische Verdichtung der Unternehmenskultur und -identität"* auch bei OLINS (1999) und HEINLEIN (1999).[64] Diese Definitionen erscheinen jedoch vor dem Hintergrund des komplexen Bezugsspektrums der Unternehmensmarke zu eng. Sie vernachlässigen den Kern der Unternehmensmarke, der sie von anderen Anwendungsbereichen der Markenführung differenziert, i. e. die unterschiedlichen Wirkungsrichtungen in den adressierten Bezugsgruppen. Diese charakteristische Eigenschaft wird in den jüngsten Publikationen zunehmend herausgestellt.[65] Ebenfalls bleibt festzuhalten, dass sich die Begriffsbestimmung der Unternehmensmarke in der Konzeption der marktorientierten Unternehmensführung aus dem grundlegenden Verständnis der Marke zu ergeben hat. Daher soll in der vorliegenden Arbeit grundsätzlich MEFFERT/BIERWIRTH gefolgt werden, die auf Basis der Unternehmensdefinition nach HEINEN die Unternehmensmarke definieren.[66] Somit soll die **Unternehmensmarke** bzw. die Corporate Brand als

ein individuelles, in der Psyche der Bezugsgruppen fest verankertes Vorstellungsbild von einem Unternehmen verstanden werden.

---

mit der Corporate Citizenship (dem sozialen Engagement eines Unternehmens) und die Gefahr einer Überdehnung des Reputationsbegriffes mit sich bringt.

[63] Vgl. Bierwirth, A., Die Führung der Unternehmensmarke – Ein Beitrag zum zielgruppenorientierten Corporate Branding , a. a. O., S. 12.

[64] Merbold, C., Unternehmen als Marken, in: Bruhn, M. (Hrsg.), Handbuch Markenartikel, Bd. 1., Stuttgart 1994, S. 112.; Olins, W., The new guide to identity, Brookfield 1999, S. 20 ff.; Heinlein, M., Identität und Marke: Brand Identity versus Corporate Identity?, in: Bickmann, R. (Hrsg.), Chance: Identität, Berlin u. a. 1999, S. 282-310.

[65] Vgl. Meffert, H. / Bierwirth, A., Stellenwert und Funktionen der Unternehmensmarke – Erklärungsansätze und Implikationen für das Corporate Branding, in: Thexis, 18. Jg., H. 4, 2001, S. 6; de Chernatony, L., Would a brand smell any sweeter by a corporate name?, Working Paper University of Birmingham, August 2001, S. 2.

[66] Meffert, H. / Bierwirth, A., Stellenwert und Funktionen der Unternehmensmarke – Erklärungsansätze und Implikationen für das Corporate Branding, a. a. O., S. 6, HEINEN definiert die Unternehmung als „zielgerichtetes informationsgewinnendes und -verarbeitendes Sozialsystem". Heinen, E., Grundlagen betriebswirtschaftlicher Entscheidungen. Das Zielsystem der Unternehmung, 3. Aufl., Wiesbaden 1976, S. 2.

Durch den Individualbezug wird deutlich, dass unterschiedliche Ausprägungen der Unternehmensmarke existieren können, die auf der Individualebene ihre Wirkung entfalten. Die Identität der Unternehmensmarke entsteht in Anlehnung an die von MEFFERT/BURMANN vorgelegte Definition der Markenidentität dabei erst in der wechselseitigen Beziehung zwischen internen und externen Bezugsgruppen.[67] Die genannte Definition differenziert sich bewusst von anderen aktuellen Definitionen der Unternehmensmarke, die einen aktivistischen Bezug wählen.[68] Sie ist danach eine bewusste Entscheidung des Top-Managements, die Unternehmensmarke zu positionieren und zu profilieren. Eine solche Definition wird dem o. g. **Wirkungs-charakter** der Marke nicht gerecht. Vielmehr ist dieses aktivistische Verständnis unter dem Bereich des **Corporate Branding** zu fassen. Corporate Branding beschreibt eben diese aktive Führung der Unternehmensmarke als Managementprozess der zielgerichteten Planung, Durchführung, Koordination und Kontrolle.[69]

Die Führung und insbesondere die **Profilierung** der Unternehmensmarke in der Psyche der Bezugspersonen wird in der wissenschaftlichen Beschäftigung mit der Markenführung als eine ihrer größten Herausforderungen gesehen.[70] Die Markenführung muss eine **bezugsgruppenübergreifende Perspektive** einnehmen *und* den jeweiligen Anforderungen innerhalb einer bearbeiteten Bezugsgruppe gerecht werden. Mit der Untersuchung der Relevanz der Unternehmensmarke unter der Berücksichtigung der vorgestellten Relevanzdefinition wird zur Bewältigung dieser Herausforderungen beigetragen. Zum einen kann durch eine bezugsgruppenorientierte Analyse die potenzielle Wirkung in der Psyche dieser Bezugspersonen der Unternehmensmarke spezifiziert und u. U. eine Priorisierung der Bezugsgruppen vorgenommen werden. Zum anderen gewährleistet eine **situationsabhängige Analyse** innerhalb einer Bezugsgruppe die Einschätzung der Wirkung des unternehmerischen Gestaltungsparameters „Marke" in Abhängigkeit von situativ gegebenen **Einflussfaktoren**. Können folglich aus der allgemeinen Analyse Einflussfaktoren gewonnen werden, die für ein spezifisches Unternehmen in einer ex ante

---

[67] Vgl. Meffert, H. / Burmann, Ch., Identitätsorientierte Markenführung, a. a. O., S. 31.

[68] Vgl. etwa Balmer, J. M. T., Corporate Identity, corporate branding and corporate marketing – Seeing through the fog, a. a. O., S 263.

[69] Vgl. Bierwirth, A., Die Führung der Unternehmensmarke - Ein Beitrag zum zielgruppenorientierten Corporate Branding, a. a. O., S. 18.

[70] Vgl. z. B. Ind, N., Making the most of your Corporate Brand, London 1998, S. 4 f.; Haedrich, G. / Jeschke, B. G., Zum Management des Unternehmensimages, in: DBW, 54. Jg., H. 2, 1994, S. 216 f.

Analyse Aussagen über die Relevanz der Unternehmensmarke ermöglichen, ließen sich daraus direkte Implikationen für ihre Führung ableiten. So könnte über
die Relevanzanalyse der vermutete Unterschied innerhalb der Bezugsgruppe der
Konsumenten zwischen verschiedenen Situationen wie etwa „Energie" und „Automobil" über die Betrachtung dieser Einflussfaktoren erklärt sowie eine dement-
sprechende Ressourcenallokation vorgenommen werden.

Die Relevanzanalyse der Unternehmensmarke muss an der konstituierenden Be-
sonderheit der Bezugsgruppenvielfalt dieser Markenform ansetzen. Dies wirft die
Frage nach Anzahl und Bedeutung der unterschiedlichen zu berücksichtigenden
Bezugsgruppen auf. Nachfolgend sollen daher die zentralen Bezugsgruppen der
Unternehmensmarke systematisch vorgestellt werden.

2.3   Zentrale Bezugsgruppen der Unternehmensmarke

Die begriffliche Abgrenzung der Unternehmensmarke verweist auf ein System von
Beziehungen in dem unterschiedlichen Bezugsgruppen **unterschiedliche Wirkungen** generiert werden sollen. Die Aufzählung und die Struktur der Bezugsgruppen divergieren jedoch in der wissenschaftlichen Auseinandersetzung mit der
Unternehmensmarke.[71] Eine oft gewählte Struktur ist die Unterscheidung nach
externen und internen Elementen des Bezugssystems, die schon im Rahmen der
identitätsorientierten Markenführung vorgenommen wurde.[72] Diese Unterscheidung ist insofern berechtigt, als dass hier die **gesonderte Stellung der Mitarbeiter** berücksichtigt wird. Die Mitglieder des Sozialsystems „Unternehmung" prägen
die Marke im Sinne einer Gestaltung des Selbstbildes. Die Beziehung der Mitarbeiter zur Unternehmensmarke hat damit vor allem einen **begründenden** Charak-

---

[71] Vgl. stellvertretend Haedrich, G. / Jeschke, B. G., Zum Management des Unternehmensimages, in: DBW, 54. Jg., H. 2, 1994; Bickerton, D., Corporate Reputation versus Corporate
Branding: the realist debate, in: Corporate Communications, Vol. 5, No. 1, 2000, S. 42-48; de
Chernatony, L., Would a brand smell any sweeter by a corporate name?, Working Paper University of Birmingham, August 2001, S. 2 f.

[72] Vgl. z. B. Zerfass, A., Unternehmensführung und Öffentlichkeitsarbeit – Grundlegung einer
Theorie der Unternehmenskommunikation und Public Relations, Opladen 1996, S. 252; Bierwirth, A., Die Führung der Unternehmensmarke – Ein Beitrag zum zielgruppenorientierten
Corporate Branding, a. a. O., S. 16 f. BIERWIRTH weist in diesem Zusammenhang berechtig-
terweise auf die mögliche situationsspezifische Überschneidung dieser Unterteilung hin.

ter.[73] Insbesondere im wachsenden Bereich der Dienstleistungen ist die Bedeutung der Mitarbeiter für Aufbau und Profilierung der Unternehmensmarke evident.[74] Das Verhalten und die Identifikation der Mitarbeiter mit der Unternehmensmarke lässt sich damit als **Determinante** ihrer externen Wirkungen einordnen.[75] Die vorgestellte Definition der Markenrelevanz setzt hingegen explizit an Auswahlentscheidungen an, in denen eine oder mehrere Unternehmensmarken einbezogen werden. Für eine Analyse der Relevanz der Unternehmensmarke sind die Mitarbeiter damit nicht als Untersuchungsobjekte, sondern vielmehr als gestaltende Parameter zu berücksichtigen.

Die **externen Verhaltenswirkungen** beziehen sich auf potenzielle Mitarbeiter, Kapitalgeber und Händler bzw. Lieferanten. Hier steht zumeist der Austausch von Produkten und Leistungen als Anlass der Beziehung im Vordergrund. Letztlich entfaltet die Unternehmensmarke bei öffentlichen Bezugsgruppen ihre Wirkung, wobei hier kein Austauschverhältnis die Auseinandersetzung mit der Marke begründet. Die genannten Bezugsgruppen werden in Abbildung 3 gemäß der beschriebenen Struktur dargestellt. Zusätzlich werden die primären Wirkungsziele der Unternehmensmarke aufgeführt. Die grundlegenden Wirkungsrichtungen einer (Unternehmens-) Marke in Bezug auf den **Konsumenten** wurden schon in Kapitel A 1 skizziert. Die Beschäftigung mit der absatzmarktgerichteten Markenwirkung ist die dominante Richtung der Markenforschung. Die primären Wirkungen zielen dabei auf eine Preis- und/oder Mengenprämie, unabhängig von der Gestaltung der Marke als Produkt- bzw. Leistungs- oder Unternehmensmarke.[76]

In Bezug auf potenzielle Mitarbeiter soll die Unternehmensmarke die Maßnahmen im Rahmen der **Personalakquisition** unterstützen. Hier steht grundsätzlich die

---

[73] Vgl. Stuart, H., The Role of Employees in Successful Corporate Branding, in: Thexis, Nr. 4, 2001, S. 48-50; Pruzan P., Corporate Reputation: Image and Identity, a. a. O., S. 60.

[74] Vgl. Schleusener, M., Identitätsorientierte Markenführung bei Dienstleistungen, in: Meffert, H. / Burmann, Ch. / Koers, M. (Hrsg.), Markenmanagement: Grundfragen der identitätsorientierten Markenführung, a. a. O., S. 283 f.; Berry, L. L., The Employee as Customer, in: Lovelock, C. H. Services Marketing, Englewood Cliffs 1984, S. 272.

[75] Vgl. dazu ausführlich Wittke-Kothe, C., Interne Markenführung, Verankerung der Markenidentität im Mitarbeiterverhalten, Wiesbaden 2001, S. 4 ff.; Bergstrom, A., Why internal branding matters: The case of Saab, in: Corporate Reputation Review, Vol. 5, No. 2/3, 2002, S. 133-145.

[76] Vgl. de Chernatony, L., Would a brand smell any sweeter by a corporate name?, a. a. O., S. 18.

akquisitorische Wirkung im Vordergrund. In einem insbesondere in Wachstums-phasen intensiven Wettbewerb um talentierte Führungskräfte wird die Unterneh-mensmarke eingesetzt, um die Erstkontaktwahrscheinlichkeit mit potenziellen Mit-arbeitern zu erhöhen.[77] Daneben liegt die selektive Kraft der Unternehmensmarke in ihrer wettbewerbsbezogenen Wirkung. Sie wirkt auf die Grundgesamtheit der potenziellen Mitarbeiter als selektive Instanz, die nicht gewünschte Profile schon in einer frühen Phase von einer Bewerbung abhalten soll.[78]

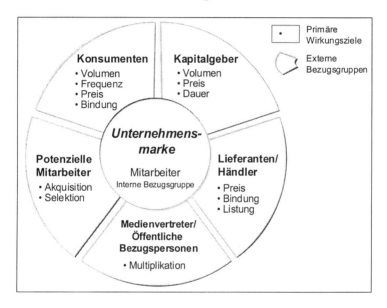

Abbildung 3:   Beziehungsschema der Unternehmensmarke

In Bezug auf die **Kapitalgeber** findet die Unternehmensmarke in jüngerer Zeit in-tensivere Beachtung.[79] Grundlegender Treiber ist dabei die Erkenntnis, dass die

---

[77]   Gandossy, R., Six Ways to win the Talent Wars, in: HRfocus, Vol. 78, No. 6, 2001, S. 1 ff.; Drosten, M., Personalmarketing: Kampf um die Besten, in: Absatzwirtschaft, H. 6, 2000, S. 12-18.

[78]   Vgl. Vollmer, R. E., Personalimage, in: Strutz, H., Handbuch Personalmarketing, Stuttgart 1993, S. 181 f.; Moser, K. / Zempel, J., Personalmarketing, in: Schuler, H. (Hrsg.), Lehrbuch der Personalpsychologie, Göttingen 2001, S. 64 f.

[79]   Vgl. Simon, H. / Ebel, B. / Hofer, M., Das Unternehmen als Marke, in: Markenartikel, H. 3, 2002, S. 58-65; Unser, M., Behavioral Finance am Aktienmarkt: empirische Analysen zum Ri-

Annahme des sich streng rational verhaltenden Kapitalmarktteilnehmers empirisch nicht haltbar ist. Die damit verbundene Abkehr vom Menschenbild des homo oeconomicus in der Kapitalmarkttheorie wird in der finanzwirtschaftlichen Literatur unter dem Begriff des „**Behavioral Finance**" diskutiert.[80] Dieser Forschungsstrang beschäftigt sich unter der Berücksichtigung verhaltenswissenschaftlicher Erkenntnisse mit den Entscheidungsprozessen und dem Verhalten von Kapitalmarktteilnehmern. Dabei spielen insbesondere Verarbeitungsheuristiken und affektiv gesteuerte Prozesse eine bedeutende Rolle. Die Behavioral Finance nähert sich demnach aus einer Finanzperspektive dem Gedankengut des Marketing und speziell der Markenführung an. Ein Schwerpunkt der Marketing-Diskussion in Bezug auf den Kapitalmarkt liegt vor allem auf dem Bereich der Aktien.[81] Die Verhaltenswirkung der Unternehmensmarke zielt hier sowohl auf preisliche als auch auf mengenmäßige Aspekte von Kapitalmarkttransaktionen. MEI-POCHTLER spricht in diesem Zusammenhang von einer Steigerung des „Total Shareholder Return" mit Hilfe der Unternehmensmarke, der sowohl über mengen- und kursbedingte Effekte als auch über eine Senkung der Kapitalkosten erzielbar sei.[82] Die hier beschriebenen Mechanismen lassen sich jedoch übergreifend als transaktionsbedingte Effekte der Unternehmensmarke klassifizieren.

Im Gegensatz zu den übrigen Transaktionswirkungen sind die Wirkungen der Unternehmensmarke gegenüber weiteren Elementen des **vertikalen Austauschsys-**

---

sikoverhalten individueller Anleger, Bad Soden 1998; Knüppel, H. / Lindner, C. (Hrsg.), Die Aktie als Marke. Wie Unternehmen mit Investoren kommunizieren sollen, Frankfurt a. M. 2000.

[80] Vgl. stellvertretend Shefrin, H., Beyond Greed and Fear: Understanding Behavioral Finance and the Psychology of Investing, Boston 2000; Tversky, A., Investor Psychology and the Dynamics of Prices, in: Wood, A. S. (Hrsg.), Behavioral Finance and Decision Theory, in: Investment Management, Association for Investment Management and Research, Charlottesville 1995.

[81] Vgl. Schulz, M., Aktienmarketing. Eine empirische Erhebung zu den Informationsbedürfnissen deutscher institutioneller Investoren und Analysten, Berlin 1999; Mei-Pochtler, A., Sharebranding – die Aktie zwischen objektiver und subjektiver Differenzierung, in: Knüppel, H. / Lindner, C. (Hrsg.), Die Aktie als Marke. Wie Unternehmen mit Investoren kommunizieren sollen, Frankfurt a. M. 2000, S. 11-23.

Die Gestaltungsaspekte des kapitalmarktgerichteten Marketing werden insbesondere unter dem Begriff der Investor Relations diskutiert. Vgl. stellvertretend Dürr, M., Investor Relations: Handbuch für Finanzmarketing und Unternehmenskommunikatikon, 2. Aufl., München 1995; sowie die Ausführungen in Kapitel B 3.3 dieser Arbeit.

[82] Mei-Pochtler, A., Sharebranding – die Aktie zwischen objektiver und subjektiver Differenzierung, a. a. O., S.11.

tems, den Zulieferern und den Händlern weniger stark diskutiert.[83] Das ist mit einer nur für spezifische Branchen bedeutenden Position dieser Stufen zu erklären. So ist bspw. im Bereich der Nahrungsmittelindustrie der Handel als Gatekeeper von zentraler Bedeutung[84]; für den Bereich der Dienstleistungen spielt er nur eine nachgeordnete Rolle. Ein ähnliches Bild ergibt sich für die Stufe der Zulieferer – auch hier unterscheidet sich die Bedeutung hinsichtlich der spezifischen Branche. Ungeachtet dessen soll die Unternehmensmarke prinzipiell für einen besseren Marktzugang im Handel sorgen und den Rabatt- und Konditionendruck im Absatzsystem reduzieren.[85] In Bezug auf die Lieferanten werden ebenfalls situativ Preiseffekte beobachtet. Dies sind z. B. Preisnachlässe, die im Industriegütergeschäft renommierten Kunden eingeräumt werden, um die eigene Wettbewerbsposition über Referenzkunden zu verbessern.[86]

Das letzte Element des externen Bezugsspektrums der Unternehmensmarke ist schließlich die Beziehung zu den **Medien und öffentlichen Bezugspersonen**. Eine Markenwirkung ergibt sich hier nicht auf Grund eines Austausches von Leistungen, sondern durch eine derivative Beziehung mit der Marke. Die originäre Auseinandersetzung mit der Unternehmensmarke kann dabei eine aktuelle Unternehmensmaßnahme wie Verlagerungen von Produktionsstätten oder die Veröffentlichung der Unternehmensergebnisse sein. Die beeinflussende Wirkung der Marke im Sinne der Markenziele liegt dabei in der Multiplikationswirkung.[87] Dies ist im Falle positiver Ereignisse ein beabsichtigter, verstärkender Effekt der Unter-

---

[83] Dies ist von der Diskussion der hohen Bedeutung des Vertriebs *für* die Marke (vgl. stellvertretend den funktionsorientierten Ansatz der Markenführung bei HANSEN) und der Markenführung *durch* den Handel zu unterscheiden. Vgl. Hansen, P., Der Markenartikel, Analyse seiner Entwicklung und Stellung im Rahmen des Markenwesens, Berlin 1970, sowie zur Markenführung durch den Handel: Ahlert, D. / Kenning, P. / Schneider D., Markenmanagement im Handel, Wiesbaden 2000.

[84] Vgl. Meffert, H., Marketing - Grundlagen marktorientierter Unternehmensführung, a. a. O., S. 33.

[85] Vgl. Diller, H., Key-Account-Management auf dem Prüfstand, in: Irrgang, W. (Hrsg.), Vertikales Marketing im Wandel, München 1993, S. 50 f.; Franke, N., Das Herstellerimage im Handel. Eine empirische Untersuchung zum vertikalen Marketing, Berlin 1997.

[86] Vgl. Bierwirth, A., Die Führung der Unternehmensmarke - Ein Beitrag zum zielgruppenorientierten Corporate Branding, a. a. O., S. 46. MOTTRAM nutzt hier die Analogie einer Lizenzgebühr für die Marke. Vgl. Mottram, S., Branding the Cooperation, in: Hart, S. / Murphy J. (Hrsg.), Brands: The New Wealth Creators, London 1998, S. 64 ff.

[87] Vgl. Standop, D., Sicherheitskommunikation, in: Berndt, R. / Hermanns, A., Handbuch Marketing-Kommunikation, Wiesbaden 1993, S. 946.

nehmenskommunikation.[88] Im Falle negativer Ereignisse kann die Multiplikations-
wirkung in Abhängigkeit von der bestehenden Reputation entweder einen gewollten stabilisierenden oder einen nicht gewollten katalysierenden Effekt haben.[89] Ein
Beispiel für die positive Wirkung der Unternehmensmarke ist der stabilisierende
Effekt der Unternehmensmarke „Daimler-Benz" bei dem im Jahre 1997 unter dem
Namen „Elch-Test" bekannt gewordenen technischen Stabilitätsproblem der A-
Klasse. Die verstärkten Medienberichte über die ergriffenen Gegenmaßnahmen
unter dem Absender der Unternehmensmarke konnten maßgeblich zu der schnel-
len Behebung der Krise zur mittelfristigen Erfüllung der Abverkaufsplanung des
Modells beitragen.[90]

Das dargestellte Bezugsspektrum verdeutlicht die hohe Komplexität der Wirkungsrichtungen der Unternehmensmarke. Inwieweit einzelne Bezugsgruppen für die
Unternehmen von **besonderem Interesse** sind, untersucht eine internationale
Studie mit Führungskräften aus Amerika, Asien und Europa.[91] Der Einschätzung
der Manager zu Folge war der Kunde mit 71% der Nennungen die wichtigste Bezugsgruppe der Unternehmensmarke. Als weitere relevante Gruppen lagen die
Shareholder (49%) sowie die potenziellen und aktuellen Mitarbeiter (48%) auf ver-
gleichbarem Niveau.[92] Lieferanten und Gesellschaft kamen dagegen nur auf 22%,
resp. 10% der Nennungen (vgl. Abbildung 4).

Parallel zu diesem Ergebnis ordnen einige Autoren Konsumenten, Mitarbeiter und
Kapitalgeber als zentrale Bezugsgruppen einer systematischen Führung der Unternehmensmarke ein.[93] Diese Einordnung ist auf Grund der beschriebenen situativen Bedeutung der Transaktionsbeziehungen zu Händlern und Lieferanten sowie
dem derivativen Charakter der Beziehungen zu Medien und Öffentlichkeit nach-
vollziehbar.

---

[88]   Vgl. Fombrun, C. J., Is there a Financial Benefit to a good Corporate Reputation?, in: Stern
       Business, Fall 1999, S. 9-11.

[89]   Vgl. Cox, J., Managing the Corporate Brand, in: Public Relations Strategist, Vol. 4, Iss. 2,
       1998, S. 27.

[90]   Vgl. Töpfer, A., Plötzliche Unternehmenskrisen - Gefahr oder Chance? Grundlagen des Kri-
       senmanagement, Neuwied 1999, S. 253 ff.

[91]   Vgl. Stippel, P., Kunde schlägt Shareholder, in: Absatzwirtschaft, H. 4, 1998, S. 15.

[92]   In dieser Studie waren Mehrfachnennungen möglich.

[93]   Vgl. z. B Simon, H. / Ebel, B. / Hofer, M., Das Unternehmen als Marke, in: Markenartikel, H. 3,
       2002, S. 59.; Frigge, C. / Houben, A., Mit der Corporate Brand zukunftsfähiger werden, in:
       Harvard Business Manager, Nr. 1, 2002, S. 29.

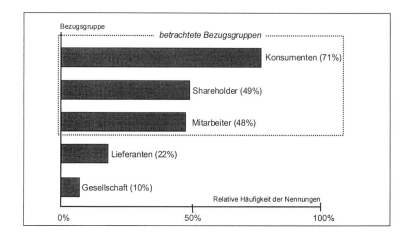

Abbildung 4: **Die zentralen Bezugsgruppen der Unternehmensmarke**

Quelle: nach Stippel, P., Kunde schlägt Shareholder, a. a. O., S. 15.

Hinzu kommt ein intensivierter Wettbewerb auf den Feldern der Transaktionsbeziehungen. Neben dem Endkundenmarkt gilt das in zunehmendem Maße für den
Kapitalmarkt und den Markt für Humanressourcen.[94] Daher soll im weiteren Verlauf dieser Arbeit der Fokus auf die genannten drei Bezugsgruppen Konsumenten,
Kapitalgeber und Mitarbeiter gelegt werden.

Vor dem Hintergrund der geführten Diskussion lassen sich zusammenfassend die
folgenden Forschungsdefizite festhalten:

- Die **Markenrelevanz** ist bis dato, obwohl es auf Grund der aufgezeigten
  Ressourceneinsätze dringlich geboten wäre, erst in rudimentären Ansätzen
  konzeptualisiert worden.

- Eine **empirische Überprüfung** der Markenrelevanz wurde für das in Wissenschaft und Praxis zunehmend an Bedeutung gewinnende
  Untersuchungsobjekt der **Unternehmensmarke** nicht durchgeführt.

---

[94] Vgl. Böcker, M. / Graf, Th., Nach dem „War of Talent" ist vor dem „War for Talent", in: Ergebnisbericht zur Tagung „Change Management und Employer Branding", München November
2002, S. 1.; Frigge, C. / Houben, A., Mit der Corporate Brand zukunftsfähiger werden, a. a. O.,
S. 28 f.

- Die Unternehmensmarke stellt einen jüngeren Forschungsstrang der Marketingwissenschaft dar, der sich durch einen hohen Komplexitätsgrad auszeichnet. Es bedarf weiterer Forschungsbemühungen, die insbesondere auf empirischer Basis **Gestaltungsempfehlungen** für ihre Führung erarbeiten.

Auf Grund der aufgeführten Forschungsdefizite soll im Folgenden Ziel und Gang der vorliegenden Untersuchung skizziert werden.

3. Zielsetzung und Gang der Untersuchung

Angesichts der aufgezeigten Forschungsdefizite besteht die generelle Zielsetzung der vorliegenden Arbeit darin, die Markenrelevanz zu konzeptualisieren sowie darauf aufbauend ihre Dimensionen und deren Einflussfaktoren in den zentralen Bezugsgruppen der Unternehmensmarke empirisch zu überprüfen. Damit soll ein Beitrag zur differenzierten Führung der Unternehmensmarke geleistet werden.

Aus der generellen Zielsetzung der Arbeit leiten sich die folgenden **Forschungsschwerpunkte** ab:

1. **Konzeptualisierung** der Relevanz der Unternehmensmarke auf Basis des dargestellten Markenverständnisses unter Berücksichtigung ökonomischer und sozialpsychologischer Theorien.

2. **Empirische Analyse** der Markenrelevanz entlang der identifizierten Bezugsgruppen.

3. Diskussion einzelner **Einflussgrößen** auf die ermittelten Dimensionen der Markenrelevanz.

4. Ableitung von **Implikationen** für die differenzierte Führung von Unternehmensmarken.

Der Gang der Untersuchung ist durch die beschriebenen Zielsetzungen in seiner Grundstruktur bereits vorgegeben. In **Kapitel B** wird zunächst eine Konzeptualisierung der Markenrelevanz auf Basis von Markenfunktionen vorgenommen. Die Funktionen befriedigen potenziell vorhandene Bedürfnisse der Bezugspersonen, die direkter oder derivativer Natur sein können. Ihre konzeptionelle Analyse erfolgt nach einer Diskussion der zu berücksichtigenden Theoriegebäude auf Basis verhaltenswissenschaftlicher und neo-institutioneller Überlegungen. Im Anschluss daran werden die identifizierten Markenfunktionen für die zentralen Bezugsgruppen der Unternehmensmarke diskutiert und bezugsgruppenspezifische Hypothesen zu ihrer Bedeutung für die Relevanz der Unternehmensmarke aufgestellt. Dabei wird für die potenziellen Mitarbeiter auf die Arbeitgeberwahl als zweistufigen Entscheidungsprozess eingegangen. Im Rahmen der Betrachtung des Kapitalmarktes bilden die Erkenntnisse der Forschung zu Behavioral Finance einen Diskussionsschwerpunkt. Zum Abschluss von Kapitel B wird ein spezifischer Bezugsrahmen für die empirische Analyse der Markenrelevanz vorgestellt.

Das **Kapitel C** widmet sich der empirischen Untersuchung der Relevanz in den zentralen Bezugsgruppen der Unternehmensmarke. Zunächst werden grundsätzliche Optionen der Erfassung der Markenrelevanz vorgestellt und bewertet. Nach Auswahl einer Option werden dann sowohl Datenbasis als auch die Methoden und Programme der statistischen Auswertung skizziert, die zur weiteren Analyse der bezugsgruppenspezifischen Markenrelevanz genutzt werden. Die endkundengerichtete Markenrelevanz wird zunächst in ihrer absoluten Höhe wiedergegeben und deren Ausprägung mit alternativen Messkonzepten verglichen. Die Markenrelevanz wird daran anschließend im Rahmen eines regressionsanalytischen Dependenzmodells in Bezug auf die theoretisch abgeleiteten Dimensionen überprüft. Darüber hinaus werden verschiedene endogene und exogene Einflussfaktoren bezüglich ihres Einflusses auf die Dimensionen der Markenrelevanz untersucht. Die beschriebene Vorgehensweise wird bei den weiterhin zu untersuchenden Bezugsgruppen der potenziellen Mitarbeiter und der Kapitalgeber beibehalten. Bei der Gruppe der potenziellen Mitarbeiter wird ein mehrstufiger Entscheidungsprozeß der Arbeitgeberwahl zu Grunde gelegt, um phasenspezifische Unterschiede in der Wirkungsweise der Unternehmensmarke herauszuarbeiten. Im Kapitalmarkt wird auf Grund der in Kapitel B geführten Diskussion zwischen privaten und institutionellen Investoren getrennt.

Gegenstand von **Kapitel D** der Arbeit ist zum einen die Zusammenfassung und Würdigung der Untersuchungsergebnisse. Zum anderen sollen auf Basis dieser Ergebnisse Implikationen für die praktische Ausgestaltung der Führung der Unternehmensmarke abgeleitet werden. Als strukturelle Grundlage wird dazu der Prozess der Markenprofilierung herangezogen. Innerhalb dieses Prozesses wird zwischen Grundsatz- und Detailentscheidungen unterschieden. Im Rahmen der Grundsatzentscheidungen werden strategische Stoßrichtungen für die Profilierung der Unternehmensmarke aufgezeigt, die auf die Dimensionen der Markenrelevanz rekurrieren. In den sich anschließenden Detailentscheidungen der Markenführung werden die drei Maßnahmenbereiche Corporate Design, Corporate Behavior und

Corporate Communications im Kontext der Relevanzanalyse besprochen. Die Arbeit schließt mit einer Diskussion offener Forschungsfelder.

Das **theoretisch-methodische Vorgehen** berücksichtigt mit der verhaltenswissenschaftlichen und der neo-institutionellen Perspektive zwei zentrale ökonomische Perspektiven zur Konzeptualisierung der Markenrelevanz. Damit wird einem weithin geforderten „gezähmten Pluralismus"[95] in der Betriebswirtschaftslehre Rechnung gefolgt, der durch seine breite Perspektive den Erkenntnisfortschritt fördern soll. Der empirische Aufbau der Untersuchung der Markenrelevanz unter Berücksichtigung verschiedener Einflussgrößen ist grundsätzlich dem situativen bzw. kontingenztheoretischen Ansatz zuzuordnen. Dieser beruht auf der Annahme, dass Unterschiede sowie die Effektivität und Effizienz bestimmter Ausprägungen des Unternehmensverhaltens auf Einflüsse externer und interner Situations- bzw. Kontingenzfaktoren zurückzuführen sind.[96] Dabei darf jedoch nicht übersehen werden, dass der situative Ansatz die notwendigen Bedingungen für eine eigenständige Theorie nicht zu erfüllen vermag.[97] Dementsprechend ist er vielmehr als grundsätzliches Denkraster anzusehen, das die situative Bedingtheit betriebswirtschaftlicher Sachverhalte berücksichtigt.[98] Ein zentraler Kritikpunkt am situativen Ansatz betrifft den unterstellten Determinismus zwischen Situation und Unternehmensverhalten bzw. Organisationsstruktur, der das Unternehmensverhalten als primär reaktiv kennzeichnet und den Handlungsspielraum, i. e. das

---

[95]   Raffée, H. (Hrsg.), Gegenstand, Methoden und Konzepte der Betriebswirtschaftslehre, in: Vahlens Kompendium der Betriebswirtschaftslehre, Bd. 1, München 1984, S. 44.

[96]   Der situative bzw. Kontingenzansatz geht auf Arbeiten der vergleichenden Organisationsforschung zurück. Der Begriff Situation oder Kontext wird dabei als „offenes Konstrukt" interpretiert, in das je nach der betrachteten Problemstellung unterschiedliche als relevant anzusehende Variable Eingang finden. Lawrence, R. P. / Lorsch, J. W., Organization and Environment: Managing Differentiation and Integration, Boston 1967, S. 134.
Der situative Ansatz ist mittlerweile zu einem festen Bestandteil marketingwissenschaftlicher Forschung geworden. Vgl. z. B. Köhler, R., Marketingplanung in Abhängigkeit von Umwelt- und Organisationsmerkmalen, in: Mazanek, J. / Scheuch, F. (Hrsg.), Marktorientierte Unternehmensführung, Wien 1984, S. 581-602; Ruekert, R. W. / Walker, O. C. / Roering, K. J., The Organization of Marketing Activities: A Contingency Theory of Structure and Performance, in: Journal of Marketing, Vol. 49, Winter 1985, S. 13-25.

[97]   Vgl. Jenner, Th., Determinanten des Unternehmenserfolges, Stuttgart 1999, S. 26-34; Lehnert, S., Die Bedeutung von Kontingenzansätzen für das strategische Management, Frankfurt a. M. u. a. 1983, S. 115; Schanz, Organisationsgestaltung: Management von Arbeitsteilung und Koordination, 2. Aufl., München 1994, S. 311 ff.

[98]   Vgl. Raffée, H. (Hrsg.), Gegenstand, Methoden und Konzepte der Betriebswirtschaftslehre, a. a. O., S. 37 und die dort zitierte Literatur.

Markenführungsverhalten, der Entscheidungsträger vernachlässigt.[99] Aus diesem Grund nimmt die vorliegende Arbeit auf den sogenannten unternehmenspolitisch-situativen Ansatz als Erweiterung des situativen Ansatzes Bezug.[100] Damit wird der geäußerten Kritik Rechnung getragen, indem das Unternehmensverhalten – resp. die Führung der Unternehmensmarke – in Abhängigkeit der Ziel- und Strategieentscheidungen des Managements *und* die Einflussfaktoren der Markenrelevanz als Determinanten des Markenerfolges gesehen werden.[101] Abbildung 5 faßt Ziel und Gang der Untersuchung überblicksartig zusammen.

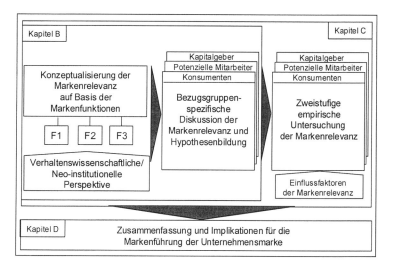

Abbildung 5:   Gang der Untersuchung

---

[99]   Vgl. zur kritischen Einschätzung situativer Ansätze Lehnert, S., Die Bedeutung von Kontin-genzansätzen für das strategische Management, a. a. O., S. 169 ff.; Schreyögg, G., Umwelt, Technologie und Organisationsstruktur, Bern 1978, S. 235 ff.; Türk, K., Neuere Entwicklungen in der Organisationsforschung, Stuttgart 1989, S. 1-10.

[100] Vgl. Welge, M. K., Unternehmensführung, Bd. 2, Stuttgart 1987, S. 198 ff.

[101] Vgl. Kieser, A., Der situative Ansatz, in: Kieser, A. (Hrsg.), Organisationstheorien, 3. Aufl., Stuttgart / Berlin 1999, S. 191 ff.

B. Konzeptualisierung der Markenrelevanz auf Basis der Markenfunktionen

1. Die Markenfunktionen im Wandel der Markenforschung

Die vorgelegte Definition der Relevanz der Unternehmensmarke rekurriert auf die Frage, inwieweit eine Bezugsperson sich in einer Entscheidungssituation von der Marke leiten lässt. Der Fokus des Konstruktes liegt dabei in allgemeiner Schreibweise auf Entscheidungen, die mit der Auswahl einer Marke zur Befriedigung eines Bedürfnisses einhergehen. Für die Konzeptualisierung erscheint es daher sinnvoll an den Bedürfnissen anzusetzen, die ein Individuum durch die Unternehmensmarke potenziell befriedigen kann. Die Markenforschung verweist in diesem Kontext auf die unterschiedlichen **Funktionen**, welche die Unternehmensmarke für ein Individuum erfüllt.[102] Der Begriff der Markenfunktion taucht in der **Markenforschung** unabhängig von dem zu Grunde liegenden Markenverständnis auf. Schon in einem verhältnismäßig frühen Stadium der Beschäftigung mit der Marke hat der Funktionsbegriff eine besondere Aufmerksamkeit erfahren. Dabei wirkt sich die zu Grunde liegende Konzeption der Markenführung auch auf die Interpretation dieses Begriffes aus. Im Folgenden soll zunächst die Rolle der Markenfunktionen in der Entwicklung der Markenkonzeption skizziert werden, um dann ein wirkungsorientiertes Verständnis zu entwickeln, welches als Grundlage für die Konzeptualisierung der Markenrelevanz der Unternehmensmarke dient.

1.1 Die Markenfunktionen im funktions- und funktionenorientierten Ansatz der Markenforschung

Der Funktionsbegriff hat im Kontext der Markenführung zunächst durch den so genannten **funktionsorientierten Ansatz** der Markenführung Bedeutung erhalten.[103] Innerhalb dieses Ansatzes wird die Markenführung an Hand der mit ihr ver-

---

[102] Vgl. z. B. Kapferer, J.-N., Strategic Brand Management, a. a. O., S. 26; Meffert, H. / Burmann, Ch. / Koers, M., Stellenwert und Gegenstand der Markenführung, a. a. O., S. 9 f.; Aaker, D. A. / Joachimsthaler, E., Brand Leadership, New York 2000, S. 44; Bruhn, M., Begriffsabschätzungen und Erscheinungsformen von Marken, in: Bruhn, M. (Hrsg.), Handbuch Markenartikel, Bd. 1, Stuttgart 1994, S. 22 f.

[103] Vgl. Meffert, H. / Burmann, Ch., Wandel in der Markenführung – vom instrumentellen zum identitätsorientierten Markenverständnis, a. a. O., S. 22.

bundenen Aufgaben im Absatzsystem konzipiert. Sie stellt die Frage in den Mittelpunkt, wie **betriebliche Funktionen** ausgestaltet sein müssen, damit der Erfolg
des „Markenartikels" gesichert werden kann. Der Markenartikel wurde in diesem
Zusammenhang als ein „spezifisches, in sich geschlossenes Absatzsystem"[104]
definiert, welches unmittelbaren Kontakt zum Verbraucher und größtmögliche
Kundennähe erreichen sollte. Das Markenverständnis kann folglich als angebots-
orientiert kategorisiert werden.

Die funktionsorientierte Markenführung hat durch ihren Bezug auf betriebliche
Funktionen die Perspektive der Markenführung im Gegensatz zu dem bis zu diesem Zeitpunkt dominanten, merkmalsorientierten Ansatz erweitert. Die Preis-,
Produkt- und insbesondere die Distributionspolitik, die im merkmalsorientierten
Ansatz keinen Bestandteil der Markenführung darstellten, wurden integriert. Die
funktionsorientierte Perspektive ist im Zusammenhang mit der Forschung zur
„**funktionalen Absatztheorie**" zu sehen.[105] Der sowohl in der funktionalen Absatztheorie als auch im funktionsorientierten Ansatz der Markenführung zu Grunde
gelegte Funktionsbegriff bezieht sich auf eine Tätigkeit oder Leistung, die ein Unternehmen für ein Wirtschaftssystem im Absatz erbringt. In den Absatzfunktionen
drückt sich demnach die Art und Weise aus, in der die einzelnen „Absatzorgane"
ihre betrieblichen Leistungen in den Markt bringen. Eine differenzierte Gliederung
der Funktionen mit verschiedenen Teil- und Unterfunktionen findet sich z. B. bei
SCHÄFER. Er klassifiziert die Unterfunktionen in die Elemente Absatzvorbereitung,
-anbahnung, -durchführung, Vorratshaltung und Erhaltung von Absatzbeziehun-
gen.[106] Im funktionsorientierten Ansatz der Markenführung sind diese Unterfunktionen so auszugestalten, dass eine Sicherung des Absatzsystems „Marke" sowie
dessen Verbreitung erreicht wird. Es existieren demnach keine generischen „Mar-

---

[104] Hansen, P., Der Markenartikel, Analyse seiner Entwicklung und Stellung im Rahmen des Mar-
       kenwesens, a. a. O., S. 64.

[105] Vgl. dazu Schenk, H.-O., Funktionale Absatztheorie, in: Tietz, B., Handwörterbuch der Ab-
       satzwirtschaft, Stuttgart 1974, S. 110 ff. Die zu Beginn des 20. Jahrhunderts entwickelte funk-
       tionale Absatztheorie basiert im Wesentlichen auf der Lehre der Handelsfunktionen. Ein zent-
       rales Forschungsziel bestand in der allgemeingültigen Erarbeitung von Handelsfunktionen, die
       in Form von Funktionskatalogen strukturiert worden sind. Vgl. z. B. Oberparleitner, K., Funkti-
       onen und Risiken des Warenhandels, 2. Aufl., Wien 1955.

[106] Vgl. Schäfer, E., Die Aufgabe der Absatzwirtschaft, in: Handbuch der Wirtschaft, Bd. 1, 2.
       Aufl., Köln 1966, S. 42. Der Erkenntnisfortschritt der funktionalen Absatztheorie ist in der Be-
       antwortung der Frage nach der Strukturierung des absatzgerichteten Handlungsspektrums der
       Unternehmen und den sich daraus ergebenden Aufgabenstellungen für das Absatzsystem zu
       sehen. Vgl. Schenk, H.-O., Funktionale Absatztheorie, a. a. O., S. 116 f.

kenfunktionen", sondern es wird im Rahmen der Markenführung auf unterschiedliche betriebliche Funktionen und deren Ausgestaltung Bezug genommen.[107] Eine Betrachtung der Markenrelevanz auf Grundlage der Markenfunktionen ist daher in diesem Kontext nicht durchführbar.

Der Funktionsbegriff, der in dem skizzierten Ansatz eine wichtige Rolle spielt, findet auch nach der Abkehr von einem angebotsorientierten Markenverständnis in der wissenschaftlichen Literatur Beachtung.[108] Ein breites Begriffsverständnis der Markenfunktionen legt KOPPELMANN vor, welches er für den Entwurf eines **funktionenorientierten Erklärungsansatz** der Markenpolitik verwendet.[109] Dabei bezieht er sich vor allem auf **entscheidungs-** und **systemtheoretische** Grundlagen und analysiert ein Beziehungssystem zwischen Hersteller, Konkurrenz, Handel und Käufer.[110] Da sich die systemorientierte Marketingtheorie mit Verhaltenssystemen auseinandersetzt, welche mit ihrer Umwelt in einem dauernden Austauschverhältnis stehen, wird mit dieser Systemorientierung ein erster, grundsätzlicher Verhaltensbezug hergestellt.[111] In diesem Zusammenhang wird der Funktionsbegriff aufgabenspezifisch interpretiert und umschreibt die Menge dessen, was zwischen den Systemelementen bewirkt werden soll.

In der Folge seiner Ausführungen, zählt KOPPELMANN verschiedene Funktionen für die einzelnen Elemente des Systems auf. So identifiziert er für den Hersteller u.a. die Kundenbindungs-, Differenzierungs-, Listungs- und die Substratfunktion.[112] Für

---

[107] Für die funktionale Absatztheorie ist festzuhalten, dass eine zentrale Schwäche dieser Theorie die Operationalisierung des Funktionsbegriffs darstellt. Das wird an der weiten Definition von HASENACK deutlich, der die Funktion als „die zweckbetonte Zusammenfassung wirtschaftlicher Obliegenheiten gleichen Verrichtungsgepräges" kennzeichnet. Hasenack, W., zitiert nach Schenk, H.-O., Funktionale Absatztheorie, a. a. O., S. 120.

[108] Dies ist nicht zuletzt durch den hohen Interpretationsspielraum des Funktionsbegriffs zu erklären. So besteht selbst in der Mathematik kein Konsens über den Funktionsbegriff. Er wird hier u. a. als Abhängigkeitsverhältnis zweier veränderlicher Größen oder als „rechtsabhängige Relation" gekennzeichnet, vgl. Hischer, H., Zur Geschichte des Funktionsbegriffs, Preprint Nr. 54 des Fachbereichs Mathematik der Universität des Saarlandes, Saarbrücken 2002.

[109] Vgl. hierzu und im folgenden Koppelmann, U., Funktionenorientierter Erklärungsansatz der Markenpolitik, a. a. O., S. 220 ff.

[110] Zur Eignung der Entscheidungs- und Systemtheorie für das Marketing, vgl. Meffert, H., Die Leistungsfähigkeit der entscheidungs- und systemorientierten Marketing-Theorie, Münster 1971.

[111] Vgl. Meffert, H., Absatztheorie, systemorientierte, in: Tietz, B., Handwörterbuch der Absatzwirtschaft, Stuttgart 1974, S. 139.

[112] Die Listungsfunktion beschreibt die Stärkung der Verhandlungsmacht gegenüber dem Handel mittels profilierter Marken, die Substratfunktion kennzeichnet die Marke als Bezugsanker für

den Händler nennt er z. B. die Profilierungs- und Gebietsmonopolisierungsfunktion. Auf Basis der Überlegungen zum Beziehungsgeflecht der Markenfunktionen werden dann normative Beziehungen hergestellt. Im Sinne eines Ursache-Wirkungs-Zusammenhangs stellt die Erfüllung der Markenfunktionen die abhängige Größe dar; als unabhängige Größen werden unterschiedliche Aspekte wie z. B. die Markenstrategie oder der institutionelle Absender (z. B. Handel, Produzent, Handwerker) herangezogen. Die genannten Dimensionen werden in einer Matrix verknüpft, welche auf Basis von Plausibilitätsüberlegungen ausgefüllt wird (vgl. Abbildung 6).

Einsatz-bedingung / Marken-funktion	Markenbreite				Absender				Leistungsniveau				Produktart	
	Monomarke	Familienmarke	Dachmarke	Firmenmarke	Produzenten	Handwerker	Händler	Dienstleister	Luxusmarke	Billigmarke	Spitzenmarke	Solide Marke	Konsumgüter	Industriegut
z.B. - Bekanntheit	x	x	x	x	x	x	x	x	x	x	x	x	x	x
- Kontraktion	x	x	x	x	x		x						x	
- Substrat	x	x	x	x	x	x	x	x	x	x	x	x	x	x
- Kundenbindung	x	x	x	x	x	x	x	x	x			x	x	x
....														

Abbildung 6: **Verknüpfung zwischen Markenfunktionen und Einsatz–bedingungen der Markenpolitik**

Quelle: Koppelmann, U., Funktionenorientierter Erklärungsansatz der Markenpolitik, a. a. O., S. 230.

Für sämtliche markenstrategische Optionen, von der Mono- bis zur Firmenmarke, i. e. der Unternehmensmarke, sind dabei alle identifizierten Funktionen bedeutend, wohingegen keine Verknüpfung zwischen der „Spitzenmarke" und der Kundenbindungsfunktion gesehen wird. In einer kritischen Würdigung des funktionenorientierten Ansatz der Markenführung lässt sich festhalten, dass analog zum skizzierten funktionsorientierten Ansatz der Systemgedanke im Vordergrund steht. Es wird insofern eine erweiterte Betrachtungsperspektive eingenommen, da Verhaltensaspekte explizit angesprochen werden. Weiterhin wird durch die Verknüpfung

---

die Kommunikationspolitik, vgl. Koppelmann, U., Funktionenorientierter Ansatz der Markenführung, a. a. O., S. 223.

der Markenfunktionen mit den „Einsatzbedingungen" der Markenpolitik eine differenzierte Betrachtung der Marke angestrebt. Kritisch zu hinterfragen ist, inwieweit
die einzelnen „offenen Funktionskataloge"[113] der Marke theoretisch begründet
sind. Auch ist der Funktionsbegriff so weit gefasst, dass keine Trennung zwischen
den Zielen des markenführenden Systemelements als Sollgrößen und den möglichen Funktionen der Marke für den Konsumenten als Istgrößen erfolgen kann.
Weiterhin ist das dargestellte Beziehungssystem vor dem Hintergrund der explizit
angesprochenen Firmenmarke zu eng. Andere Bezugsgruppen als die Konsumenten wie z. B. Kapitalgeber und potenzielle Mitarbeiter werden nicht berücksichtigt.
Letztlich ist zu hinterfragen, ob unternehmensfokussierte Markenziele, bspw. die
„Listungsfunktion", auf derselben Ebene wie rezipientenorientierte Funktionen wie
die „Identifikationsfunktion" zu sehen sind.

1.2 Die Markenfunktionen auf Basis eines wirkungsorientierten Verständ-nisses

Im Folgenden sollen die dargestellten Kritikpunkte aufgegriffen und der Funktio-
nenbegriff aus einer rein wirkungsorientierten Perspektive diskutiert werden. Die
Markenrelevanz wurde als Bedeutungsgewicht der Marke für Entscheidungsprozesse und dem daraus resultierenden Verhalten einer Bezugsperson definiert. Mit
anderen Worten setzt die Markenrelevanz der Unternehmensmarke in dem hier
vertretenen Verständnis an den Funktionen an, welche die (Unternehmens-)Marke
für den Rezipienten erfüllen kann. Auf der anderen Seite stehen die beabsichtigten **Ziele** der markenführenden Institution, im Falle der Unternehmensmarke des
Unternehmens, welche mittels der Markenführung erreicht werden sollen. Diese
beiden Ebenen sollen im Folgenden begrifflich getrennt werden, was in Abbildung
7 verdeutlicht wird. Die Markenziele sind Aspekte wie die Bindung von Kunden
oder die Realisierung von Preisprämien, wie sie im Einführungskapitel dieser Arbeit vorgestellt worden sind. Die **Markenfunktionen** beziehen sich hingegen in
einer Rezipientenperspektive auf die mögliche Funktionserfüllung und letztlich die
Wirkungen der Unternehmensmarke.

---

[113] Koppelmann, U., Funktionenorientierter Ansatz der Markenführung, a. a. O., S. 224.

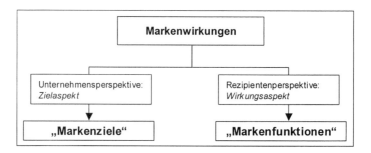

Abbildung 7: Markenziele und Markenfunktionen

In der Literatur zur Markenforschung wird dabei zum einen von den verschiedenen Funktionen gesprochen, welche die Marke potenziell bedienen kann, zum anderen von den verschiedenen **Nutzen** der Marke für den Rezipienten.[114] Der Nutzen ist ein zentrales ökonomisches Konstrukt, welches in enger Beziehung zu dem Bedürfniskonstrukt steht.[115] Nutzen bringt demnach ein nach subjektiven Maßstäben bewertbares und daher intersubjektiv nur schwer vergleichbares Maß an **Bedürfnisbefriedigung** zum Ausdruck.[116] Damit wird mit den Markenfunktionen auf eine Nutzenerfüllung der Marke abgestellt, die auf Grund einer Befriedigung von markenspezifischen Bedürfnissen entsteht. Vor diesem Hintergrund soll für die Konzeptualisierung der Markenrelevanz auf Basis der Markenfunktionen zunächst auf die beiden Konstrukte „Nutzen" und „Bedürfnis" eingegangen werden, um daran

---

[114] Vgl. zu dem Verweis auf die Markenfunktionen unter Nutzenaspekten z. B. Kapferer, J.-N., Strategic Brand Management, a. a. O., S. 26; Meffert, H. / Burmann, Ch. / Koers, M., Stellenwert und Gegenstand der Markenführung, a. a. O., S. 9 f.; Aaker, D. A. / Joachimsthaler, E., Brand Leadership, a. a. O., S. 44; Bruhn, M., Begriffsabschätzungen und Erscheinungsformen von Marken, a. a. O., S. 22 f.

[115] Der Nutzenbegriff tritt schon bei ADAM SMITH auf, der zwischen dem Gebrauchswert (Nutzen) und dem Tauschwert von Gütern (Preis) unterscheidet, vgl. Smith, A., Untersuchung über das Wesen und die Ursachen des Nationalreichtums, 1. Bd., Leipzig 1864, S. 41; zitiert nach Perrey, J., Nutzenorientierte Marktsegmentierung, Wiesbaden 1998, S. 13.
Zu einem Überblick über die unterschiedlichen Modellierungen und Forschungshintergründe des Nutzenkonstruktes vgl. Stigler, G., The Development of Utility Theory, in: Stigler, G. (Hrsg.), Essays in the History of Economics, London 1965, S. 70 ff.; Neumann, M., Nutzen, in: Albers, W. (Hrsg.), Handwörterbuch der Wirtschaftswissenschaften, Bd. 5, Stuttgart 1980, S. 349 ff.

[116] Vgl. Feuerhake, C., Konzepte des Produktnutzens und verwandte Konstrukte in der Marketingtheorie, Arbeitspapier Nr. 22 des Lehrstuhls für Markt und Konsum der Universität Hannover, Hannover 1991, S. 34; Teichert, T., Nutzenschätzung in Conjoint Analysen, Wiesbaden 2001, S. 23.

anschließend die konkreten Markenfunktionen als Dimensionen der Markenrelevanz abzuleiten.

Für die Gültigkeit verschiedener Markenfunktionen, die auf einen **spezifischen Nutzen** der Unternehmensmarke zurückzuführen sind, muss das Nutzenkonstrukt mehrdimensional konzeptualisiert werden. Der Gesamtnutzen ergibt sich dann aus der Komposition verschiedener Teilnutzenkomponenten. Dieses Nutzenverständnis findet sich in der **multiattributiven Nutzentheorie** wieder, welche ihren Grundstein im nationalökonomischen Nutzenverständnis hat. Ende des 18. Jahrhunderts erweiterte BENTHAM, das von BERNOULLI entwickelte, eindimensionale Nutzenkonzept und zerlegte den Gesamtnutzen in einzelne Komponenten.[117] Für die Anwendung des multiattributiven Nutzenkonstrukts im Marketing stellte LANCASTER für (Kauf-) Entscheidungen heraus, dass nicht Produkte bzw. Leistungen selbst, sondern ihre (materiellen) Eigenschaften, für die Bildung von Nutzenurteilen verantwortlich sind.[118] Güter sind infolgedessen als Bündel von Eigenschaftsausprägungen aufzufassen.[119]

Die Unternehmensmarke ist als Wahrnehmungskonstrukt nicht als materielle Eigenschaft im LANCASTERschen Sinne einzuordnen. Das erfordert für die weitere Betrachtung eine Perspektive, welche sich von einer rein auf materielle Eigenschaften fokussierten Sichtweise der klassischen Nutzentheorie löst und theoretisch auch ein psychisches Konstrukt wie die Marke als Nutzenbestandteil zulässt. Eine solche Betrachtungsweise findet sich in den Arbeiten VERSHOFENS zum Verbraucherverhalten wieder, die im Marketing eine hohe Beachtung erfahren haben.[120] Er spricht von dem technisch, physikalischen **Grundnutzen** und dem **Zusatznutzen** eines Gutes, der alle für die Funktionsfähigkeit dieses Gutes nicht

---

[117] Vgl. Bernoulli, D., 1779, in der Übersetzung von Sommer, L., Econometrica, Vol. 22, S. 23ff.; Teichert, T., Nutzenschätzung in Conjoint Analysen, a. a. O., S. 22 ff.

[118] Vgl. Lancaster, K. J., A New Approach to Consumer Theory, in: Journal of Political Economy, Vol. 2, 1966, S. 132 ff. sowie Lancaster, K. J., Consumer Demand, A New Approach, New York, London 1971.

[119] Aus diesem Verständnis des Nutzens als eine mehrdimensionale Größe entstand für die Operationalisierung des Nutzens im Rahmen empirischer Untersuchungen das grundlegende Problem, eine Messung entweder auf kompositionellem oder dekompositionellem Wege durchzuführen. Vgl. dazu ausführlich Voeth, M., Nutzenmessung in der Kaufverhaltensforschung, Wiesbaden 2000.

[120] Vgl. Moser, H., Wilhelms Vershofens Beitrag zu einer Theorie des Verbraucherverhaltens, Berlin 1963, S. 25 ff.; Meffert, H., Marketing – Grundlagen marktorientierter Unternehmensführung, a. a. O., S. 333; Brockhoff, K., Produktpolitik, 3. Aufl., Stuttgart 1999, S. 12 ff.

zwingend erforderlichen Erlebnisse und Empfindungen umfasst. Diese Perspektive hat sich im Marketing weitgehend etabliert, so dass sich bspw. in der Produktpolitik mit dem „generischen Produktbegriff" die Unterscheidung zwischen Grund- und Zusatznutzen durchgesetzt hat.[121] Auch in der Markenführung wird der VERS-HOFENsche Begriff des „Zusatznutzens" aufgegriffen.[122] Damit wird auf die Marke als Nutzenbestandteil verwiesen, welcher sich als eigene Komponente isoliert erfassen lassen müsste. Das ist jedoch nicht unproblematisch, da Marken als Wahrnehmungskonstrukte immer mit einem oder mehreren Objekten verbunden sind.[123] Im konkreten Untersuchungsfall ist damit die Unternehmensmarke als Nutzenbestandteil nur schwer zu isolieren.[124] Andererseits ermöglicht eine theoretische Trennung der Unternehmensmarke von einem markierten Objekt einen für die Konzeptualisierung notwendigen Abstraktionsgrad. Das gesamte Spektrum ihres möglichen Zusatznutzens kann auf dieser Abstraktionsebene losgelöst von einem konkreten Anwendungsfall oder einer spezifischen Bezugsgruppe erfasst werden.

Es soll daher auf einer theoretischen Ebene davon ausgegangen werden, dass die Unternehmensmarke in einer nutzentheoretischen Interpretation **eine abgrenzbare Nutzenkomponente** darstellt. Diese ist dabei multiattributiv als Teil des Gesamtnutzens zu interpretieren. Für die Relevanz der Unternehmensmarke erlaubt diese Perspektive einen Bezug zur Erfassung des Nutzens in multiattributiven Modellen. Unter der vereinfachenden Prämisse einer additiven Zusammensetzung des Nutzens kann der Gesamtnutzen einer Alternative in kompositioneller Weise

---

[121] Vgl. Bänsch, A., Käuferverhalten, 8. Aufl., München 1998; Meffert, H., Marketing – Grundlagen marktorientierter Unternehmensführung, a. a. O., S. 333 f. Diese grundlegende Unterteilung wurde im Gegensatz zu den weiteren Ausführungen VERSHOFENS zum Zusatznutzen übernommen. Er stellte weiterhin eine Nutzenhierarchie in Form einer „Nutzenleiter" dar, welche vom geistig seelischen Nutzen zum Nutzen transzendenter Art reicht. Nach der „Nürnberger Regel" folgerte er, dass je spezieller die Art des Zusatznutzens ist, desto stärker beeinflusst sie die Kaufentscheidung. Dieses Vorgehen entbehrt jedoch an Leistungsfähigkeit für die Marketingwissenschaft. Vgl. zur Kritik ausführlich Herrmann, A. / Bauer, H. / Huber, F., Eine entscheidungstheoretische Interpretation der Nutzenlehre von Wilhelm Vershoven, in: WiSt, H. 6, Juni 1997, S. 281 f.

[122] Vgl. z. B. Huber, F. / Herrmann, A. / Weis, M., Markenloyalität durch Markenpersönlichkeit, in: Marketing ZFP, H. 1., 2001, S. 5 f.

[123] So ist z. B. die Unternehmensmarke „Porsche" untrennbar mit Assoziationen zu dem zu Grunde liegenden Objekt „hochpreisiger, deutscher Sportwagen" verbunden.

[124] Vgl. zu dieser Problematik und einer Erfassung der Unternehmensmarke mittels dekompositioneller Analyseverfahren Meffert, C., Profilierung von Dienstleistungsmarken in vertikalen Systemen. Ein präferenzorientierter Beitrag zur Markenführung in der Touristik, Wiesbaden 2002, S. 209 ff. u. 236 ff.

über eine Summation der gewichteten Teilnutzenwerte erfasst werden.[125] In einer allgemeinen Formulierung[126] unter Berücksichtigung einer markenspezifischen Komponente (m) führt das zu einer Bestimmung des Nutzens U einer Alternative j über:[127]

$$U_j = \sum_{k=1}^{n} u_{jk} + u_{jm} \text{ mit}$$

U_j = Gesamtnutzen der Alternative j

u_{jk} = (nicht markenbezogene) Teilnutzenwerte der Alternative j

u_{jm} = Teilnutzenwert der Unternehmensmarke zur Alternative j

Da unterstellt wird, dass die Unternehmensmarke eine Teilkomponente des Gesamtnutzens darstellt, kann die **Markenrelevanz** als das Bedeutungsgewicht der Unternehmensmarke innerhalb des Gesamtnutzens interpretiert werden. Dieses Bedeutungsgewicht determiniert das Ausmaß des Markennutzens gegenüber anderen Nutzenkomponenten. Der Markennutzen übt als Teil des Gesamtnutzens eine verhaltensbegründende Wirkung aus.[128]

---

[125] Vgl. Teichert, T., Nutzenschätzung in Conjoint Analysen, a. a. O., S. 33.

[126] Vgl. Keeney, R., Utility Functions for Multiattributed Consequences, Management Science, Vol. 18, No. 5, 1972, S. 277.

[127] Eine ähnliche Konstruktmessung wurde parallel zur multiattributiven Nutzentheorie in der Einstellungsforschung entwickelt. TROMMSDORFF / BLEICKER / HILDEBRANDT stellen im Rahmen eines Vergleichs der beiden Konstrukte eine hohe inhaltliche Verwandtschaft, jedoch eine divergierende Theoriegeschichte fest. Der Nutzenbegriff findet nach Ansicht der Autoren häufiger in präskriptiven, der Einstellungsbegriff hingegen in deskriptiv-explikativen Zusammenhängen Verwendung. Vgl. Trommsdorff, V. / Bleicker, U. / Hildebrandt, L., Nutzen und Einstellung: Studenten beurteilen Marktforschungsbücher, Diskussionspapier Nr. 50 der Wirtschaftswissenschaftlichen Dokumentation, Berlin 1979, S. 31.
Zur multiattributiven Einstellungsmessung vgl. ausführlich Freter, H., Interpretation und Aussagewert mehrdimensionaler Einstellungsmodelle im Marketing, in: Meffert, H. / Steffenhagen, H. / Freter, H. (Hrsg.), Konsumentenverhalten und Information, Wiesbaden 1979, S. 163-184.

[128] Dass der Nutzen einen zentralen Stellenwert für das Verhalten aufweist, ist in der wissenschaftlichen Literatur unumstritten, vgl. Perrey, J., Nutzenorientierte Marktsegmentierung, a. a. O., S. 15; Gutsche, J., Produktpräferenzanalyse. Ein modelltheoretisches und methodisches Konzept zur Marktsimulation mittels Präferenzerfassungsmodellen, Berlin 1995, S. 41.
In der Diskussion ist jedoch der Zusammenhang zwischen den Konstrukten „Nutzen" und „Präferenz", die zum Teil synonym verwendet werden. Vgl. dazu ausführlich Böcker, F., Präferenzforschung als Mittel marktorientierter Unternehmensführung, a. a. O., S. 543-574 sowie Perrey, J., Nutzenorientierte Marktsegmentierung, a. a. O., S. 14 ff.

Die **Markenfunktionen** wurden eingangs in einer wirkungsorientierten Sichtweise charakterisiert, wobei unterstellt worden ist, dass mehrere Funktionsdimensionen existieren. Sie bestimmen inwieweit die Unternehmensmarke durch den Rezipienten „genutzt" werden kann. Vor dem Hintergrund der vorgestellten Schreibweise lassen sich die Markenfunktionen als **Determinanten** dieser Größe integrieren, so dass formal festgehalten werden kann:

$$u_{jm} = f(m_1, ..., m_n)$$

mit
u_{jm} = Teilnutzenwert der Unternehmensmarke zur Alternative j
m = Markenfunktion 1 bis n.

Die Markenfunktionen bilden demnach die Dimensionen der Markenrelevanz. Mit anderen Worten wird der markenspezifische Nutzen einer Alternative über die Markenfunktionen als Determinanten des Teilnutzens der Unternehmensmarke bestimmt.[129] Konsequenter Weise müsste vor diesem Hintergrund nicht von Markenfunktionen, sondern von „Teilnutzendimensionen des Teilnutzenwertes der Unternehmensmarke" gesprochen werden. Darauf soll aber im Weiteren verzichtet werden, um die kaum überschaubare Begriffswelt der Markenführung nicht weiter zu verkomplizieren.

Es gilt nun im Folgenden zu klären, wie viele und welche Markenfunktionen theoretisch erfasst werden können. Dazu ist auf die **Bedürfnisse** und **Motive**[130] einzu-

---

[129] Diese Auffassung vertreten auch MEFFERT / BURMANN / KOERS, wenn sie von den Markenfunktionen in ihrer Gesamtheit als Nutzen der Marke aus Nachfragersicht sprechen. Vgl. Meffert, H. / Burmann, Ch. / Koers, M., Stellenwert und Gegenstand des Markenmanagement, a. a. O., S. 10.

[130] Die Motivforschung, die ihre Wurzeln in der Psychologie und in der Philosophie hat, lässt sich nach YOUNG auf den kleinsten gemeinsamen Nenner der Suche und Erklärung menschlichen Handels („acitivty") zurückführen, vgl. Young, P. T., Motivation and Emotion, A survey of the determinants of human and animal activity, New York 1961, S. 24.
Für die Marketingwissenschaft sind Bedürfnisse und Motive von Bedeutung, da sie u. a. die Grundlage für Entscheidungsprozesse und Verhalten von Konsumenten, insbesondere in Bezug auf den Konsum von Gütern und Dienstleistungen darstellen. Die Bedürfnisorientierung ist mithin ein zentraler Bestandteil der Marketingphilosophie. Das belegen bspw. die Definitionen des Marketing von MEFFERT und KOTLER, welche die Befriedigung der Kundenbedürfnisse zum expliziten Bestandteil des Marketing machen, vgl. Meffert, H., Marketing – Grundlagen marktorientierter Unternehmensführung, a. a. O., S. 10.

gehen, welche die Unternehmensmarke potenziell befriedigen und damit nutzenstiftend wirken können.

Die Begriffe „Bedürfnis" und „Motiv" werden in der wissenschaftlichen Literatur teilweise synonym verwendet.[131] So ist z. B. die Unterscheidung zwischen primären und sekundären Bedürfnissen identisch mit der entsprechenden Motivklassifikation.[132] Von primären Motiven wird gesprochen, wenn sie nahezu vollständig über Emotionen und Triebe gesteuert werden (wie z. B. Hunger). Sind sie eher kognitiv beeinflusst und gelernt (z. B. Prestige), werden sie als sekundäre Motive gekennzeichnet.[133] Die im Marketing prominente Klassifikation des kognitiv orientierten Theoretikers MASLOW in Form der „Bedürfnispyramide"[134] spricht ebenfalls von „Bedürfnissen", nicht von Motiven. TROMMSDORFF sieht Bedürfnisse auf einer den Motiven vorgelagerten theoretischen Ebene.[135] Bedürfnisse seien im Gegensatz zu Motiven noch nicht auf ein Ziel gerichtet und als Auslöser von Motiven zu sehen. Motive seien weiterhin auf einem Kontinuum kognitiver Anreicherung einzuordnen, welches von stark unkontrolliert, emotional bis stark kontrolliert, rational verläuft. Dem soll für die Konzeptualisierung der Markenrelevanz grundsätzlich gefolgt werden. **Bedürfnisse** kennzeichnen demnach einen empfundenen Mangelzustand, der nicht notwendigerweise biologischer Natur ist.[136] Das **Motiv** ist ein dem Bedürfnis nachgelagertes Konstrukt, das sowohl stärker affektiv als auch stärker kognitiv geprägt sein kann und als auslösendes Moment für (Handlungs-) Prozesse gilt.

---

[131] Vgl. z. B. Meffert, H., Marketingforschung und Käuferverhalten, 2. Aufl., Wiesbaden 1992, S. 52 f.

[132] Fischer, L. / Wiswede, G., Grundlagen der Sozialpsychologie, München 1997, S. 105.

[133] Vgl. Fischer, L. / Wiswede, G., Grundlagen der Sozialpsychologie, a. a. O., S. 105, Meffert, H., Marketingforschung und Käuferverhalten, a. a. O., S. 52.

[134] Vgl. Maslow, A., Motivation and Personality, in: Theoretical Readings in Motivation: Perspections on Human Behavior, Levine, F. M. (Hrsg.), Chicago 1975, S. 358 ff., zur Kritik Franke, J. / Kühlmann T. M., Psychologie für Wirtschaftswissenschaftler, Landsberg / Lech 1990, S. 257 ff. Die Bedürfnispyramide umfasst in der untersten Stufe „Physiologische Bedürfnisse" und verläuft über Sicherheits-, Sozial- und Prestigebedürfnisse zum Bedürfnis nach Selbstverwirklichung.

[135] Trommsdorff, V., Konsumentenverhalten, a. a. O., S. 114 f.

[136] FISCHER / WISWEDE weisen zurecht darauf hin, dass durch den allgemeinen Sprachgebrauch der Eindruck erweckt wird, mit dem Begriff Bedürfnis seien (biologische) Grundbedürfnisse gemeint, vgl. Fischer, L. / Wiswede, G., Grundlagen der Sozialpsychologie, a. a. O., S. 105.

Vor dem Hintergrund der Frage, welche Bedürfnisse die Unternehmensmarke für den Markenrezipienten befriedigen kann, soll zunächst der **Optionenraum** möglicher markenbezogener Bedürfnisse dargestellt werden. Dazu soll die in der Nutzendiskussion eingeführte theoretische Trennung zwischen markiertem Objekt und Unternehmensmarke beibehalten werden. Grundsätzlich kann sich dann ein Bedürfnis als empfundener Mangelzustand zum einen **direkt** auf die Marke richten und motivationale Kraft entfalten, zum anderen kann ein Markenbedürfnis **derivativ** entstehen. Diese grundlegenden Optionen sind in Abbildung 8 dargestellt.

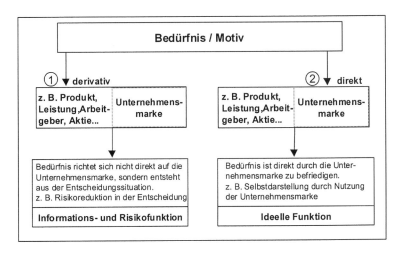

Abbildung 8:   Markenfunktionen als Elemente der Bedürfnisbefriedigung

Der mit der Nummer 1 gekennzeichnete Weg beschreibt ein derivatives Bedürfnis nach einer Unternehmensmarke. Zunächst wird die Existenz eines Mangelzustandes vorausgesetzt. So könnte z. B. auf Grund der Vollendung der Ausbildung ein Bedürfnis nach einem Arbeitgeber bestehen. Das hat die Suche nach Objekten zur Konsequenz, die dieses Bedürfnis befriedigen können (im Beispiel sind dies verschiedene Unternehmen als Arbeitgeber). Die Objekte sind gleichzeitig Elemente des Entscheidungsprozesses, dessen Ergebnis letztlich das Verhalten determiniert.[137] Menschliche Entscheidungen werden dabei immer unter einem ge-

---

[137] Entscheidungsprozesse können dabei in unterschiedlicher Länge und Intensität ablaufen. Für die Bezugsgruppe der Konsumenten hat sich in der deutschsprachigen Käuferverhaltensfor-

wissen Maß an Unsicherheit und unvollständiger Information getroffen.[138] Daraus resultieren für den Entscheider **zwei grundsätzliche Bedürfnisse**. Zunächst möchte er das der Entscheidung immanente **Risiko** des Fehlverhaltens minimieren. Die Entscheidung sollte demnach möglichst keine nachteiligen bzw. nicht gewünschten Folgen für den Entscheider nach sich ziehen.[139] Diesem Risiko könnte der Entscheider grundsätzlich durch die Beschaffung von **Informationen** begegnen. Jede Informationsbeschaffung bezüglich möglicher Entscheidungsobjekte ist jedoch mit Aufwand für den Entscheider verbunden. Darüber hinaus macht die Akkumulation von Informationen den Entscheidungsprozess komplexer und dadurch schwerer zu handhaben.[140] So ist bspw. beim Kauf von Zigaretten eine Berücksichtigung sämtlicher Angebote kaum handhabbar oder eine vollständige Überprüfung aller Sicherheitskriterien bei Fernreisen nahezu unmöglich. Daraus lässt sich zum einen ein Bedürfnis nach relevanten, gebündelten Informationen ableiten, welche die Entscheidungen vereinfachen. Zum anderen besteht potenziell ein Bedürfnis nach Reduktion des Entscheidungsrisikos. Hier ergibt sich ein Ansatzpunkt für die Unternehmensmarke, die beschriebenen, aus einer Entscheidungssituation resultierenden Bedürfnisse zu befriedigen. Sie sind insofern als indirekt oder **derivativ** zu bezeichnen, als dass sie sich erst aus einem ursprünglichen Bedürfnis, z. B. nach einer Anstellung bei einem Unternehmen oder dem Bedürfnis nach einer Vermögensanlage, ergeben.[141] Die potenzielle Bedeutung der Unternehmensmarke ist erst durch den Entscheidungs- bzw. Auswahlprozess und der unvollständigen Information bedingt.

---

schung eine Klassifikation von extensiven bis habitualisierten Entscheidungsprozessen durchgesetzt. Vgl. Kroeber-Riel, W. / Weinberg, P., Konsumentenverhalten, a. a. O., S. 393.

[138] Vgl. grundsätzlich Tversky, A. / Kahneman, D., Judgement under Uncertainty: Heuristics and Biases, New York, 1982, S. 1; für das Marketing: Backhaus, K. / Plinke, W. / Rese, M., Industrial Marketing Management, unveröffentlichtes Manuskript, Berlin / Münster 1999.

[139] Diese Ausführungen beziehen sich auf den im Marketing und insbesondere im Käuferverhalten verwendeten Risikobegriff, der in expliziter Form von BAUER eingeführt worden ist. Vgl. Bauer, R. A., Consumer Behavior as Risk Taking, in deutscher Übersetzung bei Specht, K. G. / Wiswede, G. (Hrsg.), Marketingsoziologie. Soziale Interaktionen als Determinanten des Wahlverhaltens, Berlin 1976, S. 207-217.

[140] Vgl. Slovic, P. / Fischoff, B. / Lichtenstein, S., Facts versus Fears: Understanding Perceived Risk, in: Tversky, A. / Kahneman, D., Judgement under Uncertainty: Heuristics and Biases, a. a. O., S. 463 f.

[141] An dieser Stelle wird die Bedeutung der Abstraktion von Bedürfnissen im Sinne rein biologischer Triebkräfte deutlich.

Die zweite Option der Bedürfnisbefriedigung ist in der Abbildung 8 mit der Nummer 2 gekennzeichnet. Hier besteht ein Bedürfnis, welches direkt durch die Marke befriedigt werden kann. Das Wahrnehmungskonstrukt wird dann unmittelbar entscheidungsrelevant. Einen solchen Fall stellt bspw. das Bedürfnis nach dem Ausdruck der eigenen Persönlichkeit mittels der Unternehmensmarke dar.[142] Dieses Bedürfnis kann sich von dem empfundenen Mangelzustand in zielgerichtetes Verhalten wandeln (z. B. eine Kaufhandlung) und somit Motivcharakter erfahren. Es wird eine Entscheidung für die Marke *und* wegen der Marke gefällt. Die Unternehmensmarke ist so in der Lage ein „**ideelles**" Bedürfnis zu befriedigen. Diese direkte Bedürfnisbefriedigung wird im Zusammenhang mit der Marke in Anlehnung an die VERSHOFENsche Terminologie als „Zusatznutzen" benannt.[143] Der Begriff erscheint jedoch vor dem Hintergrund der angestellten Überlegungen zu eng, da die Unternehmensmarke auch zur Befriedigung der genannten Informations- und Risikobedürfnisse herangezogen werden kann und dadurch ebenfalls ein „Zusatz"-Nutzen gestiftet wird.

Wie dargestellt kann die Unternehmensmarke innerhalb des beschriebenen Optionenraumes drei grundlegende Bedürfnisdimensionen befriedigen. Auf Basis der Definition des Nutzens als Grad der Bedürfnisbefriedigung und der Integration der Markenfunktionen als Determinanten der Markenrelevanz in ein multiattributives Nutzenmodell lassen sich diese zusammenfassend als

- **Informationseffizienz** (derivatives Bedürfnis nach entscheidungsrelevanten, einfach zugänglichen Informationen) und

- **Risikoreduktion** (derivatives Bedürfnis nach Verminderung des entscheidungsimmanenten Risikos) sowie

- **Ideeller Nutzen** (direktes Bedürfnis z. B. nach sozialer Anerkennung)

---

[142] In der MASLOWSCHEN Bedürfnispyramide wäre der Ausdruck der Persönlichkeit unter den Begriff der „Selbstwertschätzung" zu fassen. Vgl. Maslow, A., Motivation and Personality, a. a. O., S. 362.

[143] Vgl. Huber, F. / Herrmann, A. / Weis, M., Markenloyalität durch Markenpersönlichkeit, a. a. O., S. 5 f.

benennen.[144] Die Funktionsdimensionen decken in ihrer dargestellten abstrakten Form das gesamte Spektrum der Bedürfnisbefriedigung durch die Unternehmensmarke ab. Dies soll zunächst durch einen Überblick über die in der Literatur genannten Markenfunktionen gezeigt werden. Die vor dem Hintergrund unterschiedlicher Problembereiche aufgeführten Markenfunktionen finden sich in Tabelle 1 wieder.[145]

Autor	Problem-hintergrund	Informations-dimension	Risikodimension	Ideelle Dimension
Berekoven (1978)	*Marken-konzept*	- Erkennung - Unterscheidung - Wiedererkennung	- Konstanz	- -
Hätty (1989)	*Markentransfer*	- Identifikation - Individualisierung	- Vertrauen/Sicherheit	- Nutzenfunktion
Kapferer (1989)	*Marken-konzept*	- Identifikation - Vereinfachung der Auswahl	- (Qualitäts-) Garantie - Sicherheit - Kontinuität	- Selbstbestätigung - Hedonismus - Ethischer Wert
Aaker (1992)	*Marken-konzept*	- Identifikation - Informations-vermittlung - Komplexitäts-reduktion/Entlastung - Entscheidungshilfe - Beschaffungs-vereinfachung - Entscheidungs-unterstützung	- Qualitätsgarantie - Risikoreduktion - Sicherheit	- Zusatznutzen - Befriedigung bestimmter Emotional-bedürfnisse von Entscheidern
Bruhn (1994)	*Marken-konzept*	- Orientierung - Identifikation/Information - Entlastung	- Qualitätssicherung - Risikominderung	- Prestige - (Exklusivitätssignal)
Rüschen (1994)	*Markenziele und Funktionen*	- „zurechtfinden" - „auf bewährte Pro--dukte zurückgreifen" - Verfügbarkeit - „Stütze bei Erst-käufen"	- „auf Qualität verlas-sen" - „Sicherheit der Er-zeugnisse" - „Verbraucherschutz"	- „emotionale Funktionen" - „Lebensstil ausdrücken" - „Prestige verleihen" - „Faszination" - „Zusatznutzen"

---

[144] Vgl. zu dieser Nomenklatur auch Fischer, M. / Hieronimus, F. / Kranz, M., Markenrelevanz in der Unternehmensführung – Messung, Erklärung und empirische Befunde für BtoC Märkte, Backhaus, K. / Meffert, M. et al. (Hrsg.), Arbeitspapier Nr. 1 des Marketing Centrum Münster und McKinsey & Comp., Münster 2002, S. 18
Es sei an dieser Stelle darauf hingewiesen, dass die theoretische Ableitung der Markenfunktionen in idealtypischerweise geführt wurde. Es kann davon ausgegangen werden, dass sie in realen Entscheidungen nicht isoliert, sondern in Kombination miteinander auftreten.

[145] Vgl. zu einer ähnlichen Erfassung in reduzierter Form: Casper, M. / Hecker, A. / Sabel, T., Markenrelevanz in der Unternehmensführung – Messung, Erklärung und empirische Befunde für B2B-Märkte, a. a. O., S. 14.

Autor	Problem-hintergrund	Informations-dimension	Risikodimension	Ideelle Dimension
Koppel-mann (1994)	*Marken-konzept*	- Wiedererkennung (Orientierung) - Rationalisierung - Produktidentifikation	- Risikoreduktion - Wiederverkauf	- Emotionalisierung - Identifikation mit dem Produkt - Demonstration
Merbold (1994)	*Unterneh-mensmarke*	- Identifikation der spezifischen Marke - Orientierung	- Gütesiegel - Stabilität des An-gebotes - Konstanz des An-gebotes	- Identifikation mit der Marke - „Visitenkarten-Funktion"
Irmscher (1997)	*Marken-konzept*	- Identifikation - Individualisierung - Herkunft	- Vertrauen - Garantiebeweis - Qualitätskonstanz	- „Werbefunktion"
Meffert (1998)	*Marken-Konzept*	- Identifikation der Marke - Orientierungshilfe	- Vertrauen - Sicherheit - Qualitätsbeweis	- Identifikation mit der Marke - Prestigefunktion
Thurm (2000)	*Marken-konzept*	- Wiedererkennung - Orientierung - Identifikation - Rationalisierung - Beschleunigung	- Schutz/Sicherheit - Garantie - Wiederkauf - Routinisierung	- Demonstration - Emotionalisierung
Kemper (2000)	*Markenpolitik im Investi-tionsgüterbe-reich*	- Identifikation/ Diff-erenzierung - Herkunft - Kommunikation - Entlastung (Ordnung/ Rationalisierung)	- Garantie bzw. Ver-trauen (auch Güte/ Qualität)	- -
Bierwirth (2001)	*Unterneh-mensmarke*	- Rationalisierungs-funktion	- Vertrauensfunktion	- Identifikationsfunktion
Esch (2003)	*Marken-konzept*	- Orientierungsfunktion	- Vertrauensfunktion	- „emotionaler Anker" - „Vermitteln von Wertvorstellungen" - „Gruppenintegration"

Tabelle 1: Markenfunktionen in der Literatur zur Markenführung

Auf Basis der vorgenommenen Einordnung lässt sich feststellen, dass sich die in der Literatur genannten Markenfunktionen in das vorgestellte Ordnungsschema vollständig einordnen lassen. Die Funktionsaufzählungen in der Tabelle 1 schwanken von drei bis elf Nennungen. Eine Dominanz für eine der Funktionsdimensionen ist aus der Literaturanalyse nicht zu erkennen. Lediglich in den Funktionskatalogen von BEREKOVEN und KEMPER taucht die ideelle Dimension nicht auf. Zu KOPPELMANN und THURM ist anzumerken, dass beide Autoren die „Wiederverkaufsfunktion" aufführen. Diese Funktion kann der Risikodimension zugeordnet werden, da durch die „markenbedingte höhere Wahrscheinlichkeit eines Wiederverkaufs",[146] eine Entscheidung einfacher rückgängig gemacht werden kann. Weiterhin wird die Vertrauensfunktion mehrfach genannt. Das Vertrauen stellt ein zentrales Konstrukt insbesondere der identitätsorientierten Markenführung dar,[147]

---

[146] Koppelmann, U., Funktionenorientierter Erklärungsansatz der Markenpolitik, a. a. O., S. 277.

[147] Vgl. Meffert, H. / Burmann, Ch., Identitätsorientierte Markenführung, a. a. O., 24 f.

dessen Konzeptualisierung jedoch umstritten ist. Die Vertrauensfunktion kann der Risikodimension zugeordnet werden, da Vertrauen in einer verhaltensorientierten Interpretation als risikonahes Konstrukt („risk taking behavior") verstanden wird.[148]

Nachdem das vorgestellte Ordnungsraster auf Basis einer Literaturanalyse bestätigt worden ist, soll im Folgenden eine theoretische Reflexion der genannten Markenfunktionen Risikoreduktion, Informationseffizienz und idealer Nutzen vorgenommen werden. Unter Berücksichtigung der geführten Diskussion zu den unterschiedlichen Bedürfnissen, die durch die Unternehmensmarke befriedigt werden können, soll zwischen direkten und derivativen Markenfunktionen unterschieden werden.

2. Konzeptionelle Analyse der Markenfunktionen als Dimensionen der Relevanz der Unternehmensmarke

2.1 Theoretische Grundlagen der Konzeption

Für die konzeptionelle Betrachtung der Markenfunktionen als Grundlage der Markenrelevanz stellt sich die Frage, welche theoretischen Ansätze zur Erklärung des Untersuchungsobjektes herangezogen werden sollen. Grundsätzlich lassen sich dabei zwei unterschiedliche Vorgehensweisen unterscheiden. Im Rahmen des **Theorie-Monismus**, wird lediglich ein Theoriegebäude, wie z. B. die verhaltenswissenschaftliche Perspektive, zu Grunde gelegt.[149] Dagegen werden gemäß der Leitidee des **theoretischen Pluralismus** in Anlehnung an FEYERABEND bei der wissenschaftstheoretischen Konzeption eines Untersuchungsgegenstandes unter-

---

[148] Vgl. Smith J. B. / Barclay, D. W., The Effects of Organizational Differences and Trust in Effectiveness of Selling Partner Relationships, in: Journal of Marketing, Vol. 61, Jan 1997, S. 5 und vertiefend: Kenning, P., Customer Trust Management - Ein Beitrag zum Vertrauensmanagement im Lebensmitteleinzelhandel, Wiesbaden 2002, S. 8 ff.

[149] Wie viele Begriffe innerhalb der Marketingwissenschaft ist auch der Begriff der Theorie nicht eindeutig und daher erklärungsbedürftig. Grundsätzlich kann eine Theorie als ein Gefüge von in der Forschung gewonnenen Erkenntnissen bezeichnet werden. Aus einer realwissenschaftlichen Perspektive ist unter einer Theorie ein System von allgemeinen Hypothesen über die Zustände der Realität zu verstehen. Systeme von Theorien werden auch als Forschungsprogramme gekennzeichnet. Vgl. Franke, N., Realtheorie des Marketing: Gestalt und Erkenntnis, Tübingen 2002, S. 178 f.; Lakatos, I., Falsifikation und die Methodologie wissenschaftlicher Forschungsprogramme, in: Kritik und Erkenntnisfortschritt, Lakatos, I. / Musgrave, A. (Hrsg.), Braunschweig 1974 , S. 89.

schiedliche Ansätze zu seiner Erklärung herangezogen.[150] Für das Marketing i-
dentifizieren FRANKE und KAAS in aktuellen Bestandsaufnahmen die **Ökonomie** (i.
e. das neoklassische und das neoinstitutionelle Paradigma) und die **Verhaltens-
wissenschaften** (neobehavioristisches Paradigma) als zentrale Quellen der verwendeten Theorien.[151]

Bezüglich der theoretischen Auseinandersetzung mit dem Markenkonstrukt kann
konstatiert werden, dass die verhaltenswissenschaftliche Perspektive lange Zeit
die Untersuchungen zur Markenführung dominiert hat. Dies ist vor dem Hintergrund der vorherrschenden, wirkungsorientierten Definition der Marke nachzuvollziehen. Seit Beginn der 90er Jahre wird die Markenführung jedoch verstärkt auch
unter Berücksichtigung des ökonomischen Paradigmas diskutiert.[152] In der weiteren Entwicklung werden in jüngeren Publikationen gleichzeitig verschiedene Paradigmen bei der Betrachtung des Untersuchungsobjektes Marke herangezogen. Es

---

[150] Vgl. Feyerabend, P. K., Problems of Empiricism, in: Colodny, R. G. (Hrsg.), Beyond the edge
of certainty, Englewood Cliffs 1965, S. 145 ff. Die Idee des theoretischen Pluralismus erläutern
u. a. Fritz, W., Die Idee des theoretischen Pluralismus und ihre Verwirklichung im Rahmen
empirisch betriebswirtschaftlicher Forschung, Arbeitspapier der Forschungsgruppe Konsumenteninformation, Universität Mannheim, Mannheim 1984, S. 3 ff.; Schanz, G., Pluralismus
in der Betriebswirtschaftslehre, Bemerkungen zu gegenwärtigen Forschungsprogrammen, in:
ZfbF, 25. Jg., 1973, S. 137 f.; Schanz, G., Wissenschaftsprogramme der Betriebswirtschaftslehre, in: Bea, F. X. / Dichtl, E. / Schweitzer, M. (Hrsg.), Allgemeine Betriebswirtschaftslehre,
Bd. 1, Grundfragen, 6. Aufl., Stuttgart, Jena 1992, S. 66 ff.

[151] Vgl. Franke, N., Realtheorie des Marketing: Gestalt und Erkenntnis, a. a. O., S. 190. Die ökonomische Perspektive wird von KAAS in zwei Paradigmen, dem neoklassischen und dem neoinstitutionellen Paradigma, unterteilt. Vgl. Kaas, K. P., Alternative Konzepte der Theorieverankerung, in: Backhaus, K. (Hrsg.), Deutschsprachige Marketingforschung, Bestandsaufnahme
und Perspektiven, Stuttgart 2000, S. 60 ff. Der Begriff des Paradigmas hat insbesondere durch
die Arbeiten KUHNS eine besondere - und teilweise überstrapazierte - Bedeutung erfahren. Vgl.
Meffert, H., Marketingwissenschaft im Wandel, in: Meffert, H. (Hrsg.), Marktorientierte Unternehmensführung im Wandel, Wiesbaden 1999, S. 59; Kuhn, T. S., Die Struktur wissenschaftlicher Revolutionen, 15. Aufl., Frankfurt a. M. 1999.
Ein Paradigma kann im engeren Sinne als Verbund von Theorien aufgefasst werden und mit
dem Begriff des „Forschungsansatzes" synonym verwendet werden. So ist bspw. das „Stimu-
lus-Organism-Response Modell" ein Paradigma des Neo-Behaviorismus. Vgl. Kaas, K. P., Alternative Konzepte der Theorieverankerung, a. a. O., S. 58.

[152] Eine Rückbesinnung des Marketing auf das ökonomische Paradigma in der deutschsprachigen Marketingforschung ist vor allem durch die vehemente Kritik am verhaltenswissenschaftlichen Paradigma durch die Ausführungen von SCHNEIDER und HAX in den 80er Jahren zurückzuführen. Vgl. Backhaus, K., Deutschsprachige Marketingforschung – Anmerkung eines Beteiligten, in: Backhaus, K. (Hrsg.), Deutschsprachige Marketingforschung, Bestandsaufnahme
und Perspektiven, Stuttgart 2000, S. 4 und die dort angegebene Literatur, sowie die Diskussion zwischen SCHNEIDER und DICHTL: Schneider, D., Marketing als Wirtschaftswissenschaft
oder Geburt der Marketingwissenschaft aus dem Geist des Unternehmerversagens, in: ZfbF,
Jg. 35, Nr. 1 / 2, S. 197-223; Dichtl, E., Marketing auf Abwegen? in: ZfbF, Jg. 35, Nr. 11 / 12,
1983, S. 1066-1074.

lassen sich mithin sowohl theoriemonistische als auch theoriepluralistische Vorgehensweisen erkennen.

So verpflichten sich bspw. die Arbeiten von MEFFERT / BURMANN, AAKER, oder KELLER / AAKER[153] ausschließlich dem verhaltenswissenschaftlichen Paradigma. IRMSCHER und DÖRTELMANN[154] untersuchen die Markenführung hingegen aus einer rein neoinstitutionellen Perspektive. In einer jüngeren Publikation greift BIERWIRTH im Zusammenhang mit der Unternehmensmarke auf die Transaktionskostentheorie als Teil der Neuen Institutionenökonomik sowie auf das verhaltenswissenschaftliche Selbstkonzept zurück und führt die Wirkungen der Unternehmensmarke unter dem Aspekt der Markenwertmaximierung zusammen.[155] Auch BAUMGARTH berücksichtigt die Neue Institutionenökonomik, wobei sein Bezugsrahmen zur Markenpolitik hauptsächlich auf verhaltenswissenschaftlichen Grundlagen rekurriert.[156] In einer gewollten Neuorientierung entwickelt THURM auf Basis einer Betrachtung unterschiedlicher „traditioneller" Theorien einen methodologischen Zugang, indem sie auf verschiedene soziologische und kommunikationswissenschaftliche Theorien zurückgreift.[157] Gemeinsam ist den letzteren theoriepluralistischen Vorgehensweisen, dass sie die unterschiedlichen Theorien nicht in einer konkurrierenden Beziehung interpretieren. Vielmehr versuchen die Autoren, die ausgewählten Ansätze dahingehend zu untersuchen, ob sie einen Erklärungsbeitrag zu dem zu Grunde liegenden Phänomen und seinen Auswirkungen leisten können.[158] Kritische Stimmen zum Pluralismus vermuten in dieser Vorgehensweise eine Gefahr des Dilettantismus[159] und eine verminderte

---

[153] Vgl. Meffert, H. / Burmann, Ch., Identitätsorientierte Markenführung – Grundlagen für das Management von Markenportfolios, a. a. O.; Aaker, D. A., Building Strong Brands, New York 1996; Keller, K. L., / Aaker, D. A., Managing the Corporate Brand: The Effects of Corporate Marketing Activity on Consumer Evaluation of Brand Extensions, MSI Working Paper, Report No. 97-106, 1997.

[154] Irmscher, M., Markenwertmanagement: Aufbau und Erhalt von Markenwissen und –vertrauen im Wettbewerb; eine informationsökonomische Analyse, Frankfurt a. M. 1997; Dörtelmann, Th., Marke und Markenführung: eine institutionentheoretische Analyse, Bochum 1997.

[155] Vgl. Bierwirth, Die Führung der Unternehmensmarke – Ein Beitrag zum zielgruppenorientierten Corporate Branding, a. a. O., S. 67 ff.

[156] Vgl. Baumgarth, C., Markenpolitik: Markenwirkungen – Markenführung – Markenforschung, Wiesbaden 2001, S. 24 f.

[157] Vgl. Thurm, M., Markenführung: Sondierungen, Methodologische Disposition, Konzeptioneller Grundriss, a. a. O., S. 202 ff.

[158] Vgl. zu dieser Argumentation auch Homburg, Ch., Kundennähe von Industriegüterunternehmen: Konzeption – Erfolgsauswirkungen – Determinanten, 2. Aufl., Wiesbaden 1998, S. 61.

se eine Gefahr des Dilettantismus[159] und eine verminderte Einheitlichkeit und Stringenz der Untersuchung im Vergleich zum monistischen Vorgehen.[160]

Für die theoretische Betrachtung der Markenfunktionen als Grundlage der Markenrelevanz der Unternehmensmarke ist die Frage zu klären, ob der genannten Kritik folgend ausschließlich **ein Forschungsprogramm** herangezogen werden sollte. Die Markenrelevanz wurde auf Basis von Bedürfnissen der Rezipienten der Unternehmensmarke und deren Befriedigung als Nutzenbestandteil erklärt. Der in diesem Zusammenhang verwendete Nutzenbegriff rekurriert dabei nicht auf das nationalökonomische Nutzenkonzept, sondern auf den Aspekt des Nutzens als Bedürfnisbefriedigung. In Verbindung mit der individuellen, verhaltenswissenschaftlichen Definition der Unternehmensmarke erscheint eine Betrachtung der Markenfunktionen aus dieser verhaltenswissenschaftlichen Perspektive sinnvoll.

Es bleibt weiterhin zu fragen, ob die verhaltenswissenschaftliche Perspektive um eine ökonomische, neoinstitutionelle ergänzt werden sollte. Die vorgestellten derivativen Markenfunktionen basieren zum einen auf unvollkommener Information und einer daraus resultierenden Unsicherheit. Zum anderen ist der Risikoaspekt als bedeutende Bedürfniskomponente eingeführt worden. Unsicherheit und wahrgenommenes Risiko sind in der Forschung zum Konsumentenverhalten, welche auf dem verhaltenswissenschaftlichen Paradigma basiert, von maßgeblicher Bedeutung.[161] Risiko und asymmetrische Information sind darüber hinaus auch die

---

[159] Der Dilletantismusvorwurf ist auch im Rahmen der verhaltenswissenschaftlichen Orientierung des Marketing intensiv diskutiert worden. Vgl. dazu ausführlich Müller, S., Marketing auf – verhaltenswissenschaftlichen – Abwegen?, in: Bauer, H. / Diller, H. (Hrsg.), Wege des Marketing. Festschrift zum 60. Geburtstag von E. Dichtl, Berlin 1995, S. 191-217; Gröppel-Klein, A. / Weinberg, P., Die Konsumentenforschung im Marketing – Stärken und Schwächen aus Erfahrungssicht, in: Backhaus, K. (Hrsg.), Deutschsprachige Marketingforschung, Bestandsaufnahme und Perspektiven, Stuttgart 2000, S. 81 ff.

ALBACH zitierte zu solch scharf geführten Paradigmendiskussionen den Soziologen DAVID ZEAMAN mit den Worten: "Einer der Unterschiede zwischen den Naturwissenschaften und den Sozialwissenschaften besteht darin, dass in den Naturwissenschaften nach dem Anspruch von Newton eine Forschergeneration auf den Schultern der vorausgehenden Generation steht, während im den Sozialwissenschaften eine Generation der vorausgehenden ins Gesicht tritt." Albach, H., Betriebswirtschaftslehre als Wissenschaft, in: Albach, H. / Brockhoff, K., Die Zukunft der Betriebswirtschaftslehre in Deutschland, ZfbF Ergänzungsheft 3 / 93, S. 16.

[160] Vgl. Homburg, Ch., Entwicklungslinien in der deutschsprachigen Marketingforschung, in: Backhaus, K. (Hrsg.), Deutschsprachige Marketingforschung, Bestandsaufnahme und Perspektiven, Stuttgart 2000, S. 354.

[161] Vgl. Panne, F., Das Risiko im Kaufentscheidungsprozeß des Konsumenten, Zürich 1977, sowie die Ausführungen in Kapitel 2.2.

zentralen Komponenten des neoinstitutionellen Paradigmas. Dieses erkennt die Unsicherheit als „die ökonomische Restriktion schlechthin"[162] an und erweitert den Rational Choice-Ansatz des neoklassischen, ökonomischen Forschungsprogramms um diese Restriktion. Insbesondere die Informationsökonomik als Element des neoinstitutionellen Paradigmas beschäftigt sich mit dem Verhalten der Marktpartner unter Unsicherheit.[163] Damit erfahren Unsicherheit und Risiko, die für die Diskussion der Markenrelevanz von Bedeutung sind, **analog** in zwei Paradigmen eine besondere Beachtung. In beiden befasst sich die Forschung unter der Berücksichtigung des methodologischen Individualismus[164] mit dem Verhalten von individuellen Wirtschaftssubjekten unter Unsicherheit und Risiko.[165] Die Unternehmensmarke erlaubt dabei als unternehmensbezogenes Konstrukt mit ihren unterschiedlichen Bezugsgruppen im Gegensatz zu einzelnen, produktbezogenen Marken am ehesten die Betrachtung als Institution im Sinne des neoinstitutionellen Paradigmas.[166]

Vor diesem Hintergrund sollen in Ergänzung zu der verhaltenswissenschaftlichen Perspektive die Markenfunktionen der Unternehmensmarke auf Basis des neoinstitutionellen Paradigmas beleuchtet werden.[167] Das gewählte Vorgehen versteht sich dabei explizit **additiv** und nicht Paradigmen-integrativ wie es bspw. MEYER

---

[162] Backhaus, K. / Aufderheide, D., Institutionenökonomische Fundierung des Marketing: Der Geschäftstypenansatz, in: Kaas, K. P. (Hrsg.), Kontrakte, Geschäftsbeziehungen, Netzwerke – Marketing und Neue Institutionenökonmik, ZfbF Sonderheft 35, 1995, S. 50.

[163] Vgl. Weiber, R. / Adler, J., Der Einsatz von Unsicherheitsreduktionsstrategien im Kaufprozess: eine informationsökonomische Analyse, in: Kaas, K. P. (Hrsg.), Kontrakte, Geschäftsbeziehungen, Netzwerke – Marketing und Neue Institutionenökonomik, ZfbF Sonderheft 35, 1995, S. 60; Meffert, H., Marketingwissenschaft im Wandel, a. a. O., S. 59.

[164] Vgl. zum methodologischen Individualismus ausführlich Kirkpatrick, J., Theory and History in Marketing, in: Bush, R. F. / Hunt, S. D. (Hrsg.), Marketing theory, philosophy of science perspectives, San Antonio 1982, S. 48 f.

[165] Vgl. Franke, N., Realtheorie des Marketing: Gestalt und Erkenntnis, a. a. O., S. 192; Kaas, K. P., Alternative Konzepte der Theorieverankerung, a. a. O., S. 60.

[166] Institutionen im Sinne der Institutionenökonomik können als auf ein bestimmtes Zielbündel abgestelltes System von Normen einschließlich ihrer Garantieinstrumente gekennzeichnet werden, die das Verhalten in eine bestimmte Richtung steuern. Institutionen strukturieren das tägliche Leben auf diese Weise Unsicherheiten, wozu „bekannte Firmennamen" explizit gehören. Vgl. Richter, R., Institutionen ökonomisch analysiert, zitiert nach Kaas, K. P., Einführung Marketing und Neue Institutionenökonomik, in: Kaas, K. P. (Hrsg.), Kontrakte, Geschäftsbeziehungen, Netzwerke – Marketing und Neue Institutionenökonomik, ZfbF Sonderheft 35 1995, S. 2 sowie ebenda S. 3.

[167] Vgl. Homburg. Ch., Entwicklungslinien in der deutschsprachigen Marketingforschung, a. a. O., S. 355; Meffert, H., Marketingwissenschaft im Wandel, a. a. O., S. 62.

oder BAUMGARTH vorschlagen.[168] Das neoinstitutionelle Menschenbild rekurriert auf dem Menschenbild des homo oeconomicus, welches in der Neoklassik zu Grunde gelegt wird. Dieses Menschenbild des unter vollkommenen und sicheren Informationen gewinnmaximierenden Akteurs, der rational handelt (Rational Choice) wird in der Institutionenökonomik um das Nicht-Wissen, d. h. die eingeschränkte Fähigkeit zur Nutzung von Informationen, erweitert. Die Präferenzen sind jedoch im Gegensatz zum verhaltenswissenschaftlichen Paradigma weiterhin nicht kurzfristig veränderlich. Sie werden explizit aus der Analyse ausgeschlossen.[169] Eine Integration der Paradigmen ist hier nicht möglich.[170] Es wird mit der gewählten Vorgehensweise der Forderung nach einem „gezähmten Pluralismus"[171] gefolgt, der in Summa ein erweitertes theoretisches Spektrum der Markenrelevanzbetrachtung aufzeigen soll und das Untersuchungsobjekt breiter ausleuchtet.[172]

---

[168] Vgl. Meyer, M., Diskussion zur Theorieverankerung des Marketing, in: Backhaus, K. (Hrsg.), Deutschsprachige Marketingforschung, Bestandsaufnahme und Perspektiven, Stuttgart 2000, S. 101; Baumgarth, C., Markenpolitik, a. a. O., S. 24. MEYER führt aus, dass sich letztlich die einzelnen Paradigmen über einen zunehmenden Grad an Modellierung der Unsicherheit integrieren lassen.

[169] BACKHAUS / AUFDERHEIDE sprechen in Bezug auf das verhaltenswissenschaftliche Menschenbild von der Modellierung von Wissens- und Willensschwäche. Vgl. Backhaus, K. / Aufderheide, D., Institutionenökonomische Fundierung des Marketing: Der Geschäftstypenansatz, a. a. O., S. 48.

[170] Vgl. Kaas, K. P., Diskussion zur Theorieverankerung des Marketing, in: Backhaus, K. (Hrsg.), Deutschsprachige Marketingforschung, Bestandsaufnahme und Perspektiven, a. a. O., S. 102.

[171] Raffée, H., Gegenstand, Methoden und Konzepte der Betriebswirtschaftslehre, in: Vahlens Kompendium der Betriebswirtschaftslehre, a. a. O., S. 44.

[172] Vgl. zu einer abstrakten Diskussion dieser Vorgehensweise für die Sozialwissenschaften die Ausführungen von SCHANZ, der Bedürfnisse und ihre Nutzung als Grundlage der theoretischen Diskussion als bindende Kraft der Sozialwissenschaften sieht. Vgl. Schanz, G., Die Betriebswirtschaftslehre und ihre sozialwissenschaftlichen Nachbardisziplinen: Das Integrationsproblem, in: Raffée, H., Abel, B., (Hrsg.) Wirtschaftstheoretische Grundfragen der Wirtschaftswissenschaften, München 1979, S. 132 ff.

2.2 Informationseffizienz und Risikoreduktion als derivative Dimensionen der Relevanz der Unternehmensmarke

2.2.1 Information und Risiko aus verhaltenswissenschaftlicher Perspektive

Für die Betrachtung der derivativen Funktionsdimension der Unternehmensmarke aus verhaltenswissenschaftlicher Perspektive soll zum einen untersucht werden, welche Rolle die Unternehmensmarke im Kontext der Informationsverarbeitung spielt und inwiefern sie diese vereinfachen kann. **Informationen** und deren Verarbeitung werden aus verhaltenswissenschaftlicher Perspektive als zentraler Faktor für menschliches Verhalten gesehen. Das lässt sich an dem in der deutschsprachigen Marketingforschung etablierten Modell der kognitiven Anreicherung verdeutlichen, welches auf KROEBER-RIEL zurückgeht.[173] Dieses Modell strukturiert die zentralen verhaltenswissenschaftlichen Zustandskonstrukte eines Individuums, die als **Erklärungsdeterminanten des menschlichen Verhaltens** herangezogen werden, an Hand der Zunahme kognitiver Aktivitäten. Kognitive Aktivitäten werden dabei als zunehmende Aufnahme, Verarbeitung und Speicherung von Informationen definiert.

Zum anderen soll die Relevanz der Unternehmensmarke im Zusammenhang mit dem wahrgenommenen Risiko betrachtet werden. **Risiko** wird durch ein Individuum grundsätzlich dann empfunden, wenn die zukünftigen (negativen) Konsequenzen einer Entscheidung unzureichend abgeschätzt werden können.[174] Dieser Aspekt ist vor allem in der Auseinandersetzung mit dem Konsumentenverhalten

---

[173] Vgl. Kroeber-Riel, W., 1984, zitiert nach Trommsdorff, V., Konsumentenverhalten, a. a. O., S. 35; Meffert, H., Marketing – Grundlagen marktorientierter Unternehmensführung, a. a. O., S. 109. Das Modell der kognitiven Anreicherung strukturiert die intrapersonalen Konstrukte des Käuferverhaltens ausgehend von der Aktivierung entlang der zunehmenden kognitiven Beteiligung eines Individuums.

[174] Vgl. Bauer, R. A., Consumer Behavior as Risk Taking, a. a. O., S. 208; Trommsdorff, V., Konsumentenverhalten, a. a. O., S. 245. Dieser Risikobegriff ist grundsätzlich der des neobehavioristischen Paradigmas. Risiko ist darüber hinaus ein zentraler Untersuchungsgegenstand in der Betriebswirtschaftslehre, insbesondere in der Entscheidungstheorie, der Investitionsrechnung und der Finanzierungstheorie. Das Risiko wird hier grundsätzlich in einem objektivierten Verständnis als Streuung um den Erwartungswert konzeptualisiert. Vgl. dazu ausführlich Adam, D., Planung und Entscheidung, Modelle – Ziele – Methoden, 4. Aufl., Wiesbaden 1996; Perridon, L. / Steiner, M., Finanzwirtschaft der Unternehmung, 8. Aufl., München 1995, S. 95 ff.; Laux, H., Entscheidungstheorie, 5. Aufl., Berlin 2003.

diskutiert worden.[175] Für die Unternehmensmarke sollen diese Erkenntnisse Berücksichtigung finden, jedoch wird dabei von der ausschließlichen Fokussierung auf den Kauf von Gütern und Dienstleistungen abstrahiert, um Entscheidungs- und Handlungssituationen des gesamten Bezugsgruppenspektrums erfassen zu können.

2.2.1.1 Die Unternehmensmarke als Information im Rahmen kognitiver Vorgänge

Die Informationsfunktion der Marke ist in die kognitiven Vorgänge eines Individuums einzuordnen, die in ihrer Gesamtheit dazu dienen, das Verhalten gedanklich zu kontrollieren und willentlich zu steuern.[176] Dabei ist davon auszugehen, dass die Kapazität des menschlichen Informationsverarbeitungssystems grundsätzlich immer und zum Teil sogar stark eingeschränkt ist.[177] Damit tritt an die Stelle des traditionellen Rationalitätsbegriffs das Prinzip der **eingeschränkten Rationalität**. Sie beschreibt den Grundsatz, dass ein Individuum nicht in der Lage ist, alle ihm zur Verfügung stehenden Informationen zu nutzen.[178] Für das Individuum bedeutet das grundsätzlich, dass es bei der Aufnahme und Verarbeitung von Informationen selektiv vorgehen muss. Die Selektivität kann sich sowohl auf die Art als auch auf die Menge der genutzten Informationen beziehen. Weiterhin kann davon ausgegangen werden, dass ein Individuum bestrebt ist, den **kognitiven Aufwand** seines (Entscheidungs-) Verhaltens effizient zu gestalten.[179] Mit anderen Worten tendiert das Individuum dazu „kognitiv geizig" zu sein.[180] Für die

---

[175] Vgl. z. B. Bettmann, J. R., An Information Processing Theory of Consumer Choice, Reading 1979; Kuß, A., Information und Kaufentscheidung, Methoden und Ergebnisse empirischer Konsumentenforschung, Berlin 1987; Asche, Th., Das Sicherheitsverhalten von Konsumenten, Heidelberg, 1990.

[176] Vgl. hierzu und im folgenden Meffert, H., Marketingforschung und Käuferverhalten, 2. Aufl., a. a. O., S. 106 ff.; Kroeber-Riel, W. / Weinberg, P., Konsumentenverhalten, 7. Aufl., a. a. O., S. 224 ff.; Kuß, A., Information und Kaufentscheidung, Methoden und Ergebnisse empirischer Konsumentenforschung, a. a. O., S. 30 ff.

[177] Vgl. z. B. die Übersicht bei Bettmann, J. R., An Information Processing Theory of Consumer Choice, a. a. O., S. 141 ff.

[178] Vgl. Kirsch, W., Entscheidungsprozesse, Bd. 1, Wiesbaden 1970, S. 62 ff.

[179] Kuhlmann, E., Effizienz und Risiko der Konsumentenentscheidung, Stuttgart 1978, S. 10.

[180] Das Menschenbild des „kognitiven Geizhalses" wurde durch die Arbeiten der Psychologen DANIEL KAHNEMAN, PAUL SLOVIC und AMOS TVERSKY geprägt. Vgl. Kahneman, D. / Slovic, P. / Tversky, A., Judgement under Uncertainty: Heuristics and biases, Cambridge 1982.

Informationsfunktion als Dimension der Markenrelevanz muss daher gefragt werden, ob die Unternehmensmarke als Informationsart genutzt wird und ob sie eine vereinfachende Wirkung entfaltet. Zu diesem Zweck werden die menschlichen Informationsverarbeitungsvorgänge näher betrachtet.

In der wissenschaftlichen Literatur besteht Einigkeit darüber, dass das Informationsverhalten des Menschen als Ablauf eines Prozesses mit den Elementen Informationssuche, -aufnahme und -verarbeitung zu interpretieren ist.[181] Das Gedächtnismodell, welches diesen Prozessen zu Grunde liegt, umfasst drei Komponenten, die in Abbildung 9 dargestellt werden. Durch Sinnesorgane (z. B. das Auge) werden sensorische Eindrücke wahrgenommen und mit der Reizumgebung in Beziehung gebracht. Die Aufnahme von Reizen in den sensorischen Speicher erfolgt nahezu automatisch. Für die Unternehmensmarke ist dieser Aspekt in Bezug auf ihre visuelle Gestaltung als „Reiz" von Bedeutung.[182] Nach der Reizaufnahme greift der Kurzzeitspeicher auf den sensorischen Speicher zurück und wandelt die entschlüsselten und interpretierten Reize in gedanklich verarbeitbare Informationen um. Dieser Vorgang steht in direkter Beziehung zum Langzeitspeicher, welcher das Gedächtnis repräsentiert. Hier erfolgt die informative Dekodierung der Unternehmensmarke in einem gegebenen Umfeld. Das erlaubt zunächst eine rein „mechanische" Identifikation der Marke. Die Interaktion von Kurz- und Langzeitspeicher ist über die reine Identifikation der Unternehmensmarke hinaus von Bedeutung, da diese Interaktion Entscheidungsergebnisse determiniert und die Unternehmensmarke als **Information** gespeichert und abgerufen wird.

---

[181] Vgl. Meffert, H., Marketingforschung und Käuferverhalten, 2. Aufl., a. a. O., S. 108.

[182] Vgl. dazu die Ausführungen zur Markentechnik, z. B. Esch, F.-R. / Langner, T., Branding als Grundlage zum Markenwertaufbau, in: Esch, F.-R. (Hrsg.), Moderne Markenführung, 2. Aufl., Wiesbaden 2000, S. 407-420.

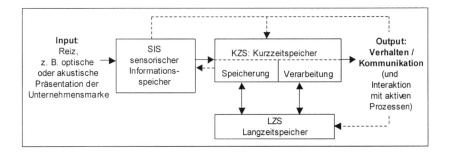

Abbildung 9: **Gedächtnismodell zur Darstellung kognitiver Prozesse**

Quelle: In Anlehnung an Kroeber-Riel, W., Konsumentenverhalten, a.a.O., S. 225.[183]

Ein Hinweis auf die Wichtigkeit der Marke in dieser Stufe des Informationsverarbeitungsprozesses findet sich bei JACOBY et al., welche die Marke als „**Information Chunk**" klassifizieren.[184] In ihren Ausführungen erläutern die Autoren das Phänomen, dass für (Kauf-) Entscheidungen nur wenige der verfügbaren Informationen genutzt werden. In Rückgriff auf die Arbeiten von MILLER und SIMON wird die Marke als „Chunk", im Sinne einer größeren Einheit von Einzelinformationen charakterisiert, welche das Gedächtnis zu ordnen vermag und Zugriffe erleichtert.[185] Subjektiv sinnvolle Einzelinformationen sind dann im Gedächtnis so organisiert, dass sie mittels einer einzigen, informativen Einheit, dem Information Chunk, **stellvertretend** für viele einzelne Kognitionen herangezogen werden. Dies ist im Kontext des dargestellten Gedächtnismodells von Bedeutung. Der Kurzzeitspeicher hat eine begrenzte quantitative Kapazität.[186] Auf Grund dieser knappen Ka-

---

[183] Das Modell geht auf die Arbeiten von ATKINSON und SHEFFRIN (1968 und 1971) zurück. Vgl. Kroeber-Riel, W., Konsumentenverhalten, a. a. O., S. 225.

[184] Vgl. Jacoby, J. / Szybillo, G. J. / Busato-Schach, J., Information Acquisition Behavior in Brand Choice Situations, Journal of Consumer Research, Vol. 3, March 1977, S. 209-216; Dieser Begriff ist auch in der aktuellen Diskussion zur Markenführung etabliert vgl. de Chernatony, L. / McDonald, M., Creating Powerful Brands in Consumer, Service and Industrial Markets, 2nd Ed., Oxford 1998, S. 88 f.

[185] Dabei wird unterstellt, dass pro „Chunk" sieben Informationseinheiten verarbeitet werden, vgl. Miller, G. A. The magical Number seven plus or minus two: Some Limits on our capacity for processing information, in: Psychological Review, Vol. 63, 1956, S. 81-97; Simon, H. A., How big is a chunk?, in: Science, 1974 zitiert nach Jacoby, J. / Szybillo, G. J. / Busato-Schach, J., Infomation Acquisition Behavior in Brand Choice Situations, a. a. O., S. 216. Zur Kritik an der genauen Zahl 7: Norwich, K. H., The magical number seven: Making a „bit" of „sense", in: Perception and Psychophysics, Vol. 29, Nr. 5, 1981, S. 409-422.

[186] Vgl. Trommsdorff, V., Konsumentenverhalten, a. a. O., S. 268.

pazität erfolgt in Entscheidungssituationen das Weglassen oder Zusammenfassen von Informationen im Sinne einer **Merkmalsbeschränkung.** Diese Stellvertreterfunktion konnte für die Marke empirisch bestätigt werden.[187] Demnach nutzt der Entscheider eine Unternehmensmarke, um in einer Auswahlentscheidung die Entscheidungsalternativen in ihrer komplexen Gesamtheit zu bündeln und so den Entscheidungsaufwand zu reduzieren. In der weitergehenden Auseinandersetzung mit Verarbeitung und Speicherung von Marken im Gedächtnis hat sich die Perspektive durchgesetzt, dass Marken Bestandteil einer Netzwerkstruktur sind, die das Wissen eines Individuums repräsentiert.[188] Eine derartige Netzwerkstruktur ist beispielhaft für die Unternehmensmarke in Abbildung 10 dargestellt.[189]

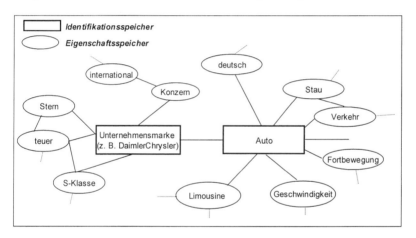

Abbildung 10: **Beispielhafte Darstellung einer netzwerkartigen Wissensstruktur**

---

[187] Vgl. Jacoby, J. / Szybillo, G. J. / Busato-Schach, J., Information Acquisition Behavior in Brand Choice Situation, a. a. O., S. 213 f.

[188] Die Auseinandersetzung erfolgte insbesondere vor dem Hintergrund der Erfassung der Markenstärke. Zu den folgenden Ausführungen vgl. Grunert, K. G., Informationsverarbeitungsprozesse bei der Kaufentscheidung, Frankfurt a. M. 1982; Esch, F.-R., Wirkung integrierter Kommunikation, ein verhaltenswissenschaftlicher Ansatz für die Werbung, Wiesbaden 1998; Keller, K. L., Conceptualizing, Measuring and Managing Customer-Based Brand Equity, a. a. O.; Kroeber-Riel, W., Konsumentenverhalten, a. a. O., S. 229 ff.; Lasslop, I., Effektivität und Effizienz von Marketing-Events - Wirkungstheoretische Analyse und empirische Befunde, a. a. O., S. 62 ff.

[189] Vgl. zur Struktur der Darstellung: Esch, F.-R., Wirkung integrierter Kommunikation, a. a. O., S. 44.

Die Darstellung skizziert die verbale Codierung von Wissen im Sinne eines se-
mantischen Netzwerkes.[190] Für die Unternehmensmarke ist dabei die Unterscheidung zwischen Eigenschaftsträgern und Eigenschaften von Bedeutung. Sie kann
genauso wie z. B. Personen oder Produkte die Rolle eines Eigenschaftsträgers
übernehmen und wird im **Identifikationsspeicher** verankert. Eigenschaften werden dagegen im Merkmalsraum gespeichert. Es bestehen dabei Verknüpfungen
innerhalb eines Speichers (z. B. die Assoziationen von „Auto" und „DaimlerChrysler") sowie zwischen den Speichern (z. B. die Assoziationen „DaimlerChrysler" und
„Stern"). Aus der Darstellung wird deutlich, dass unter der Voraussetzung einer
gegebenen Aufladung einer Unternehmensmarke mit spezifischen Eigenschaften
die Unternehmensmarke eine **strukturierende Funktion** für das Individuum besitzt, indem sie verschiedene Eigenschaften als Eigenschaftsträger **bündelt**. Diese Repräsentation im Langzeitspeicher vereinfacht ihre Nutzung und ihre Verarbeitung, was die Grundidee des „Information Chunk" unterstreicht. Darüber hinaus
ist die Betrachtung von (Marken-)Wissen in Form einer Netzwerkstruktur im Zusammenhang mit der **Schematheorie** zu sehen.[191] Schemata sind größere Wis-
senseinheiten, die typische Eigenschaften und standardisierte Vorstellungen umfassen. Sie geben die wichtigsten Merkmale eines Gegenstandbereichs wieder,
sind hierarchisch organisiert und weitgehend abstrakt. Marken können die Rolle
solcher Merkmale einnehmen. Bspw. sind im Falle der kurzlebigen Konsumgüter
Wissensstrukturen mit spezifischen Markennamen verknüpft, wie im Falle von Papiertaschentüchern und dem Namen „Tempo". Individuen nutzen Schemata, um
Informationen effizient aufzunehmen, zu verarbeiten und zu speichern, womit die
Bedeutung von Marken für die Informationsverarbeitung deutlich wird.

In einer weiteren Betrachtung ist die Unternehmensmarke in der Lage auf **Kom-
munikationsprozesse** einzuwirken. Sie kann eine **Verständigung** erleichtern,
indem die Unternehmensmarke im Sinne eines **kommunikativen Symbols** genutzt wird und so eine Einzelaufzählung von Eigenschaften ersetzt. Damit wird
eine Verständigung ermöglicht, wenn die Kommunikationsindividuen grundsätzlich

---

[190] Die Netzwerkstruktur muss dabei grundsätzlich um die bildliche Speicherung von Informationen erweitert werden. Vgl. dazu ausführlich Kroeber-Riel, W. Die inneren Bilder der Konsumenten, Messung – Verhaltenswirkung – Konsequenzen für das Marketing, in: Marketing ZFP,
8. Jg., Nr. 2, 1986, S. 81-96.

[191] Vgl. Baumgarth, C., Markenpolitik: Markenwirkungen – Markenführung – Markenforschung, a.
a. O., S. 42, sowie Sujan, M., Consumer Knowledge: Effects on Evaluation Strategies Mediating Consumer Judgements, Journal of Consumer Research, Vol. 12, Nr. 1, 1985, S. 31-46.

auf dieselben Inhalte zurückgreifen.[192] So kann bspw. bei der Kommunikation zweier Arbeitsuchender die Unternehmensmarke „McKinsey" für das Eigenschaftsbündel „Unternehmensberatung", „hochbezahlt", „strategisch orientiert", und „hoher Einsatz" genutzt werden.

Die Ausführungen haben gezeigt, dass die Unternehmensmarke eine grundlegende, informative Funktion für den Markenrezipienten wahrnimmt und einen Nutzen im Sinne eines bündelnden Informationsankers stiftet. Im Folgenden soll nun der Risikoaspekt näher betrachtet werden.

2.2.1.2 Die Risikoreduktion im Rahmen der Risikowahrnehmung

Das Risikokonstrukt wird in der Markenführung vor dem Hintergrund einer risikoreduzierenden Wirkung der Marke diskutiert. In diesem Kontext wird Theorie des **wahrgenommenen Risikos** und die **Dissonanztheorie** herangezogen.[193]

Das wahrgenommene Risiko als Determinante des Kaufverhaltens wurde von BAUER maßgeblich geprägt und bezieht sich grundsätzlich auf die mögliche Gefahr einer Fehlentscheidung. Er hält dazu fest: *"... behavior involves risk in the sense that any action of consumers will produce consequences which he cannot anticipate with anything approximating certainty, and some of which at least are likely to be unpleasant."*[194] Dabei ist das wahrgenommene Risiko nicht allein auf die Vorentscheidungsphase zu beziehen, sondern auch auf Risikoaspekte während und nach einer Entscheidung.[195] In der theoretischen Diskussion um das Konstrukt des wahrgenommenen Risikos konnte nachgewiesen werden, dass es nicht eindimensional zu interpretieren ist, sondern sich aus mehreren Teilrisiken zusammen-

---

[192] Vgl. Burkhart, R., Kommunikationswissenschaft: Grundlagen und Problemfelder, 3. Aufl., Wien 1998, S. 56.

[193] Vgl. die aktuellen Literaturüberblicke bei Agarwal, S., Perceived Value, Mediating Role of Perceived Risk, in: Journal of Marketing Theory and Practice, Vol. 9, No. 4, S. 1-14; Mitchell, V. W., Factors affecting consumer risk reduction: A review of current evidence, in: Management Research News, Vol. 16, No. 9/10, S. 6-26.

[194] Bauer, R. A., Consumer Behavior as Risk Taking, in: Cox, D. F. (Hrsg.), Risk Taking and Information Handling in Consumer Behavior, Boston 1967, S. 24.

[195] Vgl. Ross, I., Perceived Risk and Consumer Behavior: A critical Review, in: Schlinger, M. J. (Hrsg.), Advances in Consumer Research, Vol. 2, Nr. 1, 1975, S. 3 ff.

setzt.[196] Für eine Betrachtung des Risikos im Zusammenhang mit der Unternehmensmarke lassen sich die Risikodimensionen in einer allgemeinen Schreibweise in vier Komponenten differenzieren:

- das *Ressourcenrisiko* beinhaltet die Gefahr finanzieller Einbußen durch Bindung von Kapital, z. B. beim Kauf von Aktien eines Unternehmens,

- das *soziale Risiko* bezieht sich auf die Gefahr, dass die Verwendung einer Unternehmensmarke negative Konsequenzen für die eigene soziale Stellung zur Folge hat,[197]

- das *Qualitätsrisiko* meint die Gefahr, dass das Entscheidungsobjekt Mängel in den erwarteten Eigenschaften aufweist, z. B. wenn Produkte, die unter der Unternehmensmarke verkauft werden, nicht die gewünschte Qualität haben,

- das *psychische Risiko* beinhaltet die Gefahr, dass ex post Unzufriedenheit über die getroffene Entscheidung entstehen kann.

Die genannten Risikodimensionen sind dabei nicht unabhängig voneinander zu sehen. In empirischen Untersuchungen wurde ein grundsätzlicher Zusammenhang zwischen den Dimensionen bestätigt, jedoch ist dieser über verschiedene Einflussfaktoren variabel.[198] Weiterhin variiert das Risiko in seiner Ausprägung vor, während und nach der Entscheidung.

Der Grundgedanke der Theorie des wahrgenommen Risikos ist der, dass der Entscheider ab einer gewissen Höhe eine oder mehrere der genannten Risikodimensionen deren Niveau durch die Anwendung von **Risikoreduktionsstrategien** reduziert. Damit ist der motivationale Aspekt des Risikos angesprochen. Es besteht

---

[196] Vgl. Katz, R., Informationsquellen der Konsumenten, Wiesbaden 1983, S. 78 f; zu einem sechsdimensionalen Konzept: Stone, R. N. / Gronhaug, K., Perceived Risk: Further Considerations for the Marketing Discipline, European Journal of Marketing, Vol. 27, Nr. 3, 1993, S. 44. KATZ stellt speziell für die Kaufentscheidung die Dimensionen des finanziellen, sozialen, physischen/gesundheitlichen, funktionalen und psychologischen Risikos vor.

[197] Vgl. dazu auch die Ausführungen zum Selbstkonzept in Kapitel 2.3.1.

[198] Vgl. z. B.: Weinberg, P., Das Entscheidungsverhalten von Konsumenten, Paderborn 1981, S. 110 ff.; Mitchell, V. W., Factors affecting consumer risk reduction: A review of current evidence, a. a. O., S. 6 ff.

für den Entscheider ein zielgerichteter Antrieb das wahrgenommene Risiko zu handhaben.[199] Die Risikoreduktionsstrategien können dabei in der **globalen oder selektiven Erhöhung** der Nutzung von Informationsquellen, der spezifischen **Alternativenselektion** sowie dem **Rückgriff** auf vergangenes Verhalten liegen.[200] Die Unternehmensmarke kann in diesen Strategien Bedeutung erfahren. So kann sie bei der Alternativenselektion herangezogen werden oder bei der globalen bzw. selektiven Erhöhung des Informationsniveaus in der Gesamtentscheidung Berücksichtigung finden.[201] Die Unternehmensmarke ist dann als eine interne Informationsquelle zu interpretieren, die zur Erhöhung des Informationsstandes herangezogen wird.[202] Diese ist durch die beschriebene, eigenschaftsbündelnde Komponente der Unternehmensmarke zu erklären, welche sie zu einer einfach zugänglichen und somit leicht zu nutzenden Informationsquelle macht. ZEITHAML benennt diese Eigenschaft als „shorthand cue".[203] Im Rahmen der Alternativenselektion kann sie als **Selektionskriterium** fungieren. Es werden dann nur die Marken selektiert, die ein spezifisches Risikopotenzial nicht überschreiten.

Im Zusammenhang mit der Risikoreduktionsstrategie des Rückgriffs auf vergangenes Verhalten wird die **Markentreue** diskutiert. Dies ist im Falle der Unternehmensmarke insbesondere für die Bezugsgruppe der Konsumenten von Bedeutung, da hier Auswahlentscheidungen zum Teil in relativ kurzen Abständen gefällt werden.[204] Durch den Rückgriff auf bestehende Erfahrungen mit einer Marke neigt der Entscheider dazu, die Wahrscheinlichkeit des wiederholten Eintretens dieser Erfahrungen zu unterstellen.[205] Damit vermindert er das subjektive Risikoniveau

---

[199] Vgl. Kroeber-Riel, W. / Weinberg, P., Konsumentenverhalten, a. a. O., S. 249.

[200] Vgl. Katz, R., Informationsquellen der Konsumenten, a. a. O., S. 81.

[201] Vgl. de Chernatony, L. / McDonald, M., Creating Powerful Brands in Consumer, Service and Industrial Markets, a. a. O., S. 105 f.; Laforet, S. / Saunders, J., Managing Brand Portfolios: Why Leaders do what they do, in: Journal of Advertising Research, January-February 1999, S. 51 f.

[202] Vgl. Vahrenkamp, K., Verbraucherschutz bei asymmetrischer Information, Stuttgart 1991, S. 29.

[203] Vgl. Zeithaml, V. A. Consumer Perceptions of Price Quality and Value, A Means-End Model and Synthesis of Evidence, in: Journal of Marketing, Vol. 52, July 1988, S. 8 f.

[204] Vgl. die Übersichten bei Stone, R. N. / Gronhaug, K., Perceived Risk: Further Considerations for the Marketing Discipline, a. a. O., S. 43 f.; Nolte, H. Die Markentreue im Konsumgüterbereich, Bochum 1976, S. 223 ff. ; zu einer Übersicht der Untersuchungen Panne, F., Das Risiko im Kaufentscheidungsprozeß des Konsumenten, a. a. O., S. 352 ff.

[205] Vgl. Weinberg, P., Die Produkttreue der Konsumenten, Wiesbaden 1977, S. 32 ff.; Behrens, G., Verhaltenswissenschaftliche Erklärungsansätze der Markenpolitik, in: Bruhn, M. (Hrsg.), Handbuch Markenartikel, Bd. 1, Stuttgart 1994, S. 214.

im Vergleich zu der Option der Nutzung einer neuen Marke, da er die schon erlebten Entscheidungskonsequenzen als „sicher" voraussetzt. Ein weiterer theoretischer Hintergrund zur Erklärung markentreuen Verhaltens ist die Theorie der **kognitiven Dissonanz**, welche vor allem durch die Arbeiten von FESTINGER geprägt worden ist.[206] Dieser gleichgewichtstheoretische Ansatz geht davon aus, dass ein Individuum bestrebt ist, kognitive Dissonanzen auszugleichen. Eine kognitive Dissonanz beschreibt dabei das Auftreten von nicht zusammenpassenden Kognitionen.[207] Eine zentrale Strategie ist dabei die **Vermeidung** von Inkonsistenzen, durch Rückgriff auf vergangenes Verhalten, z. B. der erneuten Wahl der Unternehmensmarke. Damit werden kognitive Dissonanzen a priori ausgeschlossen. Die Dissonanz lässt sich in diesem Zusammenhang als Aspekt des wahrgenommenen **psychischen Risikos** interpretieren. Die Nutzung der Unternehmensmarke in wiederholten Entscheidungssituationen trägt mithin zur Reduktion dieser Risikokomponente bei.

Die Ausführungen konnten zeigen, dass der Unternehmensmarke vor dem Hintergrund des verhaltenswissenschaftlichen Paradigmas sowohl eine informationsbezogene als auch eine risikobezogene Funktion zukommt. Die Unternehmensmarke ist somit in der Lage für die unterschiedlichen Bezugsgruppen einen Nutzen durch die genannten Funktionen zu stiften. Die verhaltenswissenschaftliche Konzeptualisierung soll im Folgenden durch eine neoinstitutionelle Perspektive ergänzt werden.

2.2.2 Informationsverteilung und Risiko als zentrale Inhalte der Institutionenökonomik

Wie dargestellt liegt eine bedeutende Erweiterung des neoinstitutionellen Paradigmas in der Aufhebung der neoklassischen Prämisse der vollkommenen Information bzw. des vollkommenen Wissens. Insbesondere die **Informationsökonomik** als Teilgebiet der Institutionenökonomik widmet sich unter der Annahme von Informationskosten der Verteilung von Informationen bei einzelnen Wirtschaftsob-

---

[206] Vgl. Festinger, L., Theorie der kognitiven Dissonanz, Bern 1977.

[207] Vgl. Kroeber-Riel, W. / Weinberg, P., Konsumentenverhalten, a. a. O., S. 185.

jekten sowie den Konsequenzen alternativer Informationsverteilungen.[208] Es gilt herauszuarbeiten, inwiefern die Unternehmensmarke innerhalb dieses Forschungsprogramms Funktionen für diese Wirtschaftssubjekte übernimmt. Dabei liegt auch in dieser Betrachtung der Fokus nicht auf dem Inhaber einer Unternehmensmarke, sondern auf ihrer Bedeutung als Informationsaspekt für das markennutzende Wirtschaftssubjekt.

Innerhalb der Informationsökonomik ist wie in den übrigen Theorien der Institutionenökonomik die **Transaktion** Ankerpunkt der Betrachtung. Unter diesem Begriff ist dabei grundsätzlich die Übertragung eines Gutes oder einer Leistung über eine technisch trennbare Schnittstelle bzw. in einer immateriellen Sichtweise die Übertragung von Verfügungsrechten zu verstehen.[209] In der Markenführung ist der institutionsökonomische Transaktionsbegriff vor allem für den Kauf von Gütern und Dienstleistungen verwendet worden.[210] Für die vorliegende Untersuchung der Unternehmensmarke ist jedoch von der Kaufhandlung zu abstrahieren und auf den allgemeineren, immateriellen Transaktionsbegriff Bezug zu nehmen, um bspw. die Bereitstellung von Arbeitskraft zu erfassen.[211] Die informationsökonomische Betrachtung von Transaktionen geht von einer spezifischen Eigenschaftskategorisierung aus.[212] In dieser Kategorisierung werden Leistungen hinsichtlich der **Über-**

---

[208] Vgl. Dörtelmann, Th., Marke und Markenführung: eine institutionentheoretische Analyse, a. a. O., S. 60. Innerhalb der Institutionenökonomik lassen sich neben der Informationsökonomik mit der PROPERTY RIGHTS THEORIE (Analyse der Übertragung von Verfügungsrechten), dem TRANSAKTIONSKOSTENANSATZ (Betrachtung der Kosten für Anbahnung, Abwicklung und Kontrolle von Verträgen und deren Konsequenzen) sowie der PRINCIPAL-AGENTEN-THEORIE noch drei weitere Teilgebiete der Institutionenökonomik einordnen. Die Informationenökonomik ist auf Grund ihrer relativ großen Reichweite und der Fokussierung auf den Informationsaspekt für die vorliegende Untersuchung das geeignete Teilgebiet. Auf Grund ihrer Reichweite ordnen nicht alle Autoren die Informationsökonomik der Neuen Institutionenökonomik zu. Vgl. Picot, A., Ökonomische Theorien der Organisation – Ein Überblick über neuere Ansätze und deren betriebswirtschaftliche Anwendungspotentiale, in: Ordelheide, D. / Rudolph, B. (Hrsg.), Betriebswirtschaftslehre und ökonomische Theorie, Frankfurt a. M. 1990, S. 143-170; Kiener, St., Die Principal-Agent Theorie aus informationsökonomischer Sicht, Heidelberg 1990, S. 7. Nachfolgend wird die Theorie jedoch kongruent zu der herrschenden Meinung im Kontext der Neuen Institutionenökonomik betrachtet.

[209] Vgl. Richter, R. / Furbuton, E., Neue Institutionenökonomik, 2. Aufl., Tübingen 1999, S. 523.

[210] Vgl. z. B. Dörtelmann, Th., Marke und Markenführung: eine institutionentheoretische Analyse, a. a. O., S. 60.

[211] Vgl. Teufer, S., Die Bedeutung des Arbeitgeberimages bei der Arbeitgeberwahl, Wiesbaden 1999, S. 94 ff.

[212] Im Zusammenhang mit dem Kaufakt wird auch von der informationsökonomischen *Güter*kategorisierung gesprochen. Für den Anwendungsbereich der Unternehmensmarke soll in einer allgemeineren Begriffsfassung der Begriff der *Eigenschaft*skategorisierung verwendet werden.

prüfbarkeit der für eine Transaktion relevanten Eigenschaften analysiert.[213] Auf der Grundlage einer Differenzierung zwischen den auf NELSON zurückgehenden Such- und Erfahrungseigenschaften, die später durch DARBY / KARNI um Vertrauenseigenschaften erweitert worden ist, lässt sich das Ausmaß der Unsicherheit erfassen.[214]

Sucheigenschaften können durch Inspektion bzw. Recherche überprüft werden. Die Unsicherheit kann bei Sucheigenschaften somit durch einen entsprechenden Such- oder Rechercheaufwand nahezu vollständig beseitigt werden. Sofern sich eine Eigenschaftsdimension erst nach Abschluss einer Transaktion überprüfen lässt, handelt es sich um eine **Erfahrungseigenschaft**. Hierbei ist die Unsicherheit vor einer Transaktion entsprechend hoch, jedoch baut sie sich nach der Transaktion auf Grund der nunmehr möglichen Überprüfbarkeit umgehend ab. Eigenschaften, die sich auch nach der Transaktion nicht oder nur zu prohibitiv hohen Kosten überprüfen lassen, sind **Vertrauenseigenschaften**.[215] Bei derartigen Eigenschaften verbleibt die Unsicherheit auch nach einer Transaktion bestehen. Bei der Zuordnung einzelner Eigenschaften zu den dargestellten Typen ist jedoch

---

Ein weiterer Ausgangspunkt zur Analyse der Einflussfaktoren auf die Unsicherheit ist die Typologisierung der Transaktionsbeziehung. Auf Basis einer Differenzierung zwischen Austausch-, Kontrakt- und Geschäftsbeziehungen werden unterschiedliche Unsicherheits- und Informationsprobleme herausgestellt. Während sich die Unsicherheit bei Austauschgüterbeziehungen auf Grund des häufigen Wechsels der Transaktionspartner und der hiermit einhergehenden Anonymität auf einem konstanten Niveau befindet, verringert sich die Unsicherheit bei Geschäftsbeziehungen auf Grund der dauerhaften, persönlichen Beziehungen und des möglichen Vertrauensaufbaus im Zeitablauf. Diese situationsspezifische Komponente ist jedoch an dieser Stelle für die grundlegende Fragestellung nach der Funktionserfüllung der Corporate Brand nicht von Bedeutung. Vielmehr liegt darin ein Hinweis auf zu berücksichtigende situative Einflussfaktoren, die in Kapitel B3 angesprochen werden. Vgl. zu diesem Themenbereich ausführlich: Irmscher, M., Markenwertmanagement, a. a. O., S. 139; Kaas, K. P., Marketing und Neue Institutionenökonomik, in: Kontrakte, Geschäftsbeziehungen, Netzwerke, Kaas, K. P. (Hrsg.), Düsseldorf u. a. 1995, S. 5 ff.; Schade, Ch. / Schott, E., Kontraktgüter im Marketing, in: Marketing ZFP, Nr. 1, 1993, S. 15-25; Williamson, O. E., Die ökonomischen Institutionen des Kapitalismus: Unternehmen, Märkte und Kooperationen, Tübingen 1990, S. 20.

[213] Auch hier fokussiert sich die marketingwissenschaftliche Literatur auf Produkt- oder Leistungseigenschaften. Im Rahmen der Diskussion der Unternehmensmarke soll jedoch in abstrakter Weise der Begriff „Eigenschaften" verwendet werden.

[214] Vgl. Nelson, P., Information and Consumer Behavior, in: Journal of Political Economy, Vol. 78, 1970, S. 311-329; Darby, M. / Karni, E., Free Competition and the Optimal Amount of Fraud, in: Journal of Law, Vol. 16, 1973, S. 67-88.

[215] Vgl. Kaas, K. P., Ansätze einer institutionenökonomischen Theorie des Konsumentenverhaltens, in: Konsumentenforschung, hrsg. von der Forschungsgruppe Konsum und Verhalten, München 1994, S. 245-260; Kaas, K. P., Marketing zwischen Markt und Hierarchie, in: Kontrakte, Geschäftsbeziehungen, Netzwerke, Kaas, K. P. (Hrsg.), Düsseldorf u. a. 1995, S. 19-42.

zu beachten, dass hier die subjektive Beurteilung der Wirtschaftssubjekte ausschlaggebend ist und keine - wie von den genannten Begründern der Leistungstypologie vorgeschlagen - Klassifizierung auf Basis objektiver Merkmale vorgenommen werden kann.[216]

Die durch die Unternehmensmarke symbolisierten Inhalte können sowohl die Merkmale von Vertrauens- als auch Erfahrungs- oder Sucheigenschaften annehmen. Da die Unsicherheit je nach Art der verfügbaren Informationen variiert, erfolgt eine von der informationsgütertypologischen Zuordnung abhängige, differenzierte Interpretation einer Unternehmensmarke. Die durch die Unternehmensmarke übernommenen Funktionen lassen sich dabei in Abhängigkeit von den informationsgütertypologisch strukturierbaren Eigenschaften ableiten.[217] Die Unsicherheit ist bei **Vertrauenseigenschaften** grundsätzlich und bei **Erfahrungseigenschaften** zumindest vor dem Zeitpunkt ihrer Überprüfbarkeit durch nicht verfügbare Informationen begründet. Die Unternehmensmarke fungiert dann als Surrogat dieser Informationen. Sie ist in der Terminologie der Institutionenökonomik ein **Signal**, welches die infolge einer verdichteten Wahrnehmung des Unternehmens entstandenen Schlüsselinformationen verkörpert.[218] Diese Schlüsselinformationen werden als Indikator für eine Beurteilung der real komplexeren Umweltsituationen herangezogen. Das setzt allerdings die Glaubhaftigkeit der Unternehmensmarke bzw. der durch sie symbolisierten Informationen voraus.[219] Ist diese gegeben, wirken die symbolisierten Informationen wie Sucheigenschaften.

---

[216] Vgl. Weiber, R. / Adler, J., Informationsökonomisch begründete Typologisierung von Kaufprozessen, in: ZfbF, 47. Jg., 1995, S. 59. Für eine Darstellung der Einflussfaktoren auf die Zuordnung im Rahmen der Klassifizierung vgl. Kaas, K. P. / Busch, A., Inspektions-, Erfahrungs- und Vertrauenseigenschaften von Produkten, in: Marketing ZfP, H. 4, 1996, S. 244.

[217] Vgl. Bierwirth, A., Die Führung der Unternehmensmarke – Ein Beitrag zum zielgruppenorientierten Corporate Branding, a. a. O., S. 75.

[218] Vgl. Weiber, R., / Adler, J., Der Einsatz von Unsicherheitsreduktionsstrategien im Kaufprozess: Eine informationsökonomische Analyse, in: Kaas, K.P. (Hrsg.), Kontrakte, Geschäftsbeziehungen, Netzwerke – Marketing und Neue Institutionenökonmik, ZfbF Sonderheft 35 1995, S. 64; Kaas, K. P. / Busch, A., Inspektions-, Erfahrungs- und Vertrauenseigenschaften von Produkten, a. a. O., S. 245.

[219] Damit wird Glaubwürdigkeit zu einer zentralen Prämisse für die Substitution von Vertrauens- und Erfahrungseigenschaften. Vgl. Kaas, K. P. / Busch, A., Inspektions-, Erfahrungs- und Vertrauenseigenschaften von Produkten, a. a. O., S. 244.

Sie treten damit an die Stelle der den Wahrnehmenden ursprünglich interessierenden Erfahrungs- und Vertrauenseigenschaften.[220]

Da die Wirtschaftssubjekte unter der Prämisse der Glaubwürdigkeit auf den symbolisierten Inhalt einer Unternehmensmarke zurückgreifen können, übernimmt sie eine **risikoreduzierende Funktion**. Dabei sind aus einer informationsökonomischen Perspektive zwei Arten von Risiko denkbar. Zum einen existiert das Risiko unter verschiedenen Alternativen eine dem Anforderungsprofil nicht entsprechende Auswahl zu treffen. Zum anderen besteht ein Risiko darin, dass die gewählte Alternative Mängel beinhaltet.[221] Diese Risiken werden durch die Signalwirkung der Unternehmensmarke vermindert, da durch sie der subjektive Informationsstand über die Vertrauens- und Erfahrungseigenschaften verbessert wird. Eine wesentliche Herausforderung für die Markenführung liegt daher in der Sicherstellung eines glaubwürdigen Signals. Die Unternehmensmarke stellt in der informationsökonomischen Betrachtung ein glaubwürdiges Signal dar, wenn sie sich durch eine hohe **Reputation** auszeichnet.[222] Der besondere Beitrag der Reputation zur Glaubwürdigkeit besteht darin, dass sie für eine Unternehmung eine Form der **Selbstbindung** darstellt. So ist der Verlust der Reputation bzw. ihre Wiederherstellung mit Kosten für die Unternehmung als Signalsender verbunden. Mit einer erhöhten Reputation steigen auch diese als „Exogeneous Costs" bezeichneten Kosten an.[223] Für den Wahrnehmenden ergibt sich daher die Glaubwürdigkeit einer Unternehmensmarke durch individuelle Bewertung der „Bestrafung" des Unternehmens durch Reputationsverlust bzw. der Höhe der Exogeneous Costs. Die-

---

[220] Vgl. Ford, G. T. / Smith, D. B. / Swasy, J. L., Consumer Scepticism of Advertising Claims: Testing Hypotheses from Economics of Information, in: Journal of Consumer Research, Vol. 16, No. 4, 1990, S. 433-441.

[221] Vgl. Kaas, K. P., Marketing als Bewältigung von Informations- und Unsicherheitsproblemen im Markt, in: DBW, 50. Jg., Nr. 4, 1990, S. 541 f.

[222] Informationsökonomisch entsteht Reputation durch eine Aggregation sämtlicher Erfahrungen mit einem Unternehmen, die sowohl positiv als auch negativ ausgeprägt sein können. Dabei bezieht sich die Reputation auf jene Dimensionen, die sich durch identische Erfahrungen im Zeitablauf wiederholt bestätigt haben. Diese Erfahrungen kann der Wahrnehmende selbst gemacht oder aber von dritter Hand glaubhaft vermittelt bekommen haben. Auf dieser Basis wird Reputation auch als objektiviertes, allgemeines Wissen zu einer Unternehmensmarke angesehen. Vgl. Albach, H., Vertrauen in der ökonomischen Theorie, in: Zeitschrift für die gesamte Staatswirtschaft, 136. Jg., 1980, S. 2-11; Tunder, R., Der Transaktionswert der Hersteller-Handel-Beziehung – Hintergründe, Konzeptualisierung und Implikationen auf Basis der Neuen Institutionenökonomik, Wiesbaden 2000, S. 174; Fombrun, C. J., Reputation - Realizing Value from the Corporate Image, a. a. O., S. 81 ff.

[223] Vgl. Tunder, R., Der Transaktionswert der Hersteller-Handel-Beziehung – Hintergründe, Konzeptualisierung und Implikationen auf Basis der Neuen Institutionenökonomik, a. a. O., S. 172.

se würden im Falle opportunistischen Verhaltens wieder anfallen, um eine entsprechende Reputation wieder aufzubauen.[224] Eine einmal aufgebaute Reputation wirkt damit wie eine „Geisel" in den Händen der Wahrnehmenden und damit als Sicherheitskomponente in Transaktionsbeziehungen.[225]

Eine weitere Funktion der Unternehmensmarke ergibt sich durch das Symbolisieren von **Sucheigenschaften.** Da diese Informationen jedoch auf der Grundlage einer entsprechenden Recherche überprüfbar sind, beschränken sich die Möglichkeiten zur Reduzierung, der bei einer Transaktion vorherrschenden Unsicherheit, nicht ausschließlich auf die Unternehmensmarke. Vielmehr werden die in der Unternehmensmarke verdichtet abgebildeten Informationen bewertet und mit dem vergleichbaren Aufwand zur Recherche entsprechend sicherer Informationen verglichen.[226] Der Nutzen einer Unternehmensmarke resultiert dann aus ihrer Fähigkeit, die für eine Transaktion notwendige Informationsrecherche zu substituieren. Durch die entsprechende Reduzierung des Informationsbedarfes trägt sie zu einer **Minderung des Transaktionsaufwandes** bei.[227] Vor diesem Hintergrund ergibt sich die **Informationseffizienz** der Unternehmensmarke. In einer weiterführenden Betrachtung ist die aufgezeigte Signalwirkung bei einer **wiederholten** Transaktion zu berücksichtigen. Die Unternehmensmarke ermöglicht dann eine Verminderung des gesamten Prüf- und Entscheidungsaufwandes und wirkt dadurch informationseffizient.[228]

Es lässt sich festhalten, dass die Funktionsdimensionen der Risikoreduktion und der Informationseffizienz neben verhaltenswissenschaftlichen Überlegungen auch

---

[224] Der Opportunismus ist ein bedeutender Begriff der Institutionenökonomik und umschreibt die Verfolgung eigener Ziele unter der Zuhilfenahme von Arglist. Vgl. Williamson, O. E., Markets and Hierarchies. Analysis and Antitrust Implications, New York 1975, S. 28 ff. In einer analogen Interpretation resultiert der Vertrauensvorschuss durch die Beimessung eines höheren Wertes des Reputationskapitals einer Unternehmung als die aus einer opportunistischen Ausbeutung eines Transaktionspartners realisierbaren Gewinne. Vgl. Erlei, M. / Leschke, M. / Sauerland, D., Neue Institutionenökonomik, Stuttgart 1999, S. 230.

[225] Vgl. Kaas, K. P., Marketing als Bewältigung von Informations- und Unsicherheitsproblemen im Markt, a. a. O., S. 545.

[226] Die Verdichtung geht auf die skizzierte Signaleigenschaft zurück. Vgl. Bierwirth, A., Die Führung der Unternehmensmarke – Ein Beitrag zum zielgruppenorientierten Corporate Branding, a. a. O., S. 79.

[227] Und über diesen Weg auch zur Senkung der Transaktionskosten. Vgl. Koppelmann, U., Funktionenorientierter Erklärungsansatz der Markenpolitik, a. a. O., S. 225.

[228] Vgl. Irmscher, M., Markenwertmanagement, a. a. O., S. 32 und S.164 f.

auf Basis informationsökonomischer Überlegungen abgeleitet werden können. Fraglich ist, inwiefern die Komponente der direkten Funktionsdimension, i. e. der ideelle Nutzen, erklärt werden kann. Über die dargestellte Typologisierung erscheint dies nicht möglich, da hier explizit transaktionsspezifische Eigenschaften betrachtet werden. Die dennoch in der Literatur vorgeschlagenen Erklärungsversuche zu der direkten Markenfunktion beziehen sich entweder auf den Faktor der Informationseffizienz oder lösen sich von dem neoinstitutionellen Paradigma:[229] In der Nachfrager-Nachfrager Situation würde demnach die Marke genutzt, um „schnell ein bestimmtes Persönlichkeitsbild zu signalisieren". Dies würde vor dem Hintergrund zunehmender sozialer Kontakte Bedeutung gewinnen.[230] Hier wird jedoch wiederum auf die Informationseffizienz der Marke abgestellt. Die weitere Argumentation von SCHMIDT / ELßLER rekurriert auf das Selbstkonzept, welches nicht dem neoinstitutionellen Paradigma zuzuordnen ist. IRMSCHER schlägt eine Erweiterung der informationsökonomischen Typologisierung um „Signaleigenschaften" vor, die er jedoch nur am Rande diskutiert. Letztlich rückt er in seiner absatzorientierten Betrachtung lediglich den Konsumenten in die Position des Anbieters und lehnt sich ebenfalls an verhaltenswissenschaftliche Theorien an.[231] Die Funktionsdimension des ideellen Nutzens ist in dem hier vertretenen Verständnis nicht über das Theoriegebäude der Informationsökonomie zu erklären. Sie lässt sich jedoch durch die verhaltenswissenschaftliche Perspektive erfassen.

2.3 Ideeller Nutzen als direkte Dimension der Relevanz der Unternehmensmarke

Die ideelle Funktionsdimension bezieht sich auf die direkte Nutzenkomponente der Unternehmensmarke. Der Markenrezipient nutzt die Unternehmensmarke, um ein spezifisches nicht-materielles Bedürfnis zu erfüllen. In den aufgezeigten Funktionskatalogen fallen dazu Begriffe wie „Selbstbestätigung", „Hedonismus", „Prestigefunktion", „Lebensstil ausdrücken", „Demonstration" und vor allem „Identifikation".[232] Diese Begriffe beziehen sich zumeist auf das Phänomen des symbolischen

---

[229] Vgl. Schmidt, I. / Elßler, S., Die Rolle des Markenartikels im marktwirtschaftlichen System, in: Dichtl, E., / Eggers, W., Marke und Markenartikel als Instrumente des Wettbewerbs, München 1992, S. 61 f.; Irmscher, M., Markenwertmanagement, a. a. O., S. 166 f.

[230] Vgl. ebenda, S.61.

[231] Vgl. Irmscher M., Markenwertmanagement, a. a. O., S. 167 und 207 f.

[232] Vgl. Tabelle 1 auf Seite 46.

Verhaltens, das im Rahmen des Kaufverhaltens thematisiert wird.[233] BIERWIRTH konnte in seinen Ausführungen zeigen, dass ein Transfer auf die übrigen Bezugsgruppen der Unternehmensmarke möglich und sinnvoll erscheint.[234]

Für alle Funktionsdimensionen der Unternehmensmarke und insbesondere der ideellen Dimension unter Berücksichtigung ihrer Symbolwirkungen ist zunächst die **Wahrnehmung** der Marke durch den Markenrezipienten und / oder von Personen, die mit dem Rezipienten in Kontakt kommen, eine notwendige Bedingung. Damit ist die Identifikation der Unternehmensmarke im Sinne eines eindeutigen Erkennens und Verarbeitens angesprochen.[235] Die für die ideelle Funktionsdimension relevante Identifikation **mit** einer Marke bezieht sich dagegen auf ein Zugehörigkeits- oder Verbundenheitsgefühl zwischen dem Wahrnehmenden und der Unternehmensmarke. In Anlehnung an die Humanpsychologie basiert die Identifikation mit einer Marke auf der bewussten oder unbewussten Internalisierung von Merkmalen einer Marke in das Selbst des Wahrnehmenden.[236]

In der wissenschaftlichen Literatur zur Markenführung kommt bei der Beschäftigung mit der symbolischen Komponente von Marken der **Selbstkonzeptforschung** eine besondere Bedeutung zu.[237] Sie bildet einen theoretisch fundierten Rahmen für die direkte Auseinandersetzung eines Individuums mit der Unterneh-

---

[233] Vgl. Baumgarth, C., Markenpolitik: Markenwirkungen – Markenführung – Markenforschung, a. a. O., S. 88 f.; für die motivtheoretischen Grundlagen der „social Motivation" vgl. Cofer, C. N. / Appley, M. H., Motivation: Theory and Research, New York 1968, S. 768 ff.
Für die Anwendung im Konsumgütermarketing konnten z. B. BEARDEN / ETZEL empirisch belegen, dass die Markenwahl stärker von dem Einfluss des Demonstrationseffektes in Hinblick auf die Bezugsgruppen des Konsumenten bestimmt wird als die Produktwahl. Vgl. Bearden, W. O., / Etzel, M. J., Reference Group Influence on Product and Brand Purchase Decisions, in: Journal of Consumer Research, Vol. 9, No. 2, 1982, S. 332-341.

[234] Vgl. Bierwirth, A., Die Führung der Unternehmensmarke – Ein Beitrag zum zielgruppenorientierten Corporate Branding, a. a. O., S. 91 ff.

[235] Vgl. die Ausführungen zum Informationsverarbeitungsprozess in Kapitel 2.2.1.1 sowie Esch, F.-R. / Wicke, A., Herausforderungen und Aufgaben des Markenmanagements, in: Esch, F-R. (Hrsg.), Moderne Markenführung: Grundlagen, innovative Ansätze, praktische Umsetzungen, 2. Aufl., Wiesbaden 2000, S. 10; Fröhlich, W. D., Wörterbuch Psychologie, 22. Aufl., München 1998, S. 218; Meffert, H., Marketing – Grundlagen marktorientierter Unternehmensführung, a. a. O., S. 847; Zimbardo, P. G. / Gerrig, R., Psychologie, 7. Aufl., Berlin 1999, S. 250.

[236] Vgl. Fröhlich, W. D., Wörterbuch Psychologie, a. a. O., S. 218; Kapferer, J.-N., Strategic Brand Management, a. a. O., S. 90 ff.

[237] Vgl. Lasslop, I., Identitätsorientierte Führung von Luxusmarken, in: Meffert, H. / Burmann, Ch. / Koers, M. (Hrsg.), Markenmanagement – Grundfragen der identitätsorientierten Markenführung, Wiesbaden 2002, S. 335.

mensmarke. Eine weitere sozialpsychologische Perspektive, welche in der Markenliteratur jüngeren Datums Beachtung findet, ist die **Beziehungstheorie**.[238] Diese Theorie betrachtet das Beziehungsverhältnis von Marken und ihren Nutzern, wobei auch hier bisher der Konsument im Mittelpunkt der Betrachtung steht. Diese beiden theoretischen Konzepte sollen im Folgenden näher erläutert werden.[239]

2.3.1 Ideeller Nutzen der Unternehmensmarke auf Basis der Selbstkonzeptforschung

Das Selbstkonzept bzw. das Selbstimage eines Menschen umfasst nach Rosenberg „the totality of the individual's thoughts and feelings having reference to himself as an object".[240] Es handelt sich dabei um ein System aus Werten, Zielen und Regeln, welches dem Individuum erlaubt, seine Wahrnehmung und Handlungen im Kontext seiner Umwelt zu organisieren und somit seine eigene Wirklichkeit zu konstruieren. Das Selbstkonzept ist jedoch nicht nur ein kognitives System, sondern fungiert auch als Steuerungssystem für das Verhalten von Personen.[241] In diesem Zusammenhang wird die **Imagekongruenz-Hypothese** herausgestellt. Diese Hypothese besagt, dass sich die Verhaltensweisen einer Person an einer möglichst hohen Übereinstimmung des aus einer Handlung entstehenden Fremd-

[238] Vgl. Fournier, S. M., Markenbeziehungen – Konsumenten und ihre Marken, in Esch, F.-R. (Hrsg.),: Moderne Markenführung: Grundlagen, innovative Ansätze, praktische Umsetzungen, 2. Aufl., Wiesbaden 2000, S. 137-163 sowie Meffert, H., Relational Branding – Beziehungsorientierte Markenführung als Aufgabe des Direktmarketing, Arbeitspapier des Centrum für interaktives Marketing und Medienmanagement, Münster 2002, S. 4 ff.

[239] Im Zusammenhang mit der symbolischen Funktion von Marken wird darüber hinaus auf die *Means-End-Theorie* verwiesen. Die zentrale Aussage der Means-End-Theorie ist, dass Konsumenten Leistungsbündel als Mittel („Means") betrachten, um individuell wünschenswerte Ziele bzw. Werte („ends") zu realisieren. Sie ist jedoch eher als methodischer Rahmen z. B. für die Interviewtechnik des Laddering zu sehen und soll daher nicht tiefergehend betrachtet werden. Vgl. Bierwirth, A., Die Führung der Unternehmensmarke – Ein Beitrag zum zielgruppenorientierten Corporate Branding, a. a. O., S. 93, zur Means-End-Theorie: Herrmann, A. / Huber, F. / Braunstein, C., Gestaltung der Markenpersönlichkeit mittels der „means-end-„Theorie, in: Esch, F.-R. (Hrsg.), Moderne Markenführung: Grundlagen, innovative Ansätze, praktische Umsetzungen, 2. Aufl., Wiesbaden 2000, S. 103-134; vgl. ferner Kuß, A. / Tomczak, T., Käuferverhalten: Eine marketingorientierte Führung, 2. Aufl., Stuttgart 2000, S. 22.

[240] Rosenberg, M., Conceiving the Self, New York 1979, S. 9.

[241] Vgl. Scheller, R. / Heil, F. E., Berufliche Entwicklung und Selbstkonzepte, in: Filipp, S.-H. (Hrsg.), Selbstkonzept-Forschung: Probleme, Befunde, Perspektiven, 3. Aufl., Stuttgart 1993, S. 253-272.

bildes mit dem eigenen Selbstbild orientieren.[242] Demnach zielt ein solch kongruentes Verhalten auf eine Festigung und Erweiterung des eigenen Selbst.[243]

Die symbolische Bedeutung der Unternehmensmarke für das Selbst lässt sich in einer ersten Ebene in eine **intrinsische** und eine **extrinsische Wirkungsrichtung** unterscheiden.[244] In der intrinsischen Richtung werden die der Marke beigemessenen Eigenschaften auf die Persönlichkeit des Markennutzers transferiert. In der Markenführung wird von einem aktiven Vergleich der Persönlichkeit des Markenrezipienten mit der **„Markenpersönlichkeit"** gesprochen.[245] Der Vergleich kann sich zum einen auf sein reales Selbstbild beziehen, zum anderen auf eine Wunschvorstellung der eigenen Persönlichkeit, d. h. auf das Idealbild des eigenen Selbst. Die Markenpersönlichkeit wird dabei vom Wahrnehmenden einer Marke analog zu einer Humanpersönlichkeit aufgefasst, womit sie gewissermaßen „beseelt" wird.[246] Dadurch kann ein Vergleich der beiden Persönlichkeiten, resp. bei Nutzung der Marke, ein Transfer dieser Merkmale auf die eigene Persönlichkeit erfolgen.[247] Voraussetzung ist dafür nach der Theorie des Selbstkonzeptes die

---

[242] Vgl. Hogg, M. K. / Cox, A. J. / Keeling, K., The impact of self-monitoring on image congruence and product / brand evaluation, in: European Journal of Marketing, Vol. 34, No. 5/6, 2000, S. 644; Sirgy, J. M., Self Concept in Consumer Behaviour: a critical review, in: Journal of Consumer Research, Vol. 9, December 1982, S. 288.

[243] Vgl. Grubb, E. L. / Stern, B. L., Self-concept and significant others, in: Journal of Marketing Research, Vol. 8, August 1971, S. 382-285.
Für das Kaufverhalten von Produkten und Leistungen wurde die Imagekongruenzhypothese in mehreren empirischen Untersuchungen überprüft. Es konnte festgestellt werden, dass das Ausmaß der Konsistenz zwischen dem Produktimage und dem jeweiligen Selbst mit der Präferenz für ein Produkt positiv korreliert. Vgl. Heath, A. / Scott, D., The self-concept and image congruence hypothesis, European Journal of Marketing, Vol. 32, No. 11 / 12, 1998, S. 1115 ff.; Hogg, M. K. / Cox, A. J. / Keeling, K., The impact of self-monitoring on image congruence and product / brand evaluation, a. a. O.; Malhotra, N. K., Self concept and product choice: an integrated perspective, in: Journal of Economic Psychology, Vol. 9, 1997, S. 1-28.

[244] Hogg, M. K. / Cox, A. J. / Keeling, K., The impact of self-monitoring on image congruence and product / brand evaluation, a. a. O., S. 643; Sirgy, J. M., Self Concept in Consumer Behaviour: a critical review, a. a. O., S. 287 f.

[245] Vgl. zur Konzeptualisierung der Markenpersönlichkeit als Gesamtheit aller menschlichen Eigenschaften, die mit einer Marke verbunden wird Aaker, J., Dimensions of Brand Personality, in: Journal of Marketing Research, Vol. 34, August 1997, S. 347-356 sowie Meffert, H., Relational Branding – Beziehungsorientierte Markenführung als Aufgabe des Direktmarketing, a. a. O., S. 9 f.

[246] Vgl. dazu die Theorie des Animismus, welche die Vermenschlichung lebloser Objekte erklärt bei Gilmore, G. W., Animism, Boston 1919.

[247] Zu einem Vergleich zwischen menschlicher Persönlichkeit und Markenpersönlichkeit vgl. Weis, M. / Huber, F., Der Wert der Markenpersönlichkeit. Das Phänomen der strategischen Positionierung von Marken, Wiesbaden 2000, S. 46 ff.

Bestätigung des Selbstbildes eines Individuums durch die Persönlichkeit der Marke.[248] Ist diese gegeben, wird sie in das Selbstbild integriert. Diese Integration kann zu einer Festigung des realen Selbst führen oder die Distanz zwischen idealem und realem Selbst reduzieren, sofern die Markenpersönlichkeit eher dem idealen Selbst entspricht. Buß bezeichnet diesen Vorgang als Form der „symbolischen Selbstergänzung".[249] Die genannten Effekte sind als intrinsisch zu klassifizieren, weil sich die ideelle Nutzendimension der Marke grundsätzlich ohne direkten Kontakt zur Außenwelt entfalten kann. Voraussetzung für diese Wirkungen ist allein eine konkrete Vorstellung über die reale und ideale Komponente des Selbst und der Markenpersönlichkeit.[250]

In der **extrinsischen** Wirkungsrichtung kann die Marke als indirekter Kommunikationskanal zwischen einem Individuum und dessen sozialer Umwelt fungieren.[251] Das Individuum verbindet mit einer Marke ein bestimmtes Image bzw. in einer identitätsorientierten Terminologie ein bestimmtes Fremdbild der Markenidentität, welches ein bestimmtes Set an Kognitionen und Affektionen beinhaltet. Wird dieses Fremdbild ebenfalls von seiner relevanten Umwelt geteilt, kann das Individuum über die Nutzung der Marke sein eigenes wahrgenommenes Selbst beeinflussen. Das Ausmaß der ideellen Funktionsdimension resultiert hierbei vor allem aus der Reaktion der Umwelt und ist daher extrinsisch.[252] Die relevante Umwelt muss dazu die Marke in der gewünschten Art und Weise interpretieren und in der beabsichtigten Weise reagieren. Erfolgt die Reaktion in der intendierten Weise, kommt es letztlich zu einer Bestätigung oder Erhöhung des Selbstkonzeptes. Diese Wirkungsrichtung verlangt sowohl Kontakt zu anderen Personen als auch die

---

[248] Vgl. Bhat, S. / Reddy, S. K., Symbolic and functional positioning of brands, in: Journal of Consumer Marketing, Vol. 15, No. 1, 1998, S. 32-43.

[249] Vgl. Buß, E., Die Marke als soziales Symbol. Überlegungen zu einem neuen Markenverständnis, in: Public Relations Forum, H. 2, 1998, S. 96-100, ähnlich Sommer, R., Die Psychologie der Marke. Die Marke aus der Sicht des Verbrauchers, Frankfurt a. M. 1998, S. 86 ff.

[250] Vgl. Butzkamm, J. / Halisch, F. / Posse, N., Selbstkonzepte und die Selbstregulation, in: Filipp, S.-H. (Hrsg.), Selbstkonzept-Forschung: Probleme, Befunde, Perspektiven, 3. Aufl., Stuttgart 1993, S. 203-220.

[251] Vgl. Grubb, E. L. / Grathwohl, H., Consumer Self-Concept, Symbolism and Market Behaviour: A Theoretical Approach, in: Journal of Marketing, Vol. 31, October 1967, S. 22 ff.; Adlwarth, W., Formen und Bestimmungsgründe prestigegeleiteten Konsumentenverhaltens: Eine verhaltenstheoretisch-empirische Analyse, München 1983, S. 47 ff.; Solomon, M. E., The Role of Products as Social Stimuli: A Symbolic Interactionism Perspective, in: Journal of Consumer Research, December 1983, S. 320 f.

[252] Vgl. Hogg, M. K. / Cox, A. J. / Keeling, K., The impact of self-monitoring on image congruence and product / brand evaluation, a. a. O., S. 642.

Möglichkeit, das eigene Selbst in Verbindung mit der Marke zu präsentieren. Für die Unternehmensmarke kann dies z. B. die öffentliche Nutzung eines Produktes (z. B. Nokia-Handy) oder die aktive Herausstellung der Marke im Außenauftritt eines Unternehmensangestellten (z. B. Mitarbeiter von Henkel) sein.

In einer weiter ausdifferenzierten Betrachtung der Wirkungsrichtungen auf Basis des Selbstkonzeptes kann die ideelle Nutzendimension auf drei zentrale **Motive** zurückgeführt werden.[253] Das Selbstkonzept wird dabei in das private, das distinktive und das öffentliche Selbst untergliedert. Der Zusammenhang ist in Abbildung 11 dargestellt.

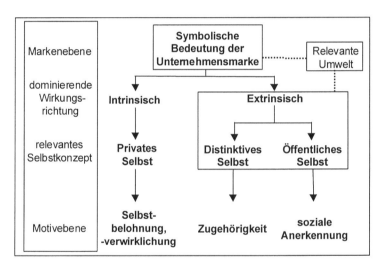

Abbildung 11:   Zusammenhang zwischen Motiven und Selbstkonzept
    Quelle: In Anlehnung an Lasslop, I., Identitätsorientierte Führung von
              Luxusmarken, a. a. O., S. 338.

Aus der symbolischen Bedeutung der Unternehmensmarke resultiert sowohl die innen- als auch die außengerichtete Wirkungsrichtung. Die extrinsische Funktion vollzieht sich dabei über eine Interaktion des Markenrezipienten mit seiner rele-

---

[253] Vgl. Lasslop, I., Identitätsorientierte Führung von Luxusmarken, a. a. O., S. 336 f.; Hogg, M. K. / Cox, A. J. / Keeling, K., The impact of self-monitoring on image congruence and product / brand evaluation, a. a. O., S. 643 f. sowie Hogg, M. K. / Michell, P. C. N., Identity, Self and Consumption, in: Journal of Marketing Management, Vol. 12, No. 7, 1996, S. 631 f.

vanten Umwelt. Auf der Ebene des Selbstkonzeptes lässt sich die extrinsische Wirkungsrichtung in das distinktive und das öffentliche Selbst differenzieren.das **distinktive** Selbstkonzept zielt dabei primär auf die Erreichung externer Standards, die durch die relevante Umwelt gesetzt werden. Die Unternehmensmarke entfaltet in diesem Fall eine zuordnende (z. B. Nutzer von Marke A, Mitarbeiter von Marke A) und eine abgrenzende Wirkung (z. B. Nutzer von Marke A *und nicht* B, Mitarbeiter von Marke A *und nicht* B). Das **öffentliche** Selbstkonzept ist hingegen nicht auf Abgrenzung oder Zuordnung zu einzelnen Gruppen ausgerichtet, sondern auf den öffentlichen Ausdruck eigener Wertvorstellungen. Hier ist die positive Beurteilung des Selbstkonzeptes die primär intendierte Wirkung (z. B. das Eintreten für Wert A als potenzieller Mitarbeiter der Marke A). Das **private Selbstkonzept** als Konzept der intrinsischen Wirkungsrichtung zielt auf die Erreichung eigener Standards. Über die Nutzung der Unternehmensmarke werden internalisierte Wertestandards bestätigt. Im Zusammenhang mit dem Konsum wird auch von einem Antrieb gesprochen, sich gegenüber sich selbst bestätigen zu müssen.[254] Dies deutet auf die Beziehung zu der motivationalen Ebene hin.

Auf der unteren Ebene sind die **Motive** angegeben, auf die eine ideelle Funktionsdimension der Unternehmensmarke zurückzuführen ist. Es handelt sich dabei um Motive der von TROMMSDORFF vorgelegten Motivklassifikation **mittlerer Reichweite**, die sowohl emotionale als auch kognitive Komponenten beinhalten.[255] Die Klassifikation der Reichweite bezieht sich dabei auf den Allgemeinheitsgrad von Motiven und damit auf ihren Erklärungsanspruch. Motive mittlerer Reichweite haben einen Gültigkeitsanspruch für unterschiedliche Bezugsgruppen, was sie für den Untersuchungsgegenstand der Unternehmensmarke legitimiert. Eine mittlere Reichweite ermöglicht weiterhin die allgemeine Anwendung der Motive für die Markenführung. Das Motiv der **Zugehörigkeit** der extrinsischen Wirkungsrichtung

---

[254] Vgl. Rinsche, G., Der aufwendige Verbrauch - Sozialökonomische Besonderheiten geltungsbedingter Nachfrage, in: Kreikebaum, H. / Rinsche, G., Das Prestigemotiv in Konsum und Investition, Berlin 1961, S. 108 ff.

[255] Vgl. Trommsdorff, V., Konsumentenverhalten, a. a. O., S. 118 ff. In diesem Zusammenhang ist die Problematik der Reichweite zu erwähnen. Motive hoher Reichweite weisen ein breites Erklärungsspektrum auf, sind jedoch für die Anwendung im Marketing meist unbrauchbar - so führt DICHTER in seiner im Marketing häufig zitierten Zuordnung den Kauf von Spargel auf das Kaufmotiv der Sexualität zurück. Motive geringer Reichweite sind hingegen für den speziellen Anwendungsfall geeignet, jedoch in ihrem Erklärungsgehalt zu stark auf diesen beschränkt. Vgl. ebenda S. 114 f.; Dichter, E., Handbuch der Kaufmotive, Wien 1964.

fällt in die Motivklasse „Soziale Wünschbarkeit und Normenunterwerfung".[256] Es beruht auf dem Streben nach Zugehörigkeit zu einer sozialen Gruppe. In der produktorientierten Marktkommunikation wird insbesondere auf die Familie als Bezugsgruppe abgestellt. Eine ähnlich starke Beziehung kann für das Sozialsystem der Unternehmung vermutet werden.[257] Das zweite extrinsische Motiv der **sozialen Anerkennung** ist eines der einflussreichsten sozialen Motive und wird auch mit „Prestige" oder „Statusstreben" umschrieben. Seine Wirksamkeit ist an die Möglichkeit geknüpft, die Marke einer öffentlichen Wahrnehmung zugänglich zu machen. Für eine empirische Untersuchung ist dieser Aspekt zu berücksichtigen, da ohne diese Möglichkeit das Motiv nur eingeschränkt zur Geltung kommen kann. Das dritte Motiv der **Selbstbelohnung und -verwirklichung** der intrinsischen Wirkungsrichtung lässt sich der Motivklasse „Lust / Erregung / Neugier" zuordnen. In Bezug auf den Konsum wird dieses Motiv u.a. für die zunehmende Bedeutung von Erlebniskonsum verantwortlich gemacht.[258] Jedoch ist dieses Motiv für die Unternehmensmarke über den Kauf von Produkten und Leistungen oder Unternehmensanteilen hinaus bedeutend: Die zu erreichenden eigenen Standards eines potenziellen Mitarbeiters werden neben anderen Einflussgrößen durch die Werte und Normen des Unternehmens gebildet. Zur Erreichung dieser Werte nutzt dieser wiederum, auf Basis des privaten Selbstkonzeptes, die Symbolik der Unternehmensmarke. Damit besteht eine quasi-duale Beziehung der Unternehmensmarke auf dieser Ebene der Selbstbelohnung und -verwirklichung.[259] Zusammenfassend lässt sich festhalten, dass die ideelle Funktionsdimension der Unternehmensmarke auf Basis von drei Motiven mittlerer Reichweite im Rahmen der Theorie des Selbstkonzeptes abgeleitet werden kann.

---

[256] In der Sozialpsychologie wird dieses soziale Motiv auch als Anschlussmotiv oder Affiliation bezeichnet; vgl. Fischer, L. / Wiswede, G., Grundlagen der Sozialpsychologie, a. a. O., S. 128.

[257] Vgl. Bierwirth, A., Die Führung der Unternehmensmarke – Ein Beitrag zum zielgruppenorientierten Corporate Branding, a. a. O., S. 102.

[258] Vgl. dazu ausführlicher die Untersuchung von MEFFERT / PATT: Meffert, H. / Patt, P. J., Strategische Erfolgsfaktoren im Einzelhandel – eine empirische Analyse am Beispiel der Bekleidungsfachgeschäfte, in: Trommsdorff, V. (Hrsg.), Handelsforschung, Heidelberg 1987, S. 181-198.

[259] Vgl. die Ausführungen zur Bezugsgruppe der Mitarbeiter in Kapitel 3.

2.3.2 Ideeller Nutzen der Unternehmensmarke auf Basis der Beziehungstheorie

Die **beziehungstheoretische Betrachtung** der Marke baut ähnlich zur dargestellten Selbstkonzeptforschung auf der Voraussetzung auf, dass die Marke einen „aktiven Beziehungspartner" für den Markenrezipienten darstellt und als solcher eine Persönlichkeit annimmt.[260] FOURNIER versteht, im Gegensatz zu dem klassischen Verständnis der Markenpersönlichkeit als Gesamtheit menschlicher Eigenschaften einer Marke, unter diesem Begriff *„eine Reihe von Schlussfolgerungen"*, die aus der wiederholten Beobachtung *„von inszenierten Verhaltensweisen der Marke gezogen werden und mit der Rollenerwartung der Partner in einer Beziehung übereinstimmen".*[261] Mit dieser interaktiven Interpretation der Markenpersönlichkeit wird die Argumentationslinie der beziehungstheoretischen Betrachtung deutlich. Parallel zu der Perspektive der Selbstkonzepttheorie haben Beziehungen den Anspruch, das Leben einer Person zu strukturieren. Diese strukturierende Leistung erfolgt jedoch nicht über die zeitpunktbezogene Betrachtung einer Markenpersönlichkeit, sondern über die zeitraumbezogene Beziehung mit ihr. Die (lebens-) sinngebende Berechtigung von Beziehungen wird dadurch argumentiert, dass die Entwicklung der menschlichen Persönlichkeit von den Beziehungen abhängt, die im Laufe des Lebens eingegangen werden.[262] Für die Beziehung zwischen einer Marke und der Zielgruppe der Konsumenten werden mit der *psychologischen*, der *soziokulturellen* und der *relationalen* Sinnquelle drei wesentliche Sinnquellen differenziert, die jeweils als Bedeutungshintergrund für das von der Beziehung betroffene Individuum fungieren.[263]

Im Rahmen der **psychologischen Sinnquelle** kann eine Beziehung identitätsbildende Aufgaben erfüllen. Dies drückt sich entweder in einer Veränderung der Persönlichkeit der Konsumenten durch Ausdehnung oder Verstärkung der Persön-

---

[260] Fournier, S. M., Markenbeziehungen – Konsumenten und ihre Marken, in: Esch, F.-R. (Hrsg.), Moderne Markenführung, a. a. O., S. 137-163 sowie Hinde, R. A., A Suggested Structure for a Science of Relationships, in: Personal Relationships, Vol. 2, March 1995, S. 1-15.

[261] Fournier, S. M., Markenbeziehungen – Konsumenten und ihre Marken, a. a. O., S. 163.

[262] Vgl. Hinde, R. A., A Suggested Structure for a Science of Relationships, a. a. O., S. 1 f.; Berscheid, E. / Peplau, L. A., The Emerging Science of Relationships, in: Kelley, H. H. et al. (Hrsg.), Close Relationships, New York 1983, S. 3.

[263] Vgl. Fournier, S. M., Markenbeziehungen – Konsumenten und ihre Marken, a. a. O., S. 141 f; Bierwirth, A., Die Führung der Unternehmensmarke – Ein Beitrag zum zielgruppenorientierten Corporate Branding, a. a. O., S. 103 f.

lichkeit oder durch die Mechanismen der Selbstachtung und des Selbstwertes aus.[264] Die psychologische Sinnquelle einer Beziehung steht somit in einem engen Zusammenhang mit dem Selbstkonzept. Durch die **soziokulturelle Sinnquelle** einer Beziehung kann eine Marke dem menschlichen Beziehungspartner soziale Zugehörigkeit und Stabilität vermitteln.[265] Hierdurch wird es ihm erleichtert, seine eigene Persönlichkeit im komplexen Umfeld sozialer Strukturen zu verankern. Auch hier ist die Argumentation mit der Selbstkonzeptforschung kongruent. Die Stärke einer derart begründeten Beziehung richtet sich einerseits nach dem Bedürfnis eines Individuums seine soziale Zugehörigkeit durch die Beziehung mit einer Marke zu bestätigen, und andererseits der Fähigkeit einer spezifischen Marke, diese Zugehörigkeit durch die Markenpersönlichkeit zu unterstreichen. Letztlich bestimmt sich die **relationale Sinnquelle** aus einem Vergleich ihrer Sinnstiftung im Gesamtkontext aller vorhandenen Beziehungen eines Individuums.[266] Damit ist die relationale Beziehung im Vergleich zu den genannten Beziehungstypen inhaltlich an einen individuellen Orientierungsrahmen geknüpft.

Die Marke stiftet in den aufgezeigten Sinnquellen einen ideellen Nutzen und leistet einen Beitrag zur Organisation der Persönlichkeit über ihre Beziehung zum Markenrezipienten.[267] Dieser Nutzen wird in seiner Ausprägung von der „**Beziehungsqualität**" bestimmt. Die Beziehungsqualität erfasst die Gründe für das Entstehen von Markenbeziehungen.[268] Die Dimensionen der Beziehungsqualität wie „Bindung", „Bestätigung" oder „Partnerschaft"[269] können dabei ebenfalls in die in Kapitel 2.3.1 genannten Bedürfniskategorien mittlerer Reichweite eingeordnet werden. Damit lässt sich die ideelle Funktionsdimension der Marke im Lichte der Beziehungstheorie auf eine direkte Bedürfnisbefriedigung zurückführen.

---

[264] FOURNIER konkretisiert zwei identitätsbildende Aspekte der Beziehung mit einer Marke: Lösung von fundamentalen Daseinsproblemen einerseits und Aussagen zu Lebensprojekten und -aufgaben andererseits. Vgl. ebenda, S. 142.

[265] Vgl. Hubertz, I., Die Marke auf der Couch: Das Wesen der Marke und wie man es messen kann, in: planung & analyse, Nr. 2, 2000, S. 25-30.

[266] Vgl. Fournier, S. M., Markenbeziehungen – Konsumenten und ihre Marken, a. a. O., S. 142.

[267] Vgl. Aaker, D. A., Building Strong Brands, a. a. O., S. 153; Kapferer, J.-N., Die Marke: Kapital des Unternehmens, Landsberg / Lech 1992, S. 54.

[268] Fournier, S. M., Markenbeziehungen – Konsumenten und ihre Marken, a. a. O., S. 155.

[269] Weitere Dimensionen sind: Liebe / Leidenschaft, Interdependenz und Intimität.

Ein Beitrag der Beziehungstheorie zur Markenführung der Unternehmensmarke lässt sich in der **Typologisierung** von Beziehungen und einer allgemeinen Beschreibung der **Intensität** dieser Beziehungen im zeitlichen Ablauf erkennen. Die vorgeschlagenen Typologisierungen variieren in der Literatur in der Anzahl und der Benennung von Beziehungstypen.[270] Beispiele für Bezeichnungen dieser Markenbeziehungen sind „Freundschaft" oder „Partner fürs Leben". Identifizierte Verlaufsfunktionen von Beziehungen sind mit den Dimensionen Zeit (t) und Intensität (i) in Abbildung 12 dargestellt.

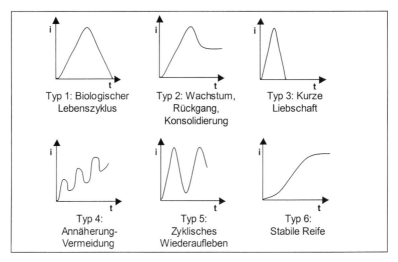

Abbildung 12:   Identifizierte Entwicklung von Markenbeziehungen

Quelle: Fournier, S. M., Markenbeziehungen – Konsumenten und ihre Marken, a. a. O., S. 154.

Im Zusammenhang mit der Unternehmensmarke sind bezugsgruppenspezifisch dominante Beziehungstypen denkbar. Das kann an den Bezugsgruppen Mitarbeiter und Kapitalmarktteilnehmer verdeutlicht werden. So ist auf Grund der im Verhältnis zur Bindungszeit eines Mitarbeiters an die Unternehmensmarke kurzen und lockeren Beziehung eines Aktionärs mit der Unternehmensmarke der Verlauf des Typ 3 wahrscheinlich. Dem gegenüber erscheint bei einem potenziellen Mitarbei-

---

[270] Vgl. Meffert, H., Relational Branding – Beziehungsorientierte Markenführung als Aufgabe des Direktmarketing, a. a. O., S. 13.

ter über die häufigere Konfrontation und Auseinandersetzung mit der Unternehmensmarke der Verlauf der Typen 6 oder 2 plausibel. Zusammenfassend ist der interaktive, zeitraumbezogene Ansatz der Beziehungstheorie das differenzierende Moment dieser Theorie gegenüber der des Selbstkonzeptes. Die direkte Funktionsdimension der Unternehmensmarke wird durch beide genannten Theorien bestätigt. Für die einzelnen Bezugsgruppen der Unternehmensmarke gilt es nun im Rahmen der empirischen Überprüfung Hypothesen über die Ausprägungen der Relevanz und ihre Bildung durch die Markenfunktionen aufzustellen.

3. Bezugsgruppenspezifische Hypothesenbildung zur Relevanz der Unternehmensmarke

Nach der Konzeptualisierung der Relevanz der Unternehmensmarke über die verschiedenen Markenfunktionen werden im Folgenden ihre zentralen Bezugsgruppen betrachtet. Dabei steht die Fragestellung im Vordergrund, inwieweit die einzelnen Funktionen Informationseffizienz, Risikoreduktion und ideeller Nutzen die Markenrelevanz in einer bezugsgruppenspezifischen Perspektive determinieren. Die Überlegungen münden in Hypothesen über die Bedeutungsgewichte der Markenfunktionen in der jeweils betrachteten Bezugsgruppe.

3.1 Die Relevanz der Unternehmensmarke für die Bezugsgruppe der Konsumenten

Die Konsumenten können als die „traditionelle" Bezugsgruppe der Markenführung bezeichnet werden.[271] Obgleich die Unternehmensmarke mit ihrem umfassenden Bezugsspektrum eine umfassendere Perspektive einnimmt, sind die Konsumenten als eine zentrale Bezugsgruppe einzustufen. Dabei ist zu berücksichtigen, dass die Unternehmensmarke als Dachmarke auf Unternehmensebene definitionsgemäß die breiteste Klammer der markenstrategischen Optionen darstellt.[272] Sie tritt trotz ihrer zunehmenden Berücksichtigung in der Marketingpraxis nur einge-

---

[271] Vgl. Mottram, S., Branding the Cooperation, a. a. O., S. 63.

[272] Vgl. zu den markenstrategischen Optionen Meffert, H., Strategien zur Profilierung von Marken, in: Dichtl, E. / Eggers, W. (Hrsg.), Marke und Markenartikel als Instrument des Wettbewerbs, München 1992, S. 129-156; Becker, J., Einzel-, Familien- und Dachmarken als grundlegende Handlungsoptionen, in: Esch, F.-R. (Hrsg.), Moderne Markenführung, 2. Aufl., Wiesbaden 1999, S. 269-288.

schränkt in ihrer **Reinform** auf und ist damit im Absatzmarkt oft in Kombination mit einer anderen produktbezogenen Marke präsent.[273] Diese Erscheinungsform wird auch als kombinierte Markenstrategie im Sinne eines „**Endorsed**" oder „**Dual Branding**" bezeichnet.[274] Für die Diskussion der Relevanz der Unternehmensmarke stellt sich vor diesem Hintergrund die Frage, ob sie auch in einer solchen Markenkombination als eigenständiges Element wahrgenommen wird und damit die gewünschten verhaltenbezogenen Wirkungen entfalten kann. Zu dieser Thematik sind in der jüngeren wissenschaftlichen Literatur drei Untersuchungen vorgenommen worden, die im Folgenden kurz dargestellt werden sollen.[275]

1997 stellen KELLER und AAKER eine Studie mit experimentellem Aufbau vor, die den Effekt der Unternehmensmarke auf die Bewertung von neuen Produkten analysiert.[276] Im Rahmen der Untersuchung wurden 256 Personen Informationen zu Produkten gegeben, die bis dato noch nicht Teil des unter der Unternehmensmarke geführten Produktportfolios waren. Dabei wurde darauf geachtet, dass die neuen Produkte nicht vollkommen diametral zu dem bestehenden Produktportfolio sind, sondern zumindest eine gewisse Affinität aufweisen. Die einzelnen Produktpositionierungen und die Informationen zur Unternehmensmarke wurden im Rahmen des Experimentes systematisch über die Eigenschaften „innovativ", „umweltfreundlich", „sozial engagiert" sowie „neutral" als Kontrollgruppe variiert, um den Einfluss übereinstimmender bzw. divergierender Assoziationen zwischen Produkt und Unternehmensmarke zu überprüfen. Das zentrale Resultat der Untersuchung ist „... *that corporate marketing activity can provide a direct marketing benefit by improving perceptions and evaluations of a corporate brand extension.*"[277] Für die einzelnen Variationen der Unternehmensmarke lässt sich grundsätzlich eine be-

---

[273] In einer strengen Form werden bei einer Dachmarkenstrategie auf Unternehmensebene alle Produkte eines Unternehmens unter einer einzigen Marke, i. e. der Unternehmensmarke, geführt. Diese Strategievariante hat somit eine maximale Integration zur Folge. Vgl. Meffert, H., Das Dach braucht starke Pfeiler, in: Lebensmittelzeitung, Nr. 12, 1995, S. 40-45; Kircher, S., Corporate Branding – mehr als Namensgebung, in: planung & analyse, H. 1, 1997, S. 60-61.

[274] Vgl. z. B. Laforet, S. / Saunders, J., Managing Brand Portfolios: Why Leaders do what they do, a. a. O., S. 55 ff.; Mottram, S., Branding the Cooperation, a. a. O., S. 63 ff.

[275] Zu einer Übersicht über früher durchgeführte Studien zum Corporate Image vgl. Brown, T. J. / Dacin, P. A., The Company and the Product: Corporate Associations and Consumer Product Responses, in: Journal of Marketing, Vol. 61, January 1997, S. 69 f.

[276] Vgl. im Folgenden Keller, K. L. / Aaker, D. A., Managing the Corporate Brand: The Effects of Corporate Marketing Activity on Consumer Evaluation of Brand Extensions, MSI Working Paper, Report No. 97-106, 1997.

[277] ebenda, S. 23.

einflussende Wirkung für alle drei Eigenschaften feststellen, wobei diese bei der Eigenschaft "sozial engagiert" am geringsten ausfällt. Ein weiteres wichtiges Ergebnis ist darin zu sehen, dass der Einfluss der Unternehmensmarke auch dann in die Bewertung einging, wenn die produktbezogenen Informationen nicht mit den Imagedimensionen der Unternehmensmarke übereinstimmten. Das lässt sich als Hinweis auf die **Eigenständigkeit** der Unternehmensmarke interpretieren, die auch in der Kombination mit einer Produktmarke gewahrt bleibt.

Auch BROWN / DACIN kommen zu dem Schluss, dass die Unternehmensmarke einen **isolierbaren Einfluss** auf die Wahrnehmung neuer Produkte hat.[278] Dabei unterscheiden die Autoren grundsätzlich zwischen zwei Typen von unternehmensbezogenen Assoziationen: den leistungsbezogenen („corporate ability") und den sozialen Assoziationen („corporate social responsibility"). Eine kausalanalytische Untersuchung unterschiedlicher Stichproben konnte zeigen, dass die corporate ability einen relativ großen Einfluss auf die spezifische Produktbeurteilung und die Gesamtbewertung des Unternehmens hat. Die Wirkung der Unternehmensmarke wird demnach nicht nur als Ergänzung von fehlenden Informationen berücksichtigt, sondern zusätzlich als eigenes Element in die Auswahlentscheidung mit einbezogen.[279]

Eine Untersuchung, die sich explizit mit dem „Dual Branding" auseinandersetzt, legen SAUNDERS / GUOQUN vor.[280] Sie testen die Hypothese, dass durch den Zusatz der Unternehmensmarke zu einer bestehenden Marke die Auswahlentscheidung beeinflusst wird. Dabei wird vermutet, dass dieser Effekt um so höher ausfällt, je stärker die Unternehmensmarke ist. Die empirische Untersuchung wurde auf Basis der Conjoint-Analyse mit fünf unterschiedlichen Unternehmensmarken und einer fiktiven Kontrollmarke durchgeführt. Die beiden genannten Hypothesen konnten bestätigt werden. Die Beeinflussung der Teilnutzenwerte konnte für jede der untersuchten Marken gegenüber dem Kontrollprodukt festgestellt werden. Die-

---

[278] Vgl. Brown, T. J. / Dacin, P. A., The Company and the Product: Corporate Associations and Consumer Product Responses, a. a. O., S. 75.

[279] Die Autoren bemerken dazu: „Thus, even in situations in which product and attribute levels are known prior to purchase and consumption, a company may still derive value from the CA associations that consumers posses." Vgl. Brown, T. J. / Dacin, P. A., The Company and the Product: Corporate Associations and Consumer Product Responses, a. a. O., S. 80.

[280] Vgl. Saunders, J. / Guoqun, F., Dual Branding: how corporate names add value, in: Marketing Intelligence and Planning, No. 14, H. 7, 1996, S. 29-34.

ser Effekt war unabhängig von den konkreten inhaltlichen Dimensionen der Unternehmensmarke: „*In all cases the addition of a corporate name to brand increases the consumer's perception of the brand and preferences.*"[281]

In einer zusammenfassenden Betrachtung kann festgehalten werden, das die Unternehmensmarke in der Bezugsgruppe der Konsumenten bei alleiniger Verwendung für ein spezifisches Produkt vergleichbare Wirkungen zu einer Produktmarke entfaltet.[282] Die vorgestellten Untersuchungen belegen weiterhin, dass die Unternehmensmarke **auch im Verbund** mit einer Produktmarke als einzelnes Element wahrgenommen wird und eine verhaltensbeeinflussende Wirkung bei Auswahlentscheidungen entfalten kann. Eine Untersuchung der Relevanz der Unternehmensmarke erscheint somit sowohl in einer konsequent auf sie ausgerichteten Dachmarkenstrategie als auch in kombinierten Strategien anwendbar.

Die einzelnen Markenfunktionen determinieren in ihrer Gesamtheit die Relevanz der Unternehmensmarke für die Bezugsgruppe der Konsumenten. Der Dimension des ideellen Nutzens wird dabei in Wissenschaft und Praxis verstärkte Aufmerksamkeit geschenkt. MEFFERT / GILOTH verweisen auf den Tatbestand, dass in den westlichen Industrienationen mit einer gesicherten Grundversorgung „Zusatz- bzw. Geltungsnutzen eine stärkere Bedeutung erlangen".[283] Dies wird durch eine aktuelle, internationale Studie der Agentur „FCB Deutschland" bestätigt. Im internationalen Vergleich zeigt sich, dass sowohl in den Vereinigten Staaten als auch in Großbritannien und Deutschland „prestigeträchtige" und „emotional besetzte" Marken bei den Konsumenten von hohem Interesse sind.[284] Parallel dazu positionieren sich Marken aus den unterschiedlichsten Produktkategorien gezielt in Dimensionen der Markenpersönlichkeit, um eine Identifikation mit der Marke zu ermöglichen.[285] Damit steht die direkte Bedürfnisbefriedigung durch den **ideellen Nutzen** im Zentrum der Bemühungen. Insbesondere die wissenschaftliche Beschäftigung mit der Messung und Steuerung der Markenpersönlichkeit zeigt Ergebnisse auf,

---

[281] ebenda, S. 33.

[282] Vgl. auch de Chernatony, L., Would a brand smell any sweeter by a corporate name?, a. a. O., S. 18.

[283] Meffert, H. / Giloth, M., Aktuelle markt- und unternehmensbezogene Herausforderungen an die Markenführung, a. a. O., S. 115.

[284] Vgl. o. V., Treulose Deutsche, in: Wirtschaftswoche, Nr. 7 vom 6.2.2003, S. 72.

[285] Vgl. Rozanski, H. / Baum, A. / Wolfsen, B., Brand Zealots: Realizing the Full Value of Emotional Brand Loyalty, in: Strategy and Business, Fourth Quarter 1999, S. 52 ff.

welche die Bedeutung dieser Markenfunktion für die Bezugsgruppe der Konsumenten herausstellen. So kommt eine Untersuchung von HAYES zu dem Ergebnis, dass die Identifikation mit der Markenpersönlichkeit einen signifikant positiven Effekt auf die Markenpräferenz, die Weiterempfehlungs- und die Aufpreisbereitschaft besitzt.[286] Einschränkend muss zu dieser Untersuchung bemerkt werden, dass sie ausschließlich im Markt für Sonnenbrillen durchgeführt wurde. Sonnenbrillen erscheinen als Luxusgüter, die gut durch Dritte wahrgenommen werden können und sie daher für die Entfaltung eines ideellen Nutzens prädestiniert.

VILLEGAS / EARNHART / BURNS untersuchen die Markenpersönlichkeit für das weniger öffentlich wahrnehmbare Gut des Personal Computers.[287] Bei der Durchführung ihrer Wirkungsanalysen können die Forscher ebenfalls eine positive Wirkung der Markenpersönlichkeit auf den Konsumenten identifizieren. Kongruent mit der Arbeit von HAYES wurde die Aufpreisbereitschaft als Zielkriterium herangezogen. Die im deutschsprachigen Raum durchgeführte Untersuchung für Automobile von HERRMANN / HUBER / WEIS kommt in Übereinstimmung mit den genannten Studien zu dem Ergebnis, dass der „Zusatznutzen"[288] der Marke einen maßgeblichen Einfluss auf die Auswahlentscheidung der Konsumenten hat.[289] Zusammenfassend soll festgehalten werden, dass die dargestellten Untersuchungen auf ein relativ **hohes Bedeutungsgewicht** der Dimension des ideellen Nutzens für die Markenrelevanz in der Bezugsgruppe der Konsumenten schließen lassen.

Im Rahmen der indirekten Bedürfnisbefriedigung durch die Marke, die aus der konkreten Kaufentscheidung resultiert, kann weiterhin in einer aggregierten Perspektive das Bedeutungsgewicht der **Informationseffizienz** gegenüber der Risikoreduktion als dominant vermutet werden. Dies lässt sich durch die schon in den einführenden Bemerkungen angesprochene **Informationsflut** begründen, mit der die Konsumenten konfrontiert werden. Sie sehen sich in Konsumentscheidungen einer großen Angebotsvielfalt gegenüber, die darüber hinaus in nahezu allen Be-

---

[286] Vgl. Hayes, J., Antecedents and Consequences of Brand Personality, zugel. Diss. der Mississippi State University, Mississippi State 1999, S. 277 f.

[287] Vgl. Villegas, J. / Earnhart, K. / Burns, N., The Brand Personality Scale: An Application for the Personal Computer Industry, 108. Annual Convention of the American Psychological Association, Washington (DC), August 2000.

[288] Mit dem "Zusatznutzen" beziehen sich die Autoren auf die ideelle Nutzendimension der Corporate Brand.

[289] Huber, F. / Herrmann, A. / Weis, M., Markenloyalität durch Markenpersönlichkeit, a. a. O., S. 5.

reichen wächst.[290] In Auswahlentscheidungen wird jedoch nur eine begrenzte Anzahl von Alternativen berücksichtigt, was insbesondere bei Gütern des täglichen
Bedarfs zu einer intensiven Nutzung der Marke als Kriterium der Alternativenselektion führt.[291] Wenn zusätzliche Alternativen zur Verfügung stehen, werden
diese **nicht proportional** mit in die Auswahl einbezogen, sondern die Anzahl der
berücksichtigten Alternativen sinkt mit zunehmendem Angebot. Bei Kaufentscheidungen, die weniger intensiv ablaufen, ist daher ein deutliches Vereinfachungs-
bestreben der Konsumenten zu vermuten, um die kognitive Belastung zu minimieren. Dies kann durch die Nutzung der Unternehmensmarke erfolgen.[292]

In Bezug auf das **Risiko** ist dabei auf die objektive **Angleichung der Produktqualitäten** hinzuweisen, die durch die Konsumenten wahrgenommen wird.[293] Dies
soll durch folgende Indikatoren verdeutlicht werden:

- Bei Vergleichen der Produktqualitäten in Bezug auf ihre funktionale Eignung
  und Sicherheit stellt die STIFTUNG WARENTEST fest, dass es immer weniger
  Produkte gibt, die den gestellten Anforderungen nicht entsprechen und somit
  als „mangelhaft" eingestuft werden müssten. Nach einer Analyse von 102
  Tests aus STIFTUNG WARENTEST wurden 85 Prozent aller getesteten Produkte
  mit „gut" bewertet.[294]

- Der Anteil der **Handelsmarken** steigt stetig an. Handelsmarken fokussieren
  sich auf die Sicherung funktionaler Produktqualität und sind zumeist preislich

---

[290] So wurden in einem Zeitraum von zwei Jahren allein in Deutschland 100.000 neue Produkte
eingeführt, vgl. Zimmermann, R. et al., Brand Equity Review, in: BBDO Group Germany
(Hrsg.), Brand Equity Excellence, Bd. 1: Brand Equity Review, Düsseldorf 2001, S. 12.

[291] Vgl. die Studienübersicht bei Trommsdorff, V., Konsumentenverhalten, S. 296. Es zeigt sich
bspw. das bei 16 verfügbaren Alternativen für Frühstücksflocken lediglich 2-3 Alternativen genutzt wurden.

[292] Dies verdeutlichen auch Studien zur Markentreue der Konsumenten, welche diese Vereinfachung der Kaufentscheidung für die Stabilität der Markentreue verantwortlich machen, vgl.
Weinberg, P., Die Produkttreue der Konsumenten, a. a. O., S. 32 ff.; Dekimpe, M. G. et al.,
Decline and variability in brand loyalty, in: International Journal of Research in Marketing, Vol.
14, 1997, S. 405 ff.

[293] Vgl. Meffert, H. / Giloth, M., Aktuelle markt- und unternehmensbezogene Herausforderungen
an die Markenführung, a. a. O., S. 110; Esch, F.-R. / Wicke, A., Herausforderungen und Aufgaben des Markenmanagements, a. a. O., S.19.

[294] Vgl. Michael, B., Herstellermarken und Handelsmarken... wer setzt sich durch?, Grey Gruppe
Deutschland, Düsseldorf 1994.

unter den Herstellermarken positioniert. Ihr Anstieg lässt auf eine konstante Qualitätsvermutung der Verbraucher schließen.[295]

Damit erscheint das durch die Konsumenten wahrgenommene Risiko in seiner Gesamtheit von geringerer Bedeutung zu sein. Es lässt sich vermuten, dass die Gewichtung der Risikoreduktion zu den anderen Dimensionen der Markenrelevanz in den Hintergrund tritt.

Die Ausführungen zu der Bezugsgruppe der Konsumenten soll in den folgenden Hypothesen zusammengefasst werden.

$H_{KonsBasis1}$	Die Unternehmensmarke ist im Rahmen der Auswahlentscheidungen der Konsumenten relevant.
H_{KonsF1}	In der Bezugsgruppe der Konsumenten ist das Bedeutungsgewicht des ideellen Nutzens für die Relevanz der Unternehmensmarke gegenüber den anderen Relevanzdimensionen des Konstruktes am höchsten ausgeprägt.
H_{KonsF2}	Die Dimension der Informationseffizienz dominiert in ihrer Gewichtung in dieser Bezugsgruppe gegenüber der Dimension der Risikoreduktion.

Es sei an dieser Stelle explizit darauf hingewiesen, dass die Hypothesen *nicht* besagen, dass bei sämtlichen Produkten und Dienstleistungen bspw. der ideelle Nutzen gegenüber der Risikoreduktion dominant ist. Die Hypothesen beziehen sich hier auf das **durchschnittliche Bedeutungsgewicht** der betrachteten Markenfunktionen bei der Bildung des Relevanzurteils einer Bezugsgruppe.[296]

---

[295] Vgl. auch Eggert, U. / Zerres, S., Megatrends III in Industrie, Handel und Gesellschaft, Studie der BBE Unternehmensberatung GmbH, Köln 1997, S. 11.

[296] So kann die Markenrelevanz für ein spezifisches Produkt wie z. B. Waschmittel hoch sein, obgleich die ideelle Dimension der Marke eine untergeordnete Rolle spielt.

3.2 Die Relevanz der Unternehmensmarke für die Bezugsgruppe der poten-
ziellen Mitarbeiter

Die Mitarbeiter und deren Qualität sowie die hinreichende Versorgung mit qualifi-
zierten (Führungs-) Kräften lassen sich als zentrale Determinanten des Unternehmenserfolges kategorisieren.[297] Angesichts hoher Arbeitslosenzahlen in den westlichen Industrienationen könnte der Schluss gezogen werden, dass die Akquisition
und Bindung dieses Kapitals keinen Engpass darstellen. Dies ist jedoch nicht zu-
treffend. Es kann im Gegenteil von einem sich zuspitzenden Wettbewerb um Hu-
mankapital gesprochen werden.[298] Vor diesem Hintergrund ist die betriebswirtschaftliche Diskussion um das Konzept des **Personalmarketing**[299] zum Ende der
80er Jahre intensiviert worden. Ein wichtiges Ziel des Personalmarketing stellt in
dieser Wettbewerbssituation die Profilierung des Unternehmens dar. Die Unternehmensmarke wird dabei als zentraler Gestaltungsparameter des Personalmarketing eingestuft. Nach einer im Jahre 2001 durchgeführten Untersuchung der Unternehmensberatung KIENBAUM ist die „Employer Brand" der wichtigste Faktor des
Personalmarketing, für den die Unternehmen einen deutlichen Nachholbedarf in
der Umsetzung sehen.[300] Es erscheint damit aus Sicht der Unternehmen die hohe
Relevanz der Unternehmensmarke unbestritten.

Aus der hier vertretenen wirkungsorientierten Perspektive der Bezugsgruppe lassen sich jedoch zunächst widersprüchliche Hinweise auf die Relevanz der Unternehmensmarke erkennen: Eine Reihe von Untersuchungen widmen sich im Rahmen des Personalmarketing dem Anforderungsprofil, welches durch potenzielle

---

[297]   Über diese These herrscht in der wissenschaftlichen Literatur Einigkeit. STAEHLE verwendet
        sogar den Superlativ und spricht von Personal und Personalgewinnung als wichtigsten
        Erfolgsfaktor der Unternehmen, vgl. Staehle, W. H., Management. Eine
        verhaltenswissenschaftliche Perspektive, 7. Aufl., München 1994, S. 737; sowie Vollmer, R.
        E., Personalimage, a. a. O., S. 179-204 und die dort zitierte Literatur.

[298]   Das dieser auch zukünftig noch an Dynamik gewinnen wird, belegt eine aktuelle Untersuchung
        von KIRCHGEORG / LORBEER. Die Ergebnisse einer Befragung von über 70 Großunternehmen
        zeigen, dass über drei Viertel der befragten Personalverantwortlichen den Fach- und Füh-
        rungskräftemangel mittelfristig als schwerwiegendes Problem einstufen. Vgl. Kirchgeorg, M. /
        Lorbeer, A., Anforderungen von High Potentials an Unternehmen, HHL-Arbeitspapier Nr. 49,
        Leipzig 2002, S. 30 f.

[299]   Vgl. die ausführliche Übersicht der unterschiedlichen Definitionen des Personalmarketing bei
        Franke, N., Personalmarketing zur Gewinnung von betriebswirtschaftlichem Führungsnach-
        wuchs, in: Marketing ZFP, 22. Jg., Nr. 1, 2000, S. 77 f.

[300]   Vgl. Biele, G. / Hunziger, A., Erfolgsfaktoren und Best Practices im Personalmarketing, Studie
        der Kienbaum Management Consultants GmbH, Berlin 2002, S. 35.

Mitarbeiter und „high potentials" an die Unternehmen gestellt wird. Dabei ist das Kriterium **„Arbeitgeberimage"** oder **„Personalimage"** ein Bestandteil dieses Profils.[301] Die Untersuchungen sind zu einem hohen Anteil kommerzieller Natur und haben das Ziel den „beliebtesten Arbeitgeber" herauszufinden.[302] In diesem Kontext lässt sich das Arbeitgeberimage als Fremdbild der Unternehmensmarke interpretieren, das in die unterschiedlichen Untersuchungen Eingang gefunden hat. Für die zumeist in Rangfolgen dargestellten Ergebnisse ergibt sich in den jüngeren Studien das in Tabelle 2 dargestellte Bild.[303]

Studie/Jahr	Messung	Rangplatz „Arbeitgeberimage"	Top Kriterium
Scholz/Schlegel (1993)	Direkt, eindimensional	Platz 17 von 18	Tätigkeitsspektrum
Handelsblatt (1994)	Direkt, eindimensional	Platz 16 von 22	Tätigkeitsspektrum
Wiltinger (1994)	Conjoint-Analyse	Platz 4 von 8	Aufstiegs- und Karrierechancen
Simon et al. (1995)	Direkt, eindimensional	Platz 24 von 24	Weiterbildung
Teufer (1999)	Direkt, mehr-dimensional	Platz 3 von 5	„Personalpolitische Parameter"
Kirchgeorg/Lorbeer (2002)	Direkt, mehr-dimensional	n.a. jedoch für die zwei größten identifizierten Segmente von hoher Bedeutung	n.a.
Wirtschaftswoche (2002)	direkt, eindimensional	n.a.	Führungsstil, Interessante Aufgaben

Tabelle 2:   Aktuelle Untersuchungen zum Arbeitgeberimage

---

[301]   Vgl. Henzler, A., Personal-Image, in: Gaugler, E., Handwörterbuch des Personalwesens, Stuttgart 1975, S. 1564-1571; Vollmer, R. E., Personalimage, a. a. O., S. 179; Teufer, S., Die Bedeutung des Arbeitgeberimages bei der Arbeiterwahl, a. a. O., S. 3 ff.; Moser, K. / Zempel, J., Personalmarketing, in: Schuler, H. (Hrsg.), Lehrbuch der Personalpsychologie, Göttingen 2001, S. 69.

[302]   Vgl. z. B. die aktuelle Studie der Wirtschaftswoche, welche die Corporate Brand „BMW" als beliebtesten Arbeitgeber 2002 ermittelt; Katzensteiner, Th., Groß ist gut, in: Wirtschaftswoche, Nr. 34 vom 15.08.2002, S. 76-81.

[303]   Zu weiteren Bestandsaufnahmen über durchgeführte Untersuchungen vgl. Wiltinger, K., Personalmarketing auf Basis von Conjoint Analysen, in: Albach, H. (Hrsg.), Personal, ZfB Sonderheft 3, 1997, S. 68; Teufer, S., Die Bedeutung des Arbeitergerimages bei der Arbeitgeberwahl, a. a. O., S. 34 ff.; Franke, N., Personalmarketing zur Gewinnung von betriebswirtschaftlichem Führungsnachwuchs, a. a. O., S. 81.

Es zeigt sich, dass das Fremdbild der Unternehmensmarke sowohl mittlere (z. B. TEUFER und WILTINGER) als auch niedrige Rangplätze einnehmen kann (z. B. SIMON ET AL. und die Nicht-Berücksichtigung in der Studie der Wirtschaftswoche). Eine Aussage über die Relevanz der Unternehmensmarke ist damit nicht direkt ableitbar. Vor dem Hintergrund der vorgestellten Konzeptualisierung ist bei einer Analyse der Relevanz der Unternehmensmarke grundsätzlich zu hinterfragen, wie der **Entscheidungsprozess der Arbeitgeberwahl** durch sie beeinflusst werden kann und welche Markenfunktionen dabei von besonderer Bedeutung sind.

In der wissenschaftlichen Beschäftigung mit dem Arbeitgeberwahlprozess sind einige Modelle wie z. B. die auf STIGLER zurückgehenden Job Search Modelle oder die „Drei-Faktorentheorie" von BEHLING / LABOVITZ / GAINER entstanden.[304] Diese beschreiben mit zum Teil strengen Prämissen über das Verhalten von Arbeitssuchenden die Auswahl eines Arbeitgebers **in einem Auswahlschritt.** Auf eine ausführliche Beschreibung dieser Modelle soll jedoch an dieser Stelle verzichtet werden[305], da sich unter Berücksichtigung der Arbeiten von SOELBERG für die Arbeitgeberwahl eine **phasenorientierte Betrachtung** durchgesetzt hat. Er unterscheidet zunächst zwischen vier streng zu trennenden Einzelphasen, wobei eine notwendige Bedingung des Modells die genaue Vorstellung des Arbeitssuchenden über einen Idealberuf darstellt.[306] Insbesondere diese Prämisse ist in der weiteren Auseinandersetzung aufgehoben sowie die strenge Phasenunterscheidung modi-

---

[304] Job Search Modelle verpflichten sich dem neoinstitutionellen Forschungsparadigma und betrachten die Information als knappen Faktor bei der Arbeitgeberwahl. STIGLER geht in seiner grundlegenden Arbeit zum optimalen Informationsverhalten davon aus, dass ein Arbeitsuchender die Verteilungsfunktion aller Preise auf dem Arbeitsmarkt kennt, jedoch nicht den Preis eines spezifischen Unternehmens. Die durchgeführte Suche ist dann mit einer methodischen Ziehung aus einer Zufallsstichprobe vergleichbar. Vgl. Stigler, G., The Economics of Information, in: Journal of Political Economy, Vol. 69, 1961, S. 213-225.

Die „Drei-Faktorentheorie" setzt sich aus den Komponenten der objektiven und subjektiven Faktoren sowie dem kritischen Kontakt zusammen. Zentrale Schwachstelle dieser Theorie ist die Klassifizierung von Kriterien in einer der drei Faktoren. Vgl. zu einer ausführlichen Darstellung und Kritik: Tom, V. R., The Role of Personality and organizational Images in the recruiting process, in: Organizational Behavior and Human Performance, Nr. 6, 1971, S. 573-592.

[305] Vgl. zu einer Übersicht über die einzelnen Modelle Teufer, S., Die Bedeutung des Arbeitergeberimages bei der Arbeitgeberwahl, a. a. O., S. 17 ff.

[306] Vgl. Soelberg, P. O., Unprogrammed Decision Making, in: Industrial Management Review, Vol. 8, Nr. 1, 1967, S. 20 f.

fiziert worden. Der Arbeitgeberwahlprozess kann demnach grundsätzlich in zwei Phasen eingeteilt werden (vgl. Abbildung 13).[307]

Die Struktur zeigt einen mehrstufigen Entscheidungsprozess, der mit der **Präselektionsphase** beginnt. Hier entscheidet der Arbeitssuchende, welche Unternehmen als potenzielle Arbeitgeber in Frage kommen und bei welchen Unternehmen er sich bewirbt. TEUFER spricht in Anlehnung an die psychologische Terminologie von „Selbstselektion".[308] Dadurch wird deutlich, dass in dieser Phase die Unternehmen auf das Verhalten des Individuums **kaum direkten Einfluss** ausüben können. Vielmehr ist entscheidend, ob der Arbeitssuchende die Unternehmensmarke kennt, sie hinreichend attraktiv bewertet und in sein evoked set einbezieht.

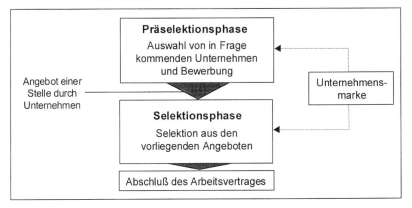

Abbildung 13: Phasen des Arbeitgeberwahlprozesses

Innerhalb der Präselektionsphase erfolgt die Entscheidung und Durchführung einer Bewerbung bei einem Unternehmen. Dabei ist eine Bewerbung nicht notwendigerweise auf das direkte Ziel einer Anstellung gerichtet. Eine Bewerbung erfolgt auch,

---

[307] Vgl. Simon, H. / Wiltinger, K. / Sebastian, K.-H. / Tacke, G., Effektives Personalmarketing, Wiesbaden 1995, S. 55; Teufer, S., Die Bedeutung des Arbeitergeberimages bei der Arbeitgeberwahl, a. a. O., S. 174.

[308] Vgl. Teufer, S., Die Bedeutung des Arbeitergeberimages bei der Arbeitgeberwahl, a. a. O., S. 172.

- um den eigenen Marktwert zu testen, d. h. um zu eruieren, ob ein Unternehmen mit einem hohen Anforderungsprofil und / oder einer hohen Attraktivität ein Angebot macht,

- um für weitere Bewerbungsgespräche zu üben, oder um eine Alternative als sicheren Rückhalt zu etablieren.[309]

Die Entscheidung für eine Bewerbung erfolgt in einem hohen Maße unter **unvollständiger Information**, da die meisten Eigenschaften eines Unternehmens als potenzieller Arbeitgeber nicht transparent sind.[310] Darüber hinaus ist in der Präselektionsphase meist noch kein persönlicher Kontakt zu Mitarbeitern des Unternehmens erfolgt. Das lässt für die Dimensionen der Markenrelevanz zwei Schlussfolgerungen zu: Zum einen wird die Unternehmensmarke zur **Risikoreduktion** herangezogen, welche diese Intransparenz kompensiert. Die empfundene Unsicherheit ist auf einem relativ hohen Niveau, so dass für diese Markenfunktion eine relativ bedeutende Rolle für die Bildung der Markenrelevanz vermutet werden kann.[311] Zum anderen ist aus der Vielzahl der Unternehmen, quasi als „available set", eine erste Vorselektion durchzuführen. Die intensivere Auseinandersetzung mit einzelnen Unternehmen zieht in einem nicht unerheblichen Maße Suchkosten nach sich. In diesem Zusammenhang ist ein Bedürfnis nach Informationen, welche die Vorselektion vereinfachen, zu unterstellen. Das verweist auf die **Informationseffizienz** der Unternehmensmarke.

Die Präselektionsphase endet mit den Bewerbungen bei den ausgewählten Unternehmen. Folgt auf eine Bewerbung ein konkretes Angebot durch ein oder mehrere Unternehmen beginnt die **Selektionsphase**. Innerhalb dieser Phase wird das **relevante Entscheidungsfeld** eines Arbeitssuchenden definiert. Dabei ist zu beachten, dass ein Angebot durch die Unternehmen mit einem unterschiedlich intensiven Auswahlprozess seitens der Unternehmen einhergeht. Die Erfahrungen, die ein Bewerber im Rahmen dieses Auswahlprozesses macht (z. B. durch persönliche Gespräche mit Mitarbeitern des Unternehmens oder durch Beteiligung an einem Assessment Center), gehen in den Entscheidungsprozess mit ein. Das Er-

---

[309] Vgl. Simon, H. / Wiltinger, K. / Sebastian, K.-H. / Tacke, G., Effektives Personalmarketing, a. a. O., S. 56.

[310] Vgl. Wiltinger, K., Personalmarketing auf Basis von Conjoint Analysen, a. a. O., S. 58 f.

[311] Vgl. Teufer, S., Die Bedeutung des Arbeitergeberimages bei der Arbeitgeberwahl, a. a. O., S. 209 f.

gebnis dieses Prozesses, d. h. die Entscheidung, für einen spezifischen Arbeitgeber, ist im Vergleich zu der Entscheidung sich bei einem Unternehmen zu bewerben mit nachhaltigeren Konsequenzen verbunden. Der Entscheidungsprozess ist daher in einem höheren Maße kognitiv geprägt.[312] Der Informationsbedarf und die Informationssuche sind intensiver, da in der Selektionsphase die zunächst allgemein formulierten Ansprüche an einen zukünftigen Arbeitgeber konkretisiert werden müssen. Die Unternehmensmarke kommt insbesondere in dieser Phase des Entscheidungsprozess zur Geltung. So hält SIMON schon 1984 fest: „..., daß potentielle Bewerber sowohl bei der Entscheidung sich überhaupt zu bewerben als auch bei der Annahme oder Ablehnung eines erhaltenen Angebotes vom Unternehmensimage beeinflusst werden."[313] Auf Grund der unterschiedlichen Entscheidungssituation in den beiden Phasen kann für die Relevanz der Unternehmensmarke vermutet werden, dass sie sich ebenfalls in Abhängigkeit der Phasen des Arbeitgeberwahlprozesses unterscheidet und ihre Dimensionen unterschiedlich ausgeprägt sind. So ist durch den Kontakt mit dem Unternehmen während des Auswahlprozesses ein höherer Informationsstand des Bewerbers zu vermuten. **Das wahrgenommene Risiko** der Entscheidung kann dann durch andere Informationen als der Unternehmensmarke, wie z. B. durch individuelle Gespräche mit Mitarbeitern des Unternehmens, reduziert werden. Durch die Konkretisierung der Ansprüche des Unternehmens und des Bewerbers ist die Informationsbasis breiter und komplexer als in der Präselektionsphase. Mit der **zunehmenden Komplexität** der verfügbaren Informationen innerhalb des Entscheidungsfeldes kann ein Bedürfnis nach Schlüsselinformationen unterstellt werden, welche die Bewerber zur Entscheidungsfindung heranziehen. Diese werden insbesondere dazu genutzt das **Gesamtmeinungsbild** abzurunden.[314] Hier kann die Unternehmensmarke potenziell ihre informationsbezogene Wirkungsdimension entfalten. Weiterhin kann eine erhöhte Bedeutung des **ideellen Nutzens** für die Relevanz der Unternehmensmarke vermutet werden. Die intensivere Beschäftigung mit dem Unternehmen und insbesondere den Unternehmensmitgliedern ermöglicht die Verbindung der Unternehmensmarke mit konkreten Personen und Persönlichkeitsattributen. In diese gehen die erlebten zwischenmenschlichen Erfahrungen des Bewerbers mit ein.

---

[312] Vgl. Wiltinger, K., Personalmarketing auf Basis von Conjoint Analysen, a. a. O., S. 59.

[313] Simon, H., Die Attraktivität von Großunternehmen beim kaufmännischen Führungsnachwuchs, in: ZfB, 54. Jg., H. 4, 1984, S. 345.

[314] Vgl. Böckenholt, I. / Homburg, Ch., Ansehen, Karriere oder Sicherheit, in: ZfB, 60. Jg., H. 11, 1990, S. 1160.

Die wissenschaftliche Literatur verweist in diesem Zusammenhang darauf, dass gerade der aktive Abgleich der eigenen mit der Markenpersönlichkeit für die Arbeitsplatzwahl eine wichtige Komponente darstellt.[315] Weiterhin ist das genannte Ziel der Bestimmung des „eigenen Marktwertes" eines Arbeitssuchenden ein Hinweis auf die ideelle Dimension der Unternehmensmarke. Unternehmen mit einem bekannten und attraktiven Fremdbild sowie hohen Anforderungsprofilen erhalten eine Vielzahl an Bewerbungen. Das eigene Selbstbild wird bei einem konkreten Angebot durch das attraktive Fremdbild der Unternehmensmarke verstärkt, da die eigene Persönlichkeit von der Markenpersönlichkeit akzeptiert worden ist.

Vor dem Hintergrund der zwei zu trennenden Phasen der Arbeitgeberwahl soll eine differenzierte Betrachtung der Markenrelevanz für die Bezugsgruppe der potenziellen Mitarbeiter vorgenommen werden. Auf Basis der dargestellten Unterschiede lassen sich die folgenden Hypothesen formulieren, welche die einzelnen Markenfunktionen entlang der spezifizierten Prozessphasen in Relation zueinander berücksichtigen:

$H_{PMaBasis\,1}$	Die Unternehmensmarke ist in beiden identifizierten Phasen des Arbeitgeberwahlprozesses für die Auswahlentscheidung relevant. Die Relevanz der Unternehmensmarke variiert jedoch zwischen den Phasen.
H_{PMaF1}	Die Risikoreduktionsfunktion der Unternehmensmarke hat in der *Präselektionsphase* das höchste Bedeutungsgewicht für die Bildung der Markenrelevanz. Dieses Gewicht ist dabei höher als in der *Selektionsphase*.
H_{PMaF2}	Der ideelle Nutzen determiniert in der *Selektionsphase* in höherem Maße die Relevanz der Unternehmensmarke als in der *Präselektionsphase*.
H_{PMaF3}	Die Informationseffizienz hat für die Relevanz der Unternehmensmarke in der *Präselektionsphase* eine höhere Bedeutung als in der *Selektionsphase*.

---

[315] Vgl. Carmeli, A. / Freund, A., The Relationship between Work and Workplace Attitudes and Perceived External Prestige, in: Corporate Reputation Review, Vol. 5, No. 1, S. 51 ff.; Dutton, J. E. / Dukerich, J. M. / Harquail, C. V., Organizational Images and Member Identification, in: Administrative Science Quarterly, Vol. 39., Nr. 2, 1994, S. 261.

3.3 Die Relevanz der Unternehmensmarke für die Bezugsgruppen im Kapitalmarkt

3.3.1 Der Kapitalmarkt aus Sicht der Markenführung unter Berücksichtigung der Behavioral Finance

Die Bezugsgruppe der Shareholder ist von zentraler Bedeutung für ein Unternehmen. Das durch die Shareholder zur Verfügung gestellte Kapital ist eine notwendige Bedingung für die Sicherung und den Ausbau der unternehmerischen Tätigkeit. Diese grundlegende ökonomische Tatsache hat zu einer intensivierten Diskussion über die Möglichkeiten des „Finanzmarketing", der „Investor Relations" und des „Aktienmarketing" geführt.[316] Innerhalb dieser Ansätze ist die Unternehmensmarke ein zentraler Bestandteil, da der Auftritt eines Unternehmens insbesondere am Aktienmarkt durch den Unternehmensnamen geprägt wird.[317] Die Unternehmensmarke bildet einen Anker sowohl für Kauf- und Verkauf von Unternehmensanteilen, als auch für sämtliche kapitalmarktrelevanten Informationen wie Ad-hoc-Mitteilungen oder Aktienanalysen in der Wirtschaftspresse. Damit wird sie impliziter Bestandteil aller Bemühungen, die der von den genannten Schlagwörtern am weitesten angelegte Begriff des „Finanzmarketing" umfasst. Das Finanzmarketing beinhaltet sämtliche Aktivitäten eines Unternehmens, die darauf gerichtet sind, derzeitige und potenzielle Kapitalgeber dahin gehend zu beeinflussen, der Unternehmung erstmals oder weiterhin Kapital zur Verfügung zu stellen.[318]

Diese Definition ist vor dem Hintergrund der traditionellen Kapitalmarkt- und Finanzierungstheorie bemerkenswert. Die herrschende Meinung ist hier davon geprägt, dem Kapitalmarkt und insbesondere den Börsen, die Eigenschaften eines nahezu vollkommenen Marktes zuzusprechen.[319] Damit ist er durch unendliche

---

[316] Vgl. zu den einzelnen Begriffen Guenther, Th. / Otterbein, S., Die Gestaltung der Investor Relations am Beispiel führender deutscher Aktiengesellschaften, in: Zeitschrift für Betriebswirtschaft, H. 4, 1996, S. 389-417; Schulz, M., Aktienmarketing. Eine empirische Erhebung zu den Informationsbedürfnissen deutscher institutioneller Investoren und Analysten, a. a. O.; Dürr, M., Investor Relations: Handbuch für Finanzmarketing und Unternehmenskommunikation, a. a. O.; Simon, H. / Ebel, B. / Pohl, A., Investor Marketing, in: ZfB 72. Jg., H. 2, 2002, S. 117-140.

[317] Vgl. Simon, H. / Ebel B. / Hofer, M., Das Unternehmen als Marke, a. a. O., S. 58-65.

[318] Vgl. Becker, F. G., Finanzmarketing von Unternehmen, Konzeptionelle Überlegungen jenseits von Investor Relations, in: DBW, 54. Jg., 1994, S. 295.

[319] Vgl. Nofsinger, J. R., The Psychology of Investing, Upper Saddle River 2002, S. 1; Unser, M., Behavioral Finance am Aktienmarkt, Bad Soden / Taunus 1998, S. 1 f.

Reaktionsgeschwindigkeit und vollkommene Informationen gekennzeichnet, welche sich unmittelbar im Marktpreis der Unternehmensanteile widerspiegeln. Dieser Marktzustand ist durch zwei zentrale Annahmen über die Marktteilnehmer getrieben, welche die traditionelle Kapitalmarkttheorie unterstellt:

- die Marktteilnehmer treffen vollständig eigenrationale Entscheidungen und

- sie bilden dieselben Erwartungen über zukünftige Ereignisse ohne individuelle Verzerrungen.

Dadurch liegt der Schwerpunkt der Analyse auf der Marktebene, denn es wird von der individuellen Wahrnehmung abstrahiert.[320] Mit dieser Prämisse sind leistungsstarke Modelle zur Erklärung und Prognose von Marktreaktionen wie das Capital Asset Pricing Model oder die Arbitrage Pricing Theorie entstanden.[321] Jedoch hat in dieser Marktmodellierung die Unternehmensmarke als verhaltenswissenschaftliches Individualkonstrukt, insbesondere unter Berücksichtigung ihrer ideellen Komponente, keine Legitimation. Dennoch wird in jüngeren Publikationen die Unternehmensmarke als Determinante des aktuellen und zukünftigen Marktpreises einer Unternehmung herangezogen.[322] Innerhalb dieser Untersuchungen wird entgegen der traditionellen Kapitalmarkttheorie auf Individualdaten abgestellt und darüber hinaus eine individuell unterschiedliche Informationslage akzeptiert. Damit wird auf einen Forschungsstrang innerhalb der Kapitalmarkttheorie Bezug genommen, der die o. g. strengen Prämissen aufhebt und explizit **verhaltenswissenschaftliche Erkenntnisse** über Individualverhalten auf die Akteure des Kapitalmarktes überträgt. Dieser Forschungsstrang der **Behavioral Finance** ist in den 80er Jahren entstanden und versteht sich als Erweiterung, nicht als Substitut der Kapitalmarkt- und Finanzierungstheorie.[323] Die Behavioral Finance eignet sich für

---

[320] Das Menschenbild der Finanzierungstheorie rekurriert somit auf das klassische, ökonomische Menschenbild des Homo Oeconomicus.

[321] Vgl. zu den Modellen z. B. Steiner, M. / Bruns, C., Wertpapiermanagement, 7. Aufl., Stuttgart 1999; Perridon, L. / Steiner, M., Finanzwirtschaft der Unternehmung, a. a. O.

[322] Vgl. Aaker, D. A. / Jacobson, R., The Value Relevance of Brand Attitude in High Technology Markets, in: Journal of Marketing Research, Vol. 38, November 2001, S. 485 ff.; McGregor, D. G. / Slovic, P. / Dreman, D. / Berry, M., Imagery, Affect and Financial Judgement, in: The Journal of Psychology and Financial Markets, Vol. 1, No. 2, 2000, S. 104-110; Kerin, R. A. / Sethuraman, R., Exploring the Brand-Value-Shareholder Nexus for Consumer Goods Companies, in: Journal of the Academy of Science, Vol. 26, No. 4, 1998, S. 260 ff.

[323] Die Behavioral Finance wurde vor allem durch die Arbeiten von Paul SLOVIC und RICHARD THALER beeinflusst, vgl. die zentralen Aufsätze: Slovic, P., Psychological Study of Human Judgement: Implications for Investment Decision Making, in: The Journal of Finance, Vol. 27,

die Betrachtung der Relevanz der Unternehmensmarke, da sie individuelles Anlageverhalten über die Analyse der Wahrnehmungs- und Verarbeitungsprozesse der Anleger zu erklären sucht. Als strukturellen Bezugsrahmen der Behavioral Finance formuliert OLSEN[324] vier Punkte, die für Entscheider über Finanzanlagen („financial decision makers") Gültigkeit besitzen:

- Ihre Präferenzen sind vielschichtig, offen, schwankend und werden häufig erst im Entscheidungsprozess gebildet.

- Sie sind eher „Anspruchserfüller" als „Zieloptimierer".

- Entscheider über Finanzanlagen sind adaptiv, in dem Sinne, dass die Entscheidungsumgebung und die Entscheidungsart den Entscheidungsprozess bestimmen.

- Sie haben die grundlegende Disposition sich von Gefühlen im Entscheidungsprozess leiten zu lassen.

Durch den Bezug zur Präferenzbildung und die explizite Berücksichtigung emotionaler Aspekte bieten diese grundlegenden Annahmen den Raum für das Wahrnehmungskonstrukt „Unternehmensmarke", seine Verhaltenswirkungen zu entfalten. Da im Zusammenhang mit der Unternehmensmarke die „Shareholder" als zentrale Bezugsgruppe identifiziert worden sind, soll im Folgenden mit dem Kapitalmarkt der Markt für Unternehmensanteile und damit der **Aktienmarkt** im Mittelpunkt der Betrachtung stehen.[325]

No. 4, 1972, S. 160-172 und Thaler, R. H., The Psychology of Choice and the Assumptions of Economics, in: Roth, A. (Hrsg.), Laboratory experimentation in economics: Six points of view, Cambridge 1987, S. 99-130.

STATMAN bemerkt zum Menschenbild der Behavioral Finance treffend: *„People in Standard Finance are rational. People in Behavioral Finance are normal."* Statman, M., Behavioral Finance versus Standard Finance, Conference Proceedings on the Behavioral Finance and Decision Theory in Management Conference, Charlottesville 1995, S. 15.

[324] Olsen, R. A., Behavioral Science as Science: Implications Form the Research of Paul Slovic, in: The Journal of Psychology and Financial Markets, Vol. 2, No. 3, 2001, S.158. Ähnlich: de Bondt, W., A Portrait of the individual investor, in: European Economic Review, Vol. 24, 1998, S. 831-844; Rapp, H. W., Der tägliche Wahnsinn hat Methode, Behavioral Finance: Paradigmenwechsel in der Kapitalmarktforschung, in: Jünemann, B. / Schellenberger, D. (Hrsg.), Psychologie für Börsenprofis, Stuttgart 2000, S. 92.

[325] In der wissenschaftlichen Literatur wird begrifflich zwischen „privaten Anlegern" und „institutionellen Investoren" unterschieden. Im Folgenden werden die Begriffe zur Vereinfachung synonym unter dem Oberbegriff der „Kapitalgeber" subsummiert.

Wie in der traditionellen Finanzierungstheorie spielen auch in der Behavioral Finance die Komponenten „Risiko" und „Rendite" eine zentrale Bedeutung.[326] Diese Begriffe wurden unter Berücksichtigung des genannten Bezugsrahmens der Behavioral Finance von einigen Autoren für die Anlageentscheidung konkretisiert.[327] In einer zusammenfassenden Betrachtung lässt sich das Risiko in vier Dimensionen, die Rendite in einer Dimension erfassen.[328] Diesen Sachverhalt gibt Tabelle 3 für das Beispiel einer Aktie wieder. Neben der absoluten Höhe des wahrgenommenen Risikos spielt die Risikoeinstellung für das Anlageverhalten eine wichtige Rolle. Die **Risikoeinstellung** determiniert, wie das wahrgenommene Risiko nach seiner Erfassung in eine konkrete Portfolioentscheidung umgesetzt wird.[329]

Risikoart/*Rendite*	Beschreibung	Wirkungsrichtung
„downside risk"	Negative Abweichung von einem erwarteten Kurs	negativ
„upside risk"	Positive Abweichung von einem erwarteten Kurs	positiv
„ambiguity" (Ambiguität)[330]	Empfundene Unsicherheit auf Grund unvollständiger Informationslage oder mangelnder Kompetenz	negativ
Volatilität	Schwankungen um einen Referenzpunkt	neutral/negativ
Renditeeinschätzung	*Eindimensional und ordinal oder metrisch erfassbar (hoch/niedrig, 10% p.a.)*	*positiv*

Tabelle 3: Rendite und Risiko in der Behavioral Finance

---

[326] Der „trade off" zwischen Rendite und Risiko in der Finanzierungstheorie besteht auch für das wahrgenommene Risiko und die wahrgenommene Rendite. Vgl. die experimentellen Untersuchungen von McGregor, D. G. / Slovic, P. / Dreman, D. / Berry, M., Imagery, Affect and Financial Judgement, a. a. O., S. 104-110.

[327] Vgl. die Übersicht bei Jordan, J., Werbewirkung bei Investmentfonds, Überlegungen auf Basis der Behavioral Finance Forschung, Arbeitspapier Nr. 29 der Gruppe Konsum und Verhalten, Frankfurt a. M. 2001, S. 13 ff.

[328] Vgl. Olsen, R. A., Investment Risk: The Expert's Perspective, in: Financial Analysts Journal, Vol. 53, 1997, S. 64; McGregor, D. G. / Slovic, P. / Dreman, D. / Berry, M., Imagery, Affect and Financial Judgement, a. a. O., S. 105 ff.

[329] Vgl. Siebenmorgen, N. / Weber, M., Risikowahrnehmung, Wie Anleger unsichere Renditen einschätzen, Arbeitspapier Nr. 4 der Behavioral Finance Group, Mannheim 1999, S. 3 ff.

[330] Der Begriff der Ambiguität geht auf ELLSBERG zurück und beschreibt Entscheidungssituationen, in denen keine oder nur sehr ungenaue Eintrittswahrscheinlichkeiten bestimmt werden können. Vgl. Ellsberg, D., Risk, Ambiguity and the Savage Axioms, in: Quarterly Journal of Economics, Vol. 75, 1961, S. 643-669.

Die zentrale Würdigung des Risikos innerhalb der Behavioral Finance gibt einen ersten Hinweis auf die potenzielle Bedeutung der herausgearbeiteten Risikoreduktionsfunktion der Unternehmensmarke. Ein weiterer wichtiger Aspekt der Behavioral Finance ist in diesem Zusammenhang die Analyse verschiedener **Urteilsheuristiken**, welche im Rahmen einer Anlageentscheidung genutzt werden. Im Folgenden sollen daher diejenigen Heuristiken erläutert werden, die auf die Relevanz eines Wahrnehmungskonstruktes wie die Unternehmensmarke schließen lassen.[331] Es werden in diesem Kontext ausschließlich solche kognitiven und affektiven Urteilsheuristiken betrachtet, die auf individueller Basis für eine Anlageentscheidung von Bedeutung sind und die nicht auf Marktebene kompensiert werden.[332]

Heuristiken sind dabei grundsätzlich vereinfachende oder suboptimale Strategien der Informationsverarbeitung, die systematisch und meistens unbewusst zu einer schnellen Urteilsfindung herangezogen werden. Sie werden vor allem bei Entscheidungen angewendet, die Prognosen oder Einschätzungen über zukünftige, unsichere Ereignisse beinhalten.[333] Damit sind sie für Finanzentscheidungen im Allgemeinen und den Kauf eines Unternehmensanteils im Besonderen von Bedeutung.[334] Der Anleger muss hier Prognosen und Einschätzungen über mögliche Risiken und zukünftige Kursveränderungen auf Basis einiger weniger Variablen vornehmen. Innerhalb dieser Einschätzung ist die „**Repräsentativitätsheuristik**" oder auch „representativeness and familiarity" für die Unternehmensmarke zu beachten.[335] Sie basiert auf der schon vorgestellten Überlegung, dass Menschen in **Schemata** und Stereotypen denken. Demnach werden Wahrscheinlichkeiten über das Auftreten von Ereignissen danach beurteilt, wie gut das zu beurteilende Ereignis in ein bestimmtes Schema passt und wie repräsentativ es dabei ist. Auf Fi-

---

[331] Für einen ausführlichen Überblick über Urteilsheuristiken vgl. Oehler, A., Die Erklärung des Verhaltens privater Anleger, Stuttgart 1995, S. 26 ff.; Tversky, A. / Kahneman, D., Judgement under Uncertainty: Heuristics and Biases, a. a. O.

[332] Vgl. Weber, M. et al., Behavioral Finance, Idee und Überblick, Arbeitspapier Nr. 0 der Behavioral Finance Group, Frankfurt a. M. 1999, S. 11.

[333] Vgl. Tversky, A. / Kahneman, D., Judgement under Uncertainty: Heuristics and Biases, a. a. O., S. 1 ff.

[334] Vgl. die Untersuchungen von Stephan, E., Die Rolle von Urteilsheuristiken bei Finanzentscheidungen, in: Fischer, L. et al. (Hrsg.), Finanzpsychologie, München 1999, S. 102 ff.

[335] Vgl. Nofsinger, J. R., The Psychology of Investing, a. a. O., S. 61 ff.; Jordan, J., Werbewirkung bei Investmentfonds, Überlegungen auf Basis der Behavioral Finance Forschung, Arbeitspapier Nr. 29 der Gruppe Konsum und Verhalten, Frankfurt a. M. 2001, S. 22 ff.

nanzmärkten führt das dazu, dass empirische oder kausale Zusammenhänge ver-
zerrt eingeschätzt werden.[336] Ein bemerkenswertes Ergebnis stellt eine Untersuchung dar, in der Unternehmen auf Basis von einjahres und fünfjahres Performan-
cewerten in „glamour stocks" (erfolgreiche Wachstumshistorie) und „value stocks"
(schlechte Wachstumshistorie) unterteilt worden sind. Die Analyse zeigte, dass
entgegen einer individuellen Vorbeurteilung von befragten Investoren die „value
stocks" die „glamour stocks" um das 4fache übertreffen konnten. NOFSINGER bemerkt zu diesem Ergebnis *„Investors often erroneously believe that the past oper-
ating performance of the firm is representative of the future performance and ig-
nore information that does not fit in this notion."*[337] Für die Unternehmensmarke
bedeutet dies unter der Prämisse ihrer positiven Wertung, dass Investoren potenziell diese Wertung für die Beurteilung der zukünftigen Performance heranziehen.

Einen ähnlichen Sachverhalt stellt die Heuristik der „**Verfügbarkeit**" dar. Wenn
Anleger Eintrittswahrscheinlichkeiten von Ereignissen (z. B. steigende Kurse) beurteilen sollen, wird ihr Urteil durch die kognitive Verfügbarkeit von Informationen
über diese Ereignisse beeinflusst. Je leichter Informationen bezüglich des Eintretens in den Sinn kommen, desto größer wird die Eintrittswahrscheinlichkeit eingeschätzt.[338] TVERSKY und KAHNEMAN fragten in ihren grundlegenden Experimenten
zur Verfügbarkeitsheuristik, ob Magenkrebs oder Autounfälle jährlich mehr Todes-
fälle in den USA verursachen. Die eindeutige Mehrheit verwies auf die Autounfälle,
obwohl real jährlich mehr als doppelt so viele Menschen an Magenkrebs sterben.
Da in den Medien jedoch viel prominenter über Verkehrstote als über Magenkrebs
berichtet wird, ist dies auf die Verfügbarkeitsheuristik zurückzuführen. Darüber
hinaus konnten NISBETT / ROSS zeigen, dass - konsistent mit den Ergebnissen z.
B. zur Werbewirkung - die Verfügbarkeitsheuristik um so stärker ausgeprägt ist, je
konkreter, lebendiger und vertrauter die Informationen vorliegen.[339] Für die Unternehmensmarke konnte eine Untersuchung nachweisen, dass bei einer Unterscheidung zwischen „vertrauten" und „nicht vertrauten" Unternehmen, die **vertrau-**

---

[336] Vgl. de Bondt, W. / Thaler, R. H., Does the stock market overreact?, in: Thaler, R. H. (Hrsg.),
Advances in behavioral Finance, New York 1993, S. 249 ff.

[337] Nofsinger J. R., The Psychology of Investing, a. a. O., S. 63.

[338] Vgl. Tversky, A. / Kahneman, D., Judgement under Uncertainty: Heuristics and Biases, a. a.
O., S. 11 ff.

[339] Vgl. Nisbett, R. / Ross, L., Human Inference: Strategies and Shortcomings of Social Judgment,
Englewood Cliffs, 1980.

ten Unternehmen maßgeblich für die Einschätzung **der gesamten zukünftigen Kursentwicklung** verantwortlich waren.[340]

Als prominentes Beispiel für die Relevanz der Unternehmensmarke im Rahmen der Verfügbarkeitsheuristik kann der Börsengang der Deutschen Telekom AG im Jahre 1996 angesehen werden. Die Aktie wurde auf Grund von hohen Werbeinvestitionen, die auf die Unternehmensmarke „Telekom" ausgerichtet waren, insbesondere durch private Anleger fünffach überzeichnet. Dies lässt sich durch die gelungenen Bemühungen des Unternehmens erklären, die Informationen über die Anlagemöglichkeit der Aktie „Telekom" nachhaltig und lebhaft zu kommunizieren.[341] Die genannten Beispiele zur Verfügbarkeitsheuristik zeigen, dass klassische Erfolgsgrößen der Markenführung, wie etwa die Markenbekanntheit oder die Markenvertrautheit, auf dem Kapitalmarkt Wirkung entfalten.

Das bestätigt auch eine Untersuchung, die 1998 im Rahmen der jährlich aufgelegten Imagery-Studie der Gruner+Jahr AG durchgeführt worden ist (vgl. Abbildung 14).

---

[340] Vgl. auch im Folgenden Stephan, E., Die Rolle von Urteilsheuristiken bei Finanzentscheidungen: Ankereffekte und kognitive Verfügbarkeit, a. a. O., S. 124 f.

[341] Die Bezeichnung der Aktie der Deutschen Telekom als „T-Aktie" kann als bewusste Markierung gewertet werden. Damit entstand auf dem Deutschen Aktienmarkt erstmals eine „Aktienmarke". Dieses Vorgehen wurde später von anderen Unternehmen wie der Deutschen Post AG aufgegriffen („Aktie Gelb"). Über die Kosten der Kampagne der Deutschen Telekom liegen dem Verfasser keine Angaben vor, i. d. R. betragen diese jedoch ca. 1-3% des zu platzierenden Kapitals, was im Falle der Deutschen Telekom bis zu 60 Mio. DM betragen könnte.

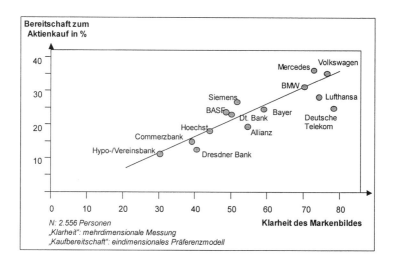

Abbildung 14: Markenbild und Aktienkaufbereitschaft im Kapitalmarkt

Quelle: Gruner+Jahr, Imagery Studie, Hamburg 1998, S. 292-294.

Sie setzt die Klarheit des Markenbildes mit der Aktienkaufbereitschaft in Beziehung. Ohne einen Einfluss der Unternehmensmarke müsste sich eine zufällige Streuung der Aktienkaufbereitschaften ergeben. Es zeigt sich jedoch ein anderes Bild, welches einen positiven Einfluss der Unternehmensmarke vermuten lässt. Einschränkend muss zu dieser Studie jedoch festgehalten werden, dass hier lediglich Kaufbereitschaften, i. e. intendiertes Verhalten, als Basis genutzt wurde. Dieses ist bei den befragten Personen, die nicht explizit gefragt worden sind, ob sie am Kapitalmarkt agieren, nur bedingt valide. Trotzdem gibt dieses Ergebnis einen Hinweis auf die Relevanz der Unternehmensmarke, welche insbesondere auf die noch zu spezifizierende Gruppe der privaten Anleger deutet.

Die beiden skizzierten Heuristiken fallen unter die Klasse der kognitiven Urteilsheuristiken. Die **„Affekt-Heuristik"** beschreibt dagegen den Einfluss von Emotionen auf Finanzentscheidungen. Dabei betrifft die affektive Beeinflussung sowohl die Risiko- als auch die Renditewahrnehmung.[342] Nach einer Studie von NAGY /

---

[342] Vgl. McGregor, D. G. / Slovic, P. / Dreman, D. / Berry, M., Imagery, Affect and Financial Judgement, a. a. O., S. 104; Finucane, M. L. / Alhkami, A. / Slovic, P. / Johnson, S. M., The Affect Heuristic in Judgement of Risk and Benefits, in: Journal of Behavioral Decision Making, Vol. 13, Nr. 1, 2000, S. 2.

OBENBERGER, welche die Entscheidungskriterien bei einer Anlageentscheidung untersucht, zählen die Items „Feelings for Firm`s Products and Services" und „Reputation of Firm" mit 40,6% bzw. 36,1% der Nennungen zu den sechs einflussreichsten Faktoren.[343] Andere Analysen zeigen, dass vor allem die Einschätzung der zukünftigen Performance mit affektiven Aussagen der Kapitalmarktteilnehmer korreliert. Dies geht über eine reine Performancevorhersage hinaus und betrifft auch die bekundete Aktienkaufbereitschaft.[344] Dabei wird in einer Situation, wo eine große Anzahl von Informationen zur Verfügung steht, die Rolle von Emotionen nicht nivelliert. Emotionen fungieren dann als Gewichtungsfaktor der verarbeiteten Informationen.[345] Mit der Gültigkeit der Affektheuristik wird für die Markenführung die Perspektive aufgezeigt, dass neben der rein kognitiven Relevanz der Unternehmensmarke auch ihre affektive Komponente auf dem Kapitalmarkt zu berücksichtigen ist.

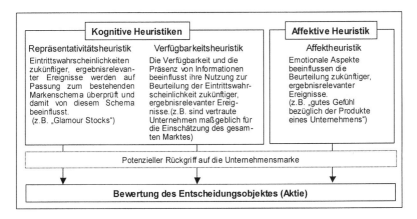

Abbildung 15: Urteilsheuristiken im Rahmen der Behavioral Finance

In einer zusammenfassenden Betrachtung bildet die Behavioral Finance einen verhaltenswissenschaftlichen Bezugsrahmen, der auf die Relevanz der Unter-

---

[343] Nagy, R. A. / Obenberger, R. W., Factors influencing individual investor behavior, in: Financial Analysts Journal, Vol. 50, No. 4, 1995, S. 66.

[344] Vgl. McGregor, D. G. / Slovic, P. / Dreman, D. / Berry, M., Imagery, Affect and Financial Judgement, a. a. O., S. 110; Nölting, A., Faktor Herz, in: Manger Magazin, März 1999, S. 113.

[345] Vgl. Finucane, M. L. / Alhkami, A. / Slovic, P. / Johnson, S. M., The Affect Heuristic in Judgement of Risk and Benefits, a. a. O., S. 9 ff.

nehmensmarke am Kapitalmarkt, insbesondere für Aktienkaufentscheidungen, verweist. Dabei sind neben den Faktoren Rendite und Risiko die Urteilsheuristiken zu berücksichtigen, die im Kontext von Finanzentscheidungen auf individueller Basis angewendet werden. Die Abbildung 15 gibt einen abschließenden Überblick über die diskutierten Entscheidungsheuristiken.

3.3.2 Die Markenrelevanz bei privaten und institutionellen Kapitalgebern

Die Teilnehmer am Kapitalmarkt lassen sich in private und institutionelle Kapitalgeber differenzieren.[346] Diese Unterscheidung basiert auf der Prämisse eines grundlegend **differierenden Entscheidungsprozesses**, der sich zum einen auf organisationaler, zum anderen auf individueller Ebene vollzieht. Obgleich die Aktie als Entscheidungsobjekt nicht an einen spezifischen Verwendungszweck gebunden ist, wird so eine Segmentierung der Kapitalgeber vorgenommen, die mit der Unterscheidung in Konsum- und Industriegütermärkten vergleichbar ist.[347] Für die Relevanz der Unternehmensmarke ist diese Differenzierung von Bedeutung, da davon ausgegangen werden muss, dass ein grundlegend unterschiedlich strukturierter Entscheidungsprozeß auf Konsum- und Industriegütermärkten Auswirkungen auf die Markenrelevanz hat.[348] Die Unterschiede zwischen privaten und institutionellen Kapitalgebern werden in idealtypischer Weise durch die in Tabelle 4 genannten Kriterien deutlich.[349]

---

[346] Vgl. z. B. Bittner, Th., Die Wirkungen von Investor Relations Maßnahmen auf Finanzanalysten, Bergisch Gladbach 1997, S. 12 ff.; Link, R., Aktienmarketing in deutschen Publikumsgesellschaften, Wiesbaden 1991, S. 82.; Guenther, Th. / Otterbein, S., Die Gestaltung der Investor Relations am Beispiel führender deutscher Aktiengesellschaften, a. a. O., S. 400.

[347] Vgl. Süchting, J., Investor Relations im Rahmen des Finanzmarketing, in: Zeitschrift für das gesamte Kreditwesen, 39. Jg., 1986, S. 656.

[348] Vgl. Caspar, M. / Hecker, A. / Sabel, T., Markenrelevanz in der Unternehmensführung – Messung, Erklärung und empirische Befunde für B2B-Märkte, a. a. O., S. 18.

[349] Vgl. Oehler, A., Die Erklärung des Verhaltens privater Anleger, a. a. O., S. 5 f.; Süchting, J., Finanzmanagement: Theorie und Politik der Unternehmensfinanzierung, 6. Aufl., Wiesbaden 1995, S. 250.

Kriterium	Private Kapitalgeber	Institutionelle Kapitalgeber
Erscheinungsform	Einzelpersonen, private Haushalte	Kreditinstitute, Versicherungen, Pensionskassen, Sozialversicherungsträger, Fondgesellschaften, öffentliche Haushalte
Rechtlicher Status	Natürliche Personen	Juristische Personen
Gesetzliche Restriktionen im Anlageverhalten	-	Kreditwesengesetz, Gesetz über Kapitalanlagegesellschaften, Insiderregelungen
Informationsverhalten	Relativ geringe Anzahl von Informationsquellen, relativ geringer Standardisierungs- und Professionalisierungsgrad	Vielzahl an Informationsquellen, hohe Professionalisierung und Standardisierung
Entscheidungsfindung	Einzel- und Partnerentscheidungen mit relativ hohem Emotionalisierungsgrad	Multipersonelles Entscheidungsverhalten mit hohem Performancedruck
Eingesetzte Mittel	Eigene Mittel mit geringem Transaktionsvolumen und langen Haltedauern	Fremde Mittel mit hohem Transaktionsvolumen und häufigen, täglichen Umschichtungen

Tabelle 4:   Unterschiede zwischen privaten und institutionellen Kapitalgebern

Die Aktionärsstruktur im deutschen Aktienmarkt ist durch eine Dominanz institutioneller Investoren gekennzeichnet. Investmentfonds, Banken / Versicherungen, sonstige Unternehmen und der Staat bilden mit 66% die größte Aktionärsgruppe. Die privaten Anleger halten mit 18% einen wertmäßigen Anteil, der in den letzten zehn Jahren zwar stetig gestiegen ist[350], aber im internationalen Vergleich noch relativ gering ausfällt.[351] Die Untersuchung der Relevanz der Unternehmensmarke, die auf Individualebene konzeptionalisiert worden ist, erscheint im Falle der privaten Anleger unproblematisch, da es sich hier um Individualentscheidungen handelt. Jedoch wäre die alleinige Berücksichtigung der privaten Investoren auf Grund ihrer wertmäßig relativ untergeordneten Bedeutung eine nicht hinreichende Perspektive. Für die institutionellen Anleger stellt sich jedoch die Frage, welche Individuen im Rahmen des multipersonellen Beschaffungsprozesses eine zentrale

---

[350] So belief sich das durch die privaten Haushalte im Jahre 2000 gehaltene Vermögen in Aktien und Aktienfonds auf ca. 800 Mrd. Deutsche Mark, vgl. IPS Mannheim / Dresdner Bank, Aktienstatistik 2000, Frankfurt a. M. 2001.

[351] Vgl. Deutsches Aktieninstitut-Factbook, Stand November 2002, Frankfurt a. M. 2002, S. 11 ff.

Rolle einnehmen.[352] In diesem Kontext kann konstatiert werden, dass den **Finanzanalysten und Wertpapiermanagern („Equity-Managern")** eine solche Rolle zukommt.[353] Sie sind Informationsmittler, die mehrheitlich die Kauf-, Verkaufs- und Halteentscheidungen der institutionellen Anleger beeinflussen.[354] Das spiegelt sich u. a. darin wider, dass Analysten von den Unternehmen als wichtigste Zielgruppe der kapitalmarktgerichteten Kommunikation klassifiziert werden.[355] Dabei unterscheiden sich Analysten und Equity-Manager trotz einer ähnlich gelagerten Position im Beschaffungsprozess in Bezug auf ihr Analysespektrum. Finanzanalysten im engeren Sinne beobachten üblicherweise ca. 10-20 Unternehmen. Equity-Manager haben meist ein breiteres Portfolio zu beobachten, dass sich z. B. an einem Index oder einem konkreten Aktienfonds orientiert und bis zu 200 Werte umfassen kann.

Vor diesem Hintergrund soll die Hypothesenbildung für die Relevanz der Unternehmensmarke auf Basis einer Differenzierung zwischen institutionellen und privaten Kapitalgebern erfolgen. Für die institutionellen Investoren werden als Bezugsgruppe die Finanzanalysten als Aggregat aus Analysten im engeren Sinne und Equity Managern herangezogen. Finanzanalysten haben grundsätzlich im Vergleich zu privaten Anlegern einen höheren Professionalisierungsgrad. Dieser schlägt sich in einer spezifischen kapitalmarktorientierten, ökonomischen Ausbil-

---

[352] Vgl. zu Rollenkonzepten in Beschaffungsprozessen ausführlich Backhaus, K., Industriegütermarketing, 6. Aufl., München 1999, S. 69 ff.

[353] Guenther, Th. / Otterbein, S., Die Gestaltung der Investor Relations am Beispiel führender deutscher Aktiengesellschaften, a. a. O., S. 402. Innerhalb der Analysten lässt sich zwischen *Sell-Side-* und *Buy-Side-Analysten* unterscheiden. Sell-Side-Analysten sind unabhängige Mitarbeiter z. B. von Investmentbanken, die ihre Unternehmens- und Aktienanalysen an institutionelle Investoren vermarkten. Ihre Vergütung ist zumeist an den Erfolg ihrer Empfehlungen gebunden. Buy-Side-Analysten sind Angestellte von institutionellen Anlegern und geben Empfehlungen für die Auswahl von Titeln bzw. für die Portfoliostruktur ab.

[354] Vgl. Tamura, H., Individual-Analyst Characteristics and Forecast Error, in: Financial Analysts Journal, July / August 2002, S. 28. Demnach werden in den USA über drei Viertel der Transaktionen am Aktienmarkt durch Analysten ausgelöst.

[355] Vgl. die Untersuchungen des DEUTSCHEN INVESTOR RELATIONS KREIS (zitiert nach Guenther, Th. / Otterbein, S., Die Gestaltung der Investor Relations am Beispiel führender deutscher Aktiengesellschaften, a. a. O., S. 403) und Achleitner, A. K. / Bassen, A., Investor Relations von Wachstumsunternehmen und etablierten Unternehmen im Vergleich, in: Knüppel, H. / Lindner, C. (Hrsg.), Die Aktie als Marke, Frankfurt a. M. 2001, S. 34.

dung sowie der Spezialisierung in spezifische Branchen oder Unternehmen nieder.[356] Die primären Ziele von Analysten liegen nach BALOG darin[357],

- „clever" zu handeln, indem Prognosen über Kursverlauf und Attraktivität der Aktie in der Realität bestätigt werden. (Richtige Prognosen implizieren für den Analysten eine Steigerung von Vermögen und Ansehen) und

- Wettbewerbsnachteile im Sinne eines Informationsnachteils im Vergleich mit anderen Analysten zu vermeiden.

Um diese Ziele zu erreichen, greifen Analysten auf vielfältige Informationsquellen zurück, die eine nahezu unüberschaubare Informationsbasis darstellen.[358] Zur Bewältigung dieser Informationsflut wird auf moderne, EDV-gestützte Informationsverarbeitungsverfahren zurückgegriffen. Trotz des hohen Analyseaufwandes unterliegen Analysten den aufgezeigten Urteilsheuristiken und systematischen Wahrnehmungsverzerrungen, die durch die Behavioral Finance beschrieben werden.[359] Ein häufig untersuchter Effekt stellt dabei das Phänomen der „Over- and Underreaction" dar, welches besagt, dass Analysten bei negativen Informationen über- und bei positiven Reaktionen unterreagieren.[360]

Ein weiteres Phänomen ist das sogenannte „Herding". Demnach neigen Analysten dazu, in ihren Empfehlungen der herrschenden Meinung und den letzten beiden Veröffentlichungen anderer Analysten zu folgen.[361] Diese empirisch validierten Befunde lassen auf die Nutzung der vorgestellten Heuristiken, wie z. B. der Repräsentativitätsheuristik, schließen. So werden die zuvor abgegebenen Empfehlungen als Referenzgröße für das eigene Entscheidungsverhalten genutzt. Diese Vermutung bestätigt auch BITTNER in seinem Modell zur Informationsaufnahme

---

[356] Vgl. Bittner, Th., Die Wirkungen von Investor Relations Maßnahmen auf Finanzanalysten, a. a. O., S. 24 ff.

[357] Vgl. Balog, S. J., What an Analyst wants from you, in: Financial Executive, Vol. 7, No. 4, 1991, S. 47-52.

[358] Vgl. Carpenter, R., Ranking Reports, in: Investor Relations, November 1994, S. 36 f.

[359] Vgl. Kahn, R. N. / Rudd, A., Modeling Analyst Behavior, in: The Journal of Investing, Summer 1999, S. 7ff.

[360] Vgl. Tamura, H., Individual-Analyst Characteristics and Forecast Error, a. a. O., S. 28.

[361] Vgl. Welch, I., Herding among Security Analysts, in: Journal of Financial Analysts, Vol. 58, Nr. 3, 2000, S. 369-396 sowie die grundlegende Studie von DE BONDT / THALER, De Bondt, W. M. / Thaler, R. H., Does the stock market overreact?, in: Journal of Finance, Vol. 40, Nr. 3, S. 793-808.

und Verarbeitung von Finanzanalysten.[362] Demnach führt in der dynamischen Umgebung des Kapitalmarktes die systematische Zeitknappheit zu einer verstärkten Anwendung von Entscheidungsheuristiken. Dies verweist auf eine potenzielle Nutzung der Unternehmensmarke als „information chunk" im Sinne der **Informationseffizienz**. Weiterhin ist vor dem Hintergrund der Informationseffizienz der multipersonelle Beschaffungsprozess in der Bezugsgruppe der institutionellen Investoren zu berücksichtigen. Bei multipersonalen Entscheidungen kann die Unternehmensmarke den Entscheidungsaufwand reduzieren, indem sie die Kommunikation unter den Mitgliedern erleichtert und ggf. auf die Mitglieder einer Kauforganisation harmonisierend wirkt.[363] Kommunikation findet dann auf Marken-, nicht auf Eigenschaftsebene statt.

Darüber hinaus erhöht die Komplexität der Entscheidungsfindung der Analysten die wahrgenommene Ambiguität und damit eine Risikokomponente. Diese Effekte bedingen einen Bedarf nach glaubwürdigen und vertrauensvollen Informationen. Vertrauen und Glaubwürdigkeit können sogar als Schlüsselvariable für Finanzanalysten eingeordnet werden.[364] Vertrauen ist im Rahmen der Markenfunktionen als Teil der **Risikoreduktionsfunktion** klassifiziert worden. Die Unternehmensmarke kann demnach potenziell eine vertrauensstiftende Wirkung bei Finanzanalysten entfalten und somit zu dieser Markenfunktion beitragen. In diesem Kontext ist auf die Konsistenz der Unternehmensmarke zu achten. So sind insbesondere für Analysten konsistente und zum Teil negative Signale von höherem Wert als ausschließlich positive, aber inkonsistente Signale.

Bezüglich der **ideellen Funktion** der Unternehmensmarke ist ihre Wirkungsentfaltung fraglich. Finanzanalysten profilieren sich sowohl in intrinsischer als auch in extrinsischer Richtung des Selbstkonzeptes primär über die Genauigkeit ihrer Prognosen. Sogenannte „Staranalysten", die als Meinungsführer im Investmentgeschäft kategorisiert werden können, zeichnen sich durch überdurchschnittlichen

---

[362] Bittner, Th., Die Wirkungen von Investor Relations Maßnahmen auf Finanzanalysten, a. a. O., S. 216 ff.

[363] Vgl. Strothmann, K.-H., Image-Politik für innovative Technologien, in: Meynen GmbH (Hrsg.), Jahrbuch der Industriewerbung, Wiesbaden 1986, S. 17 ff.

[364] Vgl. Bittner, Th., Die Wirkungen von Investor Relations Maßnahmen auf Finanzanalysten, a. a. O., S. 220.

Vermögensaufbau auf Grund ihrer Analysetätigkeit aus.[365] Eine einzelne Unternehmensmarke erscheint in diesem Zusammenhang zur Selbstdarstellung ungeeignet. Auch bietet die Beziehungstheorie wenig Grundlage für die ideelle Markenfunktion. Eine solche „Markenbeziehung" wird sich vor dem Hintergrund einer Beschaffungsorganisation und der häufigen Umschichtungen des Portfolios kaum entfalten.

Im Gegensatz zu den Finanzanalysten haben die privaten Anleger ein anderes Motivationsspektrum. Als grundlegende Motive der **privaten Anlage** werden in der wissenschaftlichen Literatur das Vorsorge-, Konsum- und das Spekulationsmotiv genannt.[366] Die zentralen Kriterien zur individuellen Beurteilung der unterschiedlichen Anlageformen lassen sich dabei mit Sicherheit, Rentabilität und Liquidierbarkeit erfassen.[367] Die Aktie wird als Anlageform mehrheitlich als relativ unsicher und risikoreich, aber auch vergleichsweise rentabel eingestuft.[368] Damit ist sie als Einzelwert – nicht als Anlage in Aktienfonds – eher dem Konsum- oder Spekulationsmotiv zuzuordnen. In Relation zu Finanzanalysten kann bei privaten Aktienkäufern ein weitaus geringes Niveau an Erfahrung und Kompetenz im Umgang mit Aktien vermutet werden.[369] Daraus resultiert ein Grundniveau an Ambiguität, welches den Grad der Extensivität des Entscheidungsprozesses erhöht. Aktienkaufentscheidungen fallen als Finanzanlagen darüber hinaus in einen Bereich menschlicher Entscheidungen, die als existenzielle Entscheidungen klassifiziert werden können und teilweise mit starken Emotionen verknüpft sind.[370]

---

[365] Vgl. Löffler, G. / Weber, M., Über- und Unterreaktion von Finanzanalysten, Arbeitspapier Nr. 7 der Behavioral Finance Group, Frankfurt a. M. 1999, S.3 ff.

[366] Vgl. z. B. Oehler, A., Die Erklärung des Verhaltens privater Anleger, a. a. O., S. 91; Kundlich, Ph., Anlage und Handelsverhalten deutscher Privatanleger, Bern 2002, S. 16.

[367] Vgl. Stüfe, K., Das Informationsverhalten deutscher Privatanleger, Wiesbaden 1999, S. 9.

[368] Vgl. McGregor, D. G. / Slovic, P. / Dreman, D. / Berry, M. / Evensky, H. R., Perceptions of Financial Risk: A Survey Study of Advisors and Planners, in: Journal of Financial Planning, Vol. 12, Sept. 1999.

[369] Vgl. Jordan, J., Werbewirkung bei Investmentfonds, Überlegungen auf Basis der Behavioral Finance Forschung, a. a. O., S. 3; Stüfe, K., Das Informationsverhalten deutscher Privatanleger, a. a. O., S. 30 f.

[370] YOUNG / O`NEIL formulieren dazu „*Money means different things to different people and can evoke powerful emotions such as greed, fear, anger, envy and guilt. (…) Money can leave people elated and powerful or fearful, anxious and uncertain.*" Young, M. / O`Neil, B., Mind over Money: The Emotional Aspects of Financial Decisions, in: Journal of Financial Planning, Vol. 5, No. 1, 1992, S. 32.

Durch den extensiven Entscheidungsprozess in Verbindung mit einem relativ hohen wahrgenommenen Risiko ist davon auszugehen, dass private Anleger auf die
genannten Risikoreduktionsstrategien im Sinne einer Erhöhung des Informationsstandes zurückgreifen.[371] Weiterhin führt eine extensive Informationsaufnahme zu
einer erhöhten Entscheidungskomplexität, die durch den Rückgriff auf die durch
die Behavioral Finance beschriebenen Heuristiken bewältigt wird. Das Ausmaß
dieses Rückgriffes ist dabei in Relation zu den Finanzanalysten stärker ausgeprägt. Die Wahrnehmung von Rendite und Risiko wird demnach in höherem Ausmaß bspw. durch die Verfügbarkeitsheuristik bestimmt.[372] Diese Vermutung wird
dadurch gestützt, dass die Untersuchungen der Behavioral Finance in der Mehrzahl der durchgeführten Experimente mit Probanden aus der Gruppe der privaten
Anleger durchgeführt worden ist. Die Untersuchungen der institutionellen Anleger
sind zumeist auf die Analyse aggregierter Performancegrößen beschränkt.[373]

Die genannten Aspekte lassen auf eine Bedeutung der Risikoreduktions- und Informationsfunktion der Unternehmensmarke für die privaten Anleger schließen.
Die Funktionserfüllung ist jedoch auf dem Kapitalmarkt **systematisch limitiert**.
Die Kursveränderungen einer Aktie unterliegen zahlreichen Risiken, die das Unternehmen nicht steuern kann. Bspw. können makroökonomische Rahmendaten
wie der Zinssatz oder politische Krisen zu unerwarteten Kursänderungen führen.
Damit kann die Unternehmensmarke auf Basis dieser Funktionen keine „Qualitätskonstanz" garantieren wie es z. B. im Absatz- oder Arbeitsmarkt möglich wäre.
Die Funktionserfüllung der Unternehmensmarke kann daher nur an der Bewertung
der vorliegenden, zukunftsorientierten Informationen und deren Zusammenfassung ansetzen. Sie wird daher kaum als alleiniges Kaufmotiv für eine Aktie herangezogen werden.

---

[371] Vgl. die Ausführungen in Kapitel B 2.2.1.

[372] Vgl. Kundlich, Ph., Anlage und Handelsverhalten deutscher Privatanleger, a. a. O., S. 16 f.

[373] Vgl. Thaler, R. H., The End of Behavioral Finance, in: Financial Analysts Journal, Vol. 55, No.
6, S. 16, für eine Ausnahme vgl. z. B. Kahn, R. N. / Rudd, A., Modeling Analyst Behavior, a. a.
O.

Fraglich ist weiterhin, inwieweit die Unternehmensmarke einen ideellen Nutzen im Kapitalmarktkontext stiften kann. SCHMIDT-VON RHEIN verweist in seiner Motivbetrachtung für den Aktienkauf auch auf das Prestigemotiv, welches die Grundlage für den ideellen Nutzen darstellt.[374] BIERWIRTH hält eine ideelle Nutzenstiftung für die Bezugsgruppe der Aktionäre ebenfalls für denkbar.[375] Eine grundlegende Schwierigkeit ist dabei in der Immaterialität der Aktie zu sehen. Für die Wahrnehmung der Aktie durch Dritte müsste ein Individuum aktiv den Aktienbesitz kommunizieren. Das schränkt die Möglichkeit einer extrinsischen Nutzenstiftung ein und lenkt den Fokus eher auf die intrinsische Wirkungsrichtung. Hier kann die Möglichkeit, sich durch den Kauf von Unternehmensanteilen als Teilhaber einer bekannten Unternehmensmarke (wie z. B. „Sony") intrinsisch zu bestätigen, potenziell das Prestigemotiv bedienen.[376] In Summa ist aber auch hier nur eine eingeschränkte Möglichkeit der Nutzenstiftung zu vermuten.

Vor dem Hintergrund der dargestellten Aspekte der Behavioral Finance und der grundsätzlichen Unterscheidung in private und institutionelle Anleger sollen die folgenden Hypothesen für die Relevanz der Unternehmensmarke festgehalten werden.

---

[374] Vgl. Schmidt-von Rhein, A., Analyse der Ziele privater Kapitalanleger, in: Kleeberg, J. M. / Rehkugler, H. (Hrsg.), Handbuch Portfoliomanagement, Bad Soden 1998, S. 35-69.

[375] Dabei wird nicht zwischen privaten und institutionellen Anlegern differenziert, vgl. Bierwirth, A., Die Führung der Unternehmensmarke – Ein Beitrag zum zielgruppenorientierten Corporate Branding, a. a. O., S. 99 f.

[376] Vgl. Trommsdorf, V., Konsumentenverhalten, a. a. O., S. 122 f.

H_{KapBasis1}	Die Unternehmensmarke ist für Auswahlentscheidungen auf dem Kapitalmarkt relevant.
H_{KapBasis2}	Die Relevanz der Unternehmensmarke ist für die Bezugsgruppe der Kapitalgeber[377] im Verhältnis zu den anderen Bezugsgruppen am geringsten ausgeprägt.
H_{KapBasis3}	Die Relevanz der Unternehmensmarke ist für private Anleger höher ausgeprägt als für Finanzanalysten.
H_{KapF1}	Die Informationseffizienz und die Risikoreduktion sind die beiden dominanten Dimensionen bei der Bildung der Markenrelevanz für die Kapitalgeber.
H_{KapF2}	Der ideelle Nutzen geht auf einem zu den anderen Bezugsgruppen relativ niedrigen Niveau in die Relevanz der Unternehmensmarke für private Anleger ein; für institutionelle Anleger spielt diese Funktion keine Rolle.

4. Spezifizierung eines Bezugsrahmens unter Berücksichtigung von Einflussfaktoren der Markenrelevanz

Für die Führung der Unternehmensmarke stellt eine reine Erfassung der Unternehmensmarke und Informationen über ihre Dimensionen und Dimensionsgewichte eine notwendige, jedoch noch keine hinreichende Bedingung dar. Es ist in einem weiteren Schritt zu fragen, welche **Einflussfaktoren** auf die Ausprägung der Markenfunktionen als Dimensionen der Markenrelevanz potenziell wirken. Potenzielle Einflussfaktoren können in **endogene** und **exogene** Faktoren unterteilt werden.[378] Die endogenen Faktoren beziehen sich auf den einzelnen **Entscheider** und den individuellen Entscheidungsprozess. So fallen in diese Gruppe beobachtbare Individualdaten wie z. B. Soziodemographika sowie die intrapersonalen Konstrukte des Entscheidungsverhaltens.[379] Für die Bezugsgruppe der Kapitalanleger

---

[377] Kapitalgeber sollen hier als Sammelbegriff für aktuelle und potenzielle Anteilseigner verstanden werden.

[378] Vgl. Topritzhofer, E., Absatzwirtschaftliche Modelle des Kaufentscheidungsprozesses unter besonderer Berücksichtigung des Markenwahlprozesses, a. a. O., S. 13 f.

[379] Als intrapersonal werden die psychischen Konstrukte bezeichnet, die sich im Rahmen des neobehavioristischen Paradigmas auf Konstrukte innerhalb des Organismus beziehen. Vgl. z. B. Meffert, H., Marketingforschung und Käuferverhalten, a. a. O., S. 47.

wäre ein intrapersonaler, endogener Faktor z. B. die Risikoeinstellung. Damit sind die endogenen Faktoren nur eingeschränkt direkt beobachtbar. Als exogen sollen solche Faktoren bezeichnet werden, die sich auf das **Entscheidungsobjekt** (z. B. für die Bezugsgruppe der Konsumenten: Produkt oder Dienstleistung, Budgetklasse) oder das **Entscheidungsumfeld** (z. B. Werbedruck in einer spezifischen Branche) beziehen. Die exogenen Faktoren lassen sich dabei grundsätzlich einfacher objektivieren, da sie nicht notwendigerweise auf Individualebene erfasst werden müssen. Die Abbildung 16 gibt einen Überblick über die gewählte Struktur.

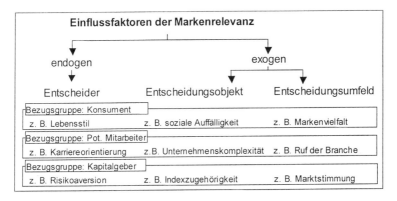

Abbildung 16: Detaillierung der Einflussfaktoren

Mit dem skizzierten Vorgehen werden zwei Zielsetzungen verfolgt: Zum einen soll eine Analyse der Einflussfaktoren einen **Erklärungsbeitrag** für die Unterschiede in der Relevanzhöhe verschiedener Situationen (z. B. Branchen) leisten. Zum anderen kann über die Ausprägung der Einflussfaktoren eine **Prognose** über die Ausprägungen der Markenfunktionen und damit über die Markenrelevanz abgegeben werden. Es ergibt sich ein zweistufiges Vorgehen, das sowohl für die Erklärung als auch die Prognose der Relevanz der Unternehmensmarke herangezogen werden kann.[380] Der daraus resultierende Bezugsrahmen der empirischen Untersuchung ist in Abbildung 17 dargestellt.[381]

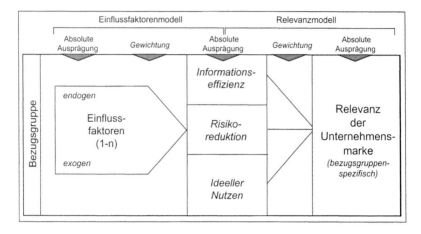

Abbildung 17: Bezugsrahmen zur Relevanz der Unternehmensmarke

Es wird deutlich, dass zwischen einem Relevanzmodell und einem Einflussfaktorenmodell unterschieden wird, wobei der Modellaufbau für jede der zu betrachten-

---

[380] Vgl. zu diesem Aufbau auch Fischer, M. / Hieronimus, F. / Kranz, M., Markenrelevanz in der Unternehmensführung – Messung, Erklärung und empirische Befunde für BtoC Märkte, a. a. O., S. 17.

[381] Der Bezugsrahmen dient in diesem Kontext grundsätzlich dazu, das Vorgehen einer empirischen Analyse zu systematisieren. Weiterhin fördert er das Ziel, den zu untersuchenden Problembereich abzugrenzen und die Bildung und Validierung von Hypothesen zu erleichtern. Vgl. Kubicek, H., Heuristische Bezugsrahmen und heuristisch angelegte Forschungsdesigns als Elemente einer Konstruktionsstrategie empirischer Forschung, in: Köhler, R. (Hrsg.), Empirische und handlungstheoretische Forschungskonzeptionen in der Betriebswirtschaftslehre, Stuttgart 1977, S. 25; Kirsch, W., Bezugsrahmen, Modelle und explorative Forschung, in: Kirsch, W. (Hrsg.), Wissenschaftliche Unternehmensführung oder Freiheit von der Wissenschaft, München 1984, S. 754.

Bezugsrahmen stellen Aussagensysteme dar, welche von ihrer logischen Konsistenz und Operationalität her nicht den strengen Anforderungen an ein Hypothesensystem genügen. Bezugsrahmen sind daher als provisorische Erklärungsmodelle zu interpretieren, die neben der Beeinflussung zukünftiger Forschungsvorhaben Orientierungshilfen für die Lösung praktischer Problemstellungen geben sollen. Vgl. Kirsch, W., Entscheidungsprozesse, Bd. 3: Entscheidungen in Organisationen, Wiesbaden 1971, S. 241 ff.

den Bezugsgruppen identisch ist. Die vorgestellte Konzeptualisierung der Marken-relevanz findet sich in dem dargestellten **Relevanzmodell** wieder. Das **Einfluss-faktorenmodell** beschreibt die Bestimmung der Ausprägung der Markenfunktio-nen über die betrachteten Einflussfaktoren.

Die Ergebnisse eines solchen Analyseaufbaus sollen einen Ansatzpunkt für die Führung der Unternehmensmarke geben. Kenntnisse über wichtige Einflussfakto-ren der Markenfunktionen können dann im Rahmen einer **heuristischen Vorge-hensweise** zu einer a priori Einschätzung der Markenrelevanz herangezogen werden, ohne dass Daten zu den Markenfunktionen situationsspezifisch erhoben werden müssen.[382]

---

[382] Als heuristisch sind solche Vorgehensweisen zu charakterisieren, die real komplexe Probleme zu ihrer Bewältigung bewusst und selektiv reduzieren, dabei jedoch keine Lösungsgarantie und keine im analytischen Sinne optimale Lösung anbieten. Sie dienen dazu, den möglichen Lösungsraum in der Form zu beschränken, so dass keine schlechten, sondern zumindest be-friedigende Lösungen erreicht werden. Für die Bestimmung der Relevanz der Unternehmens-marke bedeutet dies, dass ein exakter Wert ohne eine spezifische Erhebung nicht erzielt wer-den, jedoch zumindest eine Einschätzung in den Kategorien „hoch" oder „niedrig" erfolgen kann. Vgl. Meffert, H., Zum Problem des Marketing-Mix: Eine heuristische Methode zur Vor-auswahl absatzpolitischer Instrumente, in: Meffert, H. (Hrsg.), Marketing heute und morgen, Wiesbaden 1975, S. 258 ff.; Klein H., Heuristische Entscheidungsmodelle, Neue Techniken des Programmierens und Entscheidens für das Management, Wiesbaden 1971, S. 66 ff.

C. Empirische Überprüfung der Markenrelevanz in zentralen Bezugsgruppen der Unternehmensmarke

1. Design der empirischen Analyse

1.1 Alternative Messkonzepte der Markenrelevanz

Eine empirische Untersuchung der Markenrelevanz muss zunächst die generelle Erfassung des Konstruktes gewährleisten. Zu diesem Zweck sind mehrere Vorgehensweisen denkbar, die im Folgenden kurz dargestellt und bewertet werden sollen.

Die Relevanz der Unternehmensmarke könnte sich zunächst in differierenden **Markenwerten** manifestieren. Unterschiedliche Markenwerte in verschiedenen Unternehmensumfeldern (z. B. Branchen) würden grundsätzlich Aufschluss über die Relevanz der Marke geben, wobei hohe Markenwerte auf eine hohe Relevanz der Marke deuten würden.[383] Ein Verfahren, welches in regelmäßigen Abständen Markenwerte zu verschiedenen Marken liefert, ist das Verfahren nach INTERBRAND. Dieses zweistufige Verfahren der Markenbewertung basiert auf einem Scoring-Modell, welches verschiedene Kriterien, wie etwa den Marktanteil oder die Internationalität der Marke, bewertet. Der Ergebniswert wird auf Basis von Gewinngrößen in einen monetären Endwert transformiert. Innerhalb der durch INTERBRAND publizierten Ranglisten finden sich unter den Spitzenwerten nahezu ausschließlich Unternehmensmarken.[384] Um eine Vergleichbarkeit bezüglich der variierenden Unternehmensgrößen in einer Branche herzustellen, müsste der Markenwert jedoch zusätzlich relativiert werden. So könnte als Bezugsgröße der markenbezogene Umsatz oder der Kapitalwert des Unternehmens herangezogen werden. Diese Relation ergäbe dann einen **wertorientierten Ausdruck** der Markenrelevanz. Die zentrale **Problematik** innerhalb dieser Vorgehensweise liegt in der Ermittlung des Markenwertes, wobei nicht zuletzt das Verfahren nach INTERBRAND einer intensiven Kritik ausgesetzt ist, welche an der Ermittlung der Scorewerte und an ihrer

---

[383] Vgl. grundlegend zum Begriff des Markenwertes die Ausführungen in Kapitel A 1.

[384] Unter den Top-Ten finden sich z.B., CocaCola, Nokia, Microsoft und IBM, vgl. die jährlich veröffentlichten Rankings in der Wirtschaftszeitschrift „Business Week", aktuell vom 5. August 2002.

Verknüpfung mit monetären Ergebnisgrößen ansetzt. Es besteht in der wissen-schaftlichen Literatur Einigkeit, dass eine monetäre Erfassung der Unternehmensmarke nach dem jetzigen Stand der Forschung nicht hinreichend valide durchführbar ist.[385]

Die skizzierte Erfassung der Markenrelevanz mittels der Markenbewertung setzt auf einer aggregierten Ebene an. Die hier vorgestellte Konzeptualisierung verweist jedoch auf eine Erfassung auf **Individualebene**. Mittels der **Conjoint-Analyse** ist ein dekompositionelles Verfahren gegeben, welches auf Basis von individuellen Gesamturteilen Teilnutzenwerte ermittelt.[386] Aus diesen ganzheitlichen Objektbe-urteilungen werden, unter Berücksichtigung verschiedener Annahmen über den funktionalen Zusammenhang zwischen Objekteigenschaften und Objektbeurtei-lungen, Rückschlüsse auf den hypothetischen Nutzenbeitrag einzelner Dimensio-nen gezogen. Dieses Verfahren erscheint zunächst für die Erfassung der Marken-relevanz zweckmäßig, da es einen vollständigen Teilnutzenwert für die Marke lie-fert. Der ermittelte Teilnutzenwert für die Unternehmensmarke könnte dann eine Aussage über die Bedeutung der Marke in der Auswahlentscheidung im Verhältnis zu den übrigen erfassten Merkmalen ermöglichen. Weiterhin ließe sich dieser An-satz auch auf die unterschiedlichen Bezugsgruppen übertragen.[387] Als zentrale Einschränkung der Conjoint-Analyse für die Anwendung im Bereich der Marken-führung sind jedoch die Anforderungen an die in der Analyse verwendeten Eigen-schaften zu sehen. Durch das grundsätzlich linear additive Vorgehen müssen Ei-genschaften gewählt werden, die unabhängig voneinander sind.[388] Diese Bedin-gung ist jedoch für die Unternehmensmarke nicht erfüllt. Unternehmensmarken

---

[385] Vgl. den Überblick bei Kranz, M., Markenbewertung – Bestandsaufnahme und kritische Würdi-gung, a. a. O., S. 441 ff.

[386] Vgl. zur Conjoint-Analyse und deren Formen: Backhaus, K. / Erichson, B. / Plinke W. / Weiber, R., Multivariate Analysemethoden: Eine anwendungsorientierte Einführung, Berlin 2000, S. 564 ff.; Voeth, M., Nutzenmessung in der Kaufverhaltensforschung, a. a. O., S. 29 ff. und die dort zitierte Literatur.

[387] Vgl. bspw. für die Bezugsgruppe der Konsumenten die Metaanalyse 54 verschiedener Con-jointstudien von STAEHLE. Im Rahmen der Untersuchung ermittelt er für die Marke ein relatives Bedeutungsgewicht von 16,6% was er im Vergleich zu dem durchschnittlichen Bedeutungs-gewicht der Merkmale von 15% als hoch einstuft. Vgl. Staehle, P., Die Bedeutung der Marke bei der Präferenzbildung, unveröff. Diplomarbeit am Lehrstuhl für ABWL und Marketing II der Universität Mannheim, Mannheim 2000, S. 72.
Für die Bezugsgruppe der Mitarbeiter vgl. die Untersuchung bei Wiltinger, K., Personalmarke-ting auf Basis von Conjoint Analysen, a. a. O., S. 69 ff.

[388] Vgl. Backhaus, K. / Erichson, B. / Plinke, W. / Weiber, R., Multivariate Analysemethoden: Eine anwendungsorientierte Einführung, a. a. O., S. 569 f.

bündeln als Wahrnehmungskonstrukt zumeist mehrere Eigenschaften, die in isolierter Form jedoch kaufrelevant sind: so ist z. B. die Marke „Porsche" eng mit den kaufrelevanten Eigenschaften „Sportlichkeit", „Preisstellung" und „Design" verknüpft.[389] Weiterhin ist die Conjoint-Analyse mit einem relativ hohen Erhebungsaufwand verbunden, was ihre Eignung für eine breit angelegte Erfassung der Relevanz der Unternehmensmarke limitiert.

Im Rahmen einer Kombination von direkten Messungen mittels Rating-Skalen und Verhaltensgrößen kann eine Erfassung der Markenrelevanz erfolgen, die auf dem in der Einleitung vorgestellten Grundkonzept der **Relation von Markenstärke und Verhalten** basiert.[390] Dieser Ansatz wurde in einer Forschungskooperation des MARKETING CENTRUM MÜNSTER mit der Unternehmensberatung MCKINSEY&COMP. vorgelegt.[391] Durch die Nutzung einer vorhandenen Studie[392] mit internationalen Marken konnte in einer rein konsumentenorientierten Perspektive eine Dependenzanalyse zwischen der Marke („Einstellungsstärke") und einer Verhaltensgröße („Verhaltensstärke") durchgeführt werden.[393] Es wurden im Rahmen der Analyse die individuellen Angaben der Probanden zu einer spezifischen Marke mit den korrespondierenden, individuellen Verhaltensgrößen ins Verhältnis gesetzt. Führt ein höheres Maß an „Einstellungsstärke" für eine Marke nicht zu einer signifikanten Veränderung der Verhaltensgrößen, wird davon ausgegangen, dass sie keine

---

[389] Da die Conjoint-Analyse sich in zahlreichen Anwendungsfällen außerhalb der Markenführung als leistungsstarkes Instrument erwiesen hat, wird in der aktuellen Forschung versucht, die genannte Linearitätsbedingung aufzuheben und die Conjoint-Analyse dadurch auch für Fragestellungen der Markenführung nutzbar zu machen. Vgl. grundlegend Sattler, H., Herkunfts- und Gütezeichen im Kaufentscheidungsprozeß, Die Conjoint Analyse als Instrument der Bedeutungsmessung, Stuttgart 1991; sowie für aktuelle Forschungsergebnisse Meffert, C., Profilierung von Dienstleistungsmarken in vertikalen Systemen. Ein präferenzorientierter Beitrag zur Markenführung in der Touristik, a. a. O.

[390] Vgl. Kapitel 2.1 in Abschnitt A dieser Arbeit.

[391] Vgl. Hieronimus, F. / Fischer, M. / Kranz, M., Markenrelevanz in der Unternehmensführung - Messung, Erklärung und empirische Befunde für BtoC-Märkte, a. a. O., S. 14 ff.

[392] Die von McKinsey im Jahre 2000 unter dem Namen „Brand Health" durchgeführte Studie umfasste die Befragung von 8.000 Konsumenten und 223 Marken aus über 20 Produktmärkten.

[393] Als Grundlage der „Einstellungsstärke" diente KELLERS Konzeptualisierung der Markenstärke mit den Dimensionen Präsenz, Differenzierung und Richtung. Vgl. Keller, K. L., Conceptualizing, Measuring and Managing Customer-Based Brand Equity, a. a. O. Die Präsenz gibt den Grad der Verankerung der Marke in den Wissensstrukturen wieder und kann über Items wie Bekanntheit, Zugriffsfähigkeit des Wissens oder Vertrautheit abgefragt werden. Die Differenzierung stellt auf die Einzigartigkeit der Assoziationen mit einer Marke ab und wurde über entsprechende Statements gemessen. Die Richtung fasst die Bewertungsstrukturen des Markenwissens zusammen. Die Operationalisierung der Verhaltensstärke umfasst die Dimensionen Volumen und Preis.

Bedeutung für die Kaufentscheidung aufweist. Gilt dies **im Durchschnitt** für alle Marken innerhalb einer Branche, wird die Markenrelevanz als niedrig eingestuft et vice versa. Ein zentraler Nachteil dieser Erfassungsform ist der hohe Erhebungsaufwand, der auf die Notwendigkeit der Erhebung sowohl psychographischer als auch verhaltensbezogener Größen zurückzuführen ist. Durch die Beurteilung mehrerer konkreter Marken innerhalb eines betrachteten Marktes wird dieser Aufwand weiter erhöht. Ein Transfer dieser Vorgehensweise auf andere Bezugsgruppen ist insofern nur eingeschränkt möglich, als dass reale Verhaltensgrößen z. B. für potenzielle Mitarbeiter nur auf bekundetes Verhalten, resp. auf die Präselektionsphase (z. B. die aktive Bewerbung) beschränkt sind, da reale Entscheidungen zur Arbeitgeberwahl typischerweise mehrere Jahre auseinanderliegen.

Eine weitere Methode auf Individualbasis stellt die kompositionelle Erfassung der Markenrelevanz mittels **direkter Befragung** unter zu Hilfenahme von Rating-Skalen dar. Dieses Vorgehen ist ein in der Marketingforschung fest etabliertes und häufig eingesetztes Instrument, um sowohl objektive als auch subjektive Sachverhalte zu erfassen.[394] Auf Basis von Rating-Skalen ordnen die Befragten direkt abgefragten Items oder sog. „Statementbatterien" einen Messwert auf einer geschlossenen Skala zu. Die Ergebnisse einer solchen Befragung können mittels Verfahren der induktiven Statistik zur Konstruktbildung und -validierung herangezogen werden.[395] Kritisch sind an dieser Erfassungsform Messungenauigkeiten und die nur eingeschränkte Möglichkeit der Abbildung von realen Auswahlentscheidungen zu sehen. Vorteile einer direkten Abfrage liegen hingegen in der Flexibilität und dem geringen Aufwand in der Durchführung sowohl für den Forscher als auch für den Befragten. Weiterhin kann über diese Erfassungsform der Befragte Entscheidungssituationen losgelöst von einer spezifischen Marke beurteilen, was eine Multiplikation der Befragungsform in verschiedene Märkte und Bezugsgruppen ermöglicht. Da der Fokus dieser Arbeit auf das breite Bezugsgruppenspektrum der Unternehmensmarke gelegt wird, erscheint daher die direkte Abfrage trotz der geschilderten Einschränkungen als am besten geeignete Methode zur Erfassung der Relevanz der Unternehmensmarke. Zudem sprachen für einen Ein-

---

[394] Vgl. Meffert, H., Marketingforschung und Käuferverhalten, a. a. O., S. 185; Berekoven, L. / Eckert, W. / Ellenrieder, P., Marktforschung – Methodische Grundlagen und praktische Anwendung, 9. Aufl., Wiesbaden 2001, S. 72.

[395] Vgl. Homburg, Ch. / Herrmann, A. / Pflesser, Ch., Methoden der Datenanalyse im Überblick, in: Homburg, Ch. / Herrmann, A. (Hrsg.), Marktforschung: Methoden, Anwendungen, Praxisbeispiele, Wiesbaden 1999, S. 104 f.

satz der damit einergehenden kompositionellen Erfassung der Markenrelevanz forschungsökonomische Überlegungen. Um die Güte der so gewonnenen empirischen Aussagen sicherzustellen, wurde die gewählte Vorgehensweise dabei an Hand von alternativen, für die Bezugsgruppe der Konsumenten vorliegenden Erfassungsformen der Markenrelevanz validiert.[396]

1.2 Datenerhebung und Datenbasis

Zur Erfassung der Relevanz der Unternehmensmarke ist eine breite Datenbasis erforderlich: zunächst sind die drei identifizierten zentralen Bezugsgruppen Konsumenten, potenzielle Mitarbeiter sowie Kapitalgeber in der Erhebung zu berücksichtigen. Weiterhin kann durch die unternehmensunabhängige, abstrakte Perspektive der Markenrelevanz die Erfassung nicht rein unternehmens- oder markenspezifisch erfolgen, sondern muss an den Entscheidungsobjekten (Produkt / Leistung, Arbeitgeber, Aktie) ansetzen.

Für das heterogene Feld der Marken im **Konsumgüterbereich** wurde im Februar 2002 eine Untersuchung im Rahmen eines Projektes zur Markenrelevanz des Marketing Centrum Münster und McKinsey&Company durchgeführt. Die Studie beinhaltete eine Omnibusbefragung, welche durch die Gesellschaft für Konsumforschung durchgeführt worden ist. In dieser computergestützten, persönlichen Befragung (Computer Aided Personal Interviews)[397] wurden 2.525 Personen zur Relevanz der Marke, den Markenfunktionen sowie ausgewählten Einflussfaktoren befragt. Die Fragen bezogen sich dabei auf insgesamt 48 Produktmärkte aus dem Konsumgüterbereich. Die Auswahl der Produktmärkte lässt sich als breite Abdeckung dieses Bereichs klassifizieren. Dabei sind Dienstleistungen 16-mal, langlebige Konsumgüter 15-mal, kurzlebige Konsumgüter 11-mal und Einzelhandelsstätten 6-mal im Datensatz enthalten. Im Vorfeld der Hauptstudie der GfK wurde mit 411 Studenten im Hauptstudium der Betriebswirtschaftslehre ein **Pre-Test** durchgeführt, um die Messung der Markenfunktionen als Dimensionen der Zielgröße Markenrelevanz zu justieren.

---

[396] Vgl. die Ausführungen in Kapitel 2.2 dieses Abschnitts.

[397] Vgl. zu den Vorteilen dieser Erhebungsform Scheffler, H., Stichprobenbildung und Datenerhebung, in: Homburg, Ch. / Herrmann, A. (Hrsg.), Marktforschung: Methoden, Anwendungen, Praxisbeispiele, Wiesbaden 1999, S. 71.

Für die Analyse der **konsumentengerichteten Relevanz der Unternehmens-marke** sind dabei zwei Faktoren zu berücksichtigen. Zum einen sind solche Märkte auszuschließen, auf denen die Unternehmensmarke weder in isolierter Form noch in Kombination mit einer produkt- resp. leistungsspezifischen Marke auftritt. Mit anderen Worten ist der Datensatz um Märkte zu bereinigen, auf denen die Einzel- oder Mehrmarkenstrategie dominant ist. Dies gilt für die erfassten Produktmärkte „TV-Programmzeitschriften", „Jogurt" und „Zigaretten".[398] Zum anderen sollte die auswertbare Fallzahl die Mindestgröße von 50 Fällen nicht unterschreiten.[399] Unter Berücksichtigung dieser beiden Kriterien ergibt sich die in Tabelle 5 dargestellte Struktur des Datensatzes zur Erfassung der konsumentenbezogenen Relevanz der Unternehmensmarke unter Einschluss von 35 Produktmärkten. An dieser Stelle ist explizit darauf hinzuweisen, dass in der Befragung jeder Proband zu **drei** Produktmärkten Bewertungen auf den vorgegebenen 5er Rating-Skalen abgegeben hat. Daraus ergibt sich ein Datensatz, der eine **Panelstruktur** aufweist. Jeder der Befragten bildet eine eigene „Cross Section" im Sinne eines Segmentes einer multiplen Querschnittsanalyse.[400] Dieser Effekt ist in der statistischen Auswertung des konsumentenbezogenen Datensatzes zu berücksichtigen.[401]

---

[398] Diese Selektion wurde auf Basis von Expertengesprächen aus dem Konsumgüterbereich getroffen.

[399] Diese Anzahl wird für die Anwendungen komplexer statistischer Schätzer als Richtgröße angegben, vgl. Bagozzi, R. P., Evaluating structural Equiation Models with Unobservable Variables and Measurement Error: A Comment, in: Journal of Marketing Research, Vol. 18., 1981, S. 380.

[400] Paneldaten zeichnen sich dadurch aus, dass für eine beobachtete Einheit Informationen über mindestens eine weitere Dimension zur Verfügung stehen. Dies ist typischerweise die Dimension Zeit. Im vorliegenden Fall ist jedoch die mehrfache Wiederholung der Befragung bei einem Probanden für die Panelstruktur ausschlaggebend. Vgl. Lechner, M., Eine Übersicht über gängige Modelle der Panelökonometrie und ihre kausale Interpretation, Diskussionspapier der Universität Nr. 18, St. Gallen 2001, S. 3; Greene, W. H., Econometric Analysis, 5. Aufl., Upper Saddle River 2003, S. 283 ff.

[401] Vgl. dazu auch die Ausführungen in Kapitel C 1.3.

Langlebige Konsumgüter	Kurzlebige Konsumgüter	Dienstleistungen	Handel
- PC's/Computer (82) - Freizeitbekleidung (148) - Uhren (170) - Mittelklassewagen (143) - Handys (196) - Kaffeemaschinen (255) - Fernseher (144) - Waschmaschinen (135) - Reifen (201) - Drucker (115) - Sportschuhe (194) ( ) = Fallzahl je Markt	- Softdrinks (77) - Waschmittel (258) - Papiertaschentücher (205) - Champagner (85) - Kopfschmerzmittel (256) - Bier (135) - Vitaminpräparate (125)	- Pauschalfernreisen (56) - Strom (253) - Krankenversicherung (245) - Fast Food Restaurants (95) - Mobilfunkbetreiber (88) - KfZ-Versicherungen (101) - Hotels (160) - Werkstätten (204) - Express-Zustelldienste (58) - TV Kanäle (205) - Telefonanbieter (Festnetz) (199) - Bankkonten (263)	- Baumärkte (179) - Discounter (209) - Drogerien (133) - Kaufhäuser (148) - Versandhandel (223)
Betrachtete Märkte: 11 Summe: 35	7	12	5

Tabelle 5: Übersicht über die einbezogenen Produktmärkte

Für eine Erhebung der Bezugsgruppe der **potenziellen Mitarbeiter** wurde auf eine Befragung von Absolventen und Examenskandidaten der Hoch- und Fachhochschulen in Nordrhein-Westfalen zurückgegriffen. Dieser Personenkreis eignete sich besonders für die Erhebung, da er gut erreichbar ist, sich auf Grund der vollendeten Ausbildung aktiv mit der Arbeitgeberwahl beschäftigt und von keiner kognitiven Überforderung durch eine unpersönliche, schriftliche Befragung ausgegangen werden muss.[402] Im Rahmen von drei überregionalen Recruitingveranstaltungen in Münster und Dortmund wurden im Zeitraum von November bis Dezember 2002 insgesamt 338 Personen befragt.[403] Die Befragung erfolgte mittels eines schriftlich zu beantwortenden Fragebogens, der direkt während der Veranstaltung ausgefüllt wurde. Durch die Auswahl von großen, fachbereichsübergreifenden

[402] Die vorliegende Datenstruktur bildet dabei nicht die Grundgesamtheit der Personen ab, die in der Situation der Arbeitgeberwahlentscheidung sind, sondern fokussiert sich auf den Personenkreis der Hochschulabsolventen, welche zumeist vor einer erstmaligen Arbeitgeberwahl stehen. Andere Ausbildungsgrade sowie Arbeitsplatzwechsel werden damit nicht erfasst. Für eine solche Stichprobe spricht jedoch, dass insbesondere diese Personen auf Grund ihrer Ausbildung tatsächlich Wahlentscheidungen treffen und von den Unternehmen aktiv akquiriert werden.

[403] Dabei handelte es sich um das „FirmenKontaktGespräch" des Marketing Alumni Münster e.V. mit insgesamt 108 Besuchern; die „Konaktiva 2002" der Universität Dortmund mit 1.800 Besuchern sowie die „Campus Chances / Münster" mit ca. 1.000 Besuchern des kommerziellen Anbieters „CampusConcept Köln GmbH".

Veranstaltungen konnte sichergestellt werden, dass neben den Absolventen der Betriebswirtschaftslehre auch andere Studien und Fachrichtungen berücksichtigt wurden. Eine Zusammenfassung enthält Abbildung 18.

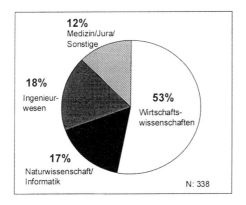

Abbildung 18:   Struktur des Datensatzes zu potenziellen Mitarbeitern nach Studiengängen

Die Struktur zeigt einen Schwerpunkt für die Wirtschaftswissenschaften, als zweitstärkste ungebündelte Gruppe treten die Absolventen des Ingenieurwesens hervor. Die Stichprobe spiegelt in zufriedenstellendem Maße die Grundgesamtheit der Absolventen wider, wobei eine Verschiebung zu Lasten der Juristen und Mediziner festzustellen ist.[404] Da diese Berufsgruppen jedoch in geringerem Maße eine unternehmensbezogene Auswahlentscheidung treffen (Niederlassung als Arzt, Richterposition) kann diese Verschiebung akzeptiert werden.

Für die Kapitalgeber wurde eine Trennung in private und institutionelle Anleger vorgenommen. Da die Gruppe der Analysten nur sehr schwer erreichbar ist, scheidet hier eine quantitative Erhebung unter vertretbarem Aufwand aus.[405] Daher wurde für diese Bezugsgruppe die Erhebungsform des **Expertengesprächs**

---

[404] Im Jahr 2000 bildeten von den insgesamt 118.396 Absolventen die Wirtschafts-, Sozial-, und Rechtswissenschaftler mit 38.239 Personen die stärkste Gruppe. Zweithäufigster Abschluss war der des Dipl.-Ing. mit 31.178 Abschlüssen gefolgt von 19.615 Abschlüssen im naturwissenschaftlichen Bereich. Vgl. Statistisches Bundesamt, unter http://www.destatis.de/allg/d/ve-roe /hoch/hochdow2.htm, Abruf vom 11.02.2003.

[405] Vgl. auch Bittner, Th., Die Wirkungen von Investor Relations Maßnahmen auf Finanzanalysten, a. a. O., S. 225.

gewählt. Es wurden fünf Experten aus unterschiedlichen Unternehmen in ca. 30minütigen Gesprächen interviewt. Die privaten Anleger, die ebenfalls im Vergleich zu einer absatzmarktorientierten Betrachtung relativ schwer erreichbar sind, konnten über zwei Wege schriftlich befragt werden. Zum einen wurden Studenten im Hauptstudium der BWL mit dem Schwerpunkt „Betriebliche Finanzwirtschaft" an der Universität Münster befragt, die sich im Rahmen der Ausbildung mit dem Wertpapiermanagement beschäftigt haben. Zum anderen wurden die 730 Mitglieder des Ehemaligenvereins des Instituts für Marketing in Münster angeschrieben. Dabei hatten die befragten Personen nach eigenem Bekunden Erfahrung mit dem Kauf und Verkauf von Einzelwerten am Kapitalmarkt. Die Personenstruktur nach Anzahl der getätigten Transaktionen ergibt sich aus Abbildung 19.

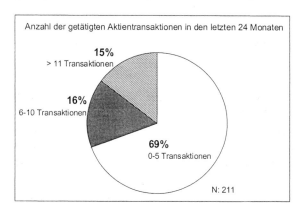

Abbildung 19: **Struktur des Datensatzes zu den privaten Anlegern nach Häufigkeit der Aktientransaktionen**

Diese Stichprobe kann für die Basis des relativ geringen Anteils der Personen, die eigenständig am Kapitalmarkt Einzelwerte handeln, als bedingt repräsentativ angesehen werden.[406]

---

[406] 8,9 % der deutschen Bevölkerung im Alter von über 14 Jahren waren im Jahre 2001 im Besitz von Aktien. Deutsches Aktieninstitut-Factbook, Stand November 2002, a. a. O., S. 10.

1.3 Methoden und Programme der statistischen Auswertung

Der vorgestellte Bezugsrahmen hat zur Konsequenz, dass mit Hilfe der statistischen Analyse folgende drei Schritte geleistet werden müssen:

- Erfassung der Relevanz der Unternehmensmarke und der Markenfunktionen als ihre Dimensionen,

- Analyse der Beziehungen zwischen diesen beiden Größen,

- Feststellen von Einflüssen der Einflussfaktoren auf die Markenfunktionen.

Die Markenrelevanz sowie ihre Dimensionen sind als **Konstrukte** zu klassifizieren, die notwendigerweise mittels einer geeigneten Messvorschrift erfasst werden müssen.[407] Die Markenrelevanz wurde als Zielgröße nach der in Kapitel 1.1 gewählten Vorgehensweise für die Bezugsgruppe der Konsumenten über einen Indikator erhoben, der die Bedeutung der Marke in Relation zu anderen entscheidungsrelevanten Faktoren abfragt. Diese Messung erfolgte auf Grundlage sowohl qualitativer als auch quantitativer Pre-Tests.[408] Da auf Basis dieser Erfassung gute Ergebnisse erzielt worden sind und um die **Konsistenz** innerhalb der bezugsgruppenspezifischen Untersuchungsergebnisse zu wahren, wurde für Kapitalgeber und Mitarbeiter diese Erfassungsform beibehalten. Für eine Aussage über die quantitative Ausprägung der drei nicht direkt beobachtbaren Markenfunktionen bedarf es im Rahmen der Operationalisierung einer **bezugsgruppenspezifischen** Messvorschrift, die ein möglichst genaues Abbild dieser Dimensionen der Markenrelevanz liefert. Die Konstrukte wurden dabei über mehrere Indikatoren erfasst.[409] Diese müssen somit einer Prüfung ihrer Operationalisierungsgüte unterzogen

---

[407] Vgl. Bagozzi, R. P. / Baumgartner, H., The Evaluation of Structural Equation Models and Hypothesis Testing, in: Bagozzi, R. P. (Hrsg.), Principles of Marketing Research, Cambridge et al. 1994, S. 388; Jacoby, J., Consumer Research: How Valid and Useful are All Our Consumer Behavior Research Findings? A State of the Art Review, in: Journal of Marketing, Vol. 42, 1978, 87-96.

[408] Vgl. Hieronimus, F. / Fischer, M. / Kranz, M., Markenrelevanz in der Unternehmensführung - Messung, Erklärung und empirische Befunde für BtoC-Märkte, a. a. O., S. 27 f.

[409] Als Indikator oder Indikatorvariable werden Variable bezeichnet, die einer direkten Messung zugänglich sind und die (mindestens) einen inhaltlichen Teilaspekt der zugehörigen latenten Variablen, i. e. dem Konstrukt, abdecken. Vgl. Bagozzi, R. P., Structural Equation Models in Marketing Research: Basic Principles of Questionaire Design, in: Bagozzi, R. P. (Hrsg.), Principles of Marketing Research, Cambridge 1994, S. 331; Homburg, Ch., Kundennähe von Industriegüterunternehmen: Konzeption – Erfolgsauswirkungen – Determinanten, a. a. O., S. 64 f.

werden. Eine Prüfung von Indikatoren erfolgt in den Sozialwissenschaften an Hand der Kriterien **Objektivität** (Unabhängigkeit), **Reliabilität** (Zuverlässigkeit) und **Validität** (Gültigkeit). Nur auf der Basis dieser Kriterien, welche auch der vorliegenden Untersuchung zu Grunde liegen, kann ein gültiges Messmodell spezifiziert werden.[410]

Im Folgenden sollen daher kurz Vorgehensweise und die entsprechenden Gütemaße skizziert werden, welche für die empirische Überprüfung komplexer Konstrukte zum Einsatz kommen. Die Gütekriterien lassen sich dabei in die der ersten und der zweiten Generation unterteilen. Ihre Auswahl und ihre geforderten Ausprägungen orientieren sich dabei an in der Marketingwissenschaft anerkannten Werten, welche z. B. bei HOMURG / GIERING zusammengefasst sind.[411] Die Gütekriterien sind im Einzelnen das Cronbachsche Alpha und die Item-to-Total-Korrelation für die Anpassungsmaße **der ersten Generation** sowie die konfirmatorische Faktorenanalyse für die Gütekriterien der **zweiten Generation**.[412]

Das **Cronbachsche Alpha** bildet das in der Literatur am weitesten verbreitete Maß für die Zuverlässigkeit der Messung.[413] Das Gütemaß zielt dabei auf die interne Konsistenz eines Konstruktes ab und misst die **Reliabilität** einer Gruppe von Indikatoren, die zur Messung eines Faktors herangezogen werden. Der Wertebereich des Gütemaßes erstreckt sich von Null bis Eins. Ab welchem Wert eine Messung als reliabel bezeichnet werden kann, ist in der wissenschaftlichen Diskussion umstritten. In vielen Publikationen findet sich eine Orientierung an dem von NUNNALLY vorgeschlagenen Wert von 0,7, der auch Grundlage der vorliegen-

---

[410] Vgl. dazu ausführlich Berekoven, L., Eckert, W. / Ellenrieder, P., Marktforschung - Methodische Grundlagen und praktische Anwendung, a. a. O., S. 84 ff.; Homburg, Ch. / Giering, A., Konzeptualisierung und Operationalisierung komplexer Konstrukte - Ein Leitfaden für die Marketingforschung, in: Marketing ZfP, 18. Jg., H. 1, 1996, S. 5-24.

[411] Ebenda S. 7 ff.

[412] Die explorative Vorstufe zur Überprüfung der Daten ohne eine vorgegebene Faktorenstruktur wird auf Grund der intensiven theoretischen Vorüberlegungen an dieser Stelle nicht explizit aufgegriffen. Sie wurde jedoch im Rahmen des Pre-Test in der Bezugsgruppe der Konsumenten sowie bei den potenziellen Mitarbeitern und den privaten Anlegern durchgeführt. Die Drei-Faktorenlösung für die Dimensionen der Relevanz wird nach einer Varimax-Rotation sowohl auf Grundlage des Screeplots als auch durch das Kaiser-Kriterium unterstützt. Die erklärten Varianzen liegen durchweg über dem Wert von 0,5. Vgl. zu dem Verfahren: Backhaus, K. / Erichson, B. / Plinke, W. / Weiber, R., Multivariate Analysemethoden: Eine anwendungsorientierte Einführung, a. a. O., S. 252 ff.

[413] Vgl. Peterson, R. A., A Meta-Analysis of Cronbach´s Coefficient Alpha, in: Journal of Consumer Research, Vol. 21, 1994, S. 381 ff.

den Untersuchung sein soll.[414] Dabei ist zu konstatieren, dass Operationalisierungsansätze mit wenigen Indikatoren auch die Akzeptanz geringerer Alpha-Werte rechtfertigen.[415]

Die **Item-to-Total-Korrelation**[416] bezieht sich ebenfalls auf eine Gruppe von Indikatoren und misst den Zusammenhang, der jeweils zwischen einem Indikator und der Gesamtheit der Indikatoren besteht, die der Messung eines Faktors dienen. In Bezug auf einen einheitlichen Grenzwert besteht auch hier keine Einigkeit in der wissenschaftlichen Diskussion. Hohe Werte deuten jedoch darauf hin, dass die betrachteten Indikatoren eine ausreichend starke Beziehung zu dem Zielkonstrukt aufweisen. Neben einem isolierten Beitrag zur Gütemessung besteht weiterhin eine enge Verbindung zum Cronbachschen Alpha:[417] Demnach lässt sich eine Verbesserung des Cronbachschen Alphas erzielen, wenn Indikatoren mit niedriger Item-to-Total-Korrelation aus dem Messmodell eliminiert werden.[418] Dieser Regel soll in der Analyse gefolgt werden.

Die Gütekriterien der ersten Generation weisen gewisse Defizite auf, die kritisch diskutiert werden.[419] Daher kommt als Verfahren der zweiten Generation die **konfirmatorische Faktorenanalyse** zur Anwendung.[420] Sie stellt ein geeignetes In-

---

[414] Vgl. Nunnally, J., Psychometric Theory, 2. Aufl., New York 1978, S. 245.

[415] Vgl. Cortina, J., What is Coefficient Alpha? An Examination of Theory and Applications, in: Journal of Applied Psychology, Vol. 78, No. 1, 1993, S. 101. PETERSON weist zudem darauf hin, dass auch zwischen der Stichprobengröße und der Ausprägung des Cronbachschen Alphas ein Zusammenhang besteht. Vgl. Peterson, R. A., A Meta-Analysis of Cronbach´s Coefficient Alpha, a. a. O., S. 389.

[416] Die Item-to-Total-Korrelation ergibt sich aus der Korrelation des einzelnen Indikators mit der Summe der Indikatoren, die zur Messung eines Faktors herangezogen werden. Sie wird für jeden Indikator berechnet.

[417] „(…) items (…) that have higher correlations with total scores have more variance relating to the common factor among the items, and they add more to the (…) reliability." Nunnally, J., Psychometric Theory, 2. Aufl., a. a. O., S. 279.

[418] Vgl. Churchill, G., A Paradigm for Developing better Measures of Marketing Constructs, in: Journal of Marketing Research, Vol. 16, 1979, S. 68.

[419] Vgl. dazu Anderson, E. W. / Fornell, C., A Customer Satisfaction Research Prospectus, in: Rust, R. T. / Oliver, R. L. (Hrsg.), Service Quality, London et al. 1994, S. 252; Homburg, Ch. / Giering, A., Konzeptualisierung und Operationalisierung komplexer Konstrukte – Ein Leitfaden für die Marketingforschung, a. a. O.

[420] Die konfirmatorische Faktorenanalyse unterscheidet sich von der explorativen durch fundierte theoretische Überlegungen bezüglich des Vorliegens eines Zusammenhangs zwischen den betreffenden Indikatoren eines Konstrukts. Somit ist die konfirmatorische Faktorenanalyse den strukturprüfenden Verfahren zuzuordnen.

strument zur Überprüfung des auf Basis der Kriterien der ersten Generation kon-
kretisierten Messinstrumentariums dar. Die Gütebeurteilung erfolgt mittels globaler
und lokaler Anpassungsmaße. Mit Hilfe der **globalen Anpassungsmaße** kann
beurteilt werden, inwieweit sich die theoretisch abgeleiteten Hypothesen insgesamt in den empirischen Ergebnissen widerspiegeln. **Lokale Anpassungsmaße**
als Detailkriterien konzentrieren sich dagegen auf die Güte von Modellteilen (Indikatoren, Faktoren). Sie sind wesentlich, da ein globaler Fit noch keine Aussage
darüber zulässt, ob das Hypothesensystem auch in den Teilstrukturen gut angepasst ist.[421] Zur Bewertung der Güte einer Modellschätzung werden sowohl auf
der Global- als auch auf der Detailebene mehrere Kriterien gleichzeitig herangezogen.[422]

Schließlich wird die Diskriminanzvalidität, mit Hilfe des **Fornell-Larcker Kriteriums** getestet.[423] Die Diskriminanzvalidität beschreibt das Ausmaß, zu dem sich
die Messung unterschiedlicher Konstrukte voneinander unterscheidet. Es kann auf
Basis dieses Kriteriums von Diskriminanzvalidiät ausgegangen werden, wenn die
durchschnittlich erklärte Varianz eines Faktors größer als jede quadrierte Korrelation dieses Faktors mit einem anderen Faktor desselben Konstruktes ist.[424] Die
gewählten lokalen und globalen Maße werden zusammen mit den Kriterien der
ersten Generation sowie den geforderten Mindestwerten in Tabelle 6
zusammenfassend dargestellt.

---

[421]   Vgl. Bollen, K. A., Structural Equations with Latent Variables, New York u. a. 1989, S. 257.

[422]   Mit der Verbreitung der Kovarianzstrukturanalyse wurde insbesondere eine Vielzahl von globalen Anpassungsmaßen entwickelt, wobei alle Kriterien letztlich auf dem Vergleich der empirischen Kovarianzmatrix mit der vom Modell entwickelten Kovarianzmatrix basieren. Vgl. Homburg, Ch. / Baumgartner, H., Beurteilung von Kausalmodellen – Bestandsaufnahme und Anwendungsempfehlungen, in: Marketing ZFP, H. 3, 3. Quartal 1995, S. 165.

[423]   Dieses Kriterium ist weitaus strenger als der Chi-Quadrat-Differenztest und hat sich in der
Marketingwissenschaft als Standard durchgesetzt. Vgl. Homburg, Ch. / Giering, A.,
Konzeptualisierung und Operationalisierung komplexer Konstrukte - Ein Leitfaden für die
Marketingforschung, a. a. O., S. 12 ff.

[424]   Vgl. Fornell, C. / Larcker, D. F., Evaluating Structural Equitation Models with unobservable
Variables and Measurement Errors, in: Journal of Marketing Resarch, Vol. 18, No. 2, 1981, S.
39-50.

Prüfkriterien der 1. Generation	
Analyse	Kriterien und Anspruchsniveau
Isolierte Überprüfung der Faktoren	Cronbachs Alpha > 0,7 Ggf. Eliminierung von Indikatoren mit geringer Item-to-Total Korrelation.

Prüfkriterien der 2. Generation (Konfirmatorische Faktorenanalyse)	
Analyse	Kriterien und Anspruchsniveau
Globale Gütekriterien	$\chi^2/df \leq 5$ Root Mean Residual (RMR) $\leq 0,1$ Goodness of Fit-Index (GFI) $\geq 0,9$ Adjusted Goodness of Fit-Index (AGFI) $\geq 0,9$ Normed Fit-Index (NFI) $\geq 0,9$
Lokale Gütekriterien	Indikatorreliabilität (IR) > 0,4 Faktorreliabilität (FR) > 0,6 Durchschnittlich erfasste Varianz (DEV) > 0,5
Diskriminanzvalidität	Erfüllung des Fornell-Larcker Kriteriums

Tabelle 6: **Analyseschritte und Prüfkriterien für die empirisch ermittelten Konstrukte**

Nach einer Überprüfung der Konstrukte ist im Rahmen einer **Dependenzanalyse** der Zusammenhang zwischen den Markenfunktionen und der Relevanz der Unternehmensmarke zu betrachten. Für die Aufdeckung solcher Abhängigkeitsbeziehungen stehen mit der **Regressionsanalyse** und der **Kausalanalyse** (oder besser der Kovarianzstrukturanalyse) zwei in der Marketingwissenschaft prominente ökonometrische Verfahren zur Verfügung.[425] Bei der Auswahl der Methode ist zunächst die **Datenstruktur** zu berücksichtigen. Es wurde bereits bei der Beschreibung der Datensätze darauf hingewiesen, dass im Rahmen der Konsumentenbefragung jede Person Statements für drei, jeweils individuell bestimmte Produktmärkte bewertet hat. Damit weist dieser Datensatz eine **Panelstruktur** auf. Für die Dependenzanalyse gilt es, dieser Struktur und den damit einhergehenden

---

[425] Vgl. grundlegend zu diesen Verfahren Backhaus, K. / Erichson, B. / Plinke, W. / Weiber, R., Multivariate Analysemethoden: Eine anwendungsorientierte Einführung, a. a. O., S. 2 ff. und S. 390 ff. sowie Homburg, Ch. / Baumgartner, H., Die Kausalanalyse als Instrument der Marketingforschung – Eine Bestandsaufnahme, in: ZfB, 65. Jg., H. 10, 1995, S. 1091-1108.

Herausforderungen an das **Schätzverfahren** Rechnung zu tragen. Die Ökonometrie hat insbesondere für die **Regressionsanalyse** leistungsfähige Verfahren hervorgebracht, welche dieser Datenstruktur gerecht werden. Demzufolge wird eine regressionsanalytische Auswertung der Daten gewählt. FISCHER weist in diesem Zusammenhang auf die notwendige methodische Stringenz hin, die vor allem für die Regressionsanalyse in der deutschsprachigen Marketingforschung nicht immer eingehalten wird.[426] Im Folgenden sollen daher kurz das gewählte Schätzverfahren sowie die genutzten Modelltests beschrieben werden.[427]

Den Vorteilen von **Paneldaten,** wie eine genauere Parameterschätzung durch eine Erhöhung der Freiheitsgrade und einer breiten Abdeckung des Untersuchungsgegenstandes, steht die Herausforderung gegenüber, dass eine Analyse auf Basis von Kleinsten Quadrate Schätzungen (Ordinary Least Squares) die **Heterogenität** der Datenstruktur berücksichtigen muss. Diese Heterogenität betrifft zum einen die Regressionskonstante zum anderen die Steigungsparameter. Selbst unter der Voraussetzung, dass die Homogenität der Steigungsparameter gegeben ist, trifft dies kaum auf die **Regressionskonstante** zu. Wird dieser Effekt nicht kontrolliert, können massive **Verzerrungen** der Regressionsschätzer auftreten. Dies wird in Abbildung 20 für den einfachen bivariaten Fall dargestellt. Die Buchstaben a bis c stehen dabei für einzelne Auskunftspersonen, welche jeweils einzelne Produktmärkte beurteilt haben. Sie sind als einzelne Querschnitte oder „Cross-sections" innerhalb des Datensatzes zu interpretieren.

---

[426] Vgl. Fischer, M., Produktlebenszyklus und Wettbewerbsdynamik: Grundlagen für die ökonomische Bewertung von Markteintrittsstrategien, Wiesbaden 2001, S. 199.

[427] Vgl. im Folgenden Greene, W. H., Econometric Analysis, a. a. O., S. 283 ff.; sowie Fischer, M., Produktlebenszyklus und Wettbewerbsdynamik: Grundlagen für die ökonomische Bewertung von Markteintrittsstrategien, a. a. O., S. 201 ff.

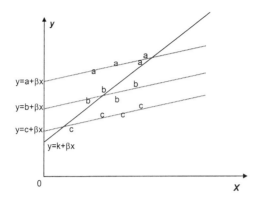

Abbildung 20: Verzerrung der Schätzung im klassischen Regressionsmodell mit homogener Konstante

Quelle: Fischer, M., Produktlebenszyklus und Wettbewerbsdynamik, a. a. O., S. 207.

Die durchgezogene Linie repräsentiert die resultierende Regressionsgerade. Daneben verkörpern die gestrichelten Linien, die Geraden, die bei separaten Regressionen für jede einzelne Cross Section ermittelt würden. Es wird deutlich, dass Letztere sich in der Schätzung der Konstante unterscheiden, jedoch einen homogenen Steigungsparameter (β) aufweisen. Die Steigung der Parameter differiert jedoch eindeutig von der Steigung, die aus der Schätzung mit homogener Konstante (durchgezogenen Linie) resultiert. Die Annahme einer homogenen Regressionskonstante führt offensichtlich zu einer deutlichen Verzerrung der Schätzer.[428] Daher wird mit der Nutzung eines **Fixed Effects Modells** (FEM) ein Verfahren gewählt, dass diesem Effekt Rechnung trägt: Das Modell gibt grundsätzlich die Annahme einer homogenen Regressionskonstante durch die Einführung von Dummyvariablen auf, welche die Konstante systematisch über die einzelnen Cross-Sections variieren lassen. Die Schätzung von β beruht im FEM **ausschließlich auf der Variation innerhalb der einzelnen Gruppen.** Im Gegensatz dazu wird im klassischen Modell der Ordinary Least Squares die gesamte Varia-

---

[428] Grundsätzlich kann diesem Effekt mit einer Flexibilisierung der Varianz-Kovarianz-Matrix des Störterms begegnet werden. Insbesondere bei einem Panel mit kurzen Zeitreihen und vielen Cross-Sections, wie im vorliegenden Fall, stößt diese Vorgehensweise jedoch an ihre Grenzen. Vgl. Fischer, M., Produktlebenszyklus und Wettbewerbsdynamik: Grundlagen für die ökonomische Bewertung von Markteintrittsstrategien, a. a. O., S. 201 f.

tion der Daten herangezogen, was in der geschilderten Verzerrung durch die homogene Konstantem mündet. Mit der Modellierung des FEM wird somit die gegebene Datenstruktur für die Bezugsgruppe der Konsumenten berücksichtigt. Für die übrigen Bezugsgruppen und die Einflussfaktoren erlaubt die Datenstruktur den Rückgriff auf den Ansatz der Regressionsschätzung mit homogener Konstante.

Weiterhin soll innerhalb der statistischen Analyse die Konzeptualisierung der Relevanz der Unternehmensmarke in der Form berücksichtigt werden, dass ihre Dimensionen das Konstrukt vollständig abbilden. Die Ergebnisse der Dependenzanalyse ließen sich dann direkt als **Gewichte der Markenfunktionen** bei der **Bildung des Markenrelevanzurteils** heranziehen. Ein Verfahren, welches dies ermöglicht, ist die Regression unter Einführung linearer Nebendingungen.[429] Die Parameterschätzung auf Basis der „**Restricted Least Squares**" (RLS) lässt sich als ein leistungsfähiges Verfahren der Hypothesenüberprüfung klassifizieren, welches ermöglicht, dass sich die einzelnen β-Werte der Markenfunktionen zu 1 aufsummieren.[430] Der Verlust an Modellfit durch die Einführung der linearen Restriktion kann durch Modelltests und insbesondere den Vergleich des R^2 mit einem nicht restringierten Modell kontrolliert werden.

Die hier verwendete lineare Regressionsanalyse basiert auf verschiedenen **Prämissen**, die im Rahmen der statistischen Analyse zu überprüfen sind.[431] Zu diesem Zweck sowie für die Prüfung der geschätzten Modelle werden eine Reihe von Testverfahren angewendet, die im Folgenden skizziert werden:

- Die globale Prüfung des Gesamtmodells erfolgt durch Berechnung des R^2 als Bestimmtheitsmaß sowie mittels Durchführung des F-Test.

- Die Regressionskoeffizienten werden über einen t-test und durch die Bestimmung des Signifikanzniveaus geprüft.

- Die Annahme der Homoskedastizität wird über den Breusch-Pagan Test validiert. Wird diese Annahme verworfen, werden heteroskedastische Einflüsse

---

[429] Vgl. Seiterle, H., Regression unter linearen Nebenbedingungen, Zürich 1974, S. 3 ff.

[430] Vgl. Greene, W. H., Econometric Analysis, a. a. O., S. 99.

[431] Vgl. hierzu und im Folgenden Backhaus, K. / Erichson, B. / Plinke, W. / Weiber, R., Multivariate Analysemethoden: Eine anwendungsorientierte Einführung, a. a. O., S. 20 ff. sowie Greene, W. H., Econometric Analysis, a. a. O., S. 31 ff.

über die robusten Schätzer nach WHITE kontrolliert.[432] Die Schätzung mittels des FEM kontrolliert hingegen systematisch eventuell gegebene heteroskedastische Einflüsse.

• Die Prüfung auf Autokorrelation wird grundsätzlich durch den Durbin-Watson Test gewährleistet. Da dieser Problembereich insbesondere bei Zeitreihen auftritt, sind in den vorliegenden Analysen keine kritischen Werte zu erwarten.

• Das Aufdecken von Abhängigkeiten zwischen den Regressoren (Problembereich der Multikollinearität), die insbesondere in empirischen Erhebungen zu einem gewissen Grad systematisch gegeben sind, wird über zwei Prüfkriterien gewährleistet. Zum einen wird der „Variance Inflation Factor" (VIF) errechnet, der ab einem Grenzwert von 10 ein kritisches Maß an Multikollinearität anzeigt.[433] Zum anderen wird das zum Teil robustere Maß des „Condition Index" angegeben. Dieser sollte die Größe von 20 nicht überschreiten.[434]

Zur Durchführung der in diesem Kapitel aufgezeigten Analysen wurden drei verschiedene Softwarepakete genutzt. Für grundlegende deskriptive Auswertungen sowie die Konstruktüberprüfung ist die Software „SPSS 11.0" verwendet worden. Im Rahmen der konfirmatorischen Faktorenanalyse wurde in der Untersuchung das Softwarepaket „AMOS"[435] in der Version 4.0 zu Grunde gelegt. AMOS bietet gegenüber alternativen Programmen wie „LISREL" und „EQS" Vorteile in der Benutzerfreundlichkeit ohne qualitative Einschränkungen hinnehmen zu müssen.[436] Die Regressionsmodelle können auf Grund ihrer zum Teil komplexen Schätzalgorhythmen nicht mit SPSS berechnet werden. Daher wurde für die Dependenzanalyse auf das von GREENE entwickelte Programm „LIMDEP" (Limited Dependent

---

[432] Greene, W. H., Econometric Analysis, a. a. O., S. 99-201.

[433] Belsley, D. A. / Kuh, E. / Welsch, R. E., Regression diagnostics: identifying influential data and sources of collinearity, New York 1980, S. 195

[434] Vgl. Greene, W. H., Econometric Analysis, a. a. O., S. 58.

[435] AMOS steht für "Analysis of Moment Structures" und wurde von ARBUCKLE entwickelt. Vgl. Arbuckle, J. L., AMOS: Analysis of Moment Structures, in: The American Statistician, H. 43, 1989, S. 66-67.

[436] Die Überlegenheit von AMOS gegenüber LISREL und EQS wird zudem im Rahmen neuerer Vergleiche der Softwarepakete belegt. Vgl. u. a. Kline, R. B., Software Programs for Structural Equation Modelling: AMOS, EQS and LISREL, in: Journal of Psychoeducational Assessment, H. 16, 1998, S. 343 ff.

Variable Modeling) in der für Wissenschaftler frei zugänglichen Version 2.0 zurückgegriffen.[437]

2. Empirische Ergebnisse für die Bezugsgruppe der Konsumenten

2.1 Messmodell und deskriptive Ergebnisse

Für die konsumentenorientierte Erfassung der Markenrelevanz und der Markenfunktionen wurde zunächst auf Basis eines **Pre-Test** mit 412 Studenten ein geeignetes Indikatorenset ermittelt.[438] Insgesamt wurden jeweils sechs Items für die Messung der Informationseffizienzfunktion und der Risikoreduktionsfunktion sowie sieben Items für die Messung der ideellen Nutzenfunktion getestet.[439] Die Items wurden mit einer fünfstufigen Likert-Skala abgefragt. Die Auswertung der Daten gemäß der in Kapitel 1.3 vorgestellten Kriterien der ersten Generation lieferte gute bis sehr gute Resultate. Exemplarisch seien die Werte des Cronbach's Alpha genannt. Diese betrugen 0,81 und 0,86 für die Funktionen Informationseffizienz und Risikoreduktion, wobei letztlich jeweils vier Items bei der Konstruktmessung genutzt wurden. Beim ideellen Nutzen erwies sich eine Unterteilung in die beiden Unterfaktoren Selbstverwirklichung und Selbstdarstellung als sinnvoll, welche das innen- und das außengerichtete Selbstkonzept repräsentieren. Cronbachs Alpha erreichte bei diesen Faktoren Werte in Höhe von 0,84 und 0,81. Weitergehende Analysen zeigten, dass sich die Anzahl der Items ohne Einbußen in der Reliabilität der Konstruktmessung weiter reduzieren ließ. Mit diesem aus forschungsökonomischen Gründen reduzierten Set, welches darüber hinaus einer Ermüdung der Befragten vorbeugt, wurden in der Hauptuntersuchung 2.500 Konsumenten befragt.

---

[437] Diese Version ist in ihrer Kapazität auf 5.000 Beobachtungen beschränkt, bietet aber ansonsten dieselben Funktionalitäten wie die Vollversion LIMDEP 8.0. Die Version „EA Limdep 2.0" steht unter http://www.prenhall.com / greene / ealimdep.htm zum Abruf zur Verfügung.

[438] Die Ergebnisse zur konsumentenseitigen Erfassung der Markenrelevanz ohne einen spezifischen Fokus auf die Unternehmensmarke sind bei Meffert, H. / Perrey, J. / Schröder, J., Lohnen sich Investitionen in die Marke?, in: Absatzwirtschaft, H. 10, 2002, S. 29-35 sowie Hieronimus, F. / Fischer, M. / Kranz, M., Markenrelevanz in der Unternehmensführung - Messung, Erklärung und empirische Befunde für BtoC-Märkte, a. a. O., S. 29 ff. dokumentiert.
Vor diesem Hintergrund werden im Rahmen dieser Arbeit die unternehmensmarkenspezifischen, deskriptiven Ergebnisse zur Markenrelevanz, zum Relevanzmodell sowie dem Einflussfaktorenmodell relativ kurz zusammengefasst. Vgl. dazu ausführlich die o. g. Quellen.

[439] Vgl. den Fragebogen des Pre-Test in Anhang 2, S. 212.

Dabei kamen für die Messung der Informationseffizienz und der Risikoreduktion jeweils zwei und für die Messung des ideellen Nutzens vier Items zum Einsatz. Für die Informationseffizienz waren dies die Items *„Dadurch, dass ich nach meinen bevorzugten Marken suche, erleichtere ich mir das Einkaufen von ..."* und *„Ich achte bei meinen Einkäufen von ... auf das Markenzeichen oder typische Markenfarben, um Produkte wieder zu finden".*[440] Diese Items beziehen sich auch die Reizebene und zielen auf die Orientierungsunterstützung der Unternehmensmarke beim Kauf von Produkten und Dienstleistungen. Der Wert für Cronbachs Alpha beträgt 0,84 und überschreitet damit sogar das strenge Anspruchsniveau von 0,8. Dies gilt ebenso für die Risikoreduktionsfunktion, wo der Wert bei 0,88 liegt. Die Items sind hier: *„Bei ... kaufe ich vor allem Markenprodukte, weil so die Gefahr geringer ist, dass ich mich später ärgere."* sowie *„Bei ... kaufe ich Markenprodukte, weil ich weiß, dass dann die Qualität stimmt."* Damit werden zukünftige Konsequenzen der Entscheidung bewusst gemacht (psychologisches Risiko) sowie insbesondere auf das Anforderungsniveau der Qualität abgestellt. Für die gewählten Items, die den ideellen Nutzen erfassen, konnte der Wert des Cronbachschen Alphas von 0,64 durch die Elimination des Statements mit der geringsten Item-to-Total Korrelation auf 0,78 gesteigert werden.[441] Die in die Analyse eingehenden Statements *„Bei... ist mir die Marke nicht egal, da sie zu mir passen muss", „Mir ist die Marke bei ... schon wichtig, weil ich glaube, dass andere Personen mich danach beurteilen"* und *„Bei ... kaufe ich bestimmte Marken, weil ich mit anderen Käufern dieser Marke viele Gemeinsamkeiten habe."* berücksichtigen sowohl die extrinsische als auch die intrinsische Komponente des Selbstkonzeptes.

Nach der Betrachtung der Relevanzdimensionen mittels der Gütekriterien der ersten Generation gehen die gewählten Items in eine konfirmatorische Faktorenanalyse ein, die in Abbildung 21 synoptisch zusammengefaßt ist. Die konfirmatorische Faktorenanalyse zeigt eine gute Anpassung. Es werden die Mindestanforderungen sowohl für die lokalen als auch für die globalen Mindestanforderungen erreicht. Ebenfalls kann die Diskriminanzvalidität durch das Fornell-Larcker Kriterium als bestätigt angesehen werden.

---

[440] Diese und die folgenden Items wurden für Dienstleistungen, bzw. Handelsstätten entsprechend angepasst.

[441] „Bei ... ist mir die Marke egal, da jede Frage meine persönlichen Wünsche erfüllt."

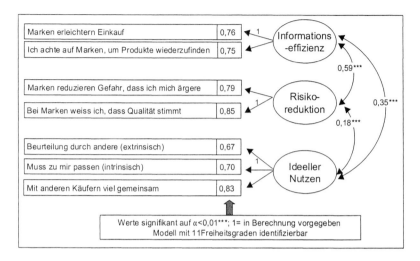

Werte signifikant auf α<0,01***; 1= in Berechnung vorgegeben
Modell mit 11Freiheitsgraden identifizierbar

Gütekriterien der 2. Generation

χ^2/df: 3,287   RMR:0,074   GFI: 0,93   AGFI: 0,908   NFI: 0,933

Markenfunktion Gütekriterien	Informationseffizienz	Risikoreduktion	Ideeller Nutzen
Indikatorreabilität	0,578; 0,563	0,642; 0,723	0,649;0,490; 0,449
Faktorreabilität	0,693	0,790	0,781
DEV	0,530	0,599	0,545
Fornell-Larcker Kriterium	erfüllt (0,530>0,59² 0,520>0,35²)	erfüllt (0,599>0,59² 0,599>0,18²)	erfüllt (0,545>0,18² 0,545>0,35²)

Abbildung 21:   Konfirmatorische Faktorenanalyse und Gütekriterien für die
Bezugsgruppe der Konsumenten.

Die so erfassten Markenfunktionen werden in Tabelle 7 wiedergegeben. Die Mar-
kenrelevanz wird gemäß der in Kapitel 1.1 gewählten Vorgehensweise über ein
Globalurteil, bei dem die Probanden ihre Fokussierung auf Marken während des
Kaufprozesses im Vergleich zu anderen Kriterien bewerten, erhoben. Die angege-
benen Werte haben einen Wertebereich von 1 (hoch) bis 5 (niedrig). Die höchsten
Funktionsausprägungen sind in der Tabelle grau gekennzeichnet.

Rang	Produktmarkt	Marken-relevanz	Informations-effizienz	Risiko-reduktion	Ideeller Nutzen
1	Bier	2,215	**1,848**	1,922	3,074
2	Kopfschmerzmittel	2,258	1,932	**1,795**	3,453
3	Mittelklassewagen	2,294	2,487	**1,916**	2,090
4	Waschmittel	2,302	**1,822**	1,977	3,506
5	Sportschuhe	2,495	**2,474**	2,574	3,533
6	Champagner	2,521	2,454	2,925	**2,231**
7	Softdrinks	2,558	2,110	**2,000**	3,320
8	Mobilfunkbetreiber	2,588	2,347	**2,153**	2,980
9	Freizeitbekleidung	2,602	2,605	**2,087**	3,231
10	Bankkonten	2,727	2,242	**1,990**	3,144
11	Handys	2,771	2,745	**2,418**	3,352
12	Versandhandel	2,795	2,273	**2,239**	3,144
13	Drucker	2,826	2,530	**2,091**	3,441
14	Drogerien	2,868	2,581	**2,243**	3,423
15	Pauschalfernreisen	2,886	2,600	**2,246**	3,532
16	Werkstätten	2,888	2,953	**2,597**	3,508
17	Waschmaschinen	2,917	2,844	**2,250**	3,481
18	Hotels	2,924	3,047	**2,781**	3,515
19	Vitaminpräparate	2,926	2,619	**2,048**	3,531
20	Reifen	2,960	2,496	**2,415**	3,239
21	Krankenversicherung	2,973	2,655	**2,297**	3,002
22	Fast Food Restaurants	2,990	2,653	**2,450**	3,482
23	Telefonanbieter (Festnetz)	3,080	**2,436**	2,500	3,549
24	Kaufhäuser	3,081	**2,598**	2,618	3,453
25	Express-Zustelldienste	3,085	**2,854**	2,530	3,667
26	Discounter	3,093	**2,783**	2,832	3,541
27	Fernseher	3,135	**2,331**	2,508	3,454
28	Uhren	3,155	2,681	**2,543**	3,448
29	Baumärkte	3,168	2,802	**2,391**	3,502
30	KfZ-Versicherungen	3,190	3,249	**2,887**	3,839
31	TV-Kanäle	3,190	**2,578**	2,834	4,013
32	PC's/Computer	3,214	2,607	**2,027**	3,464
33	Kaffeemaschinen	3,216	2,978	**2,488**	3,692
34	Papiertaschentücher	3,220	2,488	**2,416**	3,686
35	Strom	3,235	2,584	**2,545**	3,598
	Arhitmetisches Mittel	*2,867*	*2,551*	*2,358*	*3,375*

Tabelle 7:   **Deskriptive Ergebnisse zur konsumentenbezogenen Relevanz der Unternehmensmarke**

Bezüglich der Markenrelevanz zeigt sich, dass das höchste Niveau bei dem Produkt „Bier" und das niedrigste Niveau bei der Leistung „Strom" liegt. Die in den einleitenden Bemerkungen dieser Arbeit geäußerte Vermutung, dass für Automobile eine deutlich höhere Relevanz der Unternehmensmarke besteht als für Strom kann durch diese Ergebnisse bestätigt werden. Die Markenfunktion der Informationseffizienz ist insbesondere bei kurzlebigen Konsumgütern wie z. B. Bier oder

Waschmitteln hoch ausgeprägt. Die Risikoreduktion ist vor allem für den Versiche-
rungs- und Finanzsektor (Banken / Versicherungen) dominierend.

Die Werte für den ideellen Nutzen sind im Vergleich zu den anderen beiden Markenfunktionen am niedrigsten ausgeprägt. Lediglich bei den Produktkategorien
Champagner und Mittelklassewagen ist der ideelle Nutzen in Relation zu den anderen Funktionen hoch ausgeprägt. Dieser grundsätzliche Niveauunterschied ist
insofern zu verstehen, als dass eine hohe Zustimmung zu den Indikatoren dieser
Funktion zu einem gewissen Maß mit dem Problem der sozialen Erwünschtheit
konfrontiert sind.[442] Das führt zu relativ niedrigen Ausprägungen, die jedoch wie
die übrigen Markenfunktionen in plausibler Weise über die einzelnen Produktmärkte variieren (z. B. ideeller Nutzen für Champagner 2,23 vs. TV-Kanäle 4,031). Inwieweit die einzelnen Markenfunktionen als Gewichtung in die Relevanz der Unternehmensmarke eingehen, soll nun mit der Dependenzanalyse aufgedeckt werden.

2.2 Dependenzmodell der Relevanz der Unternehmensmarke

Das Globalurteil zur Markenrelevanz ging als abhängige Variable in die Regressionsanalyse zur Bestimmung der Gewichte der Markenfunktionen ein. Die **Fixed
Effects** konnten über einen durchlaufenden Index, auf Basis dessen jeder Befragte eindeutig zugeordnet werden kann, in das Modell integriert werden. Die lineare
Restriktion wurde in der Schreibweise

„$\beta_1 + \beta_2 + \beta_3 = 1$"

in die Regression eingeführt. In die Analyse gehen 4.965 Beobachtungen ein, was
in der vorliegenden Panelstruktur einer Anzahl von 2.605 Freiheitsgraden entspricht. Die Regression auf Basis des FEM ergaben die in Abbildung 22 gezeigten
Schätzungen für die restringierten β-Werte.

---

[442] Berekhoven, L. / Eckert, W. / Ellenrieder, P., Marktforschung - Methodische Grundlagen und
praktische Anwendung, a. a. O., S. 102 f.

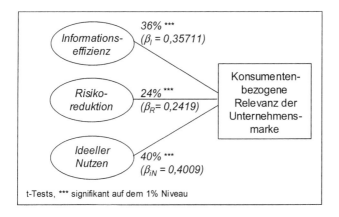

t-Tests, *** signifikant auf dem 1% Niveau

Gütekriterien der Regression		
Fit	(OLS) R^2= 0,65322 Adj. R^2 = 0,33707	(RLS) R^2 = 0,6344 Adj. R^2 = 0,30332
F-Test	[3/2605] $F_{emp.}$ = 2,07; Einfluss signifikant auf dem 1%-Niveau	
Autokorrelation/ Heteroskedastizität	Durch die Einführung der Fixed Effects in die Parameterschätzung werden diese Problemkreise kontrolliert.	
Multikollinearität	Condition Index: 2. Dimension = 5,483 3. Dimension = 8,444 4. Dimension = 9,853	VIF: Informationseff. = 2,169 Risikore- duktion = 2,213 Ideeller Nutzen = 1,425

Abbildung 22:   Ergebnisse des Dependenzmodells für die Bezugsgruppe der Konsumenten

Die Anpassungsgüte erreichte mit einem R^2 von 0,653 für das nicht-restringierte und 0,634 für das restringierte Modell sowie einem auf 1%-Niveau signifikantem F-Test ein sehr gutes Maß. Durch die Schätzung des Modells auf Basis der Fixed Effects werden heteroskedastische Einflüsse sowie die Autokorellation kontrolliert.[443] Das Problem der Multikollinearität kann auf Basis der durchgeführten Tests (VIF und Condition Index) als unkritisch eingestuft werden. Die Analyse zeigt, dass der ideelle Nutzen, obwohl die absoluten Ausprägungen dieser Markenfunktion auf relativ niedrigem Niveau waren, das höchste Gewicht für die Bildung des Rele-

---

[443] Vgl. Greene, W. H., Econometric Analysis, a. a. O., S. 288 f. Für aktuelle Forschungsergebnisse zur Heteroskedastizität in Fixed Effect Modellen vgl. Bekker P. A., Exact inference for the linear model with groupwise heteroscedastic spherical disturbances, in: Journal of Econometrics, Vol. 11, H. 2, 2002, S. 285-302.

vanzurteils aufweist. Mit einem β von 0,36 erhält die Informationseffizienz das zweithöchste Gewicht. Letztlich ist die Risikoreduktion mit einer Ausprägung von 0,24 vertreten. Die Ergebnisse bestätigen grundsätzlich die in Kapitel B 3.1 aufgestellten Hypothesen. Die relative Dominanz des Gewichtes für den ideellen Nutzens ist im Kontext der geschilderten Entwicklungen im Konsumentenverhalten nicht überraschend.

Vor dem Hintergrund der vorgelegten Regressionsergebnisse soll an dieser Stelle auf die Güte der Relevanzerhebung durch den verwendeten Indikator näher eingegangen werden, da diesen Indikatorwerten als abhängige Variable der Regression eine besondere Bedeutung zukommt. Die Güte konnte mittels zweier **Validierungsoptionen** überprüft werden. Zunächst wurde die Globalbeurteilung mit dem alternativen Messansatz der Markenrelevanz auf Basis des Zusammenhangs zwischen Markenstärke und Verhalten (MCM / McK-Ansatz) verglichen. Hierzu wurden die erhobenen Globalurteile den durch eine Latent-Class-Zuordnung[444] ermittelten Markenrelevanzsegmenten der Produktmärkte des MCM / McK-Ansatz gegenübergestellt. Die Latent-Class-Analyse ermöglicht eine Gruppierung der untersuchten Produktmärkte in Gruppen von hoher und niedriger Relevanz. Da die Produktmärkte ihrerseits nicht vollständig identisch waren, musste zum Teil eine Zusammenfassung der Relevanzwerte vorgenommen werden. Ist die **Zuordnung** zu den einzelnen Gruppen hoher, bzw. niedriger Relevanz **übereinstimmend**, so kann die Globalbeurteilung der Relevanz durch die Konsumenten als geeigneter Bestandteil des Erklärungsmodells dienen. Im vorliegenden Fall werden für die Globalurteile drei Cluster unterschiedlicher Relevanz gebildet. Die Clusterzuordnung der Produktmärkte nach den Globalurteilen der Konsumenten deckt sich zu 58,5% mit der Clusterzuordnung der Produktmärkte aus dem MCM / McK-Messansatz. Eine zufällige Zuordnung würde nur zu einer Übereinstimmung von 33,3% führen. Die Güte der Globalbeurteilung der Markenrelevanz durch die Konsumenten kann in dieser Validierungsoption somit als zufriedenstellend angesehen werden.

---

[444] Die Latent–Class–Analyse ist ein multivariates Klassifikationsverfahren, welches als Alternative zur Clusteranalyse bei Vorliegen nur weniger und / oder qualitativer Merkmale beschrieben werden kann. Sie ist wie die Clusteranalyse ein strukturdeckendes Verfahren, jedoch kann sie unter weniger restriktiven Bedingungen angewendet werden. Vgl. dazu ausführlich Moosmüller, G., Die Latent-Class-Analyse: ein Klassifikationsverfahren bei qualitativen Merkmalen, Hamburg 1992.

Eine weitere Überprüfung im Bereich der kurzlebigen Konsumgüter erfolgte auf Basis von Paneldaten der Gesellschaft für Konsumforschung (GfK). Die Verbraucherpanels des „GfK ConsumerScan" basieren auf fortlaufend erhobenen Daten über die täglichen Einkäufe von kurzlebigen Konsumgütern. Ziel der Analyse war es, den Marktanteil an Handelsmarken in den erfassten Produktmärkten mit den Werten der Markenrelevanz zu vergleichen. Es wurde dabei die Hypothese geprüft, dass in Produktmärkten mit einer geringen Markenrelevanz, der Anteil an Handelsmarken als zumeist reine Markierungen ohne „Markenanspruch" relativ hoch ausgeprägt ist. Im Gegensatz dazu müsste bei Produkten mit einer hohen Markenrelevanz der Anteil an Handelsmarken gering sein. Die Ergebnisse der Überprüfung sind in Abbildung 22 dargestellt.

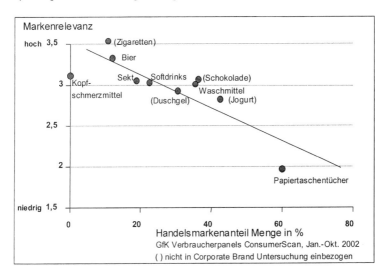

Abbildung 23: **Zusammenhang zwischen Markenrelevanz und Handelsmarkenanteil**

Es zeigt sich, dass die Hypothese weitgehend bestätigt wird. So ist der Anteil der Handelsmarken bei dem Produkt „Bier" relativ gering ausgeprägt. Die Analyse der Markenrelevanz hatte hier hohe Werte ergeben. Das Verhältnis ist bei Papiertaschentüchern hingegen invers. Es lässt sich unter Berücksichtigung der ermittelten Werte eine lineare Funktion in die Punkte legen, die den vermuteten Zusammenhang bestätigt.

Zusammenfassend lässt sich auf Grundlage der durchgeführten Validierungen festhalten, dass die vorliegende Abfrage der Markenrelevanz für die Analyse im Rahmen eines Dependenzmodells als geeignet eingestuft werden kann.

2.3 Analyse von Einflussfaktoren der konsumentengerichteten Relevanz der Unternehmensmarke

Nachdem die Gewichte der einzelnen Relevanzdimensionen im Rahmen des Dependenzmodells bestimmt wurden, soll in einem weiteren Schritt gefragt werden, welche **Einflussfaktoren** die absolute Ausprägung dieser Dimensionen bestimmen. Die konsumentenbezogene Betrachtung eröffnet dabei einen breiten Suchraum an möglichen Einflussfaktoren, die sich neben der vorgestellten Struktur von exogenen und endogenen Faktoren in einer bezugsgruppenspezifischen Untergliederung in produktbezogene, käufer- bzw. kaufprozessbezogene und marktbezogene Faktoren differenzieren lassen.[445]

Für die Konsumenten kann festgehalten werden, dass im Vergleich zu den anderen betrachteten Bezugsgruppen das relativ weiteste Spektrum an Einflussfaktoren besteht. Dies liegt zum einen in den verschiedenen Charakteristika der möglichen markierten Produkte und Leistungen begründet, welche sich wiederum in verschiedenen Gruppen zusammenfassen lassen (wie z. B. die Gütertypologien nach MEFFERT[446] oder RUHFUS[447]). Zum anderen hat die Forschung zum Konsumentenverhalten zahlreiche Konstrukte hervorgebracht, die als Einflussfaktoren betrachtet werden können (z. B. Persönlichkeit, Werte oder Involvement[448]). Im

---

[445] Vgl. Hieronimus, F. / Fischer, M. / Kranz, M., Markenrelevanz in der Unternehmensführung - Messung, Erklärung und empirische Befunde für BtoC-Märkte, a. a. O., S. 20 f.

[446] Vgl. Meffert, H., Marktorientierte Führung von Dienstleistungsunternehmen, Arbeitspapier Nr. 78 der Wissenschaftlichen Gesellschaft für Marketing und Unternehmensführung e. V., Backhaus, K. / Meffert, H. / Wagner, H. (Hrsg.), Münster 1993, S. 12.

[447] Vgl. Ruhfus, R., Kaufentscheidungen von Familien, Wiesbaden 1976, S. 23.

[448] Insbesondere das Involvement als „Grad der Ich-Beteiligung" ist ein zentrales Konstrukt der Käuferverhaltensforschung, welches den Kaufprozess moderiert. Dieses Konstrukt wurde nicht explizit in der Untersuchung berücksichtigt. Die Auswahl des FEM hat jedoch implizit diesem Umstand Rechnung getragen. Es wird davon ausgegangen, dass insbesondere das Involvement das Antwortverhalten *systematisch* moderiert. Diese systematische Variation impliziert eine nicht zufällige Schwankung des Antwortverhaltens. Daher wurde das FEM einem Modell mit zufälligen Variationen (Random Effects Modell) vorgezogen. Vgl. Lechner, M., Eine Übersicht über gängige Modelle der Panelökonometrie und ihre kausale Interpretation, Diskussionspapier der Universität St. Gallen, a. a. O., S. 18 ff.

Rahmen der vorliegenden Untersuchung konnte jedoch nur eine Auswahl an möglichen Einflussfaktoren berücksichtigt werden. Dabei ist zu berücksichtigen, dass insbesondere **exogene Einflussfaktoren** eine ex-ante Prognose über die Ausprägung der Markenfunktionen erlauben sollten. Sie eignen sich als nicht-personengebundene Faktoren besonders, da sie z. B. durch Experten eingeschätzt werden können.

Die vorgestellten Klassifizierung der exogenen Faktoren verweist zunächst auf Faktoren, die mit dem **Entscheidungsobjekt** verbunden sind. Eine direkte Klassifizierung des Entscheidungsobjektes lässt sich für die Bezugsgruppe der Konsumenten durch eine Differenzierung nach dem **Gütertyp** erreichen. Es können in einer vierstufigen Unterteilung Dienstleistungen, Handelsleistungen, langlebige Konsumgüter und kurzlebige Konsumgüter differenziert werden.[449] Die Qualität von Dienst- und Handelsleistungen ist stärker an die Leistung von (natürlichen) Personen gebunden, die so einen Teil der Markenfunktionen wie z. B. die Risikoreduktion übernehmen und damit die Bedürfnisbefriedigung durch die Unternehmensmarke zum Teil substituieren. Langlebige Konsumgüter unterscheiden sich von anderen Gütern vor allem hinsichtlich der Länge der Nutzung, womit die Anforderungen der Konsumenten an die Produktqualität steigen. Unternehmensmarke können in solchen Produktmärkten eine vergleichsweise stärkere Rolle bei der Risikoübernahme spielen. Kurzlebige Konsumgüter besitzen dagegen kurze Nutzungsintervalle, so dass der Konsument mit den Produkten häufiger in Kontakt kommt. Darüber hinaus sind Produkteinführungsrate und Informationsüberflutung durch häufige Promotions höher als bei anderen Gütertypen, so dass ein natürliches Bedürfnis nach Informationsentlastung vermutet werden kann. Es soll daher angenommen werden, dass Marken bei kurzlebigen Konsumgütern eine stärkere Informationseffizienzfunktion haben als bei den anderen Gütertypen.

Ein weiterer Einflussfaktor, der sich auf das Entscheidungsobjekt bezieht, ist die Häufigkeit, mit der ein Produkt oder eine Leistung gekauft wird. Mit einer höheren **Kauffrequenz** kann vermutet werden, dass auch das Bedürfnis nach Entlastung im Auswahlprozess steigt. Es wird daher angenommen, dass die Kauffrequenz einen positiven Einfluss auf die Markenfunktion der Informationseffizienz aufweist. Mit Hilfe der Unternehmensmarke werden dann Auswahlprozesse eines Kons-

---

[449] Vgl. zu einer ausführlichen gütertypologischen Diskussion Meffert, H., Marktorientierte Führung von Dienstleistungsunternehmen, a. a. O., S. 10 ff.

umenten quasi standardisiert. Ebenfalls auf das Entscheidungsobjekt bezieht sich die **soziale Auffälligkeit** des Konsums. Dahinter steht die Frage, inwieweit der Konsum eines Produktes oder einer Dienstleistung von anderen Personen wahrgenommen wird. So ist die soziale Auffälligkeit der Nutzung eines Automobils höher als die Nutzung einer bestimmten Krankenversicherung. Mit der öffentlichen Nutzung eines Produktes oder einer Dienstleistung ist die notwendige Bedingung für die extrinsische Bestätigung des Selbstkonzeptes gegeben. Bei einer hohen sozialen Auffälligkeit des Konsums soll daher vermutet werden, dass die Unternehmensmarke zur Befriedigung idealer Bedürfnisse herangezogen wird. Weiterhin ist der objektbezogene Faktor des Preisniveaus, resp. der **„Budgetklasse"** zu betrachten. Das finanzielle Risiko einer Entscheidung steigt mit einem höheren finanziellen Einsatz, da eine Fehlentscheidung höhere Konsequenzen zur Folge hat. So kann davon ausgegangen werden, dass die Unternehmensmarke eher zur Reduktion des Risikos herangezogen wird, wenn ein Produkt oder eine Dienstleistung in eine hohe Budgetklasse fällt. Schließlich wird mit der **Wahrnehmung der Markierung** auf die grundlegende Möglichkeit abgestellt, die Unternehmensmarke mit ihren typischen Elementen wie, z. B. Logo, charakteristische Farben oder Formen und Verpackungen, zu identifizieren. Insbesondere bei Dienstleistungen ist auf Grund der Immaterialität der Leistung diese Möglichkeit nur eingeschränkt gegeben.[450] Es kann vermutet werden, dass die Wahrnehmbarkeit von Marken in einem positiven Zusammenhang mit ihrer Nutzung im Rahmen der Informationseffizienz steht. Weiterhin gilt auch für die Wahrnehmung, dass sie eine notwendige Bedingung für den ideellen Nutzen sowohl in intrinsischer als auch in extrinsischer Richtung darstellt. Vor diesem Hintergrund soll ebenfalls eine positive Beziehung zu dieser Markenfunktion vermutet werden.

In Bezug auf das **Entscheidungsumfeld** soll zunächst auf die **Homogenität der Produkte** und Leistungen eingegangen werden. Schon in den einleitenden Bemerkungen zu dieser Arbeit wurde auf den hohen Homogenitätsgrad auf zahlreichen Konsumgütermärkten hingewiesen.[451] Mit einem zunehmenden Homogenitätsgrad kann vermutet werden, dass informative Bedürfnisse durch die Unternehmensmarke befriedigt werden, so dass diese Markenfunktion eine zunehmende Bedeutung erfährt. Ähnlich gelagert ist der exogene Einflussfaktor der **Marken-**

---

[450] Vgl. zu dieser Problematik ausführlich Schleusener, M., Identitätsorientierte Markenführung bei Dienstleistungen, a. a. O., S. 265 f.

[451] Vgl. die Ausführungen in Kapitel 1.1 in Abschnitt A dieser Arbeit.

vielfalt. Die Ausführungen zu der Nutzung der Unternehmensmarke als „Information Chunk" konnten zeigen, dass bei zunehmendem Angebot nur wenige Marken im Auswahlprozess berücksichtigt werden und zur Entscheidungsvereinfachung dienen. In diesem Kontext wird ein positiver Zusammenhang zwischen einer erhöhten Markenvielfalt und dieser Relevanzdimension der Unternehmensmarke unterstellt.

Zur Analyse der beschriebenen Einflussfaktoren wurden drei Regressionen durchgeführt, in denen die Einflussfaktoren als unabhängige und die drei Markenfunktionen jeweils als abhängige Variable dienen.[452] Der Gütertyp als nominale Ausprägung wurde in Form einer Dummyvariable in die Modelle integriert. Die Anpassung der Regressionsmodelle ist mit einem R^2 von 0,17, 0,17 und 0,14 für den ideellen Nutzen, die Informationseffizienz und die Risikoreduktion zufriedenstellend.[453] Die F-Tests belegen einen signifikanten Einfluss auf dem 1%-Niveau. Die Prüfung auf Autokorrelation sowie die Tests auf Multikollinearität blieben unter den kritischen Größen. Der Condition Index lag in den drei Regressionsmodellen bei maximal 17,43. Der höchste VIF wurde mit 3,481 ermittelt. Die Modelle wurden mittels des Breusch-Pagan-Test auf heteroskedastische Einflüsse geprüft. Da die 0-Hypothese der Homoskedastizität verworfen werden musste, wurde das Modell durch den heteroskedastisch konsistenten Schätzer nach WHITE um diese Einflüsse korrigiert.[454] Eine Übersicht über die Ergebnisse und den ermittelten Wirkungsrichtungen gibt Abbildung 24.

---

[452] Die einzelnen Probanden haben hier die Einflussfaktoren für lediglich ein Produkt, resp. eine Dienstleistung beurteilt, so dass keine Fixed Effects in die Schätzung integriert werden müssen.

[453] Eine sinnvolle Interpretation des R^2 darf nicht an der absoluten Höhe ansetzen, sondern muss den Modellkontext beachten. Anpassungen in dieser Höhe sind durchaus üblich für Regressionen auf Basis von Individualdaten. Hier bewegt sich das R^2 i. d. R. zwischen 0,10 und 0,30. Vgl. Hanssens, D. / Pearsons, L. J. / Schultz, R. L., Market Response Models: Econometric and Time Series Analysis, International Series in Quantitative Marketing, 12. Jg., 2. Aufl. 2001, S. 84 ff. Für die Erklärung von aggregierten Größen wie Marktanteilen wären solche Anpassungen hingegen nicht akzeptabel.

[454] Vgl. Greene, W. H., Econometric Analysis, a. a. O., S. 199 f.

Einflussfaktor	Markenfunktionen					
Exogen	Risikoreduktion		Information		Ideeller Nutzen	
	Richtung	*β*	*Richtung*	*β*	*Richtung*	*β*
Entscheidungsobjekt						
Gütertyp	+	0,10	+	0,09	n.s.	
Soziale Auffälligkeit	o		o		+ +	0,21
Budgetklasse	+	0,23	o		+	0,07
Wahrnehmbarkeit der Markierung	n.s.		+	0,27	+	0,09
Kauffrequenz	o		+	0,14	n.s.	
Entscheidungsobjekt						
Homogenität der Produkte/Leistungen	n.s.					
Markenvielfalt	n.s.					
Summe der identifizierten Einflussfaktoren	3		4		4	

+ positive Wirkungsrichtung;   ++ dominante Wirkungsrichtung;
o keine Wirkung (β < 0,05);   n.s. nicht signifikant

Abbildung 24:   Konsumentenbezogene Einflussfaktoren und Wirkungsrichtungen

Es zeigt sich, dass die Einflussfaktoren, welche sich auf das Entscheidungsumfeld beziehen (Produkthomogenität und die Markenvielfalt) gemäß der vorgenommenen empirischen Analyse nicht tragfähig sind. Die Regressionsgewichte bleiben unter einem Mindest-Signifikanzniveau von 10%. Bezüglich der entscheidsobjektbezogenen Faktoren kann festgehalten werden, dass sich für die einzelnen Relevanzdimensionen unterschiedliche Faktoren als Treiber einer Funktion herausstellen, dabei entfalten nicht alle betrachteten Faktoren eine Wirkung. Die Wirkungsrichtungen entsprechen dabei den beschriebenen Vermutungen. Für die Risikoreduktion ist dies die Budgetklasse, für die Informationseffizienz die Wahrnehmbarkeit der Markierung. Der treibende Faktor des ideellen Nutzens ist insbesondere die soziale Auffälligkeit der Unternehmensmarke. Mit der Kenntnis über die Wirkungsrichtung dieser Einflussfaktoren kann eine Einschätzung bezüglich der Markenfunktionen und letztlich der Relevanz der Unternehmensmarke in einer spezifischen Situation für die Bezugsgruppe der Konsumenten getroffen werden. So erscheint eine Positionierung der Unternehmensmarke über den ideellen Nutzen für ein Unternehmen, dessen Markierung kaum öffentlich wahrnehmbar ist und dessen Produkte einer niedrigen Budgetklasse zuzuordnen ist (z. B. Anbieter von Telefongesprächen), nicht geeignet.

3. Empirische Ergebnisse für die Bezugsgruppe der potenziellen Mitarbeiter

3.1 Messmodell und deskriptive Ergebnisse

Als notwendige Voraussetzung für die Dependenzanalyse sind zunächst geeignete Indikatoren zu bestimmen, welche auf Grundlage der in den einleitenden Bemerkungen zu diesem Kapitel beschriebenen Vorgehensweise die Dimensionen der Markenrelevanz abbilden. Zunächst werden die Indikatoren einer Reabilitätsprüfung auf Grund von Cronbachs Alpha unterzogen. Für die drei Indikatoren der Informationseffizienz ergibt sich zunächst ein Wert von 0,5888, der als nicht akzeptabel gewertet werden muss. Durch Eliminierung eines Items kann der Wert jedoch auf Grund des Kriteriums der Item-to-Total Korrelation auf 0,7277 gesteigert werden. Damit wird die Informationseffizienz durch die Items *„Bei der Suche nach potenziellen Arbeitgebern schaue ich zuerst nach renommierten Unternehmen in einer Branche"* und *„Der Ruf eines Unternehmens vereinfacht meine Suche nach einem potenziellen Arbeitgeber"* erfasst. Für die beiden übrigen Markenfunktionen muss keine Bereinigung vorgenommen werden. Mit den Items *„Der Ruf eines Unternehmens gibt mir eine Vorstellung über das, was mich dort erwartet"*, *„Bei der Arbeitgeberwahl achte ich auf den Ruf des Unternehmens, da ich so die Gefahr verringern kann, später enttäuscht zu werden"* sowie *„Der Ruf des Unternehmens gibt mir eine gewisse Sicherheit, dass meine Ansprüche an meinen Job langfristig erfüllt werden"* wird ein Wert für Cronbachs Alpha von 0,7879 erreicht. Schließlich kann der ideelle Nutzen über die Items *„Das Unternehmen für das ich arbeite ist mir wichtig, da ich denke, dass andere Personen mich danach beurteilen."* und *„Wenn man weiß, wo jemand arbeitet, kann man auch etwas über seine Persönlichkeit aussagen"* einen Gütewert von 0,6855 erzielen. Dieser bleibt leicht hinter dem geforderten Anspruchsniveau zurück. Dies ist aber vor dem Hintergrund von nur zwei verwendeten Indikatoren zu sehen. Daher kann das Ergebnis als zufriedenstellend klassifiziert werden.[455]

Im Rahmen der konfirmatorischen Faktorenanalyse können anschließend die geforderten Gütekriterien der 2. Generation ermittelt werden. Die Ergebnisse der Analyse sind in Abbildung 25 wiedergegeben. Es zeigt sich, dass die geforderten Mindestwerte für das Gesamtmodell durchgehend erreicht werden. Auch die lokalen Gütemaße werden bis auf ein Element übererfüllt: für einen Indikator des ideellen Nutzens bleibt die Indikatorreabilität leicht unter dem Anspruchsniveau zurück. Da das Ausmaß der Unterfüllung jedoch gering ist und die übrigen lokalen Prüfungen ein strenges Anspruchsniveau erfüllen, kann insgesamt von einer guten Modellierung gesprochen werden.[456]

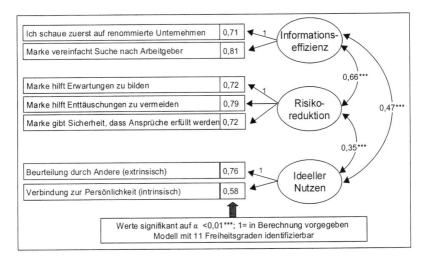

[455] Vgl. Peterson, R. A., A Meta-Analysis of Cronbach´s Coefficient Alpha, a. a. O., S. 386 f.

[456] Hierbei ist insbesondere zu berücksichtigen, dass bei Erreichung des geforderten Anspruchniveaus bei allen globalen Gütemaßen und drei Viertel der lokalen Gütemaße von einer guten Anpassung gesprochen werden kann, vgl. Giering, A., Der Zusammenhang zwischen Kundenzufriedenheit und Kundenloyalität – eine Untersuchung moderierender Effekte, Wiesbaden 2000, S. 72 ff.

Gütekriterien der 2. Generation			
χ^2/df: 2,785 RMR:0,035 GFI: 0,975 AGFI: 0,936 NFI: 0,955			
Markenfunktion *Gütekriterien*	Informationseffizienz	Risikoreduktion	Ideeller Nutzen
Indikatorreabilität	0,504; 0,656	0,518; 0,624; 0,72	0,760; 0,34
Faktorreabilität	0,704	0,75	0,66
DEV	0,545	0,5	0,504
Fornell-Larcker Kriterium	erfüllt (0,545>0,66^2 0,545>0,35^2)	erfüllt (0,50>0,66^2 0,50>0,47^2)	erfüllt (0,504>0,35^2 0,504>0,47^2)

Abbildung 25: Konfirmatorische Faktorenanalyse und Gütekriterien für die Bezugsgruppe der Mitarbeiter

Mit der Erfüllung des Fornell-Larcker Kriteriums kann festgehalten werden, dass die drei untersuchten Konstrukte auch empirisch unterschiedliche Facetten der Markenrelevanz abbilden.

Im Rahmen der konzeptionellen Betrachtung der Bezugsgruppe der potenziellen Mitarbeiter wurde herausgearbeitet, dass der relativ langfristige Prozess der Arbeitgeberwahl in zwei Phasen unterteilt wird. Es wird zunächst der vorliegende Datensatz daraufhin überprüft, ob ein signifikanter Unterschied zwischen der Relevanz der Unternehmensmarke und ihrer Dimensionen entlang der beiden Prozessphasen empirisch bestätigt werden kann, bevor auf die absoluten Ausprägungen der Markenrelevanz und der Markenfunktionen eingegangen wird. Der Prozess wurde innerhalb der Erhebung über zwei Elemente abgefragt. Zum einen wurden alternative Situationsbeschreibungen vorgegeben, aus denen der Befragte die Beschreibung auswählen sollte, die am ehesten auf seine persönliche Situation zutrifft. Zum anderen wurde durch die Befragten angegeben, ob ihnen ein konkretes Einstellungsangebot vorliegt. Da die Präselektionsphase durch ein Angebot des Unternehmens beendet wird, wurden alle Probanden, die dies bejaht hatten, der Selektionsphase zugeordnet. Weiterhin wurde die Situationsbeschreibung: *„Ich habe schon mehrere Antworten auf meine Bewerbungen erhalten und intensive Gespräche geführt bzw. Assessment Center mitgemacht. Ich erwarte konkrete Angebote."* der Selektionsphase zugeordnet. Hier wurde insbesondere auf die persönliche Interaktion des potenziellen Mitarbeiters mit dem Unternehmen abgestellt. Dieser Aufbau von Wissen und die intensive Auseinandersetzung mit den Mitarbeitern des Unternehmens sollten hypothesengemäß signifikante Auswirkungen auf die Relevanz der Unternehmensmarke und deren Dimensionen haben.

Aus der Grundgesamtheit von 337 verwertbaren Fragebögen wurden gemäß den genannten Kriterien 63 Personen der Selektionsphase und 274 Personen der Präselektionsphase zugeordnet.[457] Der Mittelwertvergleichstest und die unterstützende einfaktorielle ANOVA zeigten für alle betrachteten Komponenten einen signifikanten Unterschied. Dieser liegt für die Markenrelevanz sowie für die Informationseffizienz und die Risikoreduktion auf dem 1%-Niveau, für den ideellen Nutzen auf dem 5%-Niveau. Die Erfüllung dieser strengen Signifikanzkriterien lässt auf eine trennscharfe Unterteilung der betrachteten Prozessphasen der Arbeitgeberwahl schließen.

Die absoluten Ausprägungen der Relevanz der Unternehmensmarke und ihrer Dimensionen sollen im Folgenden auf Grundlage der identifizierten Phasen der Arbeitgeberwahl unterteilt werden. Als Referenzbasis für die Einordnung der ermittelten Ergebnisse sollen die Werte für die Bezugsgruppe der Konsumenten herangezogen werden. Die resultierenden Profile sind in Abbildung 26 dargestellt.

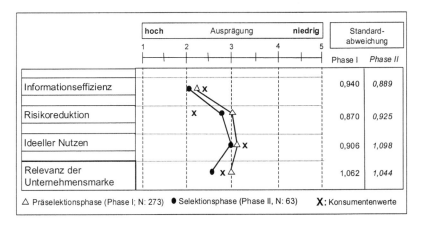

Abbildung 26: **Absolute Ausprägungen der Markenfunktionen und der Markenrelevanz für die Bezugsgruppe der potenziellen Mitarbeiter**

---

[457] Mit dieser Vorgehensweise wurde bewusst das Trennkriterium des vorliegenden Angebotes durch die Erwartung eines Angebotes erweitert, da die Probanden sich gemäß der gewählten Situationsbeschreibung schon intensiv mit den Unternehmen beschäftigt und persönliche Erfahrungen gemacht haben. Dieser Zustand lässt sich als für die Selektionsphase charakteristisch einstufen.

Es kann festgehalten werden, dass die Ausprägungen der Markenrelevanz und der Markenfunktionen grundsätzlich denselben Profilverlauf aufweisen: die durchschnittlich höchste Ausprägung hat die Informationseffizienz, dann folgt die Risikoreduktion. Die durchschnittlich niedrigste Ausprägung wird für den ideellen Nutzen ermittelt. Das Niveau der genannten Funktionen ist in der Selektionsphase durchgehend höher als in der Präselektionsphase. Dies ist vor dem Hintergrund der dargestellten höheren Reichweite einer Entscheidung für einen Arbeitgeber im Gegensatz zu der Entscheidung über eine Bewerbung nachzuvollziehen. Im Verhältnis zu den Ergebnissen für die Bezugsgruppe der Konsumenten ist zu konstatieren, dass vor allem die Risikoreduktion schwächer ausgeprägt ist.[458] Fraglich ist nun weiterhin, mit welchem Gewicht die einzelnen Markenfunktionen in die Bildung des Relevanzurteils eingehen, was im Rahmen der Dependenzanalyse geklärt wird.

3.2 Dependenzmodelle der Markenrelevanz und der Markenfunktionen

Für die Dependenzanalyse wird bei der Bezugsgruppe der potenziellen Mitarbeiter die Differenzierung nach den zwei Phasen des Arbeitgeberwahlprozesses beibehalten. Die vorgenommene Regression wird ebenfalls in der im Konsumentendatensatz berücksichtigten, linearen Form restringiert (RLS). Die Datenstruktur ist nun jedoch nicht mehr die eines Panels. Vielmehr wurde eine Bewertung der Markenrelevanz in der gesamten Auswahlentscheidung der Arbeitgeberwahl erhoben, womit nicht mehr drei, sondern lediglich ein Entscheidungsobjekt bewertet wird. Vor diesem Hintergrund werden die Regressionsschätzer nicht mehr unter der Berücksichtigung von Fixed Effects ermittelt. Das Schätzverfahren folgt der Methode für zeitpunktbezogene Querschnittsanalysen unter der Berücksichtigung einer homogenen Regressionskonstante.

Im Folgenden sollen die Ergebnisse der Regressionen und die ermittelten Gütekriterien überblicksartig dargestellt werden. Da die Dependenzanalysen einen Kernbereich der vorliegenden Arbeit darstellen, werden eine Reihe von Gütekriterien aufgeführt, die zum Teil auf denselben Prüfbereich gerichtet sind (z. B. die Tests

---

[458] Die Vergleichbarkeit ist an dieser Stelle nur bedingt gegeben, da die hier gezeigten Zahlen die Mittelwerte der genutzten Indikatoren darstellen. Diese variieren jedoch bezugsgruppenspezifisch, was einen Vergleich auf die Güte der Erfassung der Konstrukte beschränkt.

auf Autokorrelation mittels Durbin-Watson Statistik und ρ). Die detaillierten Ergebnisse werden in Abbildung 27 dargestellt.[459]

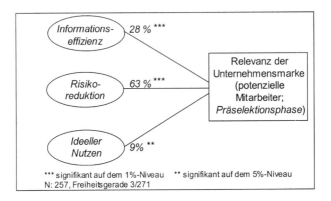

Gütekriterien der Regression (Präselektionsphase)			
Fit	(OLS) $R^2 = 0,441$ Adj. $R^2 = 0,4358$	(RLS) $R^2 = 0,4402$ Adj. $R^2 = 0,43617$	
F-Test	[3/271] $F_{emp.} = 71,46$; Einfluss signifikant auf dem 1%-Niveau		
Autokorellation	Durbin-Watson$_{emp} = 1,84 > 1,8$ für $DW_{o/1-0,95}$ N>200 Autokorrelation nicht zu vermuten		$\rho = 0,12544$
Hetero-skedastizität	Breusch-Pagan$_{emp.}$ [3 Freiheitsgrade]= $16,327 > 11,3$ $\chi^2_{3/1-0,99}$ Heteroskedastizität nicht zu vermuten		
Multikollinearität	Condition Index: 2. Dimension = 6,314 3. Dimension = 9,152 4. Dimension = 11,132	VIF: Informationseff. = 1,326 Risikoreduktion = 1,369 Ideeller Nutzen = 1,067	

---

[459] Die Vergleichswerte für die durchgeführten Tests sind entnommen aus den statistischen Tabellen bei Gruber, J., Ökonometrie – Band 1: Einführung in die multiple Regression und Ökonometrie, München 1997, S. 248 ff. und Eckey, H.-F. / Kosfeld, R. / Dreger, Ch., Ökonometrie: Grundlagen-Methoden-Beispiele, 2. Aufl. Wiesbaden 2001, S. 378 ff.

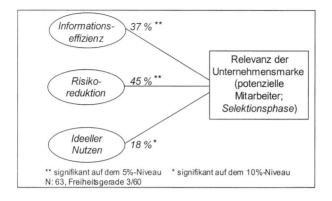

Gütekriterien der Regression (Selektionsphase)		
Fit	(OLS) R^2= 0,475 Adj. R^2 = 0,4479	(RLS) R^2 = 0,469 Adj. R^2= 0,4519
F-Test	[3/59] $F_{emp.}$ = 26,57; Einfluss signifikant auf dem 1%-Niveau	
Autokorrelation	Durbin-Watson$_{emp}$= 1,749 > 1,70 für $DW_{o/1-0,95}$ (N=65) Autokorrelation nicht zu vermuten	ρ= 0,04136
Heteroskedastizität	Breusch-Pagan$_{emp.}$ [3 Freiheitsgrade]= 8,5523 > 7,81 $\chi^2_{3/1-0,95}$ Heteroskedastizität nicht zu vermuten	
Multikollinearität	Condition Index: 2. Dimension = 6,826 3. Dimension = 8,060 4. Dimension = 9,503	VIF: Informationseff. = 1,510 Risikoreduktion = 1,797 Ideeller Nutzen = 1,535

Abbildung 27: **Ergebnisse der Dependenzmodelle für die Bezugsgruppe der potenziellen Mitarbeiter**

Die Gütekriterien zeigen eine **konsistent gute Anpassung** des Modells. Die Signifikanzniveaus bei der Prüfung der Regressionskoeffizienten sind im Modell zur Selektionsphase geringer ausgeprägt als im Präselektionsmodell. Dies ist durch die weitaus geringere Fallzahl zu erklären. In ihrer Gesamtheit ist die Anpassung jedoch auch im Selektionsmodell zufriedenstellend. Für die Prüfung der Modellprämissen ist als Ergänzung zum Durbin-Watson Test der Autokorrelationskoeffizient ρ ausgewiesen, welcher auf die Korrelation der Residuen verweist. ρ kann Werte von −1 bis 1 annehmen. Der hier erzielte Wert nahe 0 deutet kongruent zu den Durbin-Watson Werten nahe 2 darauf hin, dass keine Autokorrelation vorliegt. Auch heteroskedastische Einflüsse sind nach dem Breusch-Pagan Testverfahren nicht zu vermuten. Die Multikollinearitätsanalyse zeigt für die beiden verwendeten Gütemaße ebenfalls unkritische Werte. Der Condition Index bleibt weit unter dem strengen Richtwert von 20, der VIF deutlich unterhalb der Marke von 10.

Die Analyse verdeutlicht, dass in der Bezugsgruppe der potenziellen Mitarbeiter in beiden Phasen der Arbeitgeberwahl die Dimension der Risikoreduktion das höchste Bedeutungsgewicht aufweist. Die Informationseffizienz folgt darauf mit Werten von 0,28 resp. 0,39. Der Gewichtungsfaktor des ideellen Nutzens ist relativ zu den übrigen Markenfunktionen am geringsten. Diese Ausprägungen entsprechen den in Kapitel B aufgestellten Hypothesen. Dabei ist das relativ niedrige Gewicht des ideellen Nutzens und das hohe Gewicht der Risikoreduktion bemerkenswert. Das hohe Bedeutungsgewicht der Risikokomponente bestätigt grundsätzlich die empirischen Ergebnisse von TEUFER, der diese für den gesamten Arbeitgeberwahlprozess dominant sieht.[460] Zumindest für die Präselektionsphase ist eine Dominanz der Risikoreduktion gegeben. Eine Betrachtung der **Veränderungen** im Rahmen des Prozesses der Arbeitgeberwahl zeigt jedoch, dass sich die Werte insgesamt von der Präselektionsphase zur Selektionsphase annähern. Dies ist konform zu den hier aufgestellten Hypothesen. Für das wahrgenommene Risiko wurde auf Grund der persönlichen Erfahrungen mit dem Unternehmen eine geringere Bedeutung in der Selektionsphase vermutet. Andererseits steigt das Gewicht des ideellen Nutzens, da sich für die Bewerber in der Selektionsphase die Markenpersönlichkeit manifestiert und ein intensiverer Abgleich mit der eigenen Persönlichkeit erfolgt. Die Steigerung des Gewichtes für die Relevanzdimension der Informationseffizienz um 9 Prozentpunkte kann dadurch erklärt werden, dass die Unternehmensmarke in der Selektionsphase weniger für die Reduktion der Alternativen als vielmehr zur Abrundung des Gesamturteils eingesetzt wird. Sie erhält dann im Gegensatz zur Risikoreduktion ein annähernd gleiches Bedeutungsgewicht.

3.3 Analyse von Einflussfaktoren der Relevanz der Unternehmensmarke

Nach der Analyse der Gewichtung der einzelnen Konstruktdimensionen für die Bezugsgruppe der potenziellen Mitarbeiter sollen in einer weiterführenden Betrachtung moderierende Effekte der absoluten Ausprägung der Markenfunktionen in einer explorativen Vorgehensweise analysiert werden. Dazu wird der vorgestellten Struktur nach endogenen und exogenen Einflussfaktoren gefolgt. Für Auswahlentscheidungen der potenziellen Mitarbeiter ist dabei im Vergleich zu der Bezugsgruppe der Konsumenten eine andere Ausgangssituation sowohl bezüglich

---

[460] Vgl. Teufer, S., Die Bedeutung des Arbeitgeberimages bei der Arbeitgeberwahl, a. a. O., S. 209 f.

der getroffenen **Entscheidung** über einen Arbeitgeber als auch bezüglich der **Erfassung** der Einflussfaktoren gegeben. Die Auswahlentscheidungen sind im Gegensatz zum Konsumgüterbereich homogener, da das zu Grunde liegende Entscheidungsobjekt - der Eintritt in ein Unternehmen - eine weniger große Spannweite aufweist: diese zeigt sich bspw. bei dem Vergleich des Kaufes eines Mittelklassewagens mit dem Kauf eines Erfrischungsgetränkes. Zum anderen kann die Erfassung der Einflussfaktoren nicht analog zum Konsumgüterbereich durchgeführt werden. Hier erfolgte die Erfassung auf Grundlage von vergangenen Kauf- und Nutzungsentscheidungen. Die Arbeitgeberwahlentscheidung wird jedoch typischerweise in großen Zeitabständen gefällt, wobei insbesondere die hier befragten Personen auf keine Erfahrungswerte in der Auswahlentscheidung zurückgreifen können. Diesen Umständen wurde in der Erfassung der Einflussfaktoren dadurch begegnet, dass die Fragestellungen zum Teil an Hand eines „Wunscharbeitgebers" ausgerichtet wurden.[461] So konnten die Probanden die Fragen z. B. nach der spezifischen Branche durch einen spezifizierten Ankerpunkt, i. e. dem Wunscharbeitgeber, beantworten und valide Aussagen treffen. Einschränkend muss dazu jedoch bemerkt werden, dass die Abfragen zur Markenrelevanz auf die Arbeitgeberwahl in allgemeiner Form erhoben wurden. Dies impliziert die Prämisse, dass das Individuum die Relevanz und die Markenfunktionen in der allgemein angegebenen Form auch auf den Wunscharbeitgeber angewendet hat. Das erscheint jedoch für den Großteil der Befragten wahrscheinlich, da eine Abweichung von diesen Maßstäben nur durch spezifische Umstände wie z. B. eine familiäre Bindung an ein Unternehmen zu Stande kommen könnte.

Wie gezeigt handelt es sich bei der Arbeitgeberwahl um einen längerfristigen, komplexen Entscheidungsprozess, für den eine extensive Informationsbeschaffung zu vermuten ist. Daher sollen im Rahmen der **endogenen** Einflussfaktoren zunächst solche betrachtet werden, die sich auf das individuelle Entscheidungsfeld und die Urteilsbildung des potenziellen Mitarbeiters beziehen. Als Einflussfaktor für die Relevanz der Unternehmensmarke ist zunächst der Umfang der in Erwägung gezogenen Alternativen des Entscheiders zu erfassen. In einer Anlehnung an die Käuferverhaltensforschung kann in diesem Zusammenhang von der Spezifizierung des „**consideration set**" gesprochen werden. Je umfangreicher diese Menge ausfällt, umso höher ist die Komplexität des Entscheidungsfeldes.

---

[461] Vgl. den Fragebogen in Anhang 3.

Hier lässt sich vermuten, dass die Unternehmensmarke zum einen für die Bildung des consideration set genutzt und zum anderen für die Reduktion des wahrgenommenen Risikos herangezogen wird. Die Nutzung intensiviert sich dann mit zunehmender Größe des set. In engem Zusammenhang mit dem consideration set steht das **Informationsverhalten** als Grundlage der Beurteilung von Alternativen. Hier besteht für den Entscheider in einer idealtypischen Differenzierung die Möglichkeit sich über einzelne, explizit ausgesuchte Kriterien (z. B. Gehalt, Standort, etc.) zu informieren oder ein relativ breit gefächertes und weniger spezifisches Informationsspektrum aufzubauen. Letztere Vorgehensweise deutet auf eine Nutzung der Unternehmensmarke in ihren entscheidungsunterstützenden Informations- und Risikodimensionen hin. Für ein fokussiertes Informationsverhalten und eine Beurteilung mittels eines fixierten Bewertungsprogramms ist hingegen die Unternehmensmarke als vergleichsweise vielschichtiges Informationsbündel ungeeignet. Ein weiterer Einflussfaktor im Kontext der Entscheidung und Beurteilung ist der empfundene **Informationsstand** über die potenziellen Arbeitgeber. In der Konzeptualisierung der Risikodimension wurde auf die Bedeutung des empfundenen Informationsniveaus für die Ausprägung des Risikos hingewiesen. Daher ist zumindest für die Risikodimension ein negativer Zusammenhang zwischen dem wahrgenommenen Informationsstand und der Ausprägung der Risikoreduktionsfunktion zu unterstellen. Ein anderer Informationsaspekt stellt die Fokussierung des Entscheiders auf eine spezifische **Branche** dar. Süß konnte in seiner breit angelegten Studie zeigen, dass Branchen im Rahmen der Beurteilung von Alternativen eine ausschlaggebende Rolle spielen.[462] So muss von einer substitutiven Funktion der Unternehmensmarke mit einer starken Orientierung an der Branche ausgegangen werden. Sie wird dann durch die Assoziationen mit der Branche überlagert, was zu einer geringeren Nutzung in Bezug auf Risiko- und Informationsaspekte führen sollte.

Als endogene Einflussfaktoren werden zwei weitere personenspezifische Komponenten in die Analyse einbezogen, die vor allem auf die Persönlichkeit des Entscheiders und damit auf die Ausprägung des ideellen Nutzens abstellen. Im Rahmen der Diskussion um die berufliche Selbstselektion wird auf die Bedeutung der

---

[462] Vgl. Süß, M., Externes Personalmarketing für Unternehmen mit geringer Branchenattraktivität, München 1996, S. 134 ff.

Berufsorientierung verwiesen.[463] In Anlehnung an eine Typologie der zentralen Lebensstile entwickeln v. ROSENSTIEL / STENGEL dieses Konzept um die Präferenz für einen spezifischen Lebensstil zu erfassen und die daraus resultierende berufliche Orientierung abzuleiten. Als Dimensionen zeigen sie mit den Elementen „Karriereorientierung", „Freizeitorientierung" und „alternativem Engagement" drei Richtungen auf. Dabei ist insbesondere die Karriereorientierung für die Unternehmensmarke potenziell bedeutend. Eine starke Orientierung an dieser Dimension lässt auf eine hohe Bedeutung des Selbstkonzeptes schließen, da „Karriere" sowohl intrinsische als auch extrinsische Komponenten wie Einfluss, Macht und Prestige beinhaltet. Somit kann von einer hohen Karriereorientierung auf eine intensive Nutzung der ideellen Aspekte der Unternehmensmarke geschlossen werden. Um die Berufsorientierung zu erfassen wurde im Rahmen der Befragung die empirisch überprüfte Operationalisierung von v. ROSENSTIEL / STENGEL mit leichten Anpassungen für die Unternehmensmarke übernommen.

Schließlich soll die **Selbsteinschätzung** der eigenen Attraktivität für die potenziellen Arbeitgeber als endogener Faktor geprüft werden. Mit einer Aussage über diese Dimension in Relation zu seinen Mitbewerbern kommt die Einschätzung des eigenen „Marktwertes" zum Ausdruck, welcher im Verhältnis zur Unternehmensmarke eine Rolle spielt. Die Vermutung geht dahin, dass die Ausprägung des ideellen Nutzens von der Attraktivitätseinschätzung determiniert wird.

Im Hinblick auf die **exogenen** Einflussfaktoren sollen mit der Branche, dem Gesamtunternehmen und der Präsenz im Absatzmarkt drei Abstraktionsebenen berücksichtigt werden. Die **Branche** kann wie skizziert in der Arbeitgeberwahl als bedeutender Faktor des **Entscheidungsumfeldes** eingestuft werden. Die Untersuchungen des Brancheneinflusses auf die Beurteilung und Meinungsbildung lassen sich dahin gehend deuten, dass die Branche als ein Vorselektionskriterium auf die Beurteilung der in ihr agierenden Unternehmen wirkt. So ist der Tätigkeitswunsch vor allem für die erstmalige Wahl eines Arbeitgebers noch nicht sehr unternehmensspezifisch ausgeprägt. Die Branche gibt dann eine Orientierung, da die zukünftige Tätigkeit in einer Branche bei unterschiedlichen Unternehmen als

---

[463] Vgl. Lang, Th., Berufliche Selbstselektion von Hochschulabsolventen und ihre Folgen auf die Einstellungen zur Arbeit, in: v. Rosenstiel, L. / Lang, Th. / Sigl, E. (Hrsg.), Fach- und Führungsnachwuchs finden und fördern, Stuttgart 1994, S. 203 f. sowie v. Rosenstiel, L. / Stengel, M., Identifikationskrise, Bern 1987.

relativ homogen angesehen wird.[464] Vor diesem Hintergrund sind für die Branche **Ausstrahlungseffekte** (Halo-Effekte) auf die einzelnen Unternehmen zu vermuten. Eine positive Beurteilung der Branche führt dann zu einer intensiveren Nutzung der Unternehmensmarke in einem positiv bewerteten Umfeld. In inverser Sichtweise würde eine schlechte Beurteilung der Branche zu einer verminderten Nutzung der Unternehmensmarke z. B. zur Risikoreduktion herangezogen werden.

Auf einer tieferen Ebene sind die Unternehmen als **Entscheidungsobjekte** zu berücksichtigen. Ein erster Einflussfaktor ist dabei in der wahrgenommenen Vielschichtigkeit bzw. **Komplexität** des Unternehmens zu sehen. Ist das Unternehmen in einer Vielzahl von Geschäftsfeldern mit einem breiten Leistungsspektrum vertreten, so erweitert sich der Möglichkeitsraum für eine Beschäftigung in diesem Unternehmen. Mit einer erhöhten Komplexität lässt sich eine höhere Nutzung der Unternehmensmarke für die informative und risikobezogene Dimension der Markenrelevanz unterstellen. Als weiterer Einflussfaktor der Informationseffizienz kann die **Präsenz der Unternehmen** in den Medien und in der Öffentlichkeit gesehen werden. Diese nicht arbeitsmarktspezifischen Informationen können ähnlich zu den beschriebenen Effekten auf der Branchenebene führen. Positive Beurteilungen wirken dann verstärkend auf die Nutzung der einzelnen Funktionsdimensionen. Würde sich dieser Effekt empirisch bestätigen, spräche das deutlich gegen die in der Praxis zu beobachtende strenge organisatorische Trennung von Öffentlichkeitsarbeit und Personalmarketing.

Schließlich sollen auf der untersten Ebene die **Präsenz der Unternehmen auf dem Absatzmarkt** in die Analyse eingehen. Es wird damit untersucht, inwieweit zum einen durch persönliche Erfahrungswerte mit Produkten und Leistungen des Arbeitgebers und zum anderen Wissen über Produkte und Leistungen eine Wirkung auf die Dimensionen der Markerelevanz in der Arbeitgeberwahlentscheidung haben. So könnte vermutet werden, dass wenn Erfahrungen mit der Unternehmensmarke oder anderen Marken des Unternehmens im Absatzmarkt vorliegen diese auch auf die Nutzung der Unternehmensmarke in der Arbeitgeberwahl im Rahmen der Risikoreduktion wirken.

---

[464] So zeigt die Untersuchung von Süß, dass „Interesse" das mit Abstand wichtigste Kriterium für die Vorziehenswürdigkeit einer Branche ist. Vgl. Süß, M. Externes Personalmarketing für Unternehmen mit geringer Branchenattraktivität, a. a. O., S. 150.

Für die Analyse der Einflussfaktoren wurden drei Regressionsmodelle geschätzt, wobei die drei Dimensionen der Relevanz als abhängige Variable und die genannten Faktoren als unabhängige Variable in die Berechnungen eingingen. Die Ergebnisse werden synoptisch in Abbildung 28 dargestellt. In Bezug auf die Anpassungsgüte kann insgesamt von einem zufriedenstellenden Niveau gesprochen werden. Für die Informationseffizienz konnte ein R^2 von 0,25 erzielt werden, was im Vergleich zu den Werten für den Absatzmarkt sowohl im Konsumgüter- als auch im Industriegüterbereich ein sehr gutes Ergebnis darstellt.[465] Die Gütemaße für die beiden anderen Markenfunktionen bewegen sich auf einem niedrigeren Niveau von 0,11 und 0,10, wobei die durchgeführten F-Tests einen signifikanten Einfluss auf dem 1%-Niveau anzeigen. Bezüglich der Anwendungsvoraussetzungen für die Regressionsanalyse wurden die Schätzungen im Falle der Risikoreduktion und des ideellen Nutzens wie schon im Konsumentendatensatz um heteroskedastische Einflüsse nach der Methode von WHITE korrigiert. Für die Informationseffizienz war dies nicht erforderlich. Die Problemkreise der Autokorrelation und der Multikollinearität waren nicht virulent, was mittels Durbin-Watson Test, ρ und einer Überprüfung des Condition Index und des VIF nachgewiesen werden konnte. Die Maximalwerte lagen hier in der Regression mit der Risikoreduktionsfunktion als abhängige Variable bei 18,12 für den Condition Index und 3,53 bei der Schätzung für den VIF. Der Condition Index ist hier somit nahe an dem Wert von 20 bleibt jedoch unterhalb dieser kritischen Grenze.

Die Analyse zeigt, das im Falle der endogenen Faktoren das Ausmaß des consideration set, der empfundene Informationsstand, sowie die Selbsteinschätzung der eigenen Attraktivität entweder nicht signifikant waren oder keine Wirkung zeigten. Weiterhin war der Einflussfaktor „Erfahrung mit den Produkten und Leistungen der Unternehmen" als nicht signifikant zu verwerfen. Die übrigen Einflussfaktoren sind zumindest in einer Relevanzdimension signifikant und folgen den oben aufgeführten Wirkungsrichtungen.

---

[465] Vgl. die Werte für den Konsumgüterbereich auf Seite 144 sowie Caspar, M. / Hecker, A. / Sabel, T., Markenrelevanz in der Unternehmensführung – Messung, Erklärung und empirische Befunde für B2B-Märkte, a. a. O., S. 50. Hier liegen die Werte für das R^2 bei 0,14, resp. 0,12.

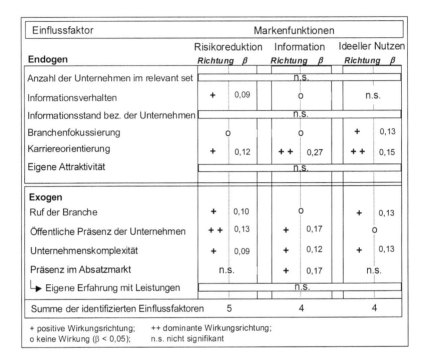

Einflussfaktor	Markenfunktionen					
	Risikoreduktion		Information		Ideeller Nutzen	
Endogen	*Richtung*	*β*	*Richtung*	*β*	*Richtung*	*β*
Anzahl der Unternehmen im relevant set			n.s.			
Informationsverhalten	+	0,09	o		n.s.	
Informationsstand bez. der Unternehmen			n.s.			
Branchenfokussierung	o		o		+	0,13
Karriereorientierung	+	0,12	+ +	0,27	+ +	0,15
Eigene Attraktivität			n.s.			
Exogen						
Ruf der Branche	+	0,10	o		+	0,13
Öffentliche Präsenz der Unternehmen	+ +	0,13	+	0,17	o	
Unternehmenskomplexität	+	0,09	+	0,12	+	0,13
Präsenz im Absatzmarkt	n.s.		+	0,17	n.s.	
↳ Eigene Erfahrung mit Leistungen			n.s.			
Summe der identifizierten Einflussfaktoren	5		4		4	

+ positive Wirkungsrichtung;   ++ dominante Wirkungsrichtung;
o keine Wirkung (β < 0,05);   n.s. nicht signifikant

Abbildung 28:   Ergebnisse des Einflussfaktorenmodells für die Bezugsgruppe der potenziellen Mitarbeiter

Als bedeutende Treiber der Relevanzdimensionen stellten sich der exogene Faktor der **Unternehmenskomplexität** und der endogene Faktor der **Karriereorientierung** heraus. Dieses Ergebnis unterstreicht die Bedeutung der Unternehmensmarke insbesondere für die sogenannten „High Potentials", die typischerweise eine starke Karriereorientierung aufweisen. Die Unternehmenskomplexität wirkt zwar auf verhältnismäßig niedrigem Niveau, geht aber in alle drei Relevanzdimensionen mit ein. Dies stellt eine wichtige Information für differenzierte Unternehmen (wie z. B. „General Electric" oder „Philip Morris") dar, die gegenüber potenziellen Mitarbeitern mit der Unternehmensmarke auftreten. Sie ist vor allem hier ein wichtiger Gestaltungsparameter in der Personalakquisition. Weiterhin konnten die vermuteten Ausstrahlungseffekte der Branche bestätigt werden. Sowohl auf endogener als auch auf exogener Ebene ist ein Einfluss der Branche auf die wichtige Dimension der Risikoreduktion und den ideellen Nutzen festzustellen. Das positive Vorzeichen lässt darauf schließen, dass eine positive Beurteilung der Branche zu einer intensiveren Nutzung der Unternehmensmarke in den genannten Dimensionen führt. Die Unternehmensmarke erscheint im Umkehrschluss nicht in der Lage zu sein, gegen eine geringe Branchenattraktivität zu wirken. Dieser Befund bestätigt die Ergebnisse von Süß.[466] Letztlich ist ein interessantes Ergebnis in der starken Wirkung der öffentlichen Präsenz der Unternehmen zu sehen. Dieser Faktor ist insbesondere in den gewichtigen Dimension der Risikoreduktion und der Informationseffizienz bedeutend. Die Unternehmen können demnach durch eine Intensivierung der Presse- und Öffentlichkeitsarbeit die Nutzung der Unternehmensmarke bei potenziellen Mitarbeitern in diesen Dimensionen katalysieren.

Zusammenfassend konnten insgesamt fünf Einflussfaktoren identifiziert werden, die sich auf die Markenfunktionen als Dimensionen der Markenrelevanz auswirken. Die Faktoren lassen sich in einer unternehmensspezifischen Analyse weitgehend auch aus Sekundärdaten oder alternativ aus Experteneinschätzungen erheben, so dass eine heuristische Einschätzung der Relevanz der Unternehmensmarke möglich ist.

4. Empirische Ergebnisse für die Bezugsgruppen im Kapitalmarkt

4.1 Private Kapitalgeber

4.1.1 Messmodell und deskriptive Ergebnisse

Für die Bezugsgruppe der privaten Anleger soll zunächst unter Nutzung des vorliegenden Datensatzes analog zu der Vorgehensweise bei den potenziellen Mitarbeitern ein Messmodell für die Markenfunktionen entwickelt werden. In der Realibilitätsprüfung ist zu fragen, ob alle Indikatoren die Mindestwerte für Cronbachs Alpha erreichen. Im Falle der Informationseffizienz liegt dieser Wert mit den Items *„Unternehmensmarken verschaffen eine gewisse Transparenz im Aktienmarkt"*, *„Die Unternehmensmarke vereinfacht meine Gesamteinschätzung bezüglich der Attraktivität einer Aktie"* und *„Bei der Suche nach potenziellen Anlagemöglichkeiten schaue ich zuerst nach renommierten Unternehmen in einer Branche oder ei-*

---

[466] Süß, M. Externes Personalmarketing für Unternehmen mit geringer Branchenattraktivität, a. a. O., S. 174 ff.

nem Index" bei 0,68 und kann durch die Eliminierung des letztgenannten Items auf 0,7429 gesteigert werden. Die risikobezogene Markenfunktion kommt mit allen fünf identifizierten Indikatoren auf einen guten Wert von 0,760, der durch Nicht-Berücksichtigung des Statements *„Die Kursverluste bei renommierten Unternehmen in einem rückläufigen Markt sind geringer als bei nicht so renommierten Unternehmen"* sogar auf 0,784 erhöht werden kann. Um die größtmögliche Reliabilität zu erzielen, wird daher im folgenden auf diesen Indikator verzichtet. Damit wird die Risikoreduktion über die Items *„Die Unternehmensmarke gibt mir eine Vorstellung über die zu erwartenden Kursveränderungen"*, *„Bei Anlageentscheidungen achte ich auf die Unternehmensmarke, da ich so die Gefahr verringern kann, später enttäuscht zu werden"*, *„Die Unternehmensmarke gibt mir eine gewisse Sicherheit, dass meine Anlageziele erfüllt werden"* sowie *„Investitionen in renommierte Unternehmen sind weniger risikoreich als Investitionen in Unternehmen, die man kaum kennt"* erfasst. In Bezug auf den ideellen Nutzen muss ebenfalls ein Indikator eliminiert werden, um mit den verbleibenden Statements *„Die Unternehmen in die ich investiere, sind mir wichtig, da ich denke, dass andere Personen mich danach beurteilen"*, *„Wenn man weiß, in welche Unternehmen jemand investiert, kann man auch etwas über seine Persönlichkeit aussagen"* und *„Die Unternehmen, in die ich investiere, müssen zu mir passen"* den maximalen Wert für Cronbachs Alpha von 0,687 zu erzielen. Hier werden erneut extrinsische und intrinsische Richtung des Selbstkonzeptes berücksichtigt. Es zeigt sich auch hier wie in den zuvor untersuchten Bezugsgruppen, dass die ideelle Relevanzdimension die relativ niedrigsten Werte für die Gütemaße der 1. Generation annimmt. Dennoch kann insgesamt von einer guten Erfassung der Markenfunktionen über die gewählten Indikatoren gesprochen werden.

Im zweiten Schritt soll eine konfirmatorische Faktorenanalyse weiteren Aufschluss über die Qualität der Messung und ggf. bestehende Interkorrelationen geben. Die Ergebnisse fasst Abbildung 29 zusammen.

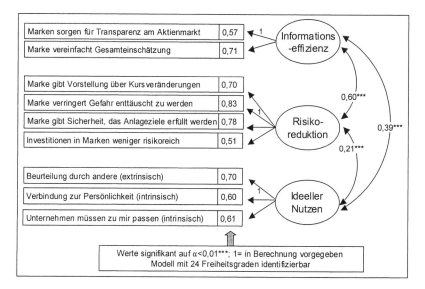

Gütekriterien der 2. Generation			
χ²/df: 1,390 RMR:0,052 GFI: 0,957 AGFI: 0,919 NFI: 0,929			
Markenfunktion / Gütekriterien	Informationseffizienz	Risikoreduktion	Ideeller Nutzen
Indikatorreabilität	0,39; 0,49	0,49;0,53;0,69;0,36	0,59;0,44;0,37
Faktorreabilität	0,670	0,832	0,762
DEV	0,506	0,560	0,519
Fornell-Larcker Kriterium	erfüllt (0,506>0,60² 0,545>0,39²)	erfüllt (0,56>0,60² 0,56>0,39²)	erfüllt (0,519>0,21² 0,504>0,39²)

Abbildung 29: **Ergebnisse der konfirmatorischen Faktoranalyse für die Bezugsgruppe der privaten Anleger**

Insgesamt liefert die Analyse gute Anpassungswerte. Die Globalkriterien liegen durchgehend über den geforderten Mindestwerten. Auch die Detailkriterien sind als gut zu klassifizieren. Lediglich ein Indikator der drei Markenfunktionen bleibt jeweils unter der gewünschten Indikatorreabilität von 0,4. Da dieses Niveau jedoch nur leicht unterschritten wird und die übrigen Gütemaße sehr gute Erfüllungsgrade aufweisen, soll das Modell insgesamt angenommen werden. Die Diskriminanzvalidität des Modells wird durch das in allen Dimensionen erfüllte Fornell-Larcker Kriterium bestätigt.

Bevor jedoch die einzelnen Gewichtungen der Dimensionen der Relevanz ermittelt werden, sollen zunächst ihre absoluten Ausprägungen betrachtet werden. Als Referenzgröße sind wie bei der Bezugsgruppe der potenziellen Mitarbeiter die im Absatzmarkt ermittelten Ausprägungen sowie die Werte für die potenziellen Mitarbeiter in der Präselektionsphase angegeben. Den Profilverlauf stellt Abbildung 30 dar.

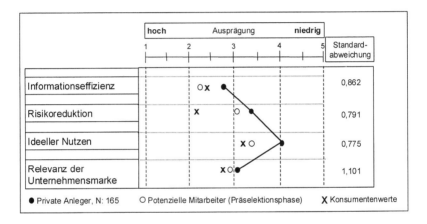

Abbildung 30:   Absolute Ausprägungen der Markenfunktionen und der Markenrelevanz bei der Bezugsgruppe der privaten Anleger

Es fällt auf, dass die gemessene Relevanz der Unternehmensmarke zwar auf einem niedrigeren Niveau als bei den übrigen Bezugsgruppen liegt, jedoch nicht erheblich von den dort erhobenen Werten abweicht.[467] Das bestätigt grundsätzlich die Basishypothese, dass auch im Kapitalmarkt die Unternehmensmarke bei Auswahlentscheidungen berücksichtigt wird. Es zeigt sich weiterhin eine relativ gleichmäßige Abstufung der Ausprägungen der Markenfunktionen mit der Informationseffizienz als stärkste und dem ideellen Nutzen als schwächste Relevanzdimension. Letztere fällt im Vergleich zu den Konsumenten aber auch zu den potenziellen Mitarbeitern deutlich geringer aus. Auffällig ist auch die im Vergleich zu den anderen betrachteten Bezugsgruppen geringe Streuung der Werte, welche durch die Standardabweichung erfasst wird. Das lässt auf ein relativ homogenes

---

[467] Auch hier gilt zu beachten, dass die Vergleichbarkeit der einzelnen Bezugsgruppen wegen der Verwendung unterschiedlicher Items zur Abbildung des Konstruktes beschränkt ist.

Urteil der befragten Personen über die Relevanz und ihre Dimensionen schließen. In der Gewichtung der einzelnen Dimensionen bleibt zu klären, ob die Informationseffizienz auch hier einen dominanten Status gegenüber den übrigen Markenfunktionen einnimmt.

4.1.2 Dependenzmodell der Markenrelevanz und der Markenfunktionen

Die Dependenzanalyse erfolgte erneut unter Einführung der linearen Restriktion, so dass sich die Regressionsgewichte zu 1 aufaddieren (RLS). Eine Kontrolle der Regressionskonstanten war auf Grund der Datenstruktur einer zeitpunktbezogenen Querschnittsanalyse nicht notwendig. Die restringierte Schätzung wurde analog zu den zuvor berechneten Dependenzmodellen mit der nicht-restringierten Analyse verglichen, um die Effekte der Restriktion zu kontrollieren. Das Modell, welches in Abbildung 31 zusammengefasst wird, zeigt, dass die Ergebnisse in Summa eine gute Anpassung indizieren. Der Wert für den Modellfit liegt mit einem R^2 von 0,383 auf einem hohen Niveau, bleibt jedoch leicht hinter den Werten für die Bezugsgruppe der potenziellen Mitarbeiter zurück. Die Tests für die Problemkreise der Autokorrelation und der Heteroskedastizität erfüllen jeweils die strengen Prüfkriterien, so dass sie als nicht kritisch einzustufen sind. Die Gütekriterien des Condition Index (maximale Ausprägung bei 15,427) und des VIF (maximal Ausprägung bei 1,797) lassen keine starke Verzerrung auf Grund von Multikollinearität vermuten.

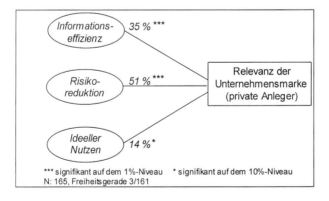

Gütekriterien der Regression			
Fit	(OLS) R^2 = 0,392 Adj. R^2 = 0,382	(RLS) R^2 = 0,383 Adj. R^2 = 0,382	
F-Test	[3/161] $F_{emp.}$ = 34,52; Einfluss signifikant auf dem 1%-Niveau		
Autokorrelation	Durch-Watson$_{emp}$= 1,8673 > 1,77 für DW$_{0/1-0,95}$ (N=150) Autokorrelation nicht zu vermuten		ρ= 0,06632
Heteroskedastizität	Breusch-Pagan$_{emp.}$ [3 Freiheitsgrade]= 8,1181 > 7,81 $\chi^2_{3/1-0,95}$ Heteroskedastizität nicht zu vermuten		
Multikollinearität	Condition Index: 2. Dimension = 7,844 3. Dimension = 11,767 4. Dimension = 15,427	VIF: Informationseff. = 1,510 Risikoreduktion = 1,797 Ideeller Nutzen = 1,535	

Abbildung 31:   Dependenzmodell der Markenrelevanz für die Bezugsgruppe der privaten Anleger

Die Werte für die Regressionskoeffizienten verdeutlichen, dass wie schon in den absoluten Ausprägungen der Relevanzdimensionen dem ideellen Nutzens ein relativ geringes Gewicht zukommt. Das bedeutendste Gewicht erhält die Risikoreduktion, welche zusammen mit der Informationseffizienz zu über 85% in das Gesamturteil der Markenrelevanz eingeht. Diese Markenfunktionen sind gemäß der aufgestellten Hypothesen dominant für die Bezugsgruppe der privaten Anleger. Ebenfalls erwartungsgemäß sind die geringe Ausprägung und das niedrige Bedeutungsgewicht des ideellen Nutzens. Es bleibt nun im Folgenden zu klären, welche Faktoren auf die Relevanzdimensionen der Unternehmensmarke Einfluss nehmen.

4.1.3 Analyse der Einflussfaktoren der Relevanz der Unternehmensmarke

Bei der Erfassung der Einflussfaktoren sind wie bei der Bezugsgruppe der potenziellen Mitarbeiter einige Limitationen zu berücksichtigen. Es wurden in die Stichprobe Personen aufgenommen, die Aktien mindesten einmal innerhalb der letzten 24 Monate ge- oder verkauft haben. Hier ist für die Probanden in der Befragungssituation ein geringeres Involvement als bei der Bezugsgruppe der potenziellen Mitarbeiter zu vermuten, da die Befragung potenziell in einem hohen zeitlichen Abstand von bis zu 24 Monaten zu der letzten Aktientransaktion stattgefunden hat. Diese Zeitspanne war jedoch notwendig, da private Anleger einen langen Anlagehorizont von zumeist länger als 12 Monaten für ihre Aktien kalkulieren und somit ihre Positionen nur in dieser zeitlichen Dimension verändern.[468] Das spiegelt sich auch in der vorliegenden Stichprobe wieder. Über die Hälfte der Befragten (53,4%) gaben an, Aktien im Regelfall länger als ein Jahr zu halten. Vor diesem Hintergrund kann eine Befragung der Einflussfaktoren grundsätzlich **nicht** - analog zu der Vorgehensweise bei den Arbeitnehmern - an einem **spezifischen Aktienkauf** ansetzen. Es wäre hier nicht gewährleistet, dass die Befragten diese konkrete Auswahlentscheidung dezidiert präsent hätten, was zu einer geringen Validität der Befragungsergebnisse führen würde. Aus diesem Grund wurde lediglich zu Beginn der Befragung der nächste geplante Aktienkauf unternehmensspezifisch abgefragt, um die Probanden auf den Bereich der Aktienkaufentscheidungen einzustimmen. Die weiteren Abfragen beziehen sich jedoch auf das allgemeine Verhalten in Bezug auf Anlageentscheidungen am Aktienmarkt. Weiterhin ist der Fragebogen für diese Bezugsgruppe bewusst kürzer gehalten worden, um die Rücklaufquote zu erhöhen.

In den absoluten Ausprägungen der Markenfunktionen sowie in der Dependenzanalyse konnte festgestellt werden, dass **Information** und **Risiko** die zwei bedeutendsten Aspekte für die Bezugsgruppe der privaten Anleger darstellen. Daher ist die Untersuchung der Einflussfaktoren insbesondere auf diese Dimensionen der Markenrelevanz ausgerichtet. Im Rahmen der **endogenen Faktoren** ist zunächst zu hinterfragen, inwieweit der Akteur auf **Erfahrung** auf dem Kapitalmarkt zurückgreifen kann. Es ist davon auszugehen, dass der empfundene Unsicherheitsgrad, oder in der Terminologie der Behavioral Finance die Ambiguität, mit zunehmender Erfahrung abnimmt. Dies dürfte Einfluss auf die Nutzung der Unternehmensmarke bei Auswahlentscheidungen haben. Unerfahrene Anleger werden wahrscheinlich eher auf dieses Informationsbündel achten, um ihre Anlageentscheidung zu treffen, als erfahrene Aktienkäufer. Letztere werden in höherem Maße auf kapitalmarktspezifische Informationen zurückgreifen.[469] Die **Erfahrung** wird in der vorliegenden Untersuchung über die Anzahl der getätigten Transaktionen abgebildet. Je häufiger der Befragte innerhalb der letzten 24 Monate Aktien ge- oder verkauft hat, desto höher wird seine Erfahrung auf dem Kapitalmarkt eingestuft. Ein weiterer Aspekt, der auf das Ambiguitätsproblem zielt, ist die **subjek-**

---

[468] Vgl. die Zusammenfassung der Studie „Aktien 2001", Studie zu Aktienbesitz, Einstellungen und Verhalten gegenüber Aktien bei privaten deutschen Haushalten, GfK (Hrsg.), Nürnberg 2001, abrufbar unter http://gfk.de/produkte

[469] Vgl. hierzu auch Stüfe, K., Das Informationsverhalten deutscher Privatanleger, a. a. O., S. 66 ff.

tive Kontrollüberzeugung. Dieses Konstrukt, dass im Käuferverhalten auch unter dem Aspekt der Meinungsführerschaft diskutiert wird, beschreibt das Phänomen, dass ein Anleger glaubt, die eigene Anlagesituation **und** die daraus resultierenden Ergebnisse kontrollieren zu können.[470] Die Behavioral Finance kennzeichnet dieses Verhalten als „illusion of self-control". Diese subjektive Kontrollüberzeugung schlägt sich in zwei Komponenten nieder. Zum einen greift ein Akteur mit hoher Kontrollüberzeugung auf ein weniger breites Spektrum an Informationen zurück. Zum anderen wird er Entscheidungen weniger häufig an andere Personen delegieren. Diese Aspekte werden in Anlehnung an OEHLER zur Operationalisierung der subjektiven Kontrollüberzeugung genutzt. Dabei wird vermutet, dass dieses Konstrukt in einem negativen Zusammenhang zu den Markenfunktionen steht. Je höher die subjektive Kontrollüberzeugung ausgeprägt ist, desto geringer wird die Unternehmensmarke zur Befriedigung von Informations- und Risikoreduktionsbedürfnissen genutzt.

Ein weiterer Einflussfaktor kann im **Informationsverhalten** bei Aktienkaufentscheidungen selber gesehen werden. Hier besteht für ein Individuum grundsätzlich die Möglichkeit ausgehend von einer relativ breiten Informationsgrundlage Entscheidungen zu treffen oder sich auf spezifische Einzelaspekte oder Kennzahlen zu konzentrieren. Insbesondere für den Kapitalmarkt sind beide grundlegenden Pole des dargestellten Informationsverhaltens beobachtbar. In der Tagespresse und in Wirtschaftsmagazinen erscheinen regelmäßig Informationen über Kurshistorie, Dividenden und Kennzahlen, wie etwa das Kurs-Gewinn-Verhältnis. Der Entscheider hat somit keine erheblichen Suchkosten für die Beschaffung von spezifischen Informationen und kann grundsätzlich auf Basis der von ihm präferierten Kenngrößen entscheiden. Es soll daher vermutet werden, dass ein solch enges Informationsverhalten eine negative Wirkung auf die Ausprägungen der Markenfunktionen Risikoreduktion und Informationseffizienz hat.

Als weitere endogene Rahmenbedingung der Anlageentscheidung ist das durch den Anleger verfolgte **Anlagemotiv** zu betrachten. Es wurde schon in Abschnitt B auf die unterschiedlichen Formen von Anlagemotiven in der wissenschaftlichen Literatur verwiesen. Im Rahmen der vorliegenden Befragung wurde nach der Wichtigkeit von sechs unterschiedlichen Einzelmotiven gefragt, die in ihrer Grund-

---

[470] Vgl. Oehler, A., Die Erklärung des Verhaltens privater Anleger, a. a. O., S. 95 f.

struktur den drei Motivkategorien Vorsorge-, Konsum- und Spekulationsmotiv folgen. Eine auf Basis der Befragungsergebnisse durchgeführte explorative Faktorenanalyse kam hingegen zu einer Zwei-Faktorenlösung, die über 56% der Varianz erklären konnte. Die beiden Faktoren ließen sich auf Grund der Faktorladungen der Indikatoren mit den beiden Motiven „Spekulation" und „Vorsorge / Sicherung" benennen. Diese diametral gelagerten Motive werden in das Einflussfaktorenmodell mit einbezogen. Es lässt sich vermuten, dass eine Dominanz des Motivs der Spekulation (Sicherung) eine negative (positive) Wirkung auf die Markenfunktionen hat. Spekulative Anlagen zeichnen sich durch kurzfristige Anlageziele aus und sind vor allem auf Kurssteigerungen innerhalb kurzer Perioden ausgerichtet. Die Entscheidung ist hier z. B. durch eine schnelle Reaktion auf Kursentwicklungen oder Ergebnisveröffentlichungen getrieben. Informations- und risikobezogene Bedürfnisse werden hier weniger durch die Unternehmensmarke befriedigt, sondern vielmehr durch die börsentägliche Informationslage beeinflusst. In engem Zusammenhang mit dem Anlagemotiv steht auch die verfolgte **Anlagestrategie**. Hier können mit der konservativen und der risikofreudigen Strategie ebenfalls zwei alternative und gegenläufige Formen unterschieden werden. Eine konservative Strategie ist dabei auf das langfristige, stabile Wachstum der Werte ausgerichtet. Die risikofreudige Anlagestrategie orientiert sich kongruent zum Spekulationsmotiv an einem kurzfristigen Gewinn durch Kursveränderungen. Um diese Kursgewinne zu erzielen, werden systematisch höhere Risiken eingegangen. In der Anlagestrategie schlägt sich somit auch zu einem bedeutenden Maße die Risikoeinstellung nieder. Es wird für die Anlagestrategie ein ähnlicher Zusammenhang wie für das Anlagemotiv vermutet. Je spekulativer die Strategie ausgerichtet ist, desto geringer ist die Markenfunktion der Risikoreduktion ausgeprägt.

In den bisher betrachteten endogenen Einflussfaktoren ist der ideelle Nutzen nicht explizit angesprochen worden. Bei dem Einflussfaktor des **Anteils des investierten Vermögens** kann jedoch neben den Informations- und Risikoaspekten eine Wirkung auf diese Relevanzdimension vermutet werden. Der Anteil des Vermögens, nicht die absolute Höhe, verweist auf den Grad des persönlichen Engagements am Kapitalmarkt. Mit zunehmendem Anteil steigt die Wahrscheinlichkeit, dass das Individuum eine Vielzahl von Aktien hält und in verstärktem Maße Portfolioentscheidungen trifft. Eine Identifikation oder der Aufbau einer Beziehung mit einer einzelnen Unternehmensmarke erscheint hier unwahrscheinlicher als bei einem geringen Anteil des Vermögens, das ggf. in nur einem einzigen Wert investiert ist. Eine Identifikation mit Einzelwerten, resp. der zu Grunde liegenden Unternehmensmarke ist somit bei geringeren Anteilen des investierten Vermögens wahrscheinlicher.

Für die Gruppe der **exogenen Faktoren** ist die Untersuchung durch die eingangs beschriebene Limitation, nicht über Einzelwerte gehen zu können, begrenzt. Daher kann eine Analyse von unternehmensspezifischen Einflüssen, wie etwa der Präsenz der Unternehmen im Absatzmarkt oder die Größenklasse, nicht durchgeführt werden. Eine Annäherung an diese Aspekte kann jedoch über die Analyse des **Entscheidungsumfeldes** erzielt werden. In kapitalmarktspezifischen Informationsquellen werden die einzelnen Werte zum einem nach **Branchen** (z. B. Banken / Versicherungen, Automobil, Chemie) und zum anderen nach der Zugehörigkeit zu einem **Index** wie dem Deutschen Aktienindex (DAX) oder dem amerikanischen Dow Jones strukturiert. Diese Strukturvorgaben werden durch die Anleger zur Einordnung von Unternehmen genutzt. Die vorliegende Untersuchung konnte zeigen, dass nur 13% der Befragten bei einer Anlageentscheidung **nicht** auf den Index oder die Branche als relevante Bezugsgröße achten. Von den übrigen Personen gaben weiterhin 83% an, sich eher an der **Branche** als am Index zu orientieren. Damit verweist der Datensatz auf einen Einfluss der Branche, der schon bei der Bezugsgruppe der potenziellen Mitarbeiter festgestellt werden konnte. Analog dazu soll hier von Ausstrahlungseffekten der Branche ausgegangen werden, so dass eine positive Beurteilung des Umfeldes (i. e. der Branche) die Nutzung der Unternehmensmarke zur Risikoreduktion und zur Informationseffizienz fördert und eine negative Beurteilung dieser Nutzung entgegensteht.[471]

Die Ergebnisse der durchgeführten Analyse zeigt Abbildung 32. Die einzelnen Regressionen wurden erneut nach der Methode von WHITE um heteroskedastische Einflüsse korrigiert. Die Anpassungsgüte der Schätzungen liegen bei allen drei Markenfunktionen auf einem verhältnismäßig niedrigen Niveau. Für die Informationseffizienz liegt das R^2 bei 0,154, für die Risikoreduktion bei 0,10 und letztlich für den ideellen Nutzen bei lediglich 0,039. Die durchgeführten F-Tests indizieren einen signifikanten Einfluss auf dem 1%-Niveau im Einflussfaktorenmodell der

---

[471] Letztlich stellt der allgemeine Trend der Börse in den Ausprägungen „Baisse" für allgemein fallende und „Hausse" für allgemein steigende Kurse einen exogenen Einflussfaktor dar. Hier lässt sich für die Baisse eine mögliche steigende Nutzung der Corporate Brand zur Reduktion des Risikos vermuten. Da die vorliegende *zeitpunktbezogene* Stichprobe jedoch keinen Vergleich dieser beiden Stimmungsausprägungen zulässt, kann dieser Faktor hier nicht weiter analysiert werden.

Risikoreduktion und der Informationseffizienz. Der F-Test für das Regressionsmodell zum ideellen Nutzen ist jedoch nur auf dem 10%-Niveau signifikant. Dies in Kombination mit dem niedrigen Wert für das Gütemaß R^2 lässt auf eine nicht akzeptable Schätzung schließen. Daher muss konstatiert werden, dass der ideelle Nutzen durch die spezifizierten Einflussfaktoren nicht moderiert wird. Die Wirkungsrichtungen bezüglich der Informationseffizienz und der Risikoreduktion entsprechen hingegen den aufgestellten Vermutungen. Die Problembereiche der Multikollinearität resp. der Autokorrelation konnten über die schon bei den übrigen Bezugsgruppen verwendeten Tests überprüft werden. Die Autokorrelation ist auf einem unkritischen Niveau. In Bezug auf die Multikollinearität bewegen sich die Maximalwerte der drei Regressionen von 9,24 (Condition Index) und 2,31 (VIF) bei der Regression für die Informationseffizienz unterhalb der kritischen Größen.

Es zeigt sich insgesamt ein fragmentierteres Bild als bei den übrigen untersuchten Einflussfaktoren. Als einziger Treiber auf zwei Relevanzdimensionen kann die Anlagestrategie identifiziert werden. Das positive Vorzeichen deutet darauf hin, dass je konservativer der Entscheider agiert, um so eher wird er die Unternehmensmarke zur Reduktion des wahrgenommenen Risikos und als Informationsanker nutzen. Die übrigen endogenen Einflussfaktoren weisen ein negatives Vorzeichen auf. Das lässt darauf schließen, dass mit zunehmender Erfahrung der Entscheider am Aktienmarkt und einem spezifischeren Informationsverhalten die Unternehmensmarke einen geringeren Anteil in Bezug auf die Informationseffizienz und die Risikoreduktion aufweist. Der deutlich positive Einfluss der Branche bzw. des Index lässt annahmegemäß auf einen Halo-Effekt des Umfeldes auch in dieser Bezugsgruppe schließen.

Einflussfaktor	Markenfunktionen					
Endogen	Risikoreduktion Richtung β		Information Richtung β		Ideeller Nutzen Richtung β	
Anzahl Aktienkäufe/Erfahrung	n.s		-	0,12	n.s.	
Subjektive Kontrollüberzeugung	n.s.		-	0,15	n.s.	
Informationsverhalten	-	0,12	n.s.		n.s.	
Anlagemotiv	n.s.					
Anlagestrategie	+	0,15	+	0,12	n.s.	
Anteil Vermögen	n.s.		n.s.		(-	0,07)
Exogen						
Index-/Branchenzugehörigkeit	+	0,14	o		n.s.	
Summe der identifizierten Einflussfaktoren	3		3		1	

+ positive Wirkungsrichtung; - negative Wirkungsrichtung
o keine Wirkung ($\beta < 0,05$); n.s. nicht signifikant

Abbildung 32: Ergebnisse des Einflussfaktorenmodells für die Gruppe der privaten Anleger

Zusammenfassend kann festgehalten werden, dass in der kapitalmarktbezogenen Analyse sowohl die Anpassungsgüte als auch die Anzahl der ermittelten Einflussfaktoren im Vergleich zu den übrigen Bezugsgruppen geringer ausfallen. Das verweist auf eine grundsätzlich weniger starke Bedeutung der Einflussfaktoren für den Kapitalmarkt. Mit einer solchen verminderten Bedeutung wären die absoluten Ausprägungen der Markenfunktionen und ihre identifizierte Gewichtung für den Kapitalmarkt homogener und mithin für den gesamten Entscheidungsraum der Bezugsgruppe repräsentativer. Ein solcher Effekt kann durch das Entscheidungsobjekt „Aktie" und das Marktumfeld „Börse" erklärt werden.

Obgleich hinter jeder Aktie Unternehmen mit unterschiedlichen Strategien, Umsätzen und Historien stehen, ist jede Aktie grundsätzlich ein Gut, welches in hoher Geschwindigkeit transferiert wird, und dessen Preis sich im Vergleich zu anderen Märkten sehr schell den Kräften von Angebot und Nachfrage anpasst. Die „Qualität" einer Aktie ist bei weitem nicht homogen, jedoch stehen zahlreiche, zumeist quantitative Gütekriterien zur Verfügung, Aktien zu bewerten. Weiterhin ist die Informationsgeschwindigkeit im börslichen Umfeld relativ hoch. Die Summe dieser Komponenten führt dazu, dass in Börsenumfeld im Vergleich zu den untersuchten absatzbezogenen Produktmärkten und zum Arbeitsmarkt von einem relativ hohen Vollkommenheitsgrad gesprochen werden kann. Mit Annäherung an **einen einzigen** Markt, der im mikroökonomischen Sinne eine relativ hohe Vollkommenheit aufweist, ist eine geringere Relevanz der Unternehmensmarke und eine geringe Varianz der Ausprägung ihrer Dimensionen nicht erstaunlich. Auswahlentscheidungen beziehen die Unternehmensmarke in geringerem Ausmaß zur Befriedigung informations- und risikobezogener Bedürfnisse ein, da diese verhältnismäßig besser durch alternative Informationsquellen befriedigt werden können. In diesem Zusammenhang ist auf die schon erwähnte begrenzte Möglichkeit der Unternehmensmarke zu verweisen, eine Qualitätskonstanz im Sinne eines konstanten Aktienpreises zu gewährleisten. Darüber hinaus eignet sich die Unternehmensmarke nur sehr bedingt zur Darstellung der eigenen Persönlichkeit oder zum Aufbau von Beziehungen. Damit sind die Ausprägungen der Relevanzdimensionen in ihrer grundlegenden Tendenz **festgelegt**. Die Unternehmensmarke wirkt im börslichen Umfeld vor allem zur Entscheidungsvereinfachung einer extensiven Auswahlentscheidung und erst dann risikoreduzierend. Der ideelle Nutzen spielt eine untergeordnete Rolle. Diese Verhältnisse werden durch die untersuchten Einflussfaktoren zwar beeinflusst, jedoch in verhältnismäßig geringem Ausmaß.

4.2 Institutionelle Kapitalgeber

Für den Personenkreis der institutionellen Anleger wurde das Vorliegen eines multipersonellen Beschaffungsprozesses herausgestellt. Darüber hinaus wurde den Analysten und den Equity-Managern eine besondere Bedeutung innerhalb der Beschaffungsprozesse zugesprochen. Im Rahmen der Expertengespräche wurden insgesamt fünf Personen interviewt. Davon sind drei dem Personenkreis der Analysten (zwei „Buy-Side"-Analysten, ein „Sell-Side"-Analyst) zuzurechnen, eine Person ist als Fonds-Manager tätig. Ein weiterer Gesprächspartner ist als übergreifender Experte zu betrachten, da dieser Experte nach einer längeren Tätigkeit als Analyst mittlerweile im Equity Management agiert.

Die befragten Analysten beobachten kongruent zu den in Abschnitt B angegebenen Zahlen einen relativ engen Kreis von ca. 10 Unternehmen. Die Auswahl der Unternehmen richtet sich dabei typischerweise auf eine bestimmte Branche wie z. B. „Automobil und Zulieferer" oder „Versicherungen". Die Kernleistungen von Analysten, die als „Produkte" bezeichnet werden, sind Studien über die analysierten Unternehmen. Diese Studien sind ca. 50-100 Seiten umfassende Expertisen, in denen die verschiedenen Analyseaspekte detailliert erläutert werden. Am Ende einer solchen Studie steht eine Gesamtbewertung, das sogenannte „Rating", welches die Analystenmeinung in Form einer Empfehlung zusammenfasst. Die Ausprägungen dieser Empfehlungen sind zumeist „Verkaufen (sell)", „Halten (hold)" und „Kaufen (buy)". Die Sell-Side-Studien fallen umfangreicher aus als die der Buy-Side, da diese aktiv an unterschiedliche Kunden (darunter auch Buy-Side-Analysten) veräußert werden. Der zu Grunde liegende Planungshorizont für Empfehlungen ist unterschiedlich und richtet sich nach der Unternehmenspolitik der Finanzinstitution. Üblicherweise liegt dieser jedoch für größere Studien bei ca. 9-12 Monaten. Neben o. g. Hauptstudien besprechen die Analysten in Kurzstudien die publizierten Ergebnisse der beobachteten Unternehmen sowohl vor Veröffentlichung im Sinne einer Erwartungsbildung, als auch nach Veröffentlichung in Form einer Bewertung. Darüber hinaus werden bedeutende Ad-Hoc-Mitteilungen der Unternehmen kommentiert. Die zeitlichen Abstände in denen zentrale Bewertungsentscheidungen getroffen werden, sind somit insgesamt eher auf Monats- als auf Tages- oder Wochenbasis zu sehen.

Die Tätigkeit der Analysten ist sehr stark informationsgetrieben. Die Herausforderung besteht vor allem darin, die zahlreichen Informationsquellen zu selektieren und zu gewichten. Zentrale Quellen sind vor allem Geschäftsberichte, Presseartikel, Nachrichtenagenturen, News-Ticker (z. B. „Reuters") und Meinungen anderer Analysten. Trotz eines relativ hohen Informationsangebotes sahen sich die Experten nicht einer kritischen Informationsflut gegenüber. Die Informationslage für z. B. Technologiewerte stufen die Experten sogar zum Teil als nicht ausreichend ein. Es ist mithin weniger die Menge an Informationen, die im Tagesgeschäft Schwierigkeiten bereitet, sondern die relativ hohe Dynamik des Kapitalmarktes und eine damit einhergehende Zeitknappheit. Diese Dynamik ist auf die hohe Reaktionsgeschwindigkeit des Kapitalmarktes zurückzuführen. Informationen wie z. B. Umsatz- oder Ergebnisveränderungen werden nach Bekanntgabe nahezu ohne Zeitverzögerung in den Kurs integriert. Analysten bedienen sich in diesem dynamischen Umfeld vor allem der quantitativen Fundamentalanalyse. Diese bezieht sich zunächst in einem Filterprozess auf das Makroumfeld eines Unternehmens und dann auf die spezifischen Unternehmensdaten. Es wurde durch die Experten konsistent die Bedeutung von „harten", ergebnisorientierten Daten betont, die den Empfehlungen zu Grunde liegen. Diese quantitative Orientierung dient dabei vor allem der eigenen Absicherung der Empfehlung. „Weiche" Faktoren wie die Unternehmensmarke oder die Qualität des Managements werden zwar als Größe akzeptiert aber in dem Ausgaberaster der Studien nicht explizit berücksichtigt. Dies lässt sich auch auf die von den Experten geäußerte Maxime des rational handelnden Analysten zurückführen. Analysten sollten demnach bestrebt sein, sich möglichst nicht von Emotionen, persönlichen Präferenzen oder opportunistischem Verhalten leiten zu lassen. Indikatoren dafür, dass dies jedoch eine Idealvorstellung ist, sahen die Experten in den folgenden Apekten:

- Zentrales Anliegen der Analysten ist es, Trends und Kursveränderung möglichst früh („first mover") und präzise vorherzusagen. Sie haben dadurch den Anreiz, sich opportunistisch zu verhalten, indem sie z. B. nicht die eigene Analyse sondern die Konsensschätzung[472] als Referenzgröße nutzen.

- Innerhalb der Analysten gibt es für jeden Sektor Meinungsführer, die unter Umständen Trends initiieren können. Dieser Punkt zielt auf den durch die Behavioral Finance beschriebenen Effekt des „Herding".

- Die Börse wird teilweise von Stimmungen beherrscht, die ohne fundamentalen Anlass dafür sogen, dass Kurse sich deutlich verändern.

Zur Zeit wird durch die Experten eine Stimmung gesehen, die in hohem Maße risikoavers ist, was durch die starken Kursrückgänge nach Platzen der sogenannten „Internet-Blase" zu erklären ist. Die Unternehmensmarke findet jedoch selbst in dieser risikoaversen Stimmung nicht expliziten Eingang in die Studien, auch nicht in Form von quantitativen Markenwerten. Lediglich für den **Automobilbereich** kann festgehalten werden, dass die Unternehmensmarke zumindest implizit berücksichtigt wird. Diese Berücksichtigung schlägt sich nach Meinung der Experten in den **absatzgerichteten** Preis-Mengen Prognosen nieder: Starke Unternehmensmarken seien in der Lage am Absatzmarkt höhere Preise zu erzielen und unterliegen mengenmäßig geringeren Schwankungen. Diese Überlegungen fließen in die Prognose von Ergebnissen mit ein, ohne dass sie jedoch einzeln ausgewiesen würden. In anderen Branchen wie z. B. der Versicherungsbranche wurde auch eine implizite Berücksichtigung der Unternehmensmarke verneint. Vielmehr wurde hier die Meinung vertreten, dass die absatzgerichtete Führung der Unternehmensmarke nur wahrgenommen wird, wenn größere markenstrategische

---

[472] Die Konsensschätzung ist eine Sammlung von Analystenmeinungen, die vor der Bekanntgabe von Ergebnisveröffentlichungen publiziert wird.

Veränderungen wie z. B. eine Namensänderung (Preussag / TUI) erfolgen. Diese würden jedoch nicht positiv, sondern lediglich bei offensichtlichen Imageeinbußen durch die Namensänderungen (z. B. nach Fusionen) negativ bewertet.

Eine im Vergleich zu den Analysten etwas andere Perspektive zur Unternehmensmarke nehmen die **Fonds- und Equity-Manager** ein. Diese Experten haben mit über 100 Werten ein weitaus größeres Analysespektrum. Durch das umfangreiche Entscheidungsfeld werden Auswahlentscheidungen hier in kürzeren zeitlichen Abständen getroffen. Die befragten Experten betonten stärker die Bedeutung der Unternehmensmarke für ihre täglichen Entscheidungen. So wurde hier bspw. eine Bedeutung persönlicher Erfahrungen mit Produkten und Leistungen, die unter der Unternehmensmarke geführt werden, eingeräumt, welche sich auf Auswahlentscheidungen auswirken können. Weiterhin wurde durch die Experten eine Überangebot an Informationen wahrgenommen, in dem die Unternehmensmarke als Informationsanker herangezogen werden kann. Dieser Effekt wurde durch die Experten dadurch erklärt, dass sie im Gegensatz zu Analysten eine abstraktere Perspektive einnehmen und dadurch konsequenterweise auch auf weniger detaillierte, quantitative Signale zurückgreifen können.

Unabhängig von der Position des Analyst oder Equity Managers bestätigten die Experten die Existenz einer **kapitalmarktspezifischen Ausprägung** von Unternehmensmarken. Die Unternehmensmarken positionieren sich dabei in den Köpfen dieser Bezugsgruppe auf der Basis kapitalmarktrelevanter Informationen. So existieren bspw. spezifische Vorstellungsbilder über die Informationspolitik eines Unternehmens. Das Fremdbild der Unternehmensmarke eines deutschen Automobilkonzerns, dessen absatzgerichtetes Fremdbild eher durch Komponenten wie „Sportlichkeit" und „progressives Design" geprägt ist, wird auf dem Kapitalmarkt eher durch Attribute wie „zurückhaltend" und „konservativ in den Zielvorgaben" geprägt. Andere Unternehmen gelten im Gegensatz dazu als eher progressiv und optimistisch in ihren Angaben. Die Experten betonten dabei die wichtige Komponente der Konsistenz der Informationspolitik, die ein gewisses **Vertrauen** in die Angaben der Unternehmen fördert. Dieses kapitalmarktspezifische Vertrauen wird jedoch weniger durch die absatzmarktgerichtete Kommunikation des Unternehmens beeinflusst, sondern ist vor allem durch die **Personen** getrieben, mit denen die Analysten in Kontakt kommen. Das kann der Vorstandsvorsitzende, der Finanzvorstand oder der Investor Relations-Verantwortliche sein. Andere Investor Relations-Maßnahmen wie Konferenzen, Informationsbroschüren oder Unternehmenspräsentationen wurden eher als Hygienefaktoren mit einem relativ geringen

Profilierungspotenzial angesehen. Die Verknüpfung des Vertrauensaufbaus der Unternehmen an Personen impliziert dabei eine auch kurzfristig mögliche Schwankung dieser Größe, was die Experten bestätigen. Dieser Befund verweist auf die Bedeutung des Verhaltens von Mitarbeitern, die auf dem Kapitalmarkt a-gieren. Die Markenführung steht hier vor der Herausforderung auch bei einem Wechsel der genannten Personen einen konsistenten Auftritt im Sinne der Unter-nehmensmarke zu gewährleisten.

Ein weiterer Aspekt, der expertenübergreifend als bedeutend angesehen wurde, ist die **Erleichterung der Kommunikation** im Arbeitsumfeld durch die Nutzung der Unternehmensmarke. Dieser für multipersonelle Entscheidungen typische Ef-fekt gilt sowohl für die interne Kommunikation innerhalb der Unternehmung als auch für die externe Kommunikation mit Kunden. Letzterer Aspekt gilt insbeson-dere für Sell-Side-Analysten, die ihre Empfehlungen an institutionelle Anleger ver-äußern. Eine Profilierung der eigenen Persönlichkeit über einzelne Unterneh-mensmarken ist dabei jedoch nicht gegeben. Ideelle Bedürfnisse werden in dieser Bezugsgruppe nicht durch die Unternehmensmarke befriedigt, sondern vielmehr durch Anerkennung auf Grund präziser und richtiger Kurseinschätzungen.

Die geführten Expertengespräche wurden mit einer Bewertung unterschiedlicher Aussagen abgeschlossen, die in Anlehnung an die Befragung der privaten Anleger in explorativer Form Aufschluss über die einzelnen Ausprägungen der Relevanz-dimensionen geben sollte. Die Profilverläufe sind in Abbildung 33 dargestellt, wo-bei die häufigsten Nennungen hervorgehoben wurden.

	Zustimmung				
	Ich stimme voll zu				Ich stimme gar nicht zu
	1	2	3	4	5
Die Unternehmensmarke vereinfacht meine Gesamteinschätzung in einer Unternehmensanalyse	▢	▢	Ⓞ	▢	▢
Die Unternehmensmarke gibt mir eine Vorstellung über die zu erwartenden Kursveränderungen.	▢	▢	▢	Ⓞ	
Unternehmensmarken vereinfachen die Gespräche mit meinen Kollegen/Kunden	Ⓞ	▢	▢		▢
Die Kursverluste in einem rückläufigen Markt sind bei renommierten Unternehmen geringer als bei nicht so renommierten Unternehmen.	▢	▢	▢	▢	Ⓞ
	O Häufigste Ausprägung				

Abbildung 33: Profilverläufe der Expertenbefragung

Die Profilverläufe zeigen, dass für die Informationseffizienz in Bezug auf die Bewertungsentscheidungen (Statement 1) zumindest keine deutliche Ablehnung dieser Wirkung festgestellt werden kann. Das entspricht dem Gesamteindruck, dass die Experten eine implizite oder „unterbewusste" Wirkung der Unternehmensmarke vermuteten. Deutlich zeigen die Profile jedoch die informationsbezogene Bedeutung der Unternehmensmarke als Kommunikationsinstrument (Statement 3). Für die Risikoreduktion (Statement 2 und 4) kann festgehalten werden, dass diese Relevanzdimension durch die Experten abgelehnt wird. Der ideelle Nutzen wurde auf Grund der zuvor geführten Gespräche nicht einbezogen, da deutlich wurde, dass die Existenz dieser Dimension eindeutig verneint wird.

Zusammenfassend kann festgehalten werden, dass die Relevanz der Unternehmensmarke für den untersuchten Personenkreis eine in Relation zu den anderen Bezugsgruppen geringe Ausprägung aufweist. Lediglich in der Dimension der Informationseffizienz ist sie in gewissem Maß bedeutend. Als interessantes Ergebnis ist die Existenz von **spezifischen Markenprofilen** innerhalb der Bezugsgruppe der Analysten zu sehen, welches sich von dem absatzgerichteten Fremdbild der Unternehmensmarke unterscheiden kann. Dieses wird in erster Linie durch Unternehmensvertreter determiniert.

5. Bezugsgruppenübergreifende Ergebnisse zur Relevanz der Unternehmensmarke

Das mit der Berechnung der Relevanz- und der Einflussfaktorenmodelle beschriebene zweistufige Vorgehen und die durchgeführten empirischen Erhebungen erfolgte entlang der identifizierten Bezugsgruppen der Unternehmensmarke. Die unterschiedlichen Ergebnisse der Erhebung zeigen, dass die Relevanz der Unternehmensmarke aus dieser Forschungsperspektive in ihrem Stellenwert differiert. Die Unterschiede wurden jedoch in drei **unabhängigen Stichproben** mit jeweils unterschiedlichen Probanden ermittelt. Es ist daher zu überprüfen, ob auch auf **Individualebene** die Relevanz der Unternehmensmarke in unterschiedlichen Entscheidungssituationen, resp. in unterschiedlichen **Rollen** einer einzelnen Person im Bezugsspektrum der Unternehmensmarke differiert.[473] Dies würde bedeuten,

---

[473] Der Begriff der Rolle beschreibt grundsätzlich spezifische, personenunabhängige Verhaltenserwartungen an ein Individuum, welches einer spezifischen Gruppe zugehört. Vgl. Backhaus, K., Industriegütermarketing, a. a. O., S. 69 f. Hier soll rollenspezifisches Verhalten als Verhal-

dass ein Individuum bspw. als Kapitalgeber der Unternehmensmarke in Bezug auf seine Aktienkaufentscheidungen eine andere Bedeutung zumisst als in Konsumentscheidungen. Wäre dies gegeben, würde das eine bezugsgruppenspezifische Untersuchung der Relevanz, die sich aus der theoretischen Betrachtung der Unternehmensmarke ergibt, auf Individualebene bestätigen. Wäre dies nicht der Fall, müsste davon ausgegangen werden, dass die Relevanz in hohem Maße personengebunden, d. h. die spezifische Bedeutung der Unternehmensmarke auf Individualebene für alle betrachteten Auswahlentscheidungen fixiert ist.

Zur Überprüfung einer rollenspezifischen Relevanz der Unternehmensmarke wurde in die Befragung der potenziellen Mitarbeiter und der privaten Anleger eine **Kontrollfrage** integriert, in der die Probanden gebeten wurden die Bedeutung der Marke beim Kauf von Konsumgütern anzugeben. Würden keine rollenspezifischen Unterschiede bestehen, müssten die Antworten mit den individuellen Ergebnissen für die Relevanz der Unternehmensmarke bei der Arbeitgeberwahl bzw. der Aktienkaufentscheidung hoch korreliert sein. Eine geringe Korrelation würde hingegen auf eine differierende Relevanz verweisen. Die Ergebnisse der durchgeführten Korrelationsanalyse gibt Tabelle 8 wieder.

	Spearmans ρ (Wertebereich: -1<ρ<1)	Mittelwert in der untersuchten Auswahlentscheidung	Mittelwert in Bezug auf Konsumentscheidungen
Potenzielle Mitarbeiter (N: 311)	**0,253***** auf dem Niveau von 0,01 signifikant	2,91	2,80
Kapitalgeber (N:164)	**0,266***** auf dem Niveau von 0,01 signifikant	3,03	2,43

Tabelle 8:   **Ergebnisse der Korrelationsanalyse zur Überprüfung der bezugsgruppenspezifischen Relevanzdifferenzen**

Die Werte für das **Korrelationsmaß** Spearmans Rho stützen die Vermutung, dass die Relevanz der Unternehmensmarke **rollenspezifisch differiert**. Die hochsignifikanten Ergebnisse von 0,253 bzw. 0,266 zeigen eine schwach positive Korrelation an.[474] Die Relevanzurteile der befragten Personen sind demnach in den be-

---

ten einer Person in seiner Eigenschaft als potenzieller Mitarbeiter, Konsument oder Kapitalgeber verstanden werden.

[474]   Vgl. Fahrmeir, L. / Künstler, R. / Pigeot, I. / Tutz, G., Statistik – Der Weg zur Datenanalyse, 3. Aufl., Berlin 2001, S. 139.

trachteten Auswahlentscheidungen auf Individualebene unterschiedlich, wobei die leicht positive Richtung der Korrelation auf den schwachen Einfluss intrapersonaler, in dieser Untersuchung als endogen bezeichneter, Einflussfaktoren deutet. Diese Faktoren könnten mit einer individuell gegebenen „Markenaffinität" zusammenfassend umschrieben werden. Die durch die Kontrollfragen ermittelten, durchschnittlichen Relevanzwerte spiegeln die aus der Gesamtuntersuchung resultierenden Ergebnisse wieder: Der Unterschied der Relevanzwerte von der Aktienkaufentscheidung zu Konsumentscheidungen fällt im Vergleich zur Arbeitgeberwahl deutlich höher aus.

Nach der Erkenntnis, dass die Relevanz über die Bezugsgruppen auf Individualebene schwankt, ist in einem zweiten Schritt zu überprüfen, inwieweit die **Dimensionen der Relevanz für eine spezifische Person variieren** oder konstant sind. Letzteres würde bedeuten, dass die Ausprägung der Markenfunktionen individuell festgesetzt ist. Somit würde die Betrachtung exogener Einflussfaktoren obsolet, da in diesem Fall lediglich endogene Faktoren für die personenspezifische Ausprägung der Markenfunktionen verantwortlich sein könnten: Die Risikoreduktion würde dann z. B. durch ein intrapersonales Konstrukt wie der „Risikoeinstellung" und der ideelle Nutzen durch den „Grad der Extrovertiertheit" individuell bestimmt.

Die genannte Fragestellung lässt sich durch die Analyse des Konsumentendatensatz beantworten. Der Datensatz erscheint geeignet, da er die breiteste Datenbasis liefert und individuelle Ausprägungen der Relevanz und ihrer Dimensionen **für jeweils drei Produkte** oder Leistungen bietet. Es soll im Zuge der Analyse die Hypothese falsifiziert werden,

dass in der Mehrzahl der Fälle die Markenrelevanz- und Markenfunktionsurteile auf Individualebene nicht variieren.

Zu diesem Zweck werden zunächst für jedes Individuum der Mittelwert und die Varianz der verwendeten Indikatoren über die drei beurteilten Produktmärkte berechnet. Dann werden die beobachteten 0-Varianzen gezählt und zu der Gesamtzahl der Fälle ins Verhältnis gesetzt. Der resultierende Quotient gibt die relative Häufigkeit für 0-Varianzen in dem betrachteten Datensatz an. Liegt der Quotient über 50% kann die aufgestellte Hypothese nicht verworfen werden. Aus der Analyse resultieren die in Tabelle 9 dargestellten Ergebnisse.

N: 2.442 Personen	Informationseffizienz (2 Indikatoren)	Risikoreduktion (2 Indikatoren)	Ideeller Nutzen (3 Indikatoren)	Relevanz (1 Indikator)
Anzahl von 0-Varianzen	1.027	1.051	2.387	368
Gesamtzahl	4.884	4.884	7.326	2.442
relative Häufigkeit	21,03%	21,52%	32,58%	15,07%

Tabelle 9:   Relative Häufigkeiten für 0-Varianzen im Konsumentendatensatz

Die Werte für die relativen Häufigkeiten erreichen in keinem der betrachteten Konstrukte den Wert von 50% sondern maximal 32,58%. Damit kann die aufgestellte Hypothese abgelehnt werden. Die Relevanz der Unternehmensmarke und ihre Dimensionen variieren auf Individualebene, was auf die Existenz exogener Faktoren verweist, welche auf diese Konstruktdimensionen wirken.

Im Hinblick auf die **Stärke des Einflusses der ermittelten Einflussfaktoren** kann bezugsgruppenübergreifend konstatiert werden, dass dieser unterschiedlich ist: Für die Konsumenten und die potenziellen Mitarbeiter ist er relativ stark und für die Kapitalgeber eher schwach ausgeprägt. Diese Einschätzung lässt sich an Hand von zwei Indikatoren begründen. Zum einen ist die **Güte der Regressionsschätzung** der Einflussfaktoren für die Bezugsgruppe der Kapitalgeber vergleichsweise gering. Zum anderen nimmt die **Varianz** der Relevanzurteile und der Relevanzdimensionen von den Konsumenten über die potenziellen Mitarbeiter zu den Kapitalgebern nahezu linear ab. Eine geringere Streuung der Urteile lässt sich dabei als weniger starke Abhängigkeit der Urteile von endo- oder exogenen Einflussfaktoren interpretieren. Dies bedeutet für die Bezugsgruppe der Kapitalgeber, dass die durchschnittlich ermittelte dominante Ausprägung der Informationseffizienz relativ weitreichende Gültigkeit für alle Unternehmen am Kapitalmarkt hat.

Zusammenfassend kann die gewählte Struktur der Erhebung entlang der Bezugsgruppen der Unternehmensmarke als geeignet eingestuft werden. Die durchgeführten Prüfungen bestätigen zum einen den Analyseaufbau und zum anderen die Existenz moderierender endo- und exogener Einflussfaktoren der Relevanz der Unternehmensmarke.

D. Zusammenfassung und Implikationen der Untersuchung

1. Zusammenfassende Würdigung der Forschungsergebnisse

Ausgehend von veränderten Rahmenbedingungen für die Führung von Unternehmensmarken war es eine grundsätzliche Aufgabe dieser Arbeit, die Relevanz der Unternehmensmarke zu konzeptualisieren und eine empirische Überprüfung dieses Konstruktes vorzunehmen. Die bisherige Forschung zu diesem Themenkreis kann als rudimentär bezeichnet werden. Die hier vorgestellte Definition der Markenrelevanz bezieht sich in einer **wirkungsorientierten** Perspektive auf die Bedeutung der Unternehmensmarke bei Auswahlentscheidungen einer Bezugsperson. Dabei ist das breite Spektrum der Bezugsgruppen ein konstituierendes Element der Unternehmensmarke, welches in der Untersuchung ihrer Relevanz zu berücksichtigen ist. Mit den Konsumenten, den potenziellen Mitarbeitern und den Kapitalgebern wurden drei zentrale Bezugsgruppen identifiziert, in deren **Auswahlentscheidungen** die Unternehmensmarke potenziell Wirkung entfaltet.

Im Rahmen der Konzeptualisierung der Relevanz der Unternehmensmarke galt es, die **Dimensionen** des Konstruktes theoretisch-konzeptionell zu bestimmen. Eine übergreifende Analyse der wissenschaftlichen Literatur zur Markenführung verwies auf die **Markenfunktionen** als **nutzenstiftende Komponenten** der Marke. Der Nutzen wird in der Marketingwissenschaft als subjektiv wahrgenommener Grad der Bedürfnisbefriedigung interpretiert. Für die Konzeptualisierung der Relevanz der Unternehmensmarke wurde daher gefragt, welche **Bedürfnisse** sie für ein Individuum potenziell befriedigen kann. Es ergaben sich zwei Bedürfnisdimensionen, die als derivativ und direkt klassifiziert worden sind. Die derivativen Bedürfnisse resultieren aus dem Auswahl- bzw. Entscheidungsprozess eines Individuums und beziehen sich auf die Unternehmensmarke in der Informationsverarbeitung sowie ihre Rolle als risikomindernde Entscheidungsunterstützung. Die zweite Bedürfnisdimension richtet sich direkt auf die Unternehmensmarke und stiftet einen ideellen Nutzen losgelöst von einer Auswahlentscheidung. Die identifizierten Dimensionen wurden dann in einem ersten Schritt als Ordnungsraster den in der wissenschaftlichen Literatur genannten Markenfunktionen gegenübergestellt. Die Gegenüberstellung hat gezeigt, dass dieses Raster sämtliche in der Literatur genannten Markenfunktionen erfassen konnte. In einem zweiten Schritt wurden die Markenfunktionen als Dimensionen des Relevanzkonstruktes aus einer verhaltenswissenschaftlichen und einer neo-institutionellen Perspektive diskutiert. Dieses theorie-pluralistische Vorgehen erschien sinnvoll, da mit den beiden Dimensionen Information und Risiko zwei zentrale Begriffe der verhaltenwissenschaftlich **und** der neo-institutionell orientierten Marketingforschung im Mittelpunkt der Betrachtung stehen. Die ideelle Dimension als Form der direkten Bedürfnisbefriedigung durch die Unternehmensmarke ließ sich dabei ausschließlich aus der verhaltenswissenschaftlichen Perspektive erklären.

Die Konzeptualisierung der Relevanz der Unternehmensmarke mit den drei Markenfunktionen Informationseffizienz, Risikoreduktion und ideeller Nutzen wirft die Frage nach **bezugsgruppenspezifischen Unterschieden** sowohl bezüglich der Ausprägung der Relevanz als auch der Bedeutung ihrer einzelnen Dimensionen auf. Durch diese Fragestellung geleitet, wurde eine differenzierte Betrachtung der Relevanz und ihrer Dimensionen für Konsumenten, potenzielle Mitarbeiter und Kapitalgeber vorgenommen. Im Rahmen der **konsumentenbezogenen** Betrachtung konnte gezeigt werden, dass die Entwicklungen im Käuferverhalten auf eine tendenziell hohe Bedeutung des ideellen Nutzens für die konsumentengerichtete Relevanz der Unternehmensmarke verweisen. Innerhalb der Bezugsgruppe der **potenziellen Mitarbeiter** implizierten die unterschiedlichen Modelle zur Arbeitgeberwahl eine differenzierte Betrachtung entlang der Phasen dieses extensiven Entscheidungsprozesses. Mit der Präselektions- und der Selektionsphase wurden demnach zwei grundlegende Phasen der Arbeitgeberwahl unterschieden. Es wurde hier ein variierendes Niveau der Relevanz der Unternehmensmarke unterstellt, wobei der Risikoreduktion eine besondere Bedeutung zugesprochen worden ist. In Bezug auf den ideellen Nutzen wurde eine Erhöhung von der Präselektionsphase zur Selektionsphase vermutet. Schließlich ist die Relevanz der Unternehmensmarke in der Bezugsgruppe der **Kapitalgeber** diskutiert worden. Dabei konnte mit der Forschungsrichtung der **Behavioral Finance** ein Forschungsstrang innerhalb der Kapitalmarkt- und Finanzierungstheorie berücksichtigt werden, der verhaltenswissenschaftliche Erkenntnisse auf den Aktienmarkt überträgt. Die Behavioral Finance verweist auf unterschiedliche Urteilsheuristiken, welche individuelle Akteure am Aktienmarkt bei ihren Entscheidungen heranziehen. Damit löst sich die Behavioral Finance von den Modellannahmen der klassischen Kapitalmarkt- und Finanzierungstheorie und öffnet die Forschung für Wahrnehmungsphänomene wie der Unternehmensmarke. Eine weitere Besonderheit in der Bezugsgruppe der Kapitalgeber ist die Unterscheidung zwischen privaten und institutionellen Investoren. Während eine Untersuchung der Relevanz der Unternehmensmarke für die privaten Anleger auf individueller Entscheidungsebene ansetzen kann, weist die Beschaffungsentscheidung institutioneller Investoren eine multipersonelle Struktur auf. Als zentrale Personen innerhalb dieses Beschaffungsprozesses konnten die Finanzanalysten identifiziert werden, welche daher für die Bezugsgruppe der institutionellen Investoren mit in die Untersuchung einbezogen worden sind. Hinsichtlich der Relevanz der Unternehmensmarke wurde für die Kapitalgeber ein relativ zu den anderen Bezugsgruppen geringes Niveau erwartet, wobei die Risikoreduktion und die Informationseffizienz als dominante Dimensionen gekennzeichnet wurden. Die gebildeten Hypothesen sind in Tabelle 10 synoptisch dargestellt.

Bezugs-gruppe	Hypo-these	Inhalt	Empirisches Ergebnis
Konsum-enten	$H_{KonsBasis1}$	Die Unternehmensmarke ist im Rahmen der Auswahlentscheidungen der Konsumenten relevant.	bestätigt
	H_{KonsF1}	In der Bezugsgruppe der Konsumenten ist das Bedeutungsgewicht des ideellen Nutzens für die Relevanz der Unternehmensmarke gegenüber den anderen Relevanzdimensionen des Konstruktes am höchsten ausgeprägt.	bestätigt
	H_{KonsF2}	Die Dimension der Informationseffizienz dominiert in ihrer Gewichtung in dieser Bezugsgruppe gegenüber der Dimension der Risikoreduktion.	bestätigt
Poten-zielle Mitarbei-ter	$H_{PMaBasis\,1}$	Die Unternehmensmarke ist in bei den identifizierten Phasen des Arbeitgeberwahlprozesses für die Auswahlentscheidung relevant. Die Relevanz variiert jedoch zwischen den Phasen.	bestätigt
	H_{PMaF1}	Die Risikoreduktionsfunktion der Unternehmensmarke hat in der *Präselektionsphase* das höchste Bedeutungsgewicht für die Bildung der Markenrelevanz. Dieses Gewicht ist dabei höher als in der *Selektionsphase*.	bestätigt
	H_{PMaF2}	Der ideelle Nutzen determiniert in der *Selektionsphase* in höherem Maße die Relevanz der Unternehmensmarke als in der *Präselektionsphase*.	bestätigt
	H_{PMaF3}	Die Informationseffizienz hat für die Relevanz der Unternehmensmarke in der *Präselektionsphase* eine höhere Bedeutung als in der *Selektionsphase*.	nicht bestätigt
Kapital-geber	$H_{KapBasis1}$	Die Unternehmensmarke ist für Auswahlentscheidungen auf dem Kapitalmarkt relevant.	bestätigt
	$H_{KapBasis2}$	Die Relevanz der Unternehmensmarke ist für die Bezugsgruppe der Kapitalgeber im Verhältnis zu den anderen Bezugsgruppen am geringsten ausgeprägt.	bestätigt
	$H_{KapBasis3}$	Die Relevanz der Unternehmensmarke ist für private Anleger höher ausgeprägt als für Finanzanalysten.	bedingt bestätigt

H_{KapF1}	Die Informationseffizienz und die Risikoreduktion sind die beiden dominanten Dimensionen bei der Bildung der Markenrelevanz für die Kapitalgeber.	*bestätigt*
H_{KapF2}	Der ideelle Nutzen geht auf einem relativ zu den anderen Bezugsgruppen niedrigen Niveau in die Relevanz der Unternehmensmarke für private Anleger ein; für institutionelle Anleger spielt diese Funktion keine Rolle.	*bestätigt*

Tabelle 10:   Synopse über die geprüften Hypothesen

Es zeigt sich, dass die formulierten Hypothesen weitgehend **empirisch bestätigt werden konnten**. Die Unternehmensmarke ist grundsätzlich für alle untersuchten Bezugsgruppen relevant, wobei ihre Relevanz im Kapitalmarkt am geringsten ausfällt. Ebenfalls konnten signifikante Unterschiede zwischen den beiden konzeptionell erarbeiteten Phasen der Arbeitgeberwahl in der Bezugsgruppe der potenziellen Mitarbeiter empirisch nachgewiesen werden. Hier ließ sich jedoch nicht bestätigen, dass in der Präselektionsphase das Bedeutungsgewicht der Informationseffizienz höher ist als in der Selektionsphase. Vielmehr ist in dieser Phase die Relevanzdimension der Risikoreduktion dominant. Das kann durch den relativ hohen Unsicherheitsgrad der Individuen in der Präselektionsphase erklärt werden, welcher ein hohes Bedürfnis nach Minderung des wahrgenommenen Risikos mit sich bringt. Die Hypothese im Hinblick auf die geringere Relevanz der Unternehmensmarke für institutionelle Anleger kann als nur bedingt bestätigt eingestuft werden, da für diesen Personenkreis keine quantitative Untersuchung analog zu den anderen Bezugsgruppen durchgeführt werden konnte. Die Ergebnisse der durchgeführten Expertengespräche mit Finanzanalysten deuten jedoch darauf hin.

Die **empirische Analyse**, auf deren Grundlage die genannten Hypothesen überprüft worden sind, basiert auf einer direkten, kompositionellen Abfrage der Markenrelevanz und der Markenfunktionen mittels Indikatoren. Diese Erfassung wurde für die hier gesetzten Untersuchungsziele im Vergleich zu einer wertorientierten, dekompositionellen oder einer kompositionellen Vorgehensweise nach dem MCM / McK-Ansatz als geeignetste Erfassungsform eingestuft. Als Ausgangspunkt der Erhebung wurde ein **Bezugsrahmen** aufgestellt, der eine für alle Bezugsgruppen identische Modellierung der Relevanzuntersuchung ermöglicht. Dieser Rahmen beschreibt einen zweistufigen Modellaufbau: Das **Relevanzmodell** ermittelt die empirischen Gewichtungsfaktoren, welche durchschnittlich in einer Bezugsgruppe für die Bildung des Relevanzurteils herangezogen werden. Die Höhe der Relevanz wird dabei durch die Ausprägungen der Markenfunktionen in Kombination mit diesen Gewichten determiniert. Die Ausprägungen der Markenfunktionen werden ihrerseits von unterschiedlichen Einflussfaktoren moderiert. Damit wird die zweite

Stufe des Modellaufbaus - das **Einflussfaktorenmodell** - beschrieben. Die Einflussfaktoren lassen sich in endogene und exogene Faktoren unterscheiden. Diese wirken innerhalb des Modells potenziell auf die Relevanzdimensionen und somit auch auf das Niveau der Relevanz der Unternehmensmarke. Mittels des skizzierten Modellaufbaus ist es grundsätzlich möglich, in einer **heuristischen Vorgehensweise** die Relevanz der Unternehmensmarke für die spezifische Situation eines Unternehmens abzuschätzen. Dazu wird unterstellt, dass die empirisch ermittelten Gewichtungen der Markenfunktionen fixiert werden können und dass ihre Ausprägungen sich mit den gewählten Einflussfaktoren hinreichend vollständig abbilden lassen. Eine solche Einschätzung der Relevanz ist vor allem mittels der exogenen Einflussfaktoren möglich.

Das geschilderte zweistufige Modell erforderte zum einen die **Überprüfung der gewählten Indikatoren** für die Markenrelevanz und ihrer Dimensionen sowie die Durchführung von zwei **Dependenzanalysen**. Die Überprüfung der gewählten Indikatoren erfolgte nach dem in der Marketingwissenschaft etablierten Vorgehen zur Operationalisierung komplexer Konstrukte. Dabei wurden unterschiedliche Methoden zur Beurteilung der Reliabilität und Validität der Messkonzepte, die in Verfahren der ersten und zweiten Generation unterteilt werden können, herangezogen. Als Ergebnis dieser Überprüfung konnten Messmodelle für alle identifizierten Determinanten spezifiziert werden, die den Anforderungen an eine Operationalisierung theoretischer Konstrukte genügen. Für die Dependenzanalysen wurde das Verfahren der **Regressionsanalyse** gewählt. Die Datenstruktur machte es in der konsumentenorientierten Betrachtung notwendig, die Schätzungen über die Integration von **Fixed Effects** durchzuführen, welche die Paneleffekte der vorliegenden Befragung kontrollieren. Weiterhin wurde in den Regressionen eine **lineare Restriktion** eingeführt, um die Gewichtungen der Relevanzdimensionen zu ermitteln. Die Einflussfaktorenmodelle sind hingegen nicht-restringiert auf Basis der Schätzungen mittels Ordinary Least Squares berechnet worden. Für alle Regressionen wurden die Anwendungsvoraussetzungen mittels geeigneter Testverfahren überprüft. Die ermittelten Ergebnisse für die im Rahmen der quantitativen Analysen betrachteten Bezugsgruppen faßt die Abbildung 34 zusammen.

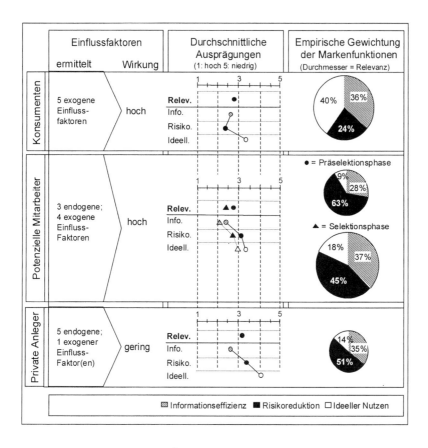

Abbildung 34: Synoptischer Überblick über die empirischen Ergebnisse der Einflussfaktoren- und Relevanzmodelle

Die Modellergebnisse lassen erkennen, dass auf einer aggregierten Ebene die Relevanz der Unternehmensmarke für die Bezugsgruppe der Konsumenten und der potenziellen Mitarbeiter in der Endphase der Arbeitgeberwahl am höchsten ist. Mit Blick auf die Dependenzanalysen lässt sich festhalten, dass der ideelle Nutzen in der Bezugsgruppe der Konsumenten das höchste Bedeutungsgewicht aufweist und ein deutlicher Anstieg dieses Funktionsgewichtes zwischen den Phasen der Arbeitgeberwahl zu verzeichnen ist. Das Regressionsgewicht für die Informationseffizienz liegt in allen Betrachtungen bei mindestens 28% was auf eine durchgehende Bedeutung dieser Relevanzdimension schließen lässt. Die Markenfunktion der Risikoreduktion hat insbesondere im Hinblick auf die potenziellen Mitarbeiter und die Kapitalgeber das dominante empirische Bedeutungsgewicht.

In der explorativen Untersuchung der endo- und exogenen **Einflussfaktoren** zeigte sich, dass in jeder Bezugsgruppe einzelne Faktoren eliminiert werden mussten, da diese sich empirisch als nicht signifikant erwiesen oder ihr Einfluss auf einem sehr geringen Niveau lag. Nach Bereinigung der Einflussfaktorenmodelle konnten jedoch **bezugsgruppenspezifische Treiber** der Relevanzdimensionen identifiziert werden. Eine übergreifende Analyse konnte zeigen, dass zum einen die Relevanz der Corporate Brand sowohl durch endo- als auch durch exogene Einflussfaktoren moderiert wird. Dieser Einfluss variiert über die Bezugsgruppen und ist im Kapitalmarkt am geringsten ausgeprägt.

In einer **kritischen Würdigung** der verfolgten Vorgehensweise ist zunächst festzuhalten, dass es sich sowohl bei der hier konzeptualisierten Markenrelevanz als auch bei der Unternehmensmarke um Konstrukte handelt, die auf unterschiedliche Arten erfasst werden können. Insbesondere die Markerelevanz kann über alternative Formen erhoben werden, die potenziell präzisere Ergebnisse liefern (MCM / McK-Ansatz; Conjoint-Analyse). In der hier vorgenommenen Analyse wurde dieser Präzisionsverlust zu Gunsten der Erfassung der Relevanzdimensionen und einer breiten Datenbasis in Kauf genommen. Dabei wurden die Konstrukte nach strengen Kriterien über verschiedene Verfahren geprüft und einzelne Vergleiche mit alternativen Erfassungsformen der Relevanz aufgezeigt. Diese konnten eine hinreichende Validität belegen. Ferner geht der gezeigte Modellaufbau von der weitgehenden Stabilität der empirisch ermittelten Gewichtungsfaktoren für die Bildung des Relevanzurteils aus. Eine Änderung der Relevanz wird dann über die veränderten Ausprägungen der Markenfunktionen erklärt. Dies stellt jedoch eine notwendige Prämisse dar, um dem Modell eine prognostische Komponente zu verleihen. Schließlich konnten die denkbaren endo- und exogenen Einflussfaktoren auf Grund des limitierten Umfangs der durchgeführten Erhebungen nicht vollständig erfasst werden. Die Ergebnisse verweisen jedoch auf eine zufriedenstellende Reichweite der Einflussfaktorenmodelle.

2. Gestaltungsbeiträge der Markenrelevanz für die Profilierung der Unternehmensmarke

Die bisher eingenommene Untersuchungsperspektive hat auf einer abstrakten Ebene die Relevanz der Unternehmensmarke unabhängig von einem spezifischen Unternehmen thematisiert. Dadurch sollte eine allgemeingültige Konzeptualisierung des Relevanzkonstruktes ermöglicht werden, welche potenzielle Ansatzpunkte für die Führung einer individuellen Unternehmensmarke gibt. Die Führung der Unternehmensmarke weist dabei einen im Gegensatz zu einer rein absatzgerichteten Marke weitaus höheren Komplexitätsgrad auf. Dies wird unmittelbar durch das Bezugsspektrum der Unternehmensmarke deutlich und äußert sich durch eine intensive Diskussion der Komplexitätsbewältigung in der wissenschaftlichen Auseinandersetzung mit der Unternehmensmarke.[475] Die Markenführung muss sich dabei wie in den einleitenden Bemerkungen dieser Arbeit gezeigt, letztlich immer an ihrem Beitrag zur langfristigen Sicherung des Unternehmenserfolges messen, welcher sich in ökonomischen Größen wie dem Unternehmensgewinn oder dem Unternehmenswert niederschlägt. Das grundsätzliche **Potenzial dieses Zielerreichungsbeitrages** wurde durch die Relevanz der Unternehmensmarke thematisiert. Sie bezieht sich auf das Ausmaß der Bedeutung der Unternehmensmarke bei getroffenen Entscheidungen der Bezugspersonen und damit auf die Erreichung der verfolgten Markenziele.[476] Wird die Unternehmensmarke als Gestaltungsparameter eingesetzt, steht dann ihre **Profilierung** in den Köpfen der Bezugspersonen im Vordergrund des Markenmanagements.[477] Mit den beiden genannten Aspekten lassen sich die zentralen Fragestellungen umschreiben, bei denen der vorgestellte Modellaufbau zur Relevanz der Unternehmensmarke Ansatzpunkte bietet. Die Relevanzanalyse kann in einem spezifischen Anwendungsfall **normative Aussagen** darüber treffen, inwieweit

- die Unternehmensmarke ein relevanter Gestaltungsparameter zur Erreichung der gesetzten Marken und Unternehmensziele ist und

---

[475] Vgl. stellvertretend Bierwirth, A., Die Führung der Unternehmensmarke, a. a. O., S. 28 ff.; Harris, F. / de Chernatony, L., Corporate Branding and Corporate Brand Performance, in: European Journal of Marketing, Vol. 35, H. 3/4, 2001, S. 441 f.

[476] Vgl. zu den einzelnen Zielen die Abbildung 3 in Abschnitt A dieser Arbeit.

[477] Vgl. zur Markenprofilierung Meffert, H., Strategien zur Profilierung von Marken, a. a. O., S. 129 ff.

- auf Basis welcher Relevanzdimensionen diese Bedeutung resultiert.

Der erste Aspekt ist überwiegend strategischer Natur, da hier der grundsätzliche Stellenwert der Unternehmensmarke erfasst werden soll. Der Stellenwert kann dabei bezugsgruppenspezifisch und -übergreifend betrachtet werden. Der zweite Aspekt hat Auswirkungen sowohl auf der strategischen als auch auf der operativen Ebene. Die Relevanzdimension, welche sich in der spezifischen Situation als dominant erweist, sollte in der Auswahl und in der konkreten Ausgestaltung der Instrumente Berücksichtigung finden. Dadurch wird sichergestellt, dass die Markenprofilierung nicht an einer irrelevanten Markenfunktion ansetzt. So deuten die im Rahmen dieser Untersuchung erzielten Ergebnisse darauf hin, dass der ideelle Nutzen bspw. für die Leistung „Telefonverbindung" bei den Konsumenten sehr gering ausfällt. Eine Profilierung der Unternehmensmarke „Deutsche Telekom" über Elemente des ideellen Nutzens wäre mithin nicht empfehlenswert. Ein anderes Beispiel ist die Kommunikationskampagne zur Unternehmensmarke des Energiekonzerns „E.ON", die mit der Botschaft „Mein E.ON steht mir gut" auf den ideellen Nutzen der Marke abstellt. Dieser wird aber durch die Konsumenten gemäß der vorliegenden Untersuchung nicht eingefordert.

Die genannten Fragestellungen werden im Folgenden behandelt. Dabei wird auf das vorgestellte Modell zur Relevanz der Unternehmensmarke Bezug genommen, welchem die geschilderten Prämissen zu Grunde liegen.

2.1 Einfluss der Relevanzanalyse auf Grundsatzentscheidungen im Prozess der Markenprofilierung

Der skizzierte strategische Aspekt der Relevanzanalyse ist dem Profilierungsprozess vorgelagert. Am Ende dieser Analyse steht eine Aussage darüber, in welchem Ausmaß die Unternehmensmarke bei Auswahlentscheidungen unterschiedlicher Bezugsgruppen ihre Wirkung entfaltet. Damit wird eine Art „Markierungsdruck" identifiziert, der einen ersten Hinweis darauf gibt, welche materiellen und immateriellen Ressourcen für die Profilierung der Unternehmensmarke eingesetzt werden sollten. Die Relevanzanalyse setzt in dem vorgelegten Modell bei den identifizierten endo- und exogenen Einflussfaktoren an. Über eine Einschätzung dieser Faktoren kann in Form einer heuristischen Prognose das Niveau der Relevanz und ihrer Dimensionen erkannt werden. Da die Relevanz der Unternehmensmarke jedoch **wirkungsorientiert** definiert worden ist, wird damit eine rein

unternehmensexterne Perspektive im Sinne einer „**inside-out**"-Betrachtung eingenommen. Das beschriebene Konzept der identitätsorientierten Markenführung,
dem sich diese Arbeit verpflichtet sieht, verweist jedoch auf die **interne Perspektive** an der die Relevanz der Unternehmensmarke zu spiegeln ist. So kann es aus
einer strategischen Entscheidung des Unternehmens heraus sinnvoll sein, trotz
einer identifizierten hohen Markenrelevanz die Unternehmensmarke nicht aktiv
oder nur mit verminderter Priorität zu führen. Bspw. würde eine überwiegende De-
ckung des Bedarfs an Führungskräften durch interne Ausbildung einen ggf. extern
gegebenen „Markierungsdruck" für die Bezugsgruppe der potenziellen Mitarbeiter
abschwächen.

In Abbildung 35 wird eine bezugsgruppenübergreifende Relevanzbewertung in
Form eines **Prüfungsrasters** dargestellt, welches die identifizierten Einflussfaktoren als externe Perspektive mit einer internen Perspektive vereint. Die linke Seite
der Abbildung zeigt den Aufbau der Relevanzanalyse auf der Grundlage der empirischen Einflussfaktoren und der ermittelten Gewichte der drei Dimensionen der
Markenrelevanz. Die Bestimmung der Relevanz ohne eine eigens durchgeführte
Erhebung ist insbesondere über die Betrachtung der exogenen Einflussfaktoren
möglich. Eine Einschätzung kann hier mittels Expertenurteilen unter Berücksichtigung sekundärstatischer Daten (z. B. für die Attraktivität der Branche oder die
durchschnittliche Kauffrequenz) vorgenommen werden. Die endogenen Faktoren
lassen sich durch bestehende Erkenntnisse über die relevanten Zielgruppen der
Unternehmen berücksichtigen. Bspw. ist die Karriereorientierung bei den Absolventen der Betriebswirtschaftslehre grundsätzlich hoch einzustufen.[478] Stellt diese
Personengruppe einen Schwerpunkt in der Personalakquisition dar (wie etwa bei
Unternehmensberatungen), ist eine hohe Ausprägung dieses endogenen Einflussfaktors anzusetzen. Die Einflussfaktorenanalyse führt über die Gewichtung
der einzelnen Faktoren zu einer Beurteilung der Ausprägung der Markenfunktionen und unter Berücksichtigung der Funktionsgewichte zu einer Aussage über die
Markenrelevanz in der betrachteten Bezugsgruppe.

---

[478] In der vorliegenden Analyse sind über 85% der befragten Absolventen der Betriebswirtschaftslehre über das Item „Berufsorientierung" als karriereorientiert einzustufen.

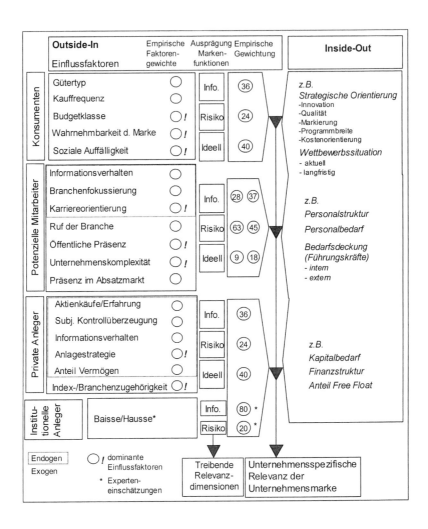

Abbildung 35:   Prüfungsraster zur Relevanz der Unternehmensmarke

Auf der rechten Seite des Prüfrasters sind exemplarisch die strategischen Komponenten dargestellt, an denen die Ergebnisse des Relevanzmodells im Rahmen der
inside-out-Perspektive zu spiegeln sind. Wird die Analyse für ein bestehendes
Produkt- oder Leistungsportfolio durchgeführt, ist zunächst die am Absatzmarkt
verfolgte strategische Grundorientierung zu berücksichtigen. Nach MEFFERT lassen sich fünf Grundorientierungen unterscheiden, die in der Abbildung 35 aufge-

führt sind.[479] Für die aktive Profilierung der Unternehmensmarke sind dabei aus einer internen Perspektive die Qualitäts- und Markierungsorientierung treibende Faktoren, wohingegen die Kostenorientierung einen hemmenden Faktor darstellt. Neben der absatzgerichteten Strategie ist weiterhin die Wettbewerbssituation zu berücksichtigen, da ein dominantes Ziel der Markenprofilierung in der Differenzierung vom Wettbewerb liegt. Ist der Wettbewerb z. B. durch die Existenz rechtlicher oder natürlicher Monopolsituationen (bspw. durch Patente) auf einem niedrigen Niveau zu vermuten, würde die Unternehmensmarke einen weniger bedeutenden Gestaltungsparameter im Absatzmarkt darstellen.

Hinsichtlich der potenziellen Mitarbeiter sind zunächst die mittel- und langfristige Personalstruktur sowie der Personalbedarf zu bestimmen, um aus einer Ressourcenperspektive die Dringlichkeit einer Profilierung am Arbeitsmarkt einzuschätzen. Wird der Personalbedarf insbesondere an Führungskräften vor allem durch interne Ausbildung und Qualifikation gedeckt, ist eine Profilierung der Unternehmensmarke von geringerer Bedeutung. Ist hingegen ein stark steigender Bedarf an Mitarbeitern gegeben, welche insbesondere extern akquiriert werden müssen, würde das die Relevanz der Unternehmensmarke katalysieren. Letztlich sind die Finanzstruktur und die Finanzierungsstrategie des Unternehmens zu betrachten. In dem vorgestellten Prüfraster bezieht sich die externe Perspektive auf die Relevanz der Unternehmensmarke am Aktienmarkt, was den Fokus auf das Eigenkapital des Unternehmens impliziert. Daher ist in einem ersten Schritt der bestehende und der optimale Verschuldungsgrad der Unternehmung (Eigenkapital im Verhältnis zu Fremdkapital) zu bestimmen, der eine Aussage darüber erlaubt, inwieweit die Akquisition und die Stabilität des Eigen- bzw. des Fremdkapitals eine kritische Größe für das Unternehmen darstellt.[480] Bezüglich des Eigenkapitals ist dann zu klären, welcher Anteil dieser Kapitalgröße über den freien börslichen Handel (Anteil des „Free Float") gedeckt wird. Ist dieser relativ gering und wird das Eigenkapital in erster Linie von Großaktionären gehalten, ist die Profilierung der Unternehmensmarke im Vergleich zu einem professionellen Management der Beziehungen zu den Großaktionären weniger relevant. Sind die Eigenkapitalgeber vor allem insti-

---

[479] Vgl. Meffert, H., Marketing-Management, Analyse - Strategie - Implementierung, Wiesbaden 1994, S. 126.

[480] Zur Kapitalstruktur und Verschuldungspolitik vgl. ausführlich Perridon, L. / Steiner, M. Finanzwirtschaft der Unternehmung, a. a. O., S. 442 ff.

tutionelle Investoren, richtet das die Aufmerksamkeit auf die Bezugsgruppe der Analysten.

Am Ende der Prüfung mittels des vorgestellten Rasters kann für ein spezifisches Unternehmen die Relevanz der Unternehmensmarke auf der Ebene der einzelnen Bezugsgruppen beurteilt werden. Diese Analyse lässt sich im Rahmen des Prozesses zur Profilierung von Marken als Teil der Situationsanalyse begreifen. Der Managementprozess der identitätsorientierten Markenprofilierung sieht im Anschluss an die Situationsanalyse und die Bestimmung der Markenziele Grundsatz- und Detailentscheidungen vor, deren Struktur in Abbildung 36 wiedergegeben ist.[481] Die **Grundsatzentscheidungen** betreffen in einem ersten Schritt markenstrategische Entscheidungen und den konkreten Aufbau der **Markenarchitektur**.[482] Innerhalb der Markenarchitektur wird in einer unternehmensweiten Perspektive festgelegt, welche Marken bei welcher Bezugsgruppe, resp. Zielgruppe zum Einsatz kommen. Mit der Markenarchitektur wird bezugsgruppenübergreifend eine analoge Problemstellung aus der klassischen, allein auf den Absatzmarkt fokussierten, Markenführungsperspektive auf die Unternehmensmarke übertragen. Im Absatzmarkt gilt es zu entscheiden, ob und welche identifizierten Kundensegmente im Sinne einer differenzierten Marktbearbeitung angesprochen werden sollen. Für die Markenarchitektur lässt sich daher aus der Perspektive der Unternehmensmarke die Entscheidung identifizieren, welche Bezugsgruppen die Unternehmensmarke zu welchem Grad ansprechen soll. Bezüglich des Intensitätsgrades der Ansprache sind insbesondere für die Bezugsgruppe der Konsumenten und der potenziellen Mitarbeiter unterschiedliche Erscheinungsformen wie z. B. das Endorsed Branding möglich. Für die Kapitalgeber hingegen ist der Entscheidungsbedarf nur bedingt gegeben, da die rechtliche Firmierung für Kapitaltransaktionen ausschlaggebend ist. Ein Endorsement mittels eines Markenzusatzes ist hier kaum möglich.

---

[481] Vgl. Meffert, H. / Burmann, Ch., Managementkonzept der identitätsorientierten Markenführung, in: Meffert, H. / Burmann, Ch. / Koers, M. (Hrsg.), Markenmanagement: Grundfragen der identitätsorientierten Markenführung, a. a. O., S. 75.

[482] Vgl. zur Markenarchitektur ausführlich Bierwirth, A., Die Führung der Unternehmensmarke, a. a. O., S. 110 ff.

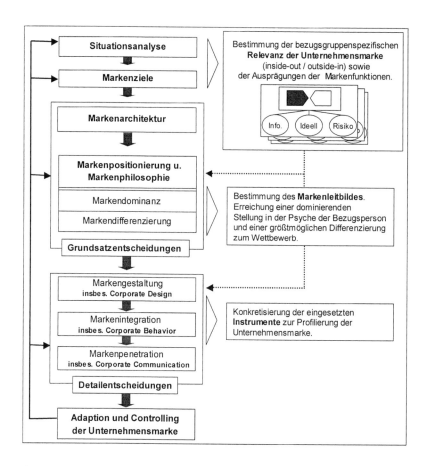

Abbildung 36: Managementprozess zur Profilierung der Unternehmensmarke unter Berücksichtigung der Markenrelevanz

Eng mit der Entscheidung über die Markenarchitektur verzahnt ist die Entwicklung
der **Markenpositionierung**[483] und der **Markenphilosophie**. Die Markenphilosophie definiert die Idee, den Inhalt und die zentralen Eigenschaften der Unterneh-

---

[483] Der Begriff der Positionierung wurde insbesondere durch RIES / TROUT geprägt. Sie sprechen
in einer absatzmarktorientierten Perspektive von einer „Platzierung in den Köpfen der poten-
tiellen Kunden". Vgl. Ries, A. / Trout, J., Positionierung. Die neue Werbestrategie, Hamburg
1986, S. 19; sowie Hooley, G. H. / Saunders, J., Competitive Positioning: The Key to Marketing Strategy, New York 1993, S. 25 ff.

mensmarke.[484] Die Markenphilosophie sollte im Rahmen der Positionierung an denjenigen Problemlösungsideen ansetzen, welche in der Wahrnehmung der Bezugspersonen auf Grund einer überlegenen Bedürfniserfüllung eine Dominanzposition einnehmen und gegenüber den relevanten Wettbewerbern ein größt mögliches Differenzierungspotenzial bieten.

Im Kontext der aufgezeigten Grundsatzentscheidungen wird das **zentrale Spannungsfeld** zwischen Konsistenz und Differenzierung der Führung der Unternehmensmarke deutlich. Sie muss zum einen als notwendige Bedingung des Identitätsaufbaus ein hinreichendes Niveau an Konsistenz und Kontinuität bewahren und zum anderen bei den unterschiedlichen Bezugsgruppen und ggf. deren Subsegmenten (Zielgruppen) den genannten Anforderungen der Positionierung gerecht werden. Die Relevanzanalyse kann innerhalb dieser grundlegenden Herausforderungen in zweierlei Hinsicht entscheidungsunterstützend wirken. Zum einen kann sie zu einer **Priorisierung** der betrachteten Bezugsgruppen nach dem Kriterium der höchsten Relevanz herangezogen werden. Der gesamte Profilierungsprozess und insbesondere die Positionierung lässt sich dann an der priorisierten Zielgruppe ausrichten. Werden bspw. die Konsumenten als dominante Bezugsgruppe der Unternehmensmarke identifiziert, impliziert das eine überwiegende Allokation von Ressourcen der Markenführung auf diese Zielgruppe und eine Positionierung der Unternehmensmarke, die sich an den Problemlösungsideen der Konsumenten orientiert. Neben einer Priorisierung eröffnet die Relevanzanalyse einen möglichen Suchraum für die Positionierung der Unternehmensmarke. Die einzelnen Relevanzdimensionen setzen, analog zu den Überlegungen zur Positionierung, an den **Bedürfnissen** der betrachteten Bezugspersonen an. In der Situationsanalyse wurde für die einzelnen Bezugsgruppen die Ausprägung der Markenfunktionen als Dimensionen der Relevanz bestimmt. Diese Ausprägungen **konkretisieren die Positionierungsoptionen** der Unternehmensmarke für die einzelnen Bezugsgruppen in den Ausprägungen Informationseffizienz, Risikoreduktion und idealer Nutzen. Mit dieser Information lassen sich weiterhin Aussagen über die Intensität des beschriebenen Spannungsfeldes zwischen Konsistenz und Differenzierung treffen. Dominiert eine Markenfunktion über alle Bezugsgruppen, kann die Unternehmensmarke innerhalb dieser Dimension bezugsgruppenübergreifend positioniert werden. Dominieren hingegen unter-

---

[484] Vgl. Meffert, H. / Burmann, Ch., Identitätsorientierte Markenführung – Grundlagen für das Management von Markenportfolios, a. a. O., S. 38.

schiedliche Markenfunktionen in den einzelnen Bezugsgruppen, ist das Spannungsfeld von hoher Intensität und somit ein Problembereich, den die Führung der Unternehmensmarke berücksichtigen muss. Diese Berücksichtigung kann durch die Anpassung der Markenarchitektur erfolgen. So ist sie dahingehend anzupassen, dass die Unternehmensmarke in der bezüglich der Relevanzdimension abweichenden Bezugsgruppe entweder gar nicht oder lediglich in Form eines Markenzusatzes auftritt. Durch diese Entkopplung innerhalb der Markenarchitektur würde der Koordinationsbedarf, der durch die verschiedenen Bezugsgruppen entsteht, reduziert werden.

Neben der Anpassung der Markenarchitektur kann der beschriebene Koordinationsbedarf durch eine bezugsgruppenspezifische Interpretation des **Leitbildes** erfolgen. Leitbilder dienen grundsätzlich als Instrumente der Implementierung der Markenphilosophie. Beispiele für Leitbilder auf der Ebene der Unternehmensmarke sind „*A Brand like a Friend*" des Unternehmens Henkel oder „*We bring good things to life*" des Unternehmens General Electric. Sie vermitteln zentrale Elemente der Markenphilosophie in Form plastischer Darstellungen und bringen die spezifische Kompetenz sowie das Verhältnis der Unternehmensmarke zu den wesentlichen internen und externen Bezugsgruppen zum Ausdruck.[485] Mit dem letzteren Aspekt wird ihr koordinativer Anspruch deutlich. Das Leitbild der Unternehmensmarke ist als bezugs- und zielgruppenübergreifendes Instrument jedoch systematisch auf einem relativ abstrakten Niveau formuliert. Eine weitere Konkretisierung des Leitbildes erfolgt in den **Unternehmensgrundsätzen.** Die Unternehmensgrundsätze spiegeln die Grundwerte eines Unternehmens als gebündelte Zielvorstellungen und Verhaltensvorgaben wieder. Diese lassen sich bezugsgruppenspezifisch ausgestalten und basieren auf dem übergeordneten Leitbild der Unternehmensmarke.[486] Für die Ausgestaltung des Leitbildes und dessen bezugsgruppenspezifischer Konkretisierung bieten die identifizierten Markenfunktionen Ansatzpunkte. Neben der grundsätzlichen Ausrichtung des übergeordneten Markenleitbildes an einer ggf. priorisierten Bezugsgruppe können Sub-Leitbilder und

---

[485] Vgl. Matje, A., Unternehmensleitbilder als Führungsinstrument, Komponenten einer erfolgreichen Unternehmensidentität, Wiesbaden 1996, S. 87 f.; Bleicher, K., Leitbilder: Orientierungsrahmen für eine integrierte Management-Philosophie, Stuttgart 1992, S. 21 ff.; sowie Meffert, H. / Burmann, Ch., Managementkonzept der identitätsorientierten Markenführung, a. a. O., S. 79.

[486] Ein öffentlich zugängliches Beispiel für Unternehmensgrundsätze findet sich unter http://www.bayer.de/de/bayer/ub_up_fuehrung.php.

entsprechende Grundsätze formuliert werden, die sich an den Dimensionen der Markenrelevanz orientieren. Eine solche bezugsgruppenspezifische Leitbildhierarchie ist in Abbildung 37 beispielhaft dargestellt.

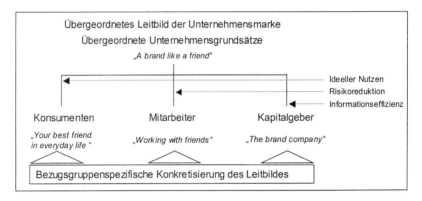

Abbildung 37:   Exemplarische Leitbildhierarchie einer Unternehmensmarke

Die bezugsgruppenspezifischen Konkretisierungen des übergeordneten Leitbildes berücksichtigen in der exemplarischen Darstellung die Dimensionen der Markenrelevanz. Neben den spezifischen Sub-Leitbildern, welche über das übergeordnete Leitbild gebündelt werden, sind dazu bezugsgruppenspezifische Unternehmensgrundsätze zu formulieren. Die Subleitbilder sollten dabei nicht notwendigerweise extern kommuniziert werden, sondern dienen vielmehr einer internen Koordination des Selbstbildes der Unternehmensmarke, welches sich in der externen Wahrnehmung der Bezugspersonen niederschlagen soll. Mit dieser Vorgehensweise wird implizit davon ausgegangen, dass die Identität der Unternehmensmarke zu einem gewissen Grad **bezugsgruppenspezifisch ausgerichtet** werden kann. In der wissenschaftlichen Literatur zur Unternehmensmarke herrscht Uneinigkeit über diese Möglichkeit.[487] In der vorliegenden Arbeit soll diesbezüglich

---

[487]   Den Anspruch einer größt möglichen Konsistenz postulieren z. B. Dowling G. R., Managing your corporate images, in: Industrial Marketing Management, Vol. 15, 1986, S. 109-115; Abratt, R., A new approach to the corporate image management process, in: Journal of Marketing Management, Vol. 5, No. 1, 1989, S. 63-76. Die Möglichkeit einer bezugsgruppenspezifischen Differenzierung sehen Mejs, M., The Myth of Manageability of Corporate Identity, in: Corporate Reputation Review, Vol. 5., Nr. 1, 2002, S. 20-34; Balmer, J. M. T. / van Riel, C. B., Corporate Identity: The concept, its management and measurement, in: European Journal of Marketing, Vol. 31, Nr. 5/6, 1997, S. 340-355; Leitch, S. / Motion, J., Multiplicity in corporate identity strategy, in: Corporate Communications, Vol. 4, No. 4, 1999, S.193-199.

MEJS gefolgt werden, der bemerkt: „*Organizations like individuals have to act diffe-rently to different audiences. As long as the stakeholder is not confronted with dif-ferent `faces` of the same organization, it does not have to appear fragmented and schizophrenic or schizoid, as an individual would.*"[488] Unter der Prämisse einer übergeordneten Klammer, welche eine hinreichende Konsistenz der Unterneh-mensmarke gewährleistet, kann diesem Gedanken folgend, ihre Profilierung be-zugsgruppenspezifisch durch die Betonung der dominierenden Relevanzdimen-sion einhergehen. Dies trägt der identifizierten, rollenspezifischen Verwendung der Unternehmensmarke in Auswahlentscheidungen einer Bezugsperson Rechnung. Lässt sich jedoch keine übergeordnete Klammer finden oder verlaufen die ange-strebten Positionierungen diametral zueinander (z. B. „modisch extrovertiert" in der Bezugsgruppe der Konsumenten versus „sicher und beständig" in der Bezugs-gruppe der privaten Anleger), muss eine Entkopplung der Unternehmensmarke von einer oder mehreren Bezugsgruppen durch Restrukturierung der Markenar-chitektur erfolgen. Die beschriebenen Ergebnisse der Untersuchungen zum „En-dorsed- oder Dual-Branding" in der Bezugsgruppe der Konsumenten deuten dar-auf hin, dass diese Entkopplung nicht vollständig erfolgen muss, sondern auch graduell ausgestaltet werden kann.

Im Anschluss an die Grundsatzentscheidungen steht die Markenführung vor der Herausforderung, die Unternehmensmarke auf Basis der Markenphilosophie so-wie der spezifischen Positionierung über den Einsatz geeigneter Instrumente in den Köpfen der Bezugspersonen zu verankern. Die instrumentelle Umsetzung wird im Rahmen des Profilierungsprozesses unter dem Begriff der Detailentschei-dungen zusammengefasst, die im Folgenden betrachtet werden sollen.

2.2 Einfluss der Relevanzanalyse auf Detailentscheidungen im Prozess der Markenprofilierung

Die Detailentscheidungen des Profilierungsprozesses der Unternehmensmarke umfassen die Prozessstufen der Markengestaltung, der Markenintegration und der Markenpenetration. In einer rein auf den Absatzmarkt fokussierten Perspektive entspricht die Markengestaltung der Markentechnik bzw. dem Branding, wohinge-gen die Markenintegration sowie die -penetration an der klassischen Struktur des

---

[488] Mejs, M. The Myth of Manageability of Corporate Identity, a. a. O., S. 28.

Marketing-Mix („4P") ansetzt. Im Kontext der Unternehmensmarke werden hingegen unterschiedliche Strukturierungsmöglichkeiten auf der Instrumentalebene diskutiert. So schlägt BALMER einen erweiterten Mix des Corporate Marketing vor, der insgesamt „10 P" enthält.[489] Er relativiert jedoch in einem späteren Beitrag die Handhabbarkeit dieser Struktur, da sie zwar der Komplexität des für die Unternehmensmarke notwendigen „Orchesters" an Instrumenten gerecht werde, jedoch ihrerseits für die Praxis zu komplex sei.[490] Andere Auseinandersetzungen mit dem Managementprozess unterlassen eine eindeutige Nennung von Instrumenten, betonen jedoch die Wichtigkeit der Unternehmenskommunikation und die organisatorische Eingliederung des Managements der Unternehmensmarke.[491] Die identitätsorientierte Führung der Unternehmensmarke verweist indes auf die zu Beginn dieser Arbeit skizzierte Forschung zur Corporate Identity, die mit dem Corporate Design, dem Corporate Behavior und den Corporate Communications drei Maßnahmenbereiche zur Durchsetzung der Unternehmensidentität vorgibt. Diese Bereiche sollen im Folgenden als Ankerpunkte im Rahmen der Detailentscheidungen herangezogen werden.[492]

Das **Corporate Design** zielt dabei vor allem auf die äußere Gestaltung des Unternehmensauftrittes. Es beinhaltet insbesondere die Festlegung von Elementen wie etwa dem Unternehmensnamen, dem Wort- und / oder Bildzeichen sowie der Farbgebung. Das Unternehmensdesign verkörpert über die Gestaltung der eigentlichen Markierung hinaus die Gesamtheit des visuellen Firmenbildes.[493] Mit dem

---

[489] Dies sind Positioning, Perception, Performance, Product, Price, Promotion, Place, People, Personality, Philosophy. Vgl. Balmer, J. M. T., Corporate Identity and the Advent of Corporate Marketing, a. a. O., S. 991.

[490] BALMER bemerkt 2001 dazu: *„The author has no doubt that the corporate marketing mix will require further reflection and re-working".* Balmer, J. M. T., Corporate Identity, corporate branding and corporate marketing – seeing through the fog, a. a. O., S. 265.

[491] Vgl. stellvertretend Ind, N., Making the most of your Corporate Brand, a. a. O., S. 64 ff.; Markwick, N. / Fill, Ch., Towards a framework for managing corporate identity, in: European Journal of Marketing, Vol. 31, No. 5/6, 1997, S. 396-409.

[492] Vgl. zu dieser Vorgehensweise auch Stuart, H., Towards a definitive model of the corporate identity management process, in: Corporate Communications, Vol. 4, No. 4, 1999, S. 200-207; Meffert, H. / Bierwirth, A., Stellenwert und Funktionen der Unternehmensmarke – Erklärungsansätze und Implikationen für das Corporate Branding, a. a. O.

[493] Vgl. Meffert, H., Marketing – Grundlagen marktorientierter Unternehmensführung, a. a. O., S. 707; Möhlenbruch, D. / Claus, B. / Schmieder, U. M. (Hrsg.), Corporate Identity, Corporate Image und Integrierte Kommunikation als Problembereiche des Marketing, Betriebswirtschaftlicher Diskussionsbeitrag der Universität Halle-Wittenberg 2000, S. 15 f.; Wache, Th. / Brammer, D., Corporate Identity als ganzheitliche Strategie, Wiesbaden 1993, S. 99.

geschilderten Aufgabenbereich lässt sich das Corporate Design der Markengestaltung zuordnen. Die Gestaltung der Unternehmensmarke ist vor allem im Zusammenhang mit der Markenfunktion der **Informationseffizienz** von Bedeutung. Die Diskussion dieser Markenfunktion im Rahmen der Konzeptualisierung der Relevanz hat gezeigt, dass die Verarbeitung und Speicherung der Unternehmensmarke über die Verankerung des Markennamens, resp. des Markenbildes erfolgt. Mit einer hohen Bedeutung dieser Markenfunktion ist verstärkt dafür zu sorgen, die Unternehmensmarke schnell verarbeit- und wiedererkennbar zu gestalten. Dies wird durch Diskriminationsfähigkeit (über Form, Farbe und sonstige Merkmale) sowie Prägnanz (Einfachheit, Einheitlichkeit und Kontrast) gewährleistet. Darüber hinaus sind nach den Erkenntnissen aus der Käuferverhaltensforschung konkrete, imagerystarke Markennamen abstrakten, imageryschwachen Markennamen vorzuziehen. Ähnlich verhält sich die Situation bei den Wort- und Bildzeichen: Konkrete Zeichen sind abstrakten zu bevorzugen.[494] Die genannten Aspekte beziehen sich primär auf die erstmalige Gestaltung einer Unternehmensmarke (z. B. im Falle einer Unternehmensgründung oder -fusion) sowie ihrer weitreichenden Neugestaltung. Für eine Profilierung einer bestehenden Unternehmensmarke unter Berücksichtigung der Informationseffizienz ist jedoch insbesondere ein langfristig konsistenter Auftritt in **sämtlichen Elementen** (wie in der Unternehmenskorrespondenz, der Gestaltung des Geschäftsberichtes und in Medien der klassischen Werbung[495]) zu gewährleisten. Dies erscheint auf den ersten Blick unproblematisch, ist aber insbesondere bei großen Unternehmen mit einer umfangreicheren Markenarchitektur ein virulenter Problemkreis.[496] Daher erscheinen konkrete, unternehmensweite Designvorgaben insbesondere in den Bezugsgruppen mit einer dominanten Ausprägung der Informationseffizienz notwendig.[497] Eine konsistente und wiedererkennbare Gestaltung der Unternehmensmarke ist eine notwendige Komponente der Orientierung an der Informationseffizienz. Diese muss aber durch

---

[494] Vgl. Esch, F.-R., / Langner, T., Branding als Grundlage zum Markenwertaufbau, a. a. O., S. 417 f.

[495] Damit wird die Schnittmenge zu dem später diskutierten Bereich der Unternehmenskommunikation deutlich.

[496] Vgl. das anschauliche Beispiel bei Bierwirth, A., Die Führung der Unternehmensmarke, a. a. O., S. 196.

[497] Für eine praxisorientierte Detaillierung eines „Corporate Visual Identity Systems" vgl. Melewar, T. C. / Saunders, J., Global corporate visual identity systems: using an extended marketing mix, in: European Journal of Marketing, Vol. 34, Nr. 5/6, 2000, S. 538-550.

eine eindeutige inhaltliche Aufladung der Unternehmensmarke über die beiden anderen Maßnahmenfelder gestützt werden.

Mit dem **Corporate Behavior** (Unternehmensverhalten) ist ein Maßnahmenbereich angesprochen, der in der wissenschaftlichen Literatur unterschiedlich abgegrenzt wird. BIRKIGT / STADLER beschreiben das Verhalten eines Unternehmens als ein Aggregat des Angebots-, Preis-, Vertriebs-, Finanzierungs-, Kommunikations- und Sozialverhaltens. Mit der Einbeziehung der Kommunikation, die hier als eigener Maßnahmenbereich verstanden werden soll, erscheint diese Abgrenzung jedoch als ungeeignet. In einer engeren Interpretation bezieht sich das Corporate Behavior auf das Verhalten der Mitarbeiter und der Unternehmensführung.[498] Das Unternehmensverhalten als Ausdruck des Selbstbildes eines Unternehmens prägt maßgeblich die externe Wahrnehmung bei den unterschiedlichen Bezugsgruppen. Für die Profilierung der Unternehmensmarke muss die Markenphilosophie und dementsprechend das Markenleitbild verstanden und gelebt werden, womit die **Markenintegration** im Rahmen des Profilierungsprozess beschrieben wird. Die Markenintegration verfolgt das Ziel einer schlüssigen und widerspruchsfreien Ausrichtung aller Verhaltensweisen der Mitarbeiter im Innen- und Außenverhältnis.[499] Das Corporate Behavior ist von besonderer Bedeutung für die Profilierung der Unternehmensmarke auf Basis der **Risikoreduktionsfunktion** sowie dem ideellen Nutzen. Der persönliche Kontakt einer externen Bezugsperson bietet einen Anknüpfungspunkt für (Personen-) Vertrauen, was in der vorliegenden Konzeptualisierung der Risikoreduktionsfunktion zugeordnet worden ist. Speziell für Dienstleistungsunternehmen für die im Rahmen der Relevanzanalyse eine dominierende Stellung dieser Markenfunktion festgestellt werden   konnte, ist das Unternehmensverhalten ein zentraler Gestaltungsparameter. Unabhängig von dem Gütertyp des Angebotes ist für die Bezugsgruppe der potenziellen Mitarbeiter das Corporate Behavior zu beachten, da insbesondere in der Selektionsphase der Arbeitgeberwahl ein intensiver Kontakt zu den personalverantwortlichen Mitarbeitern stattfindet. Neben der angesprochenen Bildung von Vertrauen, kann hier eine bezugsgruppenspezifische Profilierung über den ideellen Nutzen erfolgen, indem das

---

[498] Vgl. Meffert, H., Corporate Identity, a. a. O., S. 818; Melewar, T. C. / Jenkins, E., Defining the Corporate Identity Construct, in: Corporate Reputation Review, Vol 5, No. 1, 2002, S. 81 f.

[499] Vgl. Birkigt, K. / Stadler, M. M., Corporate Identity – Grundlagen, in: Birkigt, K. / Stadler, M. M. / Funck, H. J. (Hrsg.), Corporate Identity: Grundlagen, Funktionen, Fallbeispiele, 9. Aufl. Landsberg/Lech 1998, S. 20; Meffert, H., Marketing – Grundlagen marktorientierter Unternehmensführung, a. a. O., S. 708.

Unternehmensleitbild in konkrete Verhaltensweisen gegenüber den Bewerbern übersetzt wird. Letztlich haben die durchgeführten Expertengespräche gezeigt, dass die Verhaltensmuster der Investor Relations-Verantwortlichen, bzw. des Finanzvorstandes für die Bezugsgruppe der Analysten von besonderer Bedeutung sind. Sie sind zentrales Instrument der Positionierung im spezifischen Wahrnehmungsraum der Analysten. Unter der Berücksichtigung der Vertrauenskomponente sollte hier eine detaillierte Deutung des Unternehmensleitbildes in Verhaltensregeln gegenüber diesem Personenkreis erfolgen, welche langfristig beibehalten werden.

Mit den **Corporate Communications** (Unternehmenskommunikation) ist der Maßnahmenbereich der **Markenpenetration** angesprochen, welcher eine zentrale Stellung für die Profilierung der Unternehmensmarke einnimmt. Die Unternehmenskommunikation bezieht sich auf sämtliche innen- und außengerichteten Kommunikationsmittel, welche die Erreichung einer angestrebten Identität der Unternehmensmarke gewährleisten sollen.[500] Sie ist deshalb als wichtiger Maßnahmenbereich einzustufen, da mit Hilfe der internen Unternehmenskommunikation das Verstehen der Positionierungsinhalte der Marke gefördert wird, welche wiederum durch die externe Kommunikation an die relevanten Bezugsgruppen transportiert werden. Die Unternehmenskommunikation bündelt die in der Literatur zum Kommunikationsmanagement aufgeführten Einzelbereiche der Kommunikation. Diese lassen sich in einer bezugsgruppenorientierten Strukturierung in die folgenden Bereiche unterteilen:

- **Absatzmarkt-** bzw. **Marketing-Kommunikation**: Im Mittelpunkt steht die Kommunikation eines Unternehmens mit der Bezugsgruppe der Konsumenten. Sie findet ihren Niederschlag vor allem in der klassischen produkt- oder leistungsbezogenen Werbung.

---

[500] Vgl. Meffert, H., Marketing – Grundlagen marktorientierter Unternehmensführung, a. a. O., S. 707, sowie Wilson, A. M., Understanding organisational culture and the implications for corporate marketing, in: European Journal of Marketing, Vol. 35, Nr. 3/4, 2001, S. 353-367. Für eine praxisorientierte Umsetzung in Form von Checklisten Kitchen, P. J. / Schultz, D. E. (Hrsg.), Raising the Corporate Umbrella: Corporate Communications in the 21st Century, Palgrave 2001.

- **Investor Relations**: Hierzu zählen alle Kommunikationsbeziehungen mit den Teilnehmern des Kapitalmarktes sowohl auf der Seite des Eigen- als auch des Fremdkapitals.

- **Personalkommunikation** (extern): Diese umfasst die zielgerichtete Ansprache von potenziellen Mitarbeitern insbesondere unter der Berücksichtigung von Veranstaltungen, Messen und Bildungsinstitutionen. Personalkommunikation (intern): Hierunter wird der Top-Down gesteuerte Informationsfluss innerhalb eines Unternehmens beschrieben, wobei eine Differenzierung zwischen der Kommunikation im exklusiven Kreis der Führungskräfte und der Kommunikation mit der Gesamtheit der Mitarbeiter vorzunehmen ist.

- **Öffentlichkeitsarbeit / Public Relations**: Diese Kommunikationsform beschäftigt sich mit der Durchsetzung der Unternehmensstrategie gegenüber gesellschaftlichen Bezugsgruppen wie z. B. Politik, Bildung und Wissenschaft insbesondere unter Berücksichtigung unternehmensunabhängiger Medien.

Die aufgeführten Bereiche beinhalten wiederum unterschiedliche Instrumente, mit deren Hilfe die zu bearbeitenden Bezugsgruppen erreicht werden sollen. Für den Bereich der Unternehmenskommunikation ist in diesem Zusammenhang das im Rahmen der strategischen Entscheidungen angesprochene Spannungsfeld zwischen Konsistenz der Botschaft und bezugsgruppenspezifischer Orientierung erneut aufzugreifen. Zur Gewährleistung der **Konsistenz** ist die Integration der Unternehmenskommunikation auf den drei Ebenen der inhaltlichen, formalen und zeitlichen Ebene anzustreben.[501] Die formale Integration ist dabei durch die Klammer des Corporate Design zu wahren. Mit der inhaltlichen Integration sind im Rahmen einer bezugsgruppenspezifischen Interpretation der Unternehmensmarke zwei Konsistenzdimensionen zu prüfen. Zum einen ist die inhaltliche Integration **innerhalb** einer Bezugsgruppe zu beachten. So könnte dies in einer konsistent risikoreduzierenden Interpretation der Unternehmensmarke für die potenziellen

---

[501] Vgl. zu den Formen der integrierten Kommunikation Bruhn, M., Integrierte Unternehmenskommunikation: Ansatzpunkte für eine strategische und operative Umsetzung integrierter Kommunikationsarbeit, 2. Aufl., Stuttgart 1995; v. Riel, C. B., Corporate Communication Orchestrated by a Sustainable Corporate Story, in: Schultz, M. / Hatch, M. J. / Larsen, M. H. (Hrsg.), The Expressive Organisation, Oxford / New York 2000, S. 163 ff.

Mitarbeiter liegen. Zum anderen ist die inhaltliche Konsistenz **zwischen** unterschiedlichen Bezugsgruppen zu gewährleisten, um einer Schwächung der Unternehmensmarke durch widersprüchliche Wahrnehmungen vorzubeugen. Die letztgenannte Konsistenzdimension ist vor allem in Kommunikationskanälen ausschlaggebend, die von mehreren Bezugsgruppen genutzt werden. Die vorliegende Untersuchung zeigt, dass unter den markenpolitisch steuerbaren Gestaltungsparametern insbesondere der **Internetauftritt des Unternehmens** als gestaltbarer Kommunikationskanal von mehreren Bezugsgruppen genutzt wird (vgl. Abbildung 38).[502] Im Gegensatz zu bezugsgruppenspezifischen Instrumenten wie etwa Recruiting-Anzeigen oder Kontaktmessen ist hier der kommunikativen Bündelung durch das übergeordnete Leitbild der Unternehmensmarke besondere Aufmerksamkeit zu schenken.

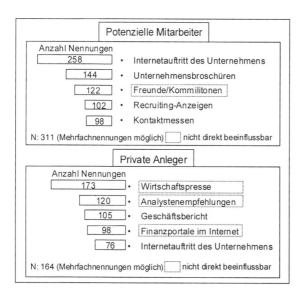

Abbildung 38:   Am häufigsten genutzte Informationsquellen der potenziellen Mitarbeiter und der privaten Anleger

---

[502] Die hier erzielten Ergebnisse spiegeln die Ergebnisse anderer Studien in den Bezugsgruppen wieder, wobei das Internet durch seine weitere Diffusion an Bedeutung zugenommen hat, vgl. stellvertretend Teufer, S., Die Bedeutung des Arbeitgeberimages bei der Arbeitgeberwahl, a. a. O., S. 75 und Stüfe, K., Das Informationsverhalten deutscher Privatanleger, a. a. O., S. 80 ff.

Durch die Eigenschaften des Internet, welche eine Benutzerführung im Sinne einer bezugsgruppenspezifischen Organisation der Informationen ermöglicht, lassen sich unter der Leitlinie der Markenphilosophie die kommunikativen Botschaften vom ersten Aufruf der Unternehmensseite kanalisieren. Damit kann die vorgeschlagene Interpretation der Unternehmensmarke entlang der als dominant identifizierten Relevanzdimensionen erfolgen. Ein Umsetzungsbeispiel für die Unternehmensmarke „Henkel" zu dieser Vorgehensweise zeigt Abbildung 39.[503]

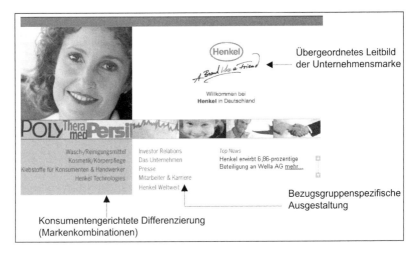

Abbildung 39: Beispiel für einen bezugsgruppenspezifischen Auftritt der Unternehmensmarke im Internet

Der Einsatz der Unternehmenskommunikation ist über den Internetauftritt hinaus grundsätzlich für die Profilierung der Unternehmensmarke in allen identifizierten Markenfunktionen von Bedeutung. Insbesondere die Profilierung auf Basis der **ideellen Dimension** kann durch die Unternehmenskommunikation umgesetzt werden. So vertreten BATRA / LEHMANN / SINGH die Meinung, dass der Kommunikation und nicht zuletzt der klassischen Werbung die größte Bedeutung innerhalb des Marketinginstrumentariums für den Aufbau einer nachhaltigen Markenpersön-

---

[503] Vgl. http://www.henkel.de, Abruf vom 18.03.2003.

lichkeit zukommt.[504] Die Entwicklung einer solchen ist, wie in der Konzeptualisierung des Relevanzkonstruktes gezeigt, essenziell für die Identifikation einer Bezugsperson mit einer Unternehmensmarke sowie für die Etablierung einer Markenbeziehung. Damit kann die Profilierung entlang der ideellen Nutzendimension
mittels der kommunikationsbezogenen Erkenntnisse auf der Forschung zur Markenpersönlichkeit aufsetzen.

In einer zusammenfassenden Betrachtung der beschriebenen Detailentscheidungen zur Profilierung der Unternehmensmarke lassen sich diese schwerpunktartig
den einzelnen Markenfunktionen zuordnen. Diese Zuordnung fasst Abbildung 40
synoptisch zusammen. Die Abbildung verdeutlicht die exponierte Stellung der Unternehmenskommunikation. Vor diesem Hintergrund muss das **Controlling** der
Unternehmensmarke, welches den Managementprozess zur Profilierung der Unternehmensmarke abschließt, insbesondere an den Kommunikationszielen der
Unternehmensmarke ansetzen. Die Controlling-Ergebnisse gehen in Form einer
Rückkopplung in den Profilierungsprozess ein und implizieren ggf. Anpassungen
der zuvor getroffenen Ziel- und Umsetzungsentscheidungen.

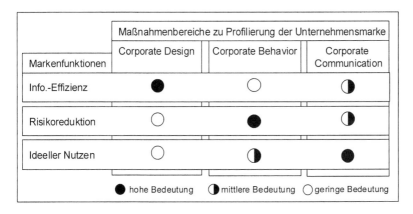

**Abbildung 40:   Die Bedeutung der Maßnahmenbereiche für die Profilierung
der Unternehmensmarke entlang der Markenfunktionen**

---

[504] Vgl. Batra, R. / Lehmann, D. / Singh, D., The Brand Personality Component of Brand Goodwill:
Some Antecedents and Consequences, in: Aaker, D. A. / Biel, A. L. (Hrg.), Brand Equity and
Advertising: Advertising's Role in Building Strong Brands, Hillsdale (NJ) 1993, S. 93 f.

3. Implikationen für weiterführende Forschungsvorhaben

Neben den Implikationen für die Profilierung der Unternehmensmarke ergeben sich auf Grund der gewählten Untersuchungsperspektive sowie angesichts der Breite des Untersuchungsspektrums verschiedene Ansatzpunkte für weiterführende Forschungsarbeiten auf dem Gebiet der Markenrelevanz und der Führung der Unternehmensmarke:

- Im Rahmen der vorliegenden Untersuchung wurde die Erfassung der Markenrelevanz auf Basis der durchgeführten Bewertung kompositionell erhoben. Obgleich die Ergebnisse teilweise validiert werden konnten, gilt es **weitere Validierungsoptionen**, insbesondere in anderen Bezugsgruppen als den Konsumenten vorzunehmen. Dies ist insbesondere von Bedeutung, da die Relevanz der Unternehmensmarke ein bislang kaum beachtetes Konstrukt darstellt und die vorliegende Untersuchung nur erste Anhaltspunkte bieten kann.

- Die geführte Diskussion **fokussierte sich auf die Bezugsgruppen** der Konsumenten, der potenziellen Mitarbeiter sowie der (Eigen-) Kapitalgeber. In einem weiteren Schritt ist das Bezugsgruppenspektrum um weitere potenziell bedeutende Bezugsgruppen wie den Fremdkapitalgebern oder Vertretern sozialer bzw. politischer Institutionen zu erörtern. Darüber hinaus bietet die interne Bezugsgruppe **der Mitarbeiter des Unternehmens** ein weiteres, interessantes Forschungsfeld. Durch die markenbildende Beziehung dieser Personen, welche von hoher Dauer und Intensität ist, gilt es zu fragen, inwieweit die Unternehmensmarke das Verhalten innerhalb der Unternehmung beeinflusst und ob, bzw. durch welche Faktoren dieser Einfluss moderiert wird. Zu diesem Zweck erscheint eine weitreichende Verknüpfung der Forschung zur Unternehmensmarke mit der Forschung zur Unternehmenskultur zweckmäßig.

- In der Bezugsgruppe der Konsumenten beschränkte sich die empirische Untersuchung auf den Bereich der Konsumgüter und der Dienstleistungen. Weiterführende Untersuchungen für das **Industriegütermarketing sowie für Non-**

Profit Organisationen erscheinen notwendig, da in diesen Sektoren der Markenführung eine verstärkte Aufmerksamkeit geschenkt wird.[505]

- Auf Grund des Querschnittscharakters der vorliegenden Arbeit konnte keine empirische Analyse von **Wandlungs- und Anpassungsprozessen der Relevanz** der Unternehmensmarke im Zeitablauf geleistet werden. Es wird in diesem Zusammenhang davon ausgegangen, dass die Relevanz ein kurz- bis mittelfristig stabiles Konstrukt ist. Quellen einer langfristigen Dynamik könnten sowohl unternehmensgesteuerte als auch nicht durch die Unternehmen gesteuerte Faktoren sein. Unternehmensgesteuert wäre z. B. der kontinuierlich und intensiv aufrechterhaltene Kommunikationsdruck eines oder mehrerer Unternehmen, der es langfristig schafft, den Wahrnehmungsraum der Bezugsgruppe zu verändern. So könnten z. B. in der Bezugsgruppe der Konsumenten versucht werden, die Bedeutung von „Markenqualität" für Telefonverbindungen herauszustellen. Dies erscheint jedoch nur langfristig möglich und ist mit einem erheblichen Kommunikationsaufwand verbunden. Nicht durch die Unternehmen zu beeinflussen sind externe Faktoren wie der gesellschaftliche Wertewandel oder technologische Rahmenbedingungen. Die vorliegende Analyse hat bspw. gezeigt, dass die Relevanz der Unternehmensmarke für die homogene Leistung Strom gering ausfällt. Käme es wie im Bundesstaat Kalifornien der Vereinigten Staaten häufiger zu Störungen in der Stromversorgung, würde das Bedürfnis nach Reduktion des Risikos eines Stromausfalls zunehmen, und somit Profilierungsraum für die Unternehmensmarke entlang der Risikoreduktion eröffnen. Vor diesem Hintergrund erscheint es sinnvoll, die im Rahmen dieser Untersuchung herausgearbeiteten Erkenntnisse auf Basis einer Längsschnittanalyse in größeren zeitlichen Abständen zu überprüfen und einem erneuten Validierungsprozess zuzuführen. Damit ließen sich die beispielhaft angeführten Faktoren spezifizieren und das Ausmaß der Dynamik bestimmen.

- Die Analyse der **betrachteten Einflussfaktoren** der Markenrelevanz war in der vorliegenden Analyse limitiert. Insbesondere wurden in der Bezugsgruppe der Konsumenten vor allem exogene Faktoren betrachtet, die einer Einschätzung durch Experten einfacher zugänglich ist. Hier sollte eine vertiefende Ana-

---

[505] Vgl. für den Industriegüterbereich die ersten Ergebnisse von Caspar, M. / Hecker, A. / Sabel, T., Markenrelevanz in der Unternehmensführung – Messung, Erklärung und empirische Befunde für B2B-Märkte, a. a. O., sowie für den Non-Profit Bereich Hughes, R. A., Branded, in: Foundation News & Commentary, May/June 2001, S. 46-48.

lyse endogener Faktoren erfolgen. Die signifikanten Unterschiede für die unterschiedlichen Phasen des Entscheidungsprozesses der potenziellen Mitarbeiter lenken dabei die Aufmerksamkeit auf die unterschiedlichen Arten von Kaufentscheidungsprozessen, die z. B. entlang des Involvement strukturiert werden können. Die Analyse des Einflusses dieser Faktoren auf die Markenrelevanz stellt eine wichtige Ergänzung zu der vorliegenden Untersuchung dar.

Insgesamt verdeutlichen die Ausführungen den Bedarf weiterer Forschungsbemühungen zur Erweiterung des Verständnisses der Markenrelevanz als Grundlage der Führung der Unternehmensmarke. Eine fundierte Beantwortung dieser Fragen erscheint um so bedeutender, als dass im Zuge von Fusionen und Unternehmensakquisitionen von einem weiter steigenden Stellenwert einer übergeordneten Unternehmensmarke auszugehen ist. In Kombination mit der anhaltenden Wertorientierung der Unternehmensführung ist die Marketingwissenschaft aufgefordert, den Erkenntnisstand zur Relevanz der Unternehmensmarke als komplexeste aller Markenformen durch kontinuierliche Forschungsanstrengungen weiter zu steigern.

Anhang

Anhangverzeichnis

Anhang 1:   **Übersicht über die geführten Expertengespräche**

Datum	Gesprächspartner
11.02.2003	Frau Julia Münchschwander, Metzler
19.02.2003	Herr Fabian Kania, Helaba Trust
23.02.2003	Herr Marc-Alexander Kniess, DWS Investment
24.02.2003	Frau Dr. Nicola Riley, Merill Lynch
03.03.2003	Herr Patrick Juchemich, Salomon Oppenheim

Anhang 2: Fragebogen – Konsumenten (Pre-Test)

	Waschmittel		Pauschalreisen	
Bitte kreuzen sie an, ob folgende Aussage zutrifft	①◄──────►⑤ (Trifft überhaupt nicht zu) (Trifft vollkommen zu)		①◄──────►⑤ (Trifft überhaupt nicht zu) (Trifft vollkommen zu)	

Ich achte bewusst auf die Markierung (z.B. Logo, Schriftzug, Farbe), um Produkte wiederzuerkennen ☐☐☐☐☐   ☐☐☐☐☐

Ich nutze Markeninformationen, um mir ein Bild über die Produktherkunft (z.B. geografisch, Hersteller) machen zu können ☐☐☐☐☐   ☐☐☐☐☐

Ich konzentriere mich auf meine bevorzugte Marke(n), um vereinfacht zu einer Kaufentscheidung zu kommen ☐☐☐☐☐   ☐☐☐☐☐

Ich nutze Marken bewusst, um mir grundsätzlich einen Überblick über das Produktangebot machen zu können ☐☐☐☐☐   ☐☐☐☐☐

Ich nutze Marken bewusst, um mir schnell ein Urteil über Produkteigenschaften zu bilden ☐☐☐☐☐   ☐☐☐☐☐

Ich achte bewusst auf die Markierung (z.B. Logo, Schriftzug, Farbe) der Produkte, um meine bevorzugte Alternative schnell zu finden ☐☐☐☐☐   ☐☐☐☐☐

Ich wähle Markenprodukte, da ich dadurch das Risiko reduzieren kann, eine falsche Entscheidung zu treffen ☐☐☐☐☐   ☐☐☐☐☐

Ich wähle Markenprodukte, um einen finanziellen Verlust zu vermeiden, der entsteht, wenn ich mit dem Produkt nicht zufrieden bin ☐☐☐☐☐   ☐☐☐☐☐

Ich wähle Markenprodukte, weil ich dann darauf vertrauen kann, dass meine Qualitätserwartungen erfüllt werden ☐☐☐☐☐   ☐☐☐☐☐

Ich wähle Markenprodukte, weil ich mir davon eine gleichbleibende Qualität verspreche ☐☐☐☐☐   ☐☐☐☐☐

Ich wähle Markenprodukte, um Enttäuschungen zu vermeiden ☐☐☐☐☐   ☐☐☐☐☐

Ich wähle Markenprodukte, weil dann die versprochene Leistung ihr Geld wert ist ☐☐☐☐☐   ☐☐☐☐☐

Mir ist es egal, welche Marke hinter dem Produkt steht, da jedes Produkt zu meinen Überzeugungen passt ☐☐☐☐☐   ☐☐☐☐☐

Mir ist es egal, welche Marke hinter dem Produkt steht, da jedes Produkt zu meinem Lebensstil passt ☐☐☐☐☐   ☐☐☐☐☐

.Mir ist es egal, welche Marke hinter dem Produkt steht, da jedes Produkt meine Wünsche erfüllen kann ☐☐☐☐☐   ☐☐☐☐☐

Bei der Produktwahl achte ich auf die Marke, da sie von anderen Personen wahrgenommen wird ☐☐☐☐☐ ☐☐☐☐☐

Bei der Produktwahl achte ich auf die Marke, weil ich weiß, dass andere Personen meine Persönlichkeit darüber beurteilen könnten ☐☐☐☐☐ ☐☐☐☐☐

Bei der Produktwahl achte ich auf die Marke, weil ich mich mit anderen Käufern identifizieren kann ☐☐☐☐☐ ☐☐☐☐☐

Bei der Produktwahl achte ich auf die Marke, weil Käufer meiner präferierten Marke so sind wie ich ☐☐☐☐☐ ☐☐☐☐☐

Die Marke ist mir deshalb wichtig, weil sie mir hilft, schnell und einfach Informationen über die Produkte zu bekommen ☐☐☐☐☐ ☐☐☐☐☐

Die Marke ist mir deshalb wichtig, weil sie das Risiko einer falschen Entscheidung reduziert ☐☐☐☐☐ ☐☐☐☐☐

Die Marke ist mir deshalb wichtig, weil sie über die reine Produktqualität hinaus einen zusätzlichen Nutzen bietet ☐☐☐☐☐ ☐☐☐☐☐

Anhang 3: Fragebogen – potenzielle Mitarbeiter

Westfälische Wilhelms-Universität Münster
Institut für Marketing
Direktor: Prof. Dr. Dr. h.c. mult. H. Meffert

Veranstaltung	Eingabe von	Eingabedatum:	Laufende Nummer:

Forschungsprojekt „Arbeitgeberwahl"

Im Rahmen eines Forschungsprojektes der Westfälischen Wilhelms-Universität Münster möchten wir Sie bitten die folgenden Fragen zu beantworten. Die Beantwortung des vorliegenden Fragebogens wird ca. 10 – 15 min. in Anspruch nehmen. Bei Rückfragen stehen wir Ihnen gerne zur Verfügung.

Datenschutzhinweis: Alle Angaben sind freiwillig und sind ausschließlich für die wissenschaftliche Verwendung gedacht. Ihre Angaben werden **anonym und streng vertraulich** *behandelt! Es erfolgt keine personenbezogene Speicherung der erhobenen Daten.*

Herzlichen Dank für Ihre Mithilfe!

Universität Münster • Institut für Marketing, Herr Kranz • Am Stadtgraben 13-15 • 48143 Münster
Telefon: 02 51/83 2 29 33 • Telefax: 02 51/83 28 356

Wir möchten Ihnen im Folgenden einige Fragen stellen, um die Rolle von „Unternehmensmarken" bei der Entscheidung für einen Arbeitgeber zu untersuchen.

Wir möchten Sie daher bitten, die folgenden Fragen in Bezug auf die künftige Wahl Ihres potenziellen Arbeitgebers zu beantworten. Schon jetzt vielen Dank für Ihre Unterstützung.

Zunächst möchten wir Ihnen einige Fragen zu Ihrer aktuellen Situation stellen.

Bitte kreuzen Sie zutreffendes an - wählen Sie dabei bitte immer nur eine Antwortmöglichkeit aus.

1. **Wie ist Ihr aktueller Ausbildungsstatus?**

   ❏ Ich habe mein Studium/meine Ausbildung beendet.

   ❏ Ich werde voraussichtlich in den nächsten _____ Monaten mein Studium/meine Ausbildung

   beenden. (Bitte Anzahl der verbleibenden Monate eintragen)

2. **Wie viele Unternehmen - unabhängig von dieser Kontaktmesse - kommen für Sie zur Zeit als potenzielle Arbeitgeber in Frage?**

   Es kommen _____ Unternehmen für mich als potenzielle Arbeitgeber in Frage.
   (Bitte Anzahl eintragen)

3. **Welche der folgenden drei Beschreibungen passt am ehesten auf Ihre derzeitige Situation?** (Bitte entscheiden Sie sich für eine Beschreibung, die Ihrer Situation am ähnlichsten ist.)

   1 ❏ Ich informiere mich über meine grundlegenden Möglichkeiten am Arbeitsmarkt und betrachte dabei einige Unternehmen etwas genauer. Ich werde demnächst meine Bewerbungsunterlagen versenden.

   2 ❏ Ich habe an einige Unternehmen bereits Bewerbungsunterlagen versendet und informiere mich ganz bewusst über ausgewählte Unternehmen. Ich habe erste Vorgespräche mit Unternehmensvertretern geführt.

   3 ❏ Ich habe schon mehrere Antworten auf meine Bewerbungen erhalten und intensive Gespräche geführt bzw. Assessment Center mitgemacht. Ich erwarte konkrete Angebote.

1

4. Haben Sie zur Zeit ein oder mehrere konkrete Jobangebote vorliegen, für die Sie sich in den nächsten Wochen entscheiden müssen?

   ❏ ja   ❏ nein

5. Auf der Konaktiva sind heute 35 unterschiedliche Unternehmen vertreten. Bei wie vielen dieser Unternehmen möchten Sie sich heute näher informieren und mit Unternehmensvertretern ins Gespräch kommen?

   Ich interessiere mich besonders für _____ von insgesamt 35 Unternehmen im Rahmen dieser Veranstaltung. (Bitte Anzahl nennen.)

6. In der Vorbereitung auf die Gespräche mit Unternehmensvertretern kann man sich einen breiten, allgemeinen Überblick über die Unternehmen verschaffen oder spezifische Einzelaspekte (z.B. nur die Vergütung oder Standorte) vertiefen. Wie haben Sie sich für heute vorbereitet? Bitte geben Sie an, inwiefern Sie den folgenden Aussagen zustimmen.

	Zustimmung				
	Ich stimme voll zu				Ich stimme gar nicht zu
	1	2	3	4	5
Ich habe mir einen breiten Überblick über die Unternehmen, die mich interessieren, verschafft.	❏	❏	❏	❏	❏
Ich habe mich eher auf spezifische Einzelaspekte wie z.B. das Gehalt oder die Karrierestufen konzentriert.	❏	❏	❏	❏	❏

7. Wie würden Sie Ihren Informationsstand über die Unternehmen einschätzen, mit denen Sie heute in Kontakt kommen möchten?

   sehr hoch ❏   ❏   ❏   ❏   ❏ sehr niedrig

8. Welche Informationsquellen haben Sie für die Informationsbeschaffung genutzt? (Hier sind Mehrfachnennungen möglich!)

   ❏ Recruiting-Anzeigen   ❏ Internetauftritt der Unternehmen
   ❏ Unternehmensbroschüren   ❏ Internet allgemein
   ❏ Freunde/Kommilitonen   ❏ Fachvorträge/Workshops
   ❏ Geschäftsbericht   ❏ eigene Erfahrungen (Praktikum, Diplomarbeit)
   ❏ Mitarbeiter der Unternehmen
   ❏ andere Kontaktmessen   ❏ sonstiges_____

9. Nennen Sie uns bitte nun die Unternehmen, die Ihnen als Wunscharbeitgeber als erstes in den Sinn kommen. (Wählen Sie dabei die Unternehmen unabhängig von der heutigen Veranstaltung. Bitte Ordnen Sie die Unternehmen nach ihrer Vorziehenswürdigkeit)

   Platz 1:_____

   Platz 2:_____

   Platz3:_____

2

10. Wenn Sie an Ihren Wunscharbeitgeber denken (also Platz 1 der vorigen Frage), inwiefern stimmen Sie den folgenden Aussagen zu.

	Zustimmung				
	Ich stimme voll zu				Ich stimme gar nicht zu
	1	2	3	4	5
In der allgemeinen Öffentlichkeit ist das Unternehmen sehr bekannt.	❑	❑	❑	❑	❑
Das Unternehmen genießt im allgemeinen einen guten Ruf.	❑	❑	❑	❑	❑
Das Unternehmen ist in den Medien stark vertreten.	❑	❑	❑	❑	❑

Denken Sie bitte nun einmal an die _Produkte und Leistungen_, die Ihr Wunscharbeitgeber im Markt anbietet (z.B. das Unternehmen Henkel das Produkt „Persil" oder die Hypovereinsbank die Leistung „Activest"). Inwiefern treffen die folgenden Aussagen zu:

	Zustimmung				
	Ich stimme voll zu				Ich stimme gar nicht zu
	1	2	3	4	5
Mein Wunscharbeitgeber bietet viele verschiedene Produkte und Leistungen an.	❑	❑	❑	❑	❑
Die Produkte und Leistungen meines Wunscharbeitgebers sind allgemein sehr bekannt.	❑	❑	❑	❑	❑
Ich habe schon selber einige Erfahrungen mit den Produkten und Leistungen meines Wunscharbeitgebers gemacht.	❑	❑	❑	❑	❑
Die Produkte und Leistungen meines Wunscharbeitgebers sind besonders attraktiv.	❑	❑	❑	❑	❑

11. Wenn Sie nun an Ihren Wunscharbeitgeber/ die Branche denken, für die Sie sich hauptsächlich interessieren, welcher Kategorie lassen/läßt sich diese grundsätzlich zuordnen? Bitte entscheiden Sie sich für _eine_ Branche, die für Sie momentan tendenziell am attraktivsten ist.

Produktunternehmen
❑ Automobilhersteller
❑ Konsumgüterhersteller
❑ Technologie
❑ Chemie/Pharma
❑ Industriegüter

Dienstleister
❑ Unternehmensberatung
❑ Banken/Finanzen
❑ Touristik/Verkehr
❑ Telekommunikation/Infomationstechnologie
❑ Medien

❑ andere, und zwar _____

12. Bitte denken Sie jetzt einmal an diese von Ihnen bevorzugte Branche. Inwieweit stimmen Sie den folgenden Aussagen zu?

	Zustimmung				
	Ich stimme voll zu				Ich stimme gar nicht zu
	1	2	3	4	5
Die Unternehmen dieser Branche unterscheiden sich kaum hinsichtlich ihrer Attraktivität als Arbeitgeber.	❑	❑	❑	❑	❑
Ich könnte mir nahezu alle Unternehmen in dieser Branche als Arbeitgeber vorstellen.	❑	❑	❑	❑	❑
Diese Branche hat allgemein einen guten Ruf.	❑	❑	❑	❑	❑

3

13. Jetzt würden wir gerne erfahren, wie wichtig Ihnen die folgenden Kriterien bei der Wahl eines Arbeitgebers sind.

	Wichtigkeit				
	Sehr wichtig			Gar nicht wichtig	
	1	2	3	4	5
Bezahlung/Vergütung	❑	❑	❑	❑	❑
Weiterbildungsmöglichkeiten	❑	❑	❑	❑	❑
Ruf/Image des Unternehmens	❑	❑	❑	❑	❑
Führungsstil	❑	❑	❑	❑	❑
Arbeitszeit/Freizeit-Relation	❑	❑	❑	❑	❑
Sozialleistungen	❑	❑	❑	❑	❑
Tätigkeitsspektrum	❑	❑	❑	❑	❑
Standort	❑	❑	❑	❑	❑
Aufstiegs-/Karrieremöglichkeiten	❑	❑	❑	❑	❑

Wir möchten mit Ihnen nun über die Rolle der „Unternehmensmarke", also den „guten Namen" oder den „Ruf" eines Unternehmens bei der Wahl eines potenziellen Arbeitgebers sprechen. Bitte denken Sie dabei nicht an die spezifischen Produkte und Leistungen des Unternehmens, sondern an die Unternehmensmarke als potenziellen Arbeitgeber. Zur Veranschaulichung einige Beispiele für „Unternehmensmarken": Deutsche Post, Bertelsmann, DaimlerChrysler, Procter&Gamble, Henkel oder EON.

14. Bitte lesen Sie sich die folgenden Aussagen durch.
Inwieweit stimmen Sie folgenden Aussagen bei der Wahl eines potenziellen Arbeitgebers zu?

	Zustimmung				
	Ich stimme voll zu			Ich stimme gar nicht zu	
	1	2	3	4	5
Bei der Suche nach potenziellen Arbeitgebern schaue ich zuerst nach renommierten Unternehmen in einer Branche.	❑	❑	❑	❑	❑
Der Ruf eines Unternehmens vereinfacht meine Suche nach einen potenziellen Arbeitgeber.	❑	❑	❑	❑	❑
Der Ruf eines Unternehmens gibt mir eine Vorstellung über das, was mich dort erwartet.	❑	❑	❑	❑	❑
Bei der Arbeitgeberwahl achte ich auf den Ruf des Unternehmens, da ich so die Gefahr verringern kann, später enttäuscht zu werden.	❑	❑	❑	❑	❑
Der Ruf des Unternehmens gibt mir eine gewisse Sicherheit, dass meine Ansprüche an meinen Job langfristig erfüllt werden.	❑	❑	❑	❑	❑
Der Ruf eines Unternehmens spielt im Vergleich zu anderen Kriterien für mich eine bedeutende Rolle.	❑	❑	❑	❑	❑

4

	Zustimmung				
	Ich stimme voll zu				Ich stimme gar nicht zu
	1	2	3	4	5
Das Unternehmen für das ich arbeite, muss zu mir passen.	❏	❏	❏	❏	❏
Das Unternehmen für das ich arbeite ist mir wichtig, da ich denke, dass andere Personen mich danach beurteilen.	❏	❏	❏	❏	❏
Wenn man weiß, wo jemand arbeitet, kann man auch etwas über seine Persönlichkeit aussagen.	❏	❏	❏	❏	❏
Der Ruf eines Unternehmens ist für meine späteren Karrierechancen wichtig.	❏	❏	❏	❏	❏

Und nun noch einige abschließende Aussagen. Inwieweit stimmen Sie diesen zu?

	Ich stimme voll zu				Ich stimme gar nicht zu
	1	2	3	4	5
Bei der Auswahl eines Arbeitgebers kann ich alle für mich relevanten Auswahlkriterien genau beurteilen.	❏	❏	❏	❏	❏
Ich sehe mein nächstes Arbeitsverhältnis als Karrieresprungbrett.	❏	❏	❏	❏	❏
Ein mehrfacher Wechsel des Arbeitgebers ist für mich gut vorstellbar.	❏	❏	❏	❏	❏
Ich möchte in dem von mir gewählten Unternehmen möglichst langfristig Karriere machen.	❏	❏	❏	❏	❏

Gestatten Sie noch einige letzte Fragen zu Ihrer Person.

15. Wie würden Sie sich selber in Bezug auf Marken und Markenprodukte einstufen?

Ich lege hohen Wert   1   5   Ich lege gar keinen
auf Marken   ❏   ❏   ❏   ❏   ❏   Wert auf Marken

16. Sie sind/waren Student der ❏ Universität / ❏ FH

     (Bitte Namen angeben) _____, in welchem Fachbereich?

      ❏ BWL   ❏ VWL   ❏ Ingenieurwesen   ❏ Physik   ❏ Chemie   ❏

Informatik   ❏ Mathematik   ❏ Germanistik   ❏ Psychologie   ❏ Medizin

      ❏ sonstiges: _____

5

17. Es folgen nun drei Aussagen von Hochschulabsolventen. Bitte geben Sie jeweils Ihre Zustimmung zu den Aussagen an.

„Ich möchte schnell viel bewegen und wichtige Dinge mitgestalten. Dazu möchte ich in einer angesehenen Organisation Verantwortung übernehmen und dafür auch gut bezahlt werden. Das erfordert natürlich eine gewisse Leistungsbereitschaft und ein erhöhtes Maß an Einsatz, den ich gerne bereit bin zu bringen. Der Einsatz zahlt sich aus."

<table>
<tr><td></td><td>1</td><td></td><td></td><td></td><td>5</td><td></td></tr>
<tr><td>stimme voll zu ❏</td><td></td><td>❏</td><td>❏</td><td>❏</td><td>❏</td><td>stimme gar nicht zu</td></tr>
</table>

„Ich bin nicht sehr ehrgeizig. Wenn ich eine sichere Position mit geregelter Arbeitszeit habe und mit netten Kollegen zusammenarbeiten kann, bin ich zufrieden. Die mir wichtigen Dinge liegen nicht in der Arbeitszeit, sondern in der Freizeit – dafür ist ein hohes Gehalt nicht so entscheidend."

<table>
<tr><td></td><td>1</td><td></td><td></td><td></td><td>5</td><td></td></tr>
<tr><td>stimme voll zu ❏</td><td></td><td>❏</td><td>❏</td><td>❏</td><td>❏</td><td>stimme gar nicht zu</td></tr>
</table>

Ich bin durchaus bereit viel Arbeit zu investieren, aber nicht in einer der großen Organisationen, die größtenteils eher unmenschlich sind. Ich möchte in einer persönlichen, menschlichen Arbeitswelt tätig sein, in der Lebensqualität groß geschrieben wird. Dafür bin ich auch bereit auf eine hohe Bezahlung oder auf Geltung und Ansehen außerhalb meines Freundeskreises zu verzichten.

<table>
<tr><td></td><td>1</td><td></td><td></td><td></td><td>5</td><td></td></tr>
<tr><td>stimme voll zu ❏</td><td></td><td>❏</td><td>❏</td><td>❏</td><td>❏</td><td>stimme gar nicht zu</td></tr>
</table>

18. Wenn Sie sich einmal selber im Vergleich zu Ihren Kommilitonen/Mitbewerbern einschätzen und Ihre <u>bisherige</u> Ausbildung und Erfahrung einstufen, wie würden Sie Ihre Attraktivität für potenzielle Arbeitgeber einschätzen?

<table>
<tr><td>relativ</td><td></td><td></td><td></td><td></td><td>relativ</td></tr>
<tr><td>überdurchschnittlich ❏</td><td>❏</td><td>❏</td><td>❏</td><td>❏</td><td>unterdurchschnittlich</td></tr>
</table>

19. Sie haben in Ihrem Studium schon einige Prüfungen wie etwa das Vordiplom, Seminare oder die Diplomarbeit abgelegt. Wie war im großen und ganzen Ihr bisheriger Notendurchschnitt?

Mein Notendurchschnitt liegt bei ____, ____

(Falls Sie Ihren Notendurchschnitt nicht genau benennen möchten, geben Sie uns bitte

den Notenbereich an: ❏ (1,0 - 1,5) ❏ (1,6 - 2,0) ❏ (2,1 – 2,3) ❏ (2,4 – 2,7) ❏ (2,8 – 3,5))

20. Wie alt sind Sie? _____ Jahre

21. Welches Geschlecht haben Sie?

❏ weiblich ❏ männlich

Vielen Dank für Ihre Mithilfe!!!

Anhang 4: Fragebogen – private Anleger

Westfälische Wilhelms-Universität Münster
Institut für Marketing
Emeritierter Direktor: Prof. Dr. Dr. h.c. mult. H. Meffert

Eingabe von	*Eingabedatum:*	*Laufende Nummer:*

Forschungsprojekt „Unternehmensmarken"

Im Rahmen eines Forschungsprojektes der Westfälischen Wilhelms-Universität Münster möchten wir Sie bitten die folgenden Fragen zu beantworten. Die Beantwortung des vorliegenden Fragebogens wird ca. 10 min. in Anspruch nehmen. Bei Rückfragen stehen wir Ihnen gerne zur Verfügung.

Datenschutzhinweise: Alle Angaben sind freiwillig und sind ausschließlich für die wissenschaftliche Verwendung gedacht. Ihre Angaben werden anonym und streng vertraulich behandelt! Es erfolgt keine personenbezogene Speicherung der erhobenen Daten.

Herzlichen Dank für Ihre Mithilfe!

Universität Münster • Institut für Marketing, Herr Kranz • Am Stadtgraben 13-15 • 48143 Münster

Telefon: 02 51/83 2 29 33 • Telefax: 02 51/83 28 356

Wir möchten Ihnen im Folgenden einige Fragen stellen, um mehr über die Rolle von „Unternehmensmarken" beim Kauf von Aktien herauszufinden. Unternehmensmarken sind z.B. „Henkel", „Fresenius" oder „DaimlerChrysler". Ihre Angaben bleiben selbstverständlich anonym und werden ausschließlich für das Forschungsprojekt verwendet.

1. Wie oft haben Sie in den letzten 24 Monaten Aktien ge- oder verkauft?

    ❏ Ich habe ca. _____ mal Aktien ge- oder verkauft.

    ❏ Ich habe in den letzten 24 Monaten keine Aktien ge- oder verkauft.

2. Wenn Sie mal an das von Ihnen am Kapitalmarkt (Aktien, Aktienfonds, Aktienoptionen...) investierte Vermögen denken, wie hoch ist dieser Anteil im Vergleich zu Ihrem sonstigen Vermögen? (Immobilien, Lebensversicherungen, Rentenfonds, Sparbücher,...)

    Ca. _____ % meines Vermögens sind am Kapitalmarkt investiert.
    (Bitte Prozentsatz eintragen, *Wenn = 0: bitte weiter mit Frage 4*)

3. Wenn Sie sich jetzt einmal die einzelnen Aktien vor Augen rufen, die Sie zur Zeit besitzen - wie setzen sich da die Anteile ungefähr zusammen?

Standardwerte des DAX:	ca. _____ %
Wachstums-/ Technologie unternehmen des NEMAX:	ca. _____ %
Wert des M-Dax:	ca. _____ %
Kleinere Werte ohne Indexnotierung	ca. _____ %
Aktien ausländischer Unternehmen:	ca. _____ %

1

4. Wie würden Sie sich selber in Bezug auf Ihre Anlagestrategie einschätzen?

Ich lege eher *risikoscheu* an, da ich
so sichere Renditen erzielen kann.   ❑   ❑   ❑   ❑   ❑   da ich so höhere Renditen erzielen kann

Ich bin eher *risikofreudig,*

5. Welche Aktie (Einzelwert) planen Sie als nächstes zu kaufen?

   - Wenn Sie im Moment keinen konkreten Kauf planen, welche Aktie erscheint Ihnen zur Zeit

   attraktiv?

   _____

Und wie würden Sie Ihren Informationsstand über diese Aktie bzw. über dieses Unternehmen
einschätzen?

        sehr hoch ❑   ❑   ❑   ❑   ❑ sehr niedrig

6. Im Folgenden nennen wir Ihnen verschiedene Gründe für den Kauf von Aktien.
   Welche Bedeutung haben diese Gründe für Sie?
   Bitte kreuzen Sie deren Wichtigkeit an. (1= sehr wichtig; bis 5= gar nicht wichtig)

	Wichtigkeit				
	Sehr wichtig			Gar nicht wichtig	
	1	2	3	4	5
Altersvorsorge	❑	❑	❑	❑	❑
Kurzfristige Gewinnrealisierung	❑	❑	❑	❑	❑
Vermögensaufbau für „schlechte Zeiten"	❑	❑	❑	❑	❑
Vermögensbildung für große Anschaffungen	❑	❑	❑	❑	❑
Absicherung der Familie	❑	❑	❑	❑	❑
Spaß an der Spekulation	❑	❑	❑	❑	❑

7. Welche Informationsquellen würden Sie nutzen, wenn Sie eine Aktie kaufen?
   (Hier sind Mehrfachnennungen möglich!)

❑ Börsenbriefe   ❑ Internetauftritt des Unternehmens
❑ Geschäftsbericht   ❑ Wirtschaftspresse
❑ Analystenempfehlungen   ❑ Empfehlung meiner Bank
❑ Freunde/Bekannte   ❑ Mitarbeiter des Unternehmens
❑ Finanzportale im Internet   ❑ Unternehmenspräsentationen

               ❑ sonstiges_____

                   _____

2

8. Im Rahmen einer Aktienkaufentscheidung kann man sich einen breiten Überblick über ein Unternehmen verschaffen (wie etwa die strategische Ausrichtung des Unternehmens, die bearbeiteten Märkte,.. etc.) oder sich auf spezifische Einzelaspekte (z.B. Größen wie aktueller Kurs oder das Kurs-Gewinn-Verhältnis (KGV)) konzentrieren. Wie informieren Sie sich überwiegend?

Ich verschaffe mir einen **sehr breiten** **Überblick** über das Unternehmen	Ich verschaffe mir einen **eher breiten** **Überblick** über das Unternehmen	Ich verschaffe mir einen **groben** Überblick über das Unternehmen und berücksichtige ein paar einzelne Größen	Ich konzentriere mich **eher auf** **einzelne** Größen und Kennzahlen	Ich konzentriere mich gezielt **auf einzelne** Größen und Kennzahlen
❑	❑	❑	❑	❑

9. Man kann ein Unternehmen bzw. eine Aktie in ein spezifisches Umfeld wie den Index (z.B. DAX) oder die Branche (z.B. „Banken&Versicherungen") einordnen.
   Welches Umfeld gibt Ihnen einen besseren Überblick über ein Unternehmen:

   ❑ Der *Index* verschafft einen besseren Überblick   ❑ Die *Branche* verschafft einen besseren Überblick   ❑ Weder/noch ist für eine Einordnung des Unternehmens geeignet *(wenn hier „ja" weiter mit Frage 10)*

   Und wenn Sie wissen, welcher Branche oder welchem Index ein Unternehmen angehört – inwieweit stimmen Sie bezüglich des von Ihnen bevorzugten Umfeldes (Branche/Index) den folgenden Aussagen zu?

	Zustimmung				
	Ich stimme voll zu				Ich stimme gar nicht zu
	1	2	3	4	5
Die Unternehmen in einem spezifischen Umfeld (Branche/Index) unterscheiden sich kaum hinsichtlich Ihrer Attraktivität als Investment.	❑	❑	❑	❑	❑
Ich könnte mir nahezu alle Unternehmen in diesem Umfeld als Anlageoption vorstellen.	❑	❑	❑	❑	❑

10. Jetzt würden wir gerne erfahren, wie wichtig Ihnen die folgenden Kriterien bei der Wahl einer Anlageentscheidung sind.

	Wichtigkeit				
	Sehr wichtig				Gar nicht wichtig
	1	2	3	4	5
Vergangene Kursentwicklung	❑	❑	❑	❑	❑
Renditekennzahlen/ KGV	❑	❑	❑	❑	❑
Ruf/Image des Unternehmens	❑	❑	❑	❑	❑
Analystenempfehlungen / -prognosen	❑	❑	❑	❑	❑
Index-/Branchenzugehörigkeit	❑	❑	❑	❑	❑
Erwartete Gewinne/Cash Flows	❑	❑	❑	❑	❑
Index-/Marktprognosen	❑	❑	❑	❑	❑
Dividendenerwartungen	❑	❑	❑	❑	❑
Passung zu meinen bestehenden Anlagen	❑	❑	❑	❑	❑

3

Wir möchten mit Ihnen nun über die Rolle der „Unternehmensmarke", also den „guten Namen" oder den „Ruf" eines Unternehmens bei Aktienkäufen sprechen. Bitte denken Sie dabei nicht an die spezifischen Produkte und Leistungen des Unternehmens, sondern an die Unternehmen als Anlagemöglichkeit. Zur Veranschaulichung noch einmal einige Beispiele für Unternehmensmarken: Deutsche Post, DaimlerChrysler, Procter&Gamble, Henkel oder E.ON.

11. Bitte lesen Sie sich die folgenden Aussagen zum Kauf von Aktien als Geldanlage durch. Inwieweit stimmen Sie folgenden Aussagen zu?

	Zustimmung				
	Ich stimme voll zu				Ich stimme gar nicht zu
	1	2	3	4	5
Bei der Suche nach potenziellen Anlagemöglichkeiten schaue ich zuerst nach renommierten Unternehmen in einer Branche oder in einem Index.	❏	❏	❏	❏	❏
Unternehmensmarken verschaffen eine gewisse Transparenz im Aktienmarkt.	❏	❏	❏	❏	❏
Die Unternehmensmarke vereinfacht meine Gesamteinschätzung bezüglich der Attraktivität einer Aktie.	❏	❏	❏	❏	❏
Die Unternehmensmarke gibt mir eine Vorstellung über die zu erwartenden Kursveränderungen.	❏	❏	❏	❏	❏
Bei Anlageentscheidungen achte ich auf die Unternehmensmarke, da ich so die Gefahr verringern kann, später enttäuscht zu werden.	❏	❏	❏	❏	❏
Die Unternehmensmarke gibt mir eine gewisse Sicherheit, dass meine Anlageziele erfüllt werden.	❏	❏	❏	❏	❏
Die Kursverluste in einem rückläufigen Markt sind bei renommierten Unternehmen geringer als bei nicht so renommierten Unternehmen.	❏	❏	❏	❏	❏
Die Unternehmensmarke spielt bei meinen Anlageentscheidungen - neben anderen Kriterien - eine wichtige Rolle.	❏	❏	❏	❏	❏
Investitionen in renommierte Unternehmen sind weniger risikoreich als Investitionen in Unternehmen, die man kaum kennt.	❏	❏	❏	❏	❏

4

12. Es wird zum Teil über einzelne Unternehmen und deren Attraktivität auch im persönlichen Umfeld diskutiert. Inwieweit stimmen Sie dabei folgenden Aussagen zu?

	Zustimmung				
	Ich stimme voll zu 1	2	3	4	Ich stimme gar nicht zu 5
Ich rede gerne mit interessierten Personen über Unternehmen, in die ich investiert habe.	☐	☐	☐	☐	☐
Die Unternehmen in die ich investiere, sind mir wichtig, da ich denke, dass andere Personen mich danach beurteilen.	☐	☐	☐	☐	☐
Wenn man weiß, in welche Unternehmen jemand investiert, kann man auch etwas über seine Persönlichkeit aussagen.	☐	☐	☐	☐	☐
Die Unternehmen in die ich investiere, müssen zu mir passen.	☐	☐	☐	☐	☐
Wenn ich Aktien eines Unternehmens gekauft habe, beobachte ich neben dem Aktienkurs das gesamte Verhalten des Unternehmens	☐	☐	☐	☐	☐

Und nun noch einige abschließende Aussagen. Inwieweit stimmen Sie diesen zu?

	Ich stimme voll zu 1	2	3	4	Ich stimme gar nicht zu 5
Bei der Auswahl einer Aktie kann ich alle für mich relevanten Auswahlkriterien genau beurteilen.	☐	☐	☐	☐	☐
Wenn eine Aktie attraktiv erscheint, investiere ich auch in Unternehmen, die mir nahezu unbekannt sind.	☐	☐	☐	☐	☐
In meinem persönlichen Umfeld gelte ich als kompetent in Bezug auf Aktien- und Geldanlagen.	☐	☐	☐	☐	☐
Ich suche öfter den persönlichen Rat von Experten/Beratern, bevor ich Aktien kaufe.	☐	☐	☐	☐	☐
In verwalte mein Aktienportfolio vollkommen selbständig.	☐	☐	☐	☐	☐
Ich fühle mich persönlich mit den Unternehmen verbunden, deren Aktien ich halte.	☐	☐	☐	☐	☐

5

Gestatten Sie noch einige abschließende Fragen zu Ihrer Person.

13. Wie lange beabsichtigen Sie normalerweise, Ihre Aktien zu halten?

❏ einige Tage   ❏ einige Wochen   ❏ einige Monate   ❏ ein Jahr   ❏ länger als ein Jahr

14. Bitte stellen Sie sich einmal vor, Sie hätten von Ihrer Bank 10.000 EURO zinslos zur Verfügung und müssten genau diese 10.000 Euro *ohne Zinsen* in einem Jahr zurück zahlen. Als Anlagemöglichkeiten für die gesamten 10.000 Euro stehen Ihnen alternativ 2 Chemie-Aktien und eine festverzinsliche Anlage zur Verfügung.

Unternehmen:	*BASF*	Unternehmen:	*EcoLab*	Festverzinsliche Anlage
Heutiger Kurs:	*40 Euro*	Heutiger Kurs:	*20 Euro*	
Durch Analysten prognostizierte Kurse in einem Jahr	*35-45 Euro (Rendite:von –12,5% bis +12,5% p.a.)*	Durch Analysten prognostizierte Kurse in einem Jahr	*10-30 Euro (Rendite:von –50% bis +50% p.a.)*	*Rendite 4% p.a.*

Welche Anlage würden Sie für die 10.000 Euro wählen? (Eine Teilung der 10.000 Euro ist nicht möglich)

❏ BASF   ❏ EcoLab   ❏ Festverzinsliche Anlage

15. Denken Sie abschließend bitte mal an ihre letzten Einkäufe im Privatleben. Wie würden Sie sich selber in Bezug auf Marken und Markenprodukte einstufen?

Ich lege hohen Wert auf Marken	1				5	Ich lege gar keinen Wert auf Marken
	❏	❏	❏	❏	❏	

16. Wie alt sind Sie? _____ Jahre

17. Welches Geschlecht haben Sie?   ❏ weiblich   ❏ männlich

Vielen Dank für Ihre Mithilfe!!!

Literaturverzeichnis

Literaturverzeichnis

Aaker, D. A., Building Strong Brands, New York 1996.

Aaker, D. A., Managing Brand Equity: Capitalizing on the Value of a Brand Name, New York 1991.

Aaker, D. A., Management des Markenwerts, Frankfurt a. M. 1992.

Aaker, D. A. / Jacobson, R., The Value Relevance of Brand Attitude in High Technology Markets, in: Journal of Marketing Research, Vol. 38, November 2001, S. 485-493.

Aaker, D. A. / Joachimsthaler, E., Brand Leadership, New York 2000.

Aaker, J., Dimensions of Brand Personality, in: Journal of Marketing Research, Vol. 34, August 1997, S. 347-356.

Abratt, R., A new approach to the corporate image management process, in: Journal of Marketing Management, Vol. 5, Nr. 1, S. 63-76.

Achleitner, A. K. / Bassen, A., Investor Relations von Wachstumsunternehmen und etablierten Unternehmen im Vergleich, in: Knüppel, H. / Lindner, C. (Hrsg.), Die Aktie als Marke, Frankfurt a. M. 2001, S. 24-46.

Adam, D., Planung und Entscheidung, Modelle – Ziele – Methoden, 4. Aufl., Wiesbaden 1996.

Adlwarth, W., Formen und Bestimmungsgründe prestigegeleiteten Konsumentenverhaltens: Eine verhaltenstheoretisch-empirische Analyse, München 1983.

Agarwal, S., Perceived Value, Mediating Role of Perceived Risk, in: Journal of Marketing Theory and Practice, Vol. 9, No. 4., S. 1-14.

Ahlert, D. / Kenning, P. / Schneider D., Markenmanagement im Handel, Wiesbaden 2000.

Albach, H., Personal, ZfB Ergänzungsheft Nr. 3, Wiesbaden 1997.

Albach, H., Betriebswirtschaftslehre als Wissenschaft, in: Albach, H. / Brockhoff, K., Die Zukunft der Betriebswirtschaftslehre in Deutschland, ZfbF Ergänzungsheft 3 / 93, S. 7-29.

Albach, H., Vertrauen in der ökonomischen Theorie, in: Zeitschrift für die gesamte Staatswirtschaft, 136. Jg., 1980, S. 2-11.

Anderson, E. W. / Fornell, C., A Customer Satisfaction Research Prospectus, in: Rust, R. T., Oliver, R. L. (Hrsg.), Service Quality, London et al. 1994, S. 241-268.

Arbuckle, J. L., AMOS: Analysis of Moment Structures, in: The American Statistician, H. 43, 1989, S. 66-67.

Agarwal, S., Perceived Value, Mediating Role of Perceived Risk, in: Journal of Marketing Theory and Practice, Vol. 9, No. 4, S. 1-14.

Asche, Th., Das Sicherheitsverhalten von Konsumenten, Heidelberg 1990.

Backhaus, K., Deutschsprachige Marketingforschung – Anmerkung eines Beteiligten, in: Backhaus, K. (Hrsg.), Deutschsprachige Marketingforschung, Bestandsaufnahme und Perspektiven, Stuttgart 2000, S. 3-10.

Backhaus, K., Industriegütermarketing, 6. Aufl., München 1999.

Backhaus, K. / Aufderheide, D., Institutionenökonomische Fundierung des Marketing: Der Geschäftstypenansatz, in: Kaas, K. P. (Hrsg.), Kontrakte, Geschäftsbeziehungen, Netzwerke – Marketing und Neue Institutionenökonomik, ZfbF Sonderheft 35, 1995, S. 43-60.

Backhaus, K. / Erichson, B. / Plinke, W. / Weiber, R., Multivariate Analysemethoden: Eine anwendungsorientierte Einführung, Berlin 2000.

Backhaus, K. / Plinke, W. / Rese, M., Industrial Marketing Management, unveröffentlichtes Manuskript, Berlin / Münster 1999.

Bänsch, A., Käuferverhalten, 8. Aufl., München 1998.

Baetge, J., Gesellschafterorientierung als Voraussetzung für Kunden- und Marktorientierung, in: Bruhn, M. / Steffenhagen, H. (Hrsg.), Marktorientierte Unternehmensführung: Reflexionen – Denkanstöße - Perspektiven, Wiesbaden 1997, S. 103-118.

Bagozzi, R. P., Evaluating structural Equiation Models with Unobservable Variables and Measurement Error, A Comment, in: Journal of Marketing Research, Vol. 18., 1981, S. 375-381.

Bagozzi, R. P., Measurement in Marketing Research, Basic Priciples of Questionnaire Design, in: Bagozzi, R. P. (Hrsg.), Principles of Marketing Research, Cambridge 1994, S. 1-49.

Bagozzi, R. P. / Baumgartner, H., The Evaluation of Structural Equation Models and Hypothesis Testing, in: Bagozzi, R. P. (Hrsg.), Principles of Marketing Research, Cambridge et al. 1994, S. 386-422.

Bain, J., Industrial Organization, New York 1959.

Balmer, J. M. T., Corporate Identity, corporate branding and corporate marketing – Seeing through the fog, European Journal of Marketing, Vol. 35, 2001, S. 248-291.

Balmer, J. M. T., Corporate Identity and the Advent of Corporate Marketing, in: Journal of Marketing, Vol. 14, 1998, S. 963-996.

Balmer, J. M. T. / Dinnie, K., Corporate identity and corporate communications: the antidote to merger madness, in: Corporate Communications: An international Journal, Vol. 4, No. 4, 1999, S. 182-192.

Balmer, J. M. T./ van Riel, C. B., Corporate Identity: The concept, its management and measurement, in: European Journal of Marketing, Vol. 31, Nr. 5/6, 1997, S. 340-355.

Balog, S. J., What an Analyst wants from you, in: Financial Executive, Vol. 7, No. 4, 1991, S. 47-52.

Barney, J. B., Firm Resources and Sustained Competitive Advantage, in: Journal of Management, Nr. 1, 1991, S. 99-120.

Batra, R. / Lehmann, D. R. / Singh, D., The Brand Personality Component of Brand Goodwill: Some Antecedents and Consequences, in: Aaker, D. A. / Biel, A. L. (Hrsg.), Brand Equity and Advertising, Hillsdale (NJ) 1993, S. 83-95.

Bauer Verlagsgruppe / Axel Springer Verlag (Hrsg.), Verbraucheranalyse 2001, Hamburg 2001.

Bauer Media KG, Konjunktur und Werbung 2002, Studie der Bauer Media KG, o. O. 2002.

Bauer, R. A., Consumer Behavior as Risk Taking, in deutscher Übersetzung bei Specht, K. G. / Wiswede, G. (Hrsg.), Marketingsoziologie. Soziale Interaktionen als Determinanten des Wahlverhaltens, Berlin 1976, S. 207-217.

Bauer, R. A., Consumer Behavior as Risk Taking, in: Cox, D. F. (Hrsg.), Risk Taking and Information Handling in Consumer Behavior, Boston 1967, S. 23-33.

Baumgarth, C., Markenpolitik: Markenwirkungen – Markenführung – Markenforschung, Wiesbaden 2001.

BBDO (Hrsg.), Brand Parity III, interne Daten, Düsseldorf 1999, zitiert nach: Baumgarth, C., Markenpolitik: Markenwirkungen – Markenführung – Markenforschung, Wiesbaden 2001.

Bearden, W. O., / Etzel, M. J., Reference Group Influence on Product and Brand Purchase Decisions, in: Journal of Consumer Research, Vol. 9, No. 2, 1982, S. 332-341.

Becker, F. G., Finanzmarketing von Unternehmen, Konzeptionelle Überlegungen jenseits von Investor Relations, in: DBW, 54. Jg., 1994, S. 295-312.

Becker, J., Einzel-, Familien- und Dachmarken als grundlegende Handlungsoptionen, in: Esch, F.-R. (Hrsg.), Moderne Markenführung, 2. Aufl. Wiesbaden 1999, S. 269-288.

Behrens, G., Verhaltenswissenschaftliche Erklärungsansätze der Markenpolitik, in: Bruhn, M. (Hrsg.), Handbuch Markenartikel, Bd. 1, Stuttgart 1994, S. 199-218.

Bekker, P. A., Exact inference for the linear model with groupwise heteroscedastic spherical disturbances, in: Journal of Econometrics, Vol. 11, H. 2, 2002, S. 285-302.

Bekmeier, S., Markenwert und Markenstärke – Markenevaluierung aus konsumentenorientierter Perspektive, in: Markenartikel, H. 8, 1994, S. 383 –387.

Bekmeier-Feuerhahn, S., Marktorientierte Markenbewertung, Wiesbaden 1998.

Belsley, D. A. / Kuh, E. / Welsch, R. E., Regression diagnostics: identifying influential data and sources of collinearity, New York 1980

Berekoven, L. / Eckert, W. / Ellenrieder, P., Marktforschung – Methodische Grundlagen und praktische Anwendung, 9. Aufl., Wiesbaden 2001.

Bergler, R., Psychologie des Marken- und Firmenbildes, Göttingen 1963.

Bergstrom, A., Why internal branding matters: The case of Saab, in: Corporate Reputation Review, Vol. 5, No. 2/3, 2002, S. 133-145.

Bernoulli, D., 1779, in der Übersetzung von Sommer, L., Econometrica, Vol. 22, S. 23-36.

Berry, L. L., The Employee as Customer, in: Lovelock, C. H., Services Marketing, Englewood Cliffs 1984, S. 271-278.

Berscheid, E. / Peplau, L. A., The Emerging Science of Relationships, in: Kelley, H. H. et al. (Hrsg.), Close Relationships, New York 1983, S. 1-19.

Bettmann, J. R., An Information Processing Theory of Consumer Choice, Reading 1979.

Bhat, S. / Reddy, S. K., Symbolic and functional positioning of brands, in: Journal of Consumer Marketing, Vol. 15, No. 1, 1998, S. 32-43.

Bickerton, D., Corporate Reputation versus Corporate Branding: the realist debate, in: Corporate Communications, Vol. 5, No. 1, 2000, S. 42-48.

Biele, G. / Hunziger, A., Erfolgsfaktoren und Best Practices im Personalmarketing, Studie der Kienbaum Management Consultants GmbH, Berlin 2002.

Bierwirth, A., Die Führung der Unternehmensmarke - Ein Beitrag zum zielgruppenorientierten Corporate Branding, zugel. Univ. Diss, Münster 2001.

Birkigt, K. / Stadler, M. M., Corporate Identity - Grundlagen, in: Birkigt, K. / Stadler, M. M. /Funk, H. J. (Hrsg.), Corporate Identity: Grundlagen, Funktionen, Fallsbeispiele, 9. Aufl., Landsberg / Lech 1998, S. 11-64.

Bittner, Th., Die Wirkungen von Investor Relations Maßnahmen auf Finanzanalysten, Bergisch Gladbach 1997.

Bleicher, K., Leitbilder: Orientierungsrahmen für eine integrierte Management-Philosophie, Stuttgart 1992.

Böbel, I., Wettbewerb und Industriestruktur – Industrial-Organization-Forschung im Überblick, Berlin u. a. 1984.

Böckenholt, I. / Homburg, Ch., Ansehen, Karriere oder Sicherheit, in: ZfB, 60. Jg., H. 11, 1990, S. 1160-1181.

Böcker, F., Präferenzforschung als Mittel marktorientierter Unternehmensführung, in: ZfbF, Vol. 38, Nr. 7/8, 1986, S. 543-574.

Böcker, M. / Graf, Th., Nach dem „War of Talent" ist vor dem „War for Talent", in Ergebnisbericht zur Tagung „Change Management und Employer Branding", München, November 2002.

Bollen, K. A., Structural Equations with Latent Variables, New York u. a. 1989.

Bongartz, M., Markenführung im Internet: Verhaltenstypen - Einflussfaktoren - Erfolgswirkungen, Wiesbaden 2002.

Bristol, L. H., Developing the corporate image, a management guide to public relations, New York 1960.

Brockhoff, K., Produktpolitik, 3. Aufl., Stuttgart 1999.

Brown, T. J. / Dacin, P. A., The Company and the Product: Corporate Associations and Consumer Product Responses, in: Journal of Marketing, Vol. 61, January 1997, S. 68-84.

Bruhn, M. (Hrsg.), Perspektiven und Handlungsfelder für die Wertsteigerung von Unternehmen, Festschrift zum 10jährigen Bestehen des Wirtschaftswissenschaftlichen Zentrums (WWZ) der Universität Basel, Basel 1998.

Bruhn, M., Begriffsabschätzungen und Erscheinungsformen von Marken, in: Bruhn, M. (Hrsg.) Handbuch Markenartikel, Bd.1, Stuttgart 1994, S. 3 – 42.

Bruhn, M., Integrierte Unternehmenskommunikation: Ansatzpunkte für eine strategische und operative Umsetzung integrierter Kommunikationsarbeit, 2. Aufl., Stuttgart 1995.

Burkhart, R., Kommunikationswissenschaft: Grundlagen und Problemfelder, 3. Aufl., Wien 1998.

Buß, E., Die Marke als soziales Symbol. Überlegungen zu einem neuen Markenverständnis, in: Public Relations Forum, H. 2, 1998, S. 96-100.

Butzkamm, J. / Halisch, F. / Posse, N., Selbstkonzepte und die Selbstregulation, in: Filipp, S.-H. (Hrsg.), Selbstkonzept-Forschung: Probleme, Befunde, Perspektiven, 3. Aufl., Stuttgart 1993, S. 203-220.

Carmeli, A. / Freund, A., The Relationship between Work and Workplace Attitudes and Perceived External Prestige, in: Corporate Reputation Review, Vol. 5, Nr. 1, S. 51-68.

Carpenter, R., Ranking Reports, in: Investor Relations, November 1994, S. 35-39.

Caspar, M. / Hecker, A. / Sabel, T., Markenrelevanz in der Unternehmensführung - Messung, Erklärung und empirische Befunde für B2B-Märkte, Backhaus, K. / Meffert, H. et al. (Hrsg.), Arbeitspapier Nr. 4 des Marketing Centrum Münster und McKinsey & Comp., Münster 2002.

Churchill, G., A Paradigm for Developing better Measures of Marketing Constructs, in: Journal of Marketing Research, Vol. 16, 1979, S. 64-73.

Cofer, C. N. / Appley, M. H., Motivation: Theory and Research, New York 1968.

Cortina, J., What is Coefficient Alpha? An Examination of Theory and Applications, in: Journal of Applied Psychology, Vol. 78, No. 1, 1993, S. 98-104.

Cox, J., Managing the Corporate Brand, in: Public Relations Strategist, Vol. 4, Iss. 2, 1998, S. 27.

Dacin, P. A., Corporate identity and corporate associations: A framework for future research in: Corporate Reputation Review, Vol. 5, Iss. 2/3, 2002, S. 254-266.

Darby, M. / Karni, E., Free Competition and the Optimal Amount of Fraud, in: Journal of Law, Vol. 16, 1973, S. 67-88.

de Bondt, W., A Portrait of the individual investor, in: European Economic Review, Vol. 24, 1998, S. 831-844.

de Bondt, W. M. / Thaler, R. H., Does the stock market overreact ?, in: Thaler, R. H. (Hrsg.), Advances in behavioral Finance, New York 1993, S. 249-264.

de Bondt, W. M. / Thaler, R. H., Does the stock market overreact?, in: Journal of Finance, Vol. 40, Nr. 3, 793-808.

de Chernatony, L., Would a brand smell any sweeter by a corporate name?, Working Paper University of Birmingham, August 2001.

de Chernatony, L., Brand Management Through Narrowing the Gap Between Brand Identity and Brand Reputation, in: Journal of Marketing Management, Vol. 15, Nr. 1-3, 1999, S. 157-180.

de Chernatony, L. / Dall'Ollmo / Riley, F., Defining A "Brand": Beyond the Literature with Expert's Interpretations, in: Journal of Marketing Management, Vol. 14, 1998, S. 417-443.

de Chernatony, L. / McDonald, M., Creating Powerful Brands in Consumer, Service and Industrial Markets, 2nd Ed., Oxford, 1998.

Dekimpe, M. G. et al., Decline and variability in brand loyalty, in: International Journal of Research in Marketing, Vol. 14, 1997, S. 405-420.

Demuth, A., Das strategische Management der Unternehmensmarke, in: Markenartikel, H. 1, 2000, S. 14-22.

Deutsches Aktieninstitut-Factbook, Stand November 2002, Frankfurt a. M. 2002.

Deutsches Patent- und Markenamt (DPMA) Jahresbericht 2001, http://www.dpma.de/veroeffentlichungen/jahresberichte.html, Abruf vom 12.11.2002.

Dichter, E., Handbuch der Kaufmotive, Wien 1964.

Dichtl, E. Marketing auf Abwegen? in: ZfbF, Jg. 35, Nr. 11 / 12, 1983, S. 1066-1074.

Dichtl, E. / Eggers, W., Marke und Markenartikel als Instrumente des Wettbewerbs, München 1992.

Diller, H., Key-Account-Management auf dem Prüfstand, in: Irrgang, W. (Hrsg.), Vertikales Marketing im Wandel, München 1993, S. 49-80.

Dörtelmann, Th., Marke und Markenführung: eine institutionentheoretische Analyse, Bochum 1997.

Domizlaff, H., Die Gewinnung des öffentlichen Vertrauens. Ein Lehrbuch der Markentechnik, Hamburg 1939.

Dowling, G. R., Creating Corporate Reputations, Oxford 2001.

Dowling, G. R., Managing your corporate images, in: Industrial Marketing Management, Vol. 15, 1986, S. 109-115.

Drosten, M., Personalmarketing: Kampf um die Besten, in: Absatzwirtschaft, H. 6, 2000, S. 12-18.

Dürr, M., Investor Relations: Handbuch für Finanzmarketing und Unternehmenskommunikatikon, 2. Aufl., München 1995.

Dutton, J. E. / Dukerich, J. M. / Harquail, C. V., Organizational Images and Member Identification, in: Administrative Science Quarterly, Vol. 39., Nr. 2, 1994, S. 239-263.

Echterling, J. / Fischer, M. / Kranz, M., Die Erfassung der Markenstärke und des Markenpotenzials als Grundlage der Markenführung, Backhaus, K. / Meffert, H. et. al. (Hrsg.), Arbeitspapier Nr. 2 des Marketing Centrum Münster und McKinsey&Company, Münster 2002.

Eckey, H.-F. / Kosfeld, R. / Dreger, Ch., Ökonometrie, Grundlagen-Methoden-Beispiele, 2. Aufl., Wiesbaden 2001.

Eggert, U. / Zerres, S., Megatrends III in Industrie, Handel und Gesellschaft, Studie der BBE Unternehmensberatung GmbH, Köln 1997.

Ellsberg, D., Risk, Ambiguity and the Savage Axioms, in: Quarterly Journal of E-conomics, Vol. 75, 1961, S. 643-669.

Erlei, M. / Leschke, M. / Sauerland, D., Neue Institutionenökonomik, Stuttgart 1999.

Esch, F.-R., Strategie und Technik der Markenführung, München 2003.

Esch, F.-R., Wirkung integrierter Kommunikation, ein verhaltenswissenschaftlicher Ansatz für die Werbung, Wiesbaden 1998.

Esch, F.-R. / Langner, T., Branding als Grundlage zum Markenwertaufbau, in: Esch, F.-R., Moderne Markenführung, 2. Aufl., Wiesbaden 2000, S. 407-420.

Esch, F.-R. / Wicke, A., Herausforderungen und Aufgaben des Markenmanagements, in: Esch, F.-R. (Hrsg.), Moderne Markenführung: Grundlagen, innovative Ansätze, praktische Umsetzungen, 2. Aufl., Wiesbaden 2000, S. 5-55.

Fahrmeir, L. / Künstler, R. / Pigeot, I. / Tutz, G., Statistik – Der Weg zur Datenanalyse, 3. Aufl., Berlin 2001, S. 139.

Festinger, L., Theorie der kognitiven Dissonanz, Bern 1977.

Feuerhake, C., Konzepte des Produktnutzens und verwandte Konstrukte in der Marketingtheorie, Arbeitspapier Nr. 22 des Lehrstuhls für Markt und Konsum der Universität Hannover, Hannover 1991.

Feyerabend, P. K., Problems of Empiricism, in: Colodny, R. G. (Hrsg.), Beyond the edge of certainty, Englewood Cliffs 1965, S. 140-260.

Finucane, M. L. / Alhkami, A. / Slovic, P. / Johnson, S. M., The Affect Heuristic in Judgement of Risk and Benefits, in: Journal of Behavioral Decision Making, Vol. 13, Nr. 1, 2000, S. 1-17.

Fischer, L. / Wiswede, G., Grundlagen der Sozialpsychologie, München 1997.

Fischer, M., Produktlebenszyklus und Wettbewerbsdynamik: Grundlagen für die ökonomische Bewertung von Markteintrittsstrategien, Wiesbaden 2001.

Fischer, M. / Hieronimus, F. / Kranz, M., Markenrelevanz in der Unternehmensführung – Messung, Erklärung und empirische Befunde für B2C Märkte, Backhaus, K. / Meffert, H. et al. (Hrsg.), Arbeitspapier Nr. 1 des Marketing Centrum Münster und McKinsey & Comp., Münster 2002.

Fombrun, C. J., Is there a Financial Benefit to a good Corporate Reputation?, in: Stern Business, Fall 1999, S. 9-11.

Fombrun, C. J., Reputation – Realizing Value from the Corporate Image, Boston 1996.

Ford, G. T. / Smith, D. B. / Swasy, J. L., Consumer Scepticism of Advertising Claims: Testing Hypotheses from Economics of Information, in: Journal of Consumer Research, Vol. 16, No. 4, 1990, S. 433-441.

Fornell, C. / Larcker, D. F., Evaluating Structural Equitation Models with unobservable Variables and Measurement Errors, in: Journal of Marketing Resarch, Vol. 18, No. 2, 1981, S. 46.

Fournier, S. M., Markenbeziehungen – Konsumenten und ihre Marken, in: Esch, F.-R. (Hrsg.), Moderne Markenführung, 2. Aufl., Wiesbaden 2000, S. 137-163.

Franke, J. / Kühlmann T. M., Psychologie für Wirtschaftswissenschaftler, Landsberg / Lech 1990.

Franke, N., Realtheorie des Marketing: Gestalt und Erkenntnis, Tübingen 2002.

Franke, N., Personalmarketing zur Gewinnung von betriebswirtschaftlichem Führungsnachwuchs, in: Marketing ZFP, 22. Jg., Nr. 1, 2000, S. 75-92.

Franke, N., Das Herstellerimage im Handel. Eine empirische Untersuchung zum vertikalen Marketing, Berlin 1997.

Freter, H., Marktsegmentierung, Stuttgart 1983.

Freter, H., Interpretation und Aussagewert mehrdimensionaler Einstellungsmodelle im Marketing, in: Meffert, H. / Steffenhagen, H. / Freter, H. (Hrsg.), Konsumentenverhalten und Information, Wiesbaden 1979, S. 163-184.

Frigge, C. / Houben, A., Mit der Corporate Brand zukunftsfähiger werden, in: Harvard Business Manager, Nr. 1, 2002, S. 28-35.

Fritz, W., Die Idee des theoretischen Pluralismus und ihre Verwirklichung im Rahmen empirischer betriebswirtschaftlicher Forschung, Arbeitspapier der Forschungsgruppe Konsumenteninformation, Universität Mannheim, Mannheim 1984.

Fröhlich, W. D., Wörterbuch Psychologie, 22. Aufl., München 1998.

Gandossy, R., Six Ways to win the Talent Wars, in: HRfocus, Vol. 78, No. 6, 2001, S. 14-15.

GfK, Aktien 2001, Studie zu Aktienbesitz, Einstellungen und Verhalten gegenüber Aktien bei privaten deutschen Haushalten, GfK (Hrsg.), Nürnberg 2001, abrufbar unter http://gfk.de/produkte

Giering, A., Der Zusammenhang zwischen Kundenzufriedenheit und Kundenloyalität – eine Untersuchung moderierender Effekte, Wiesbaden 2000, S. 72ff.

Gilmore, G. W., Animism, Boston 1919.

Goodyear, M., Marke und Markenpolitik, in: Planung und Analyse, H. 3, 1994, S. 60-67.

Grant, R., The Resource-Based View of Competitive Advantage: Implications for Strategy Formulation, in: California Management Review, Nr. 3, 1991, S. 114-135.

Greene, W. H., Econometric Analysis, 5. Aufl., Upper Saddle River 2003.

Gröppel-Klein, A. / Weinberg, P., Die Konsumentenforschung im Marketing – Stärken und Schwächen aus Erfahrungssicht, in: Backhaus, K. (Hrsg.), Deutschsprachige Marketingforschung, Bestandsaufnahme und Perspektiven, Stuttgart 2000, S. 79-89.

Grubb, E. L. / Stern, B. L., Self-concept and significant others, in: Journal of Marketing Research, Vol. 8, August 1971, S. 382-285.

Grubb, E. L. / Grathwohl, H., Consumer Self-Concept, Symbolism and Market Behaviour: A Theoretical Approach, in: Journal of Marketing, Vol. 31, October 1967, S. 22-27.

Gruber, J., Ökonometrie – Band 1: Einführung in die multiple Regression und Ökonometrie, München 1997.

Gruner+Jahr AG, Imagery Studie, Hamburg 1998.

Grunert, K. G., Informationsverarbeitungsprozesse bei der Kaufentscheidung, Frankfurt 1982.

Guenther, Th. / Otterbein, S., Die Gestaltung der Investor Relations am Beispiel führender deutscher Aktiengesellschaften, in: ZfB, H. 4, 1996, S. 389-417.

Gutsche, J., Produktpräferenzanalyse. Ein modelltheoretisches und methodisches Konzept zur Marktsimulation mittels Präferenzerfassungsmodellen, Berlin 1995.

Hachmeister, D., Shareholder Value, in: DBW, 57. Jg., Nr. 6, 1997, S. 823-839.

Haedrich, G. / Jeschke, B. G., Zum Management des Unternehmensimages, in: Die Betriebswirtschaft, 54. Jg., H. 2, 1994, S. 211-220.

Hätty, H. Der Markentransfer, Heidelberg 1989

Hammann, P. / Gathen, A., Bilanzierung des Markenwertes und kapitalmarktorientiertes Markenbewertungsverfahren, in: Markenartikel, H. 5, 1995, S. 204-211.

Hansen, P., Der Markenartikel, Analyse seiner Entwicklung und Stellung im Rahmen des Markenwesens, Berlin 1970.

Hanssens, D. / Pearsons, L. J. / Schultz, R. L., Market Response Models: Econometric and Time Series Analysis, International Series, in: Quantitative Marketing, 12. Jg., 2. Aufl., 2001, S. 84ff.

Harris, F. / de Chernatony, L., Corporate Branding and Corporate Brand Performance, in: European Journal of Marketing, Vol. 35, H. 3/4, 2001, S. 441-456.

Hasenack, W., zitiert nach Schenk, H.-O., Funktionale Absatztheorie, in: Tietz, B., Handwörterbuch der Absatzwirtschaft, Stuttgart 1974, S. 110-120.

Hayes, J., Antecedents and Consequences of Brand Personality, zugel. Diss. der Mississippi State University, Mississippi State 1999.

Heath, A. / Scott, D., The self-concept and image congruence hypothesis, in: European Journal of Marketing, Vol. 32, No. 11/12, 1998, S. 1110-1123.

Heinen, E., Unternehmenskultur, München 1987.

Heinen, E., Grundlagen betriebswirtschaftlicher Entscheidungen. Das Zielsystem der Unternehmung, 3. Aufl., Wiesbaden 1976.

Heinlein, M., Identität und Marke: Brand Identity versus Corporate Identity?, in: Bickmann, R. (Hrsg.), Chance: Identität, Berlin u. a. 1999, S. 282-310.

Henzler, A., Personal-Image, in: Gaugler, E., Handwörterbuch des Personalwesens, Stuttgart 1975.

Herp, T., Der Markenwert von Marken des Gebrauchsgütersektors, Frankfurt a. M. 1982.

Herrmann, A. / Huber, F. / Braunstein, C., Gestaltung der Markenpersönlichkeit mittels der „means-end-„Theorie, in: Esch, F.-R. (Hrsg.), Moderne Markenführung, 2. Auflage, Wiesbaden 2000, S. 103-134.

Herrmann, A. / Bauer, H. / Huber, F., Eine entscheidungstheoretische Interpretation der Nutzenlehre von Wilhelm Vershofen, in: WiSt, H. 6, Juni 1997, S. 279-283.

Hieronimus, F. / Fischer, M. / Kranz, M., Markenrelevanz in der Unternehmensführung - Messung, Erklärung und empirische Befunde für BtoC-Märkte, Backhaus, K. / Meffert, H., et al. (Hrsg.), Arbeitspapier Nr. 1. des Marketing Centrum Münster und McKinsey & Comp., Münster 2002.

Hinde, R. A., A Suggested Structure for a Science of Relationships, in: Personal Relationships, Vol. 2, March 1995, S. 1-15.

Hischer, H., Zur Geschichte des Funktionsbegriffs, Preprint Nr. 54 des Fachbereichs Mathematik der Universität des Saarlandes, Saarbrücken 2002.

Hogg, M. K. / Cox, A. J. / Keeling, K., The impact of self-monitoring on image congruence and product / brand evaluation, in: European Journal of Marketing, Vol. 34, No. 5/6, 2000, S. 641-666.

Hogg, M. K. / Michell, P. C. N., Identity, Self and Consumption, in: Journal of Marketing Management, Vol. 12, No. 7, 1996, S. 629-644.

Homburg, Ch., Entwicklungslinien in der deutschsprachigen Marketingforschung, in: Backhaus, K. (Hrsg.), Deutschsprachige Marketingforschung, Bestandsaufnahme und Perspektiven, Stuttgart 2000, S. 339-361.

Homburg, Ch., Kundennähe von Industriegüterunternehmen: Konzeption – Erfolgsauswirkungen – Determinanten, 2. Aufl., Wiesbaden 1998.

Homburg, Ch. / Baumgartner, H., Beurteilung von Kausalmodellen – Bestandsaufnahme und Anwendungsempfehlungen, in: Marketing ZFP, H. 3, 3. Quartal 1995, S. 162-176.

Homburg, Ch. / Baumgartner, H., Die Kausalanalyse als Instrument der Marketingforschung – Eine Bestandsaufnahme, in: ZfB, 65. Jg., H. 10, 1995, S. 1091-1108.

Homburg, Ch. / Giering, A., Konzeptualisierung und Operationalisierung komplexer Konstrukte – Ein Leitfaden für die Marketingforschung, in: Marketing ZfP, 18. Jg., H. 1, 1996, S. 5-24.

Homburg, Ch. / Herrmann, A. / Pflesser, Ch., Methoden der Datenanalyse im Überblick, in: Homburg, Ch. / Herrmann, A. (Hrsg.), Marktforschung: Methoden, Anwendungen, Praxisbeispiele, Wiesbaden 1999, S. 103-125.

Hooley, G. H. / Saunders, J., Competitive Positioning: The Key to Marketing Strategy, New York 1993.

Huber, F. / Herrmann, F. / Weis, M., Markenloyalität durch Markenpersönlichkeit, in: Marketing ZFP, H. 1., 1. Quartal 2001, S. 5-15.

Hubertz, I., Die Marke auf der Couch: Das Wesen der Marke und wie man es messen kann, in: planung & analyse, Nr. 2, 2000, S. 25-30.

Hughes, R. A., Branded, in: Foundation News & Commentary, May/June 2001, S. 46-48.

Ind, N., Making the most of your Corporate Brand, London 1998.

IPS Mannheim / Dresdner Bank, Aktienstatistik 2000, Frankfurt a. M. 2001.

Irmscher, M., Markenwertmanagement: Aufbau und Erhalt von Markenwissen und –vertrauen im Wettbewerb; eine informationsökonomische Analyse, Frankfurt a. M. 1997.

Jacoby, J., Consumer Research: How Valid and Useful are All Our Consumer Behavior Research Findings? A State of the Art Review, in: Journal of Marketing, Vol 42, 1978, S. 93.

Jacoby, J. / Szybillo, G. J. / Busato-Schach, J., Information Aquisition Behavior in Brand Choice Situation, Journal of Consumer Research, Vol. 3, March 1977, S. 209-216.

Jenner, Th., Markenführung in den Zeiten des Shareholder Value, in: Harvard Business Manager, 23. Jg., Nr. 3, 2001, S. 54-63.

Jenner, Th., Determinanten des Unternehmenserfolges, Stuttgart 1999.

Jordan, J., Werbewirkung bei Investmentfonds, Überlegungen auf Basis der Behavioral Finance Forschung, Arbeitspapier Nr. 29 der Gruppe Konsum und Verhalten, Frankfurt a. M. 2001.

Kaas, K. P., Alternative Konzepte der Theorieverankerung, in: Backhaus, K. (Hrsg.), Deutschsprachige Marketingforschung, Bestandsaufnahme und Perspektiven, Stuttgart 2000, S. 55-78.

Kaas, K. P., Marketing zwischen Markt und Hierarchie, in: Kontrakte, Geschäftsbeziehungen, Netzwerke, Kaas, K. P. (Hrsg.), Düsseldorf u. a. 1995, S. 19-42.

Kaas, K. P., Ansätze einer institutionenökonomischen Theorie des Konsumentenverhaltens, in: Konsumentenforschung, hrsg. von der Forschungsgruppe Konsum und Verhalten, München 1994, S. 245-260.

Kaas, K. P., Marketing als Bewältigung von Informations- und Unsicherheitsproblemen im Markt, in: DBW, 50. Jg., Nr. 4, 1990, S. 539-548.

Kaas, K. P., Marketing und Neue Institutionenökonomik, in: Kontrakte, Geschäftsbeziehungen, Netzwerke, Kaas, K. P. (Hrsg.), Düsseldorf u. a. 1995, S. 19-42.

Kaas, K. P. / Busch, A., Inspektions-, Erfahrungs- und Vertrauenseigenschaften von Produkten, in: Marketing ZfP, H. 4, 1996, S. 243-251.

Kahn, R. N. / Rudd, A., Modeling Analyst Behavior, in: The Journal of Investing, Summer 1999, S. 7-14.

Kahneman, D. / Slovic, P. / Tversky, A., Judgement under Uncertainty: Heuristics and biases, Cambridge 1982.

Kapferer, J.-N., Strategic Brand Management, London 1997.

Kapferer, J.-N., Die Marke: Kapital des Unternehmens, Landsberg / Lech 1992.

Kapferer, J.-N. / Laurent, G., La sensibilité aux marques, Paris 1992.

Katz, R., Informationsquellen der Konsumenten, Wiesbaden 1983.

Katzensteiner, Th., Groß ist gut, in: Wirtschaftswoche, Nr. 34 vom 15.08.2002, S. 76-81.

Kaufer, E., Alternative Ansätze der Industrieökonomik, in: Freimann, K.-D. / Ott, A. E. (Hrsg.), Theorie und Empirie der Wirtschaftsforschung, Tübingen 1988, S. 115-132.

Keeney, R., Utiliy Functions for Multiattributed Consequences, Management Science, Vol. 18, No. 5, 1972, S. 277-287.

Keller, K. L., Conceptualizing, Measuring and Managing Customer-Based Brand Equity, in: Journal of Marketing, Vol. 57, Nr.1, 1993, S. 1-22.

Keller, K. L. / Aaker, D. A., Managing the Corporate Brand: The Effects of Corporate Marketing Activity on Consumer Evaluation of Brand Extensions, MSI Working Paper, Report No. 97-106, 1997.

Kemper, A., Strategische Markenpolitik im Investitionsgüterbereich, zugel. Diss. Köln 2000.

Kenning, P., Customer Trust Management - Ein Beitrag zum Vertrauensmanagement im Lebensmitteleinzelhandel, Wiesbaden 2002.

Kerin, R. A. / Sethuraman, R., Exploring the Brand-Value-Shareholder Nexus for Consumer Goods Companies, in: Journal of the Academy of Science, Vol. 26, No. 4, 1998, S. 260-273.

Kiener, St., Die Principal-Agent Theorie aus informationsökonomischer Sicht, Heidelberg 1990.

Kieser, A., Der situative Ansatz, in: Kieser, A. (Hrsg.), Organisationstheorien, 3. Aufl., Stuttgart / Berlin 1999, S. 169-198.

Kircher, S., Corporate Branding – mehr als Namensgebung, in: planung & analyse, H. 1, 1997, S. 60-61.

Kirchgeorg, M. / Lorbeer, A., Anforderungen von High Potentials an Unternehmen, HHL-Arbeitspapier Nr. 49, Leipzig 2002.

Kirkpatrick, J., Theory and History in Marketing, in: Bush, R. F. / Hunt, S. D. (Hrsg.), Marketing theory, philosophy of science perspectives, San Antonio 1982, S. 39-54.

Kirsch, W., Bezugsrahmen, Modelle, und explorative Forschung, in: Kirsch, W. (Hrsg.), Wissenschaftliche Unternehmensführung oder Freiheit von der Wissenschaft, München 1984.

Kirsch, W., Entscheidungsprozesse, Bd. 3: Entscheidungen in Organisationen, Wiesbaden 1971.

Kirsch, W., Entscheidungsprozesse, Bd. 1, Wiesbaden 1970.

Kitchen, P. J. / Schultz, D. E. (Hrsg.), Raising the Corporate Umbrella: Corporate Communications in the 21st Century, Palgrave 2001.

Klein H., Heuristische Entscheidungsmodelle, Neue Techniken des Programmierens und Entscheidens für das Management, Wiesbaden 1971.

Kline, R. B., Software Programs for Structural Equation Modelling: AMOS, EQS and LISREL, in: Journal of Psychoeducational Assessment, H. 16, 1998, S. 343-364.

Knüppel, H. / Lindner, C. (Hrsg.), Die Aktie als Marke. Wie Unternehmen mit Investoren kommunizieren sollen, Frankfurt a. M. 2000.

Köhler, R., Marketingplanung in Abhängigkeit von Umwelt- und Organisationsmerkmalen, in: Mazanek, J. / Scheuch, F. (Hrsg.), Marktorientierte Unternehmensführung, Wien 1984, S. 581-602.

Koppelmann, U., Funktionenorientierter Erklärungsansatz der Markenpolitik, in: Bruhn, M. (Hrsg.), Handbuch Markenartikel – Anforderungen an die Markenpolitik aus Sicht von Wissenschaft und Praxis, Bd. 1, Stuttgart 1994, S. 219-238.

Kranz, M., Markenbewertung – Bestandsaufnahme und kritische Würdigung, in: Meffert, H. / Burmann, Ch. / Koers, M. (Hrsg.), Markenmanagement - Grundfragen der identitätsorientierten Markenführung, Wiesbaden 2002, S. 430-454.

Kroeber-Riel, W., Die inneren Bilder der Konsumenten, Messung – Verhaltenswirkung – Konsequenzen für das Marketing, in: Marketing ZFP, 8. Jg., Nr. 2, 1986, S. 81-96.

Kroeber-Riel, W. / Weinberg, P., Konsumentenverhalten, 7. Aufl., München 1999.

Kubicek, H., Heuristische Bezugsrahmen und heuristisch angelegte Forschungsdesigns als Elemente einer Konstruktionsstrategie empirischer Forschung, in: Köhler, R. (Hrsg.), Empirische und handlungstheoretische Forschungskonzeptionen in der Betriebswirtschaftslehre, Stuttgart 1977, S. 25.

Kühlmann, T. M., Psychologie für Wirtschaftswissenschaftler, Landsberg / Lech 1990.

Kuhlmann, E., Effizienz und Risiko der Konsumentenentscheidung, Stuttgart 1978.

Kuhn, T. S., Die Struktur wissenschaftlicher Revolutionen, 15. Aufl., Frankfurt a. M. 1999.

Kundlich, Ph., Anlage und Handelsverhalten deutscher Privatanleger, Bern 2002,.

Kuß, A., Information und Kaufentscheidung, Methoden und Ergebnisse empirischer Konsumentenforschung, Berlin 1987.

Kuß, A. / Tomczak, T., Käuferverhalten: Eine marketingorientierte Führung, 2. Aufl., Stuttgart 2000.

Laforet, S. / Saunders, J., Managing Brand Portfolios: Why Leaders do what they do, in: Journal of Advertising Research, January-February 1999, S. 51-66.

Lakatos, I., Falsifikation und die Methodologie wissenschaftlicher Forschungsprogramme, in: Kritik und Erkenntnisfortschritt, Lakatos, I. / Musgrave,
A. (Hrsg.), Braunschweig 1974, S. 89-189.

Lancaster, K. J., A New Approach to Consumer Theory, in: Journal of Political
Economy, Vol. 2, 1966, S. 132-157.

Lancaster, K. J., Consumer Demand, A New Approach, New York, London 1971.

Lang, Th., Berufliche Selbstselektion von Hochschulabsolventen und ihre Folgen
auf die Einstellungen zur Arbeit, in: v. Rosenstiel, L. / Lang, Th. / Sigl,
E. (Hrsg.), Fach- und Führungsnachwuchs finden und fördern, Stuttgart
1994, S. 202-220.

Lasslop, I., Effektivität und Effizienz von Marketing-Events - Wirkungstheoretische
Analyse und empirische Befunde, Wiesbaden 2003, im Druck.

Lasslop, I., Identitätsorientierte Führung von Luxusmarken, in: Meffert, H. / Burmann, Ch. / Koers, M. (Hrsg.), Markenmanagement – Grundfragen der
identitätsorientierten Markenführung, Wiesbaden 2002, S. 327-351.

Lasslop, I., Die Ermittlung der Unternehmenskultur – eine kritische Analyse ausgewählter Messmodelle, unveröffentlichte Diplomarbeit am Institut für
Anlagen und Systemtechnologien, Münster 1996.

Laux, H., Entscheidungstheorie, 5. Aufl., Berlin 2003.

Lawrence, R. P. / Lorsch, J. W., Organization and Environment: Managing Differentiation and Integration, Boston 1967.

Lechner, M., Eine Übersicht über gängige Modelle der Panelökonometrie und ihre
kausale Interpretation, Diskussionspapier der Universität St. Gallen, Nr.
18, St. Gallen 2001.

Lehnert, S., Die Bedeutung von Kontingenzansätzen für das strategische Management, Frankfurt a. M. u. a. 1983.

Leitch, S. / Motion, J., Multiplicity in corporate identity strategy, in: Corporate
Communications, Vol. 4, No. 4, 1999, S.193-199.

Link, R., Aktienmarketing in deutschen Publikumsgesellschaften, Wiesbaden
1991.

Löffler, G. / Weber, M., Über- und Unterreaktion von Finanzanalysten, Arbeitspapier Nr. 7 der Behavioral Finance Group, Frankfurt a. M. 1999.

Malhotra, N. K., Self concept and product choice: an integrated perspective, in:
Journal of Economic Psychology, Vol. 9, 1997, S. 1-28.

Markwick, N. / Fill, Ch., Towards a framework for managing corporate identity, in:
European Journal of Marketing, Vol. 31., No. 5 / 6, S. 396-409.

Maslow, A., Motivation and Personality, in: Theoretical Readings in Motivation: Perspections on Human Behavior, Levine, F. M. (Hrsg.), Chicago 1975, S. 358-379.

Matje, A., Unternehmensleitbilder als Führungsinstrument, Komponenten einer erfolgreichen Unternehmensidentität, Wiesbaden 1996.

McGregor, D. G. / Slovic, P. / Dreman, D. / Berry, M., Imagery, Affect and Financial Judgement, in: The Journal of Psychology and Finacial Markets, Vol. 1, No. 2, 2000, S. 104-110.

McGregor, D. G. / Slovic, P. / Dreman, D. / Berry, M. / Evensky, H. R., Perceptions of Financial Risk: A Survey Study of Advisors and Planners, in: Journal of Financial Planning, Vol. 12, Sept. 1999, S. 104-110.

Meffert, C., Profilierung von Dienstleistungsmarken in vertikalen Systemen. Ein präferenzorientierter Beitrag zur Markenführung in der Touristik, Wiesbaden 2002.

Meffert, H., Relational Branding – Beziehungsorientierte Markenführung als Aufgabe des Direktmarketing, Arbeitspapier des Centrum für interaktives Marketing und Medienmanagement, Münster 2002.

Meffert, H., Marketing – Grundlagen marktorientierter Unternehmensführung, 9. Aufl., Wiesbaden 2000.

Meffert, H., Marketing – Grundlagen marktorientierter Unternehmensführung, 8. Aufl., Wiesbaden 1998.

Meffert, H., Marketingwissenschaft im Wandel, in: Meffert, H. (Hrsg.), Marktorientierte Unternehmensführung im Wandel, Wiesbaden 1999, S. 34-66.

Meffert, H., Das Dach braucht starke Pfeiler, in: Lebensmittelzeitung, Nr. 12, 1995, S. 40-45.

Meffert, H., Markenführung in der Bewährungsprobe, in: Markenartikel, Nr. 12, 1994, S. 478-481.

Meffert, H., Marketing-Management, Analyse - Strategie - Implementierung, Wiesbaden 1994.

Meffert, H., Marktorientierte Führung von Dienstleistungsunternehmen, Arbeitspapier Nr. 78 der Wissenschaftlichen Gesellschaft für Marketing und Unternehmensführung e. V., Backhaus, K. / Meffert, H. / Wagner, H. (Hrsg.), Münster 1993, S. 12

Meffert, H., Marketingforschung und Käuferverhalten, 2. Aufl., Wiesbaden 1992.

Meffert, H., Strategien zur Profilierung von Marken, in: Dichtl, E. / Eggers, W. (Hrsg.), Marke und Markenartikel als Instrument des Wettbewerbs, München 1992, S. 129-156.

Meffert, H., Corporate Identity, in: DBW, 51. Jg., H. 6, 1991, S. 817-819.

Meffert, H., Zum Problem des Marketing-Mix: Eine heuristische Methode zur Vor-
auswahl absatzpolitischer Instrumente, in: Meffert, H. (Hrsg.), Marketing
heute und morgen, Wiesbaden 1975, S. 257-275.

Meffert, H., Absatztheorie, systemorientierte, in: Tietz, B., Handwörterbuch der
Absatzwirtschaft, Stuttgart 1974, S. 138-158.

Meffert, H., Die Leistungsfähigkeit der entscheidungs- und systemorientierten
Marketing-Theorie, Münster 1971.

Meffert, H. / Backhaus, K. / Becker, J., Erlebnisse um jeden Preis – Was leistet
Event-Marketing?, Arbeitspapier Nr. 156 der Wissenschaftlichen Gesellschaft für Marketing und Unternehmensführung e. V., Münster 2002.

Meffert, H. / Bierwirth, A., Stellenwert und Funktionen der Unternehmensmarke –
Erklärungsansätze und Implikationen für das Corporate Branding, in:
Thexis, 18. Jg., H. 4., 2001, S. 5-11.

Meffert, H. / Bongartz, M., Marktorientierte Unternehmensführung an der Jahrtausendwende aus Sicht der Wissenschaft und der Unternehmenspraxis –
eine Empirische Untersuchung, in: Deutschsprachige Marketingforschung – Bestandsaufnahme und Perspektiven, im Auftrag der Wisse-
schaftlichen Komission Marketing im Verband der Hochschullehrer für
Betriebswirtschaft e.V., Backhaus, K. (Hrsg.), Stuttgart 2000, S. 381-
405.

Meffert, H. / Burmann, Ch., Wandel in der Markenführung – vom instrumentellen
zum identitätsorientierten Markenverständnis, in: Meffert, H. / Burmann,
Ch. / Koers, M. (Hrsg.), Markenmanagement: Grundfragen der identitätsorientierten Markenführung, Wiesbaden 2002, S. 17-34.

Meffert, H. / Burmann, Ch., Managementkonzept der identitätsorientierten Markenführung, in: Meffert, H. / Burmann, Ch. / Koers, M. (Hrsg.), Markenmanagement: Grundfragen der identitätsorientierten Markenführung, Wiesbaden 2002, S. 73-98.

Meffert, H. / Burmann, Ch., Theoretisches Grundkonzept der identitätsorientierten
Markenführung, in: Meffert, H. / Burmann, Ch. / Koers, M. (Hrsg.), Markenmanagement: Grundfragen der identitätsorientierten Markenführung, Wiesbaden 2002, S. 35-72.

Meffert, H. / Burmann, Ch., Markenbildung und Markenstrategien, in: Albers, S. /
Herrmann, A. (Hrsg.), Handbuch Produktmanagement, Wiesbaden
2000, S. 169-187.

Meffert, H. / Burmann, Ch., Identitätsorientierte Markenführung – Grundlagen für
das Management von Markenportfolios, in: Meffert, H. / Wagner, H. /
Backhaus, K. (Hrsg.), Arbeitspapier Nr. 100 der Wissenschaftlichen
Gesellschaft für Marketing und Unternehmensführung e. V., Münster
1996.

Meffert, H. / Burmann, Ch. / Koers, M., Stellenwert und Gegenstand der Markenführung, in: Meffert, H. / Burmann, Ch. / Koers, M. (Hrsg.), Markenmanagement: Grundfragen der identitätsorientierten Markenführung, Wiesbaden 2002, S. 3-16.

Meffert, H. / Giloth, M., Aktuelle markt- und unternehmensbezogenen Herausforderungen an die Markenführung, in: Meffert, H. / Burmann, Ch. / Koers, M. (Hrsg.), Markenmanagement: Grundfragen der identitätsorientierten Markenführung, Wiesbaden 2002, S. 99-129.

Meffert, H. / Patt, P. J., Strategische Erfolgsfaktoren im Einzelhandel – eine empirische Analyse am Beispiel der Bekleidungsfachgeschäfte, in: Trommsdorff, V. (Hrsg.), Handelsforschung, Heidelberg 1987, S. 181-198.

Meffert, H. / Perrey, J. / Schröder, J., Lohnen sich Investitionen in die Marke?, in: Absatzwirtschaft, H. 10, 2002, S. 29-35.

Mei-Pochtler, A., Sharebranding – die Aktie zwischen objektiver und subjektiver Differenzierung, in: Knüppel, H. / Lindner, C. (Hrsg.), Die Aktie als Marke. Wie Unternehmen mit Investoren kommunizieren sollen, Frankfurt a. M. 2000, S. 11-23.

Mejs, M., The Myth of Manageability of Corporate Identity, in: Corporate Reputation Review, Vol. 5, Nr. 1, 2002, S. 20-34.

Melewar, T. C. / Jenkins, E., Defining the Corporate Identity Construct, in: Corporate Reputations Review, Vol. 5, No. 1, 2002, S. 76-90.

Melewar, T. C. / Saunders, J., Global corporate visual identity systems: using an extended marketing mix, in: European Journal of Marketing, Vol. 34, Nr. 5 / 6, 2000, S. 538-550.

Merbold, C., Unternehmen als Marken, in: Bruhn, M. (Hrsg.), Handbuch Markenartikel, Bd. 1, Stuttgart 1994, S. 107-119.

Meyer, M., Diskussion zur Theorieverankerung des Marketing, in: Backhaus, K. (Hrsg.), Deutschsprachige Marketingforschung, Bestandsaufnahme und Perspektiven, Stuttgart 2000, S. 97-104.

Michael, B., Wenn die Wertschöpfung weiter sinkt, stirbt die Marke!, in: ZfB Ergänzungsheft 1, 2002, S. 35-56.

Michael, B., Die Fantasie beflügeln, in: Wirtschaftswoche, Nr. 23, 2000, S. 106-107.

Michael, B., Herstellermarken und Handelsmarken... wer setzt sich durch?, Grey Gruppe Deutschland, Düsseldorf 1994.

Miller, G. A., The magical Number seven plus or minus two: Some Limits on our capacity for processing information, in: Psychological Review, Vol. 63, 1956, S. 81-97.

Mitchell, V. W., Factors affecting consumer risk reduction: A review of current evidence, in: Management Research News, Vol. 16, No. 9/10, S. 6-26.

Möhlenbruch, D. / Claus, B. / Schmieder, U. M. (Hrsg.), Corporate Identity, Corporate Image und Integrierte Kommunikation als Problembereiche des Marketing, Betriebswirtschaftlicher Diskussionsbeitrag der Universität Halle-Wittenberg 2000.

Moosmüller, G., Die Latent-Class-Analyse: ein Klassifikationsverfahren bei qualitativen Merkmalen, Hamburg 1992.

Moser, H., Wilhelms Vershofens Beitrag zu einer Theorie des Verbraucherverhaltens, Berlin 1963.

Moser, K. / Zempel, J., Personalmarketing, in: Schuler, H. (Hrsg.), Lehrbuch der Personalpsychologie, Göttingen 2001, S. 63-87.

Mottram, S., Branding the Cooperation, in: Hart, S. / Murphy J. (Hrsg.), Brands: The New Wealth Creators, London 1998, S. 63-71.

MSI Conference Summary October 3-4, 2002, Report No. 02-119, Cambridge 2002.

Müller, S., Marketing auf – verhaltenswissenschaftlichen - Abwegen?, in: Bauer, H. / Diller, H. (Hrsg.), Wege des Marketing. Festschrift zum 60. Geburtstag von E. Dichtl., Berlin 1995, S. 191-217.

Murphy, J., What Is Branding?, in: Hart, S. / Murphy, J. (Hrsg.), Brands. The New Wealth Creators, Houndmills u. a. 1998, S. 1-12.

Nagy, R. A. / Obenberger, R. W., Factors influencing individual investor behavior, in: Financial Analysts Journal, Vol. 50, No. 4, 1995, S. 63-68.

Nelson, P., Information and Consumer Behavior, in: Journal of Political Economy, Vol. 78, 1970, S. 311-329.

Neumann, M., Nutzen, in: Albers, W. (Hrsg.), Handwörterbuch der Wirtschaftswissenschaften, Bd. 5, Stuttgart 1980, S. 349-361.

Vgl. Nisbett, R. / Ross, L., Human Inference: Strategies and Shortcomings of Social Judgment, Englewood Cliffs, 1980.

Nölting, A., Faktor Herz, in: Manager Magazin, März 1999, S. 113.

Nofsinger, J. R., The Psychology of Investing, Upper Saddle River 2002.

Nolte, H., Die Markentreue im Konsumgüterbereich, Bochum 1976.

Norwich, K. H., The magical number seven: Making a „bit" of „sense", in: Perception and Psychophysics, Vol. 29, Nr. 5, 1981, S. 409-422.

Nunnally, J., Psychometric Theory, 2. Aufl., New York 1978.

Oberparleitner, K., Funktionen und Risiken des Warenhandels, 2. Aufl., Wien 1955.

Oehler, A., Die Erklärung des Verhaltens privater Anleger, Stuttgart 1995.

Olins, W., The new guide to identity, Brookfield 1999.

Olsen, R. A., Behavioral Science as Science: Implications Form the Research of Paul Slovic, in: The Journal of Psychology and Financial Markets, Vol. 2, No. 3, 2001, S. 157-159.

Olsen, R. A., Investment Risk: The Expert's Perspective, in: Financial Analysts Journal, Vol. 53, 1997, S. 62-66.

o. V., Marktplätze - der Aufschwung vor dem Fall, in: Informationweek, Ausgabe 23, November 2000.

o. V., Treulose Deutsche, in: Wirtschaftswoche, Nr. 7 vom 6.2.2003, S. 72.

o. V., Unilever vollzieht eine radikale Wende in der Markenpolitik, in: Frankfurter Allgemeine Zeitung, 08.03.2000, S. 5.

o. V., "Vergiss es, Baby", Abruf von www.spiegel.de vom 17.02.2002

o. V., Werbeausgaben, in: Horizont, Nr. 5, 2001, S. 34.

Panne, F., Das Risiko im Kaufentscheidungsprozeß des Konsumenten, Zürich 1977.

Penrose, E., The Theory of the Growth of the Firm, Oxford 1959.

Perrey, J., Nutzenorientierte Marktsegmentierung, Wiesbaden 1998.

Perridon, L. / Steiner, M., Finanzwirtschaft der Unternehmung, 8. Aufl., München 1995.

Peterson, R. A., A Meta-Analysis of Cronbach's Coefficient Alpha, in: Journal of Consumer Research, Vol. 21, 1994, S. 381-391.

Picot, A., Ökonomische Theorien der Organisation – Ein Überblick über neuere Ansätze und deren betriebswirtschaftliche Anwendungspotentiale, in: Ordelheide, D. / Rudolph, B. (Hrsg.), Betriebswirtschaftslehre und ökonomische Theorie, Frankfurt a. M. 1990, S. 143-170.

Prahalad, C. L. / Hamel, G., The Core Competence of the Corporation, in: Harvard Business Review, Vol. 68, 1990, S. 79-91.

Pruzan, P., Corporate Reputation: Image and Identity, in: Corporate Reputation Review, Vol. 4, No. 1, 2001, S. 50-64.

Pütter, C., Kein Fall von Gelbsucht in: Werben und Verkaufen, Nr. 16., 2002, S. 34.

Raffée, H., Gegenstand, Methoden und Konzepte der Betriebswirtschaftslehre, in: Raffée, H. (Hrsg.), Vahlens Kompendium der Betriebswirtschaftslehre, Bd. 1, München 1984.

Rapp, H. W., Der tägliche Wahnsinn hat Methode, Behavioral Finance: Paradigmenwechsel in der Kapitalmarktforschung, in: Jünemann, B. / Schellenberger, D. (Hrsg.), Psychologie für Börsenprofis, Stuttgart 2000, S. 87-123.

Rappaport, A., Shareholder Value Analyse, Stuttgart 1995.

Richter, R., Institutionen ökonomisch analysiert, zitiert nach Kaas, K. P., Einführung Marketing und Neue Institutionenökonomik, in: Kaas, K. P. (Hrsg.), Kontrakte, Geschäftsbeziehungen, Netzwerke – Marketing und Neue Institutionenökonomik, ZfbF Sonderheft 35 1995.

Richter, R. / Furbuton, E., Neue Institutionenökonomik, 2. Aufl., Tübingen 1999.

Ries, A. / Trout, J., Positionierung. Die neue Werbestrategie, Hamburg 1986.

Rinsche, G., Der aufwendige Verbrauch - Sozialökonomische Besonderheiten geltungsbedingter Nachfrage, in: Kreikebaum, H. / Rinsche, G., Das Prestigemotiv in Konsum und Investition, Berlin 1961, S. 105-221.

Rosenberg, M., Conceiving the Self, New York 1979.

Ross, I., Perceived Risk and Consumer Behavior: A critical Review, in: Schlinger, M.J. (Hrsg.), Advances in Consumer Research, Vol. 2, Nr. 1, 1975, S. 1-19.

Rossiter, J. R. / Larry, P., Aufbau und Pflege klassischer Marken durch klassische Kommunikation, in: Esch, F.-R. (Hrsg.), Moderne Markenführung, 2. Aufl., Wiesbaden 2000, S. 493-508.

Rozanski, H. / Baum, A. / Wolfsen, B., Brand Zealots: Realizing the Full Value of Emotional Brand Loyalty, in: Strategy and Business, Fourth Quarter 1999, S. 51-63.

Ruekert, R. W. / Walker, O. C. / Roering, K. J., The Organization of Marketing Activities: A Contingency Theory of Structure and Performance, in: Journal of Marketing, Vol. 49, Winter 1985, S. 13-25.

Rüschen, G., Ziele und Funktionen des Markenartikels, in: Bruhn, M. (Hrsg.), Handbuch Markenartikel, Bd. 1, Stuttgart 1994, S. 121-134.

Ruhfus, R., Kaufentscheidungen von Familien, Wiesbaden 1976.

Sander, M., Die Bewertung und Steuerung des Wertes von Marken, Heidelberg 1994.

Sattler, H., Herkunfts- und Gütezeichen im Kaufentscheidungsprozeß, Die Conjoint Analyse als Instrument der Bedeutungsmessung, Stuttgart 1991.

Saunders, J. / Gouqun, F., Dual Branding: how corporate names add value, in: Marketing Intelligence and Planning, No. 14, H. 7, 1996, S. 29-34.

Schade, Ch. / Schott, E., Kontraktgüter im Marketing, in: Marketing ZFP, Nr. 1, 1993, S. 15-25.

Schäfer, E., Die Aufgabe der Absatzwirtschaft, in: Handbuch der Wirtschaft, Bd. 1, 2. Aufl., Köln 1966.

Schanz, G., Organisationsgestaltung: Management von Arbeitsteilung und Koordination, 2. Aufl., München 1994.

Schanz, G., Wissenschaftsprogramme der Betriebswirtschaftslehre, in: Bea, F. X. / Dichtl, E. / Schweitzer, M. (Hrsg.), Allgemeine Betriebswirtschaftslehre, Bd. 1, Grundfragen, 6. Aufl., Stuttgart, Jena 1992, S. 80-158.

Schanz, G., Die Betriebswirtschaftslehre und ihre sozialwissenschaftlichen Nachbardisziplinen: Das Integrationsproblem, in: Raffée, H. / Abel, B. (Hrsg.), Wirtschaftstheoretische Grundfragen der Wirtschaftswissenschaften, München 1979, S. 121-137.

Schanz, G., Pluralismus in der Betriebswirtschaftslehre, Bemerkungen zu gegenwärtigen Forschungsprogrammen, in: ZfbF, 25. Jg., 1973, S. 131-154.

Scheffler, H., Stichprobenbildung und Datenerhebung, in: Homburg, Ch. / Herrmann, A. / Marktforschung: Methoden, Anwendungen, Praxisbeispiele, Wiesbaden 1999, S. 61-77.

Schein, E. H., Organizational Culture and Leadership, 2. Aufl., San Francisco 1992.

Scheller, R. / Heil, F. E., Berufliche Entwicklung und Selbstkonzepte, in: Filipp, S.-H. (Hrsg.), Selbstkonzept-Forschung: Probleme, Befunde, Perspektiven, 3. Aufl., Stuttgart 1993.

Schenk, H.-O., Funktionale Absatztheorie, in: Tietz, B., Handwörterbuch der Absatzwirtschaft, Stuttgart 1974, S. 110-120.

Schleusener, M., Identitätsorientierte Markenführung bei Dienstleistungen, in: Meffert, H. / Burmann, Ch. / Koers, M. (Hrsg.), Markenmanagement: Grundfragen der identitätsorientierten Markenführung, Wiesbaden 2002, S. 263-291.

Schmidt, I. / Elßler, S., Die Rolle des Markenartikels im marktwirtschaftlichen System, in: Dichtl, E., / Eggers, W., Marke und Markenartikel als Instrumente des Wettbewerbs, München 1992, S. 47-70.

Schmidt-von Rhein, A., Analyse der Ziele privater Kapitalanleger, in: Kleeberg, J.M. / Rehkugler, H. (Hrsg.), Handbuch Portfoliomanagement, Bad Soden 1998.

Schneider, D., Marketing als Wirtschaftswissenschaft oder Geburt der Marketing-wissenschaft aus dem Geist des Unternehmerversagens, in ZfbF, Jg. 35, Nr. 1/2, S. 197-223.

Scholz, M. / Schlegel, D., Zum Image der Banken, in: Uni 17, H. 13 1993, S. 56-61.

Schreyögg, G., Umwelt, Technologie und Organisationsstruktur, Bern 1978.

Schulz, M., Aktienmarketing. Eine empirische Erhebung zu den Informationsbe-dürfnissen deutscher institutioneller Investoren und Analysten, Berlin 1999.

Seiterle, H., Regression unter linearen Nebenbedingungen, Zürich 1974.

Shefrin, H., Beyond Greed and Fear: Understanding Behavioral Finance and the Psychology of Investing, Boston 2000.

Siebenmorgen, N. / Weber, M., Risikowahrnehmung, Wie Anleger unsichere Ren-diten einschätzen, Arbeitspapier Nr. 4 der Behavioral Finance Group, Mannheim 1999.

Simon, H., Die Attraktivität von Großunternehmen beim kaufmännischen Füh-rungsnachwuchs, in: ZfB, 54. Jg., H. 4, 1984, S. 324-345.

Simon, H. / Ebel, B. / Hofer, M., Das Unternehmen als Marke, in: Markenartikel, H. 3, 2002, S. 58-65.

Simon, H. / Ebel, B. / Pohl, A., Investor Marketing, in: ZfB 72. Jg., H. 2, 2002, S. 117-140.

Simon, H. / Wiltinger, K. / Sebastian, K.-H. / Tacke, G., Effektives Personalmarke-ting, Wiesbaden 1995.

Simon, H. A., How big is a chunk?, in: Science, 1974 zitiert nach Jacoby, J. / Szy-billo, G. J. / Busato-Schach, J., Information Aquisition Behavior in Brand Choice Situation, Journal of Consumer Research, Vol. 3, March 1977, S. 209-216.

Sirgy, J. M., Self Concept in Consumer Behaviour: a critical review, in: Journal of Consumer Research, Vol. 9, December 1982, S. 287-300.

Slovic, P., Psychological Study of Human Judgement: Implications for Investment Decision Making, in: The Journal of Finance, Vol. 27, No. 4, 1972, S. 160-172.

Slovic, P. / Fischoff, B. / Lichtenstein, S., Facts versus Fears: Understanding Per-ceived Risk, in: Tversky, A. / Kahneman, D., Judgement under Uncer-tainty: Heuristics and Biases, New York 1982, S. 463-489.

Smith, A., Untersuchung über das Wesen und die Ursachen des Nationalreich-tums, 1. Bd., Leipzig 1864.

Smith, J. B. / Barclay, D. W., The Effects of Organizational Differences and Trust in Effectiveness of Selling Partner Relationships, in: Journal of Marketing, Vol. 61, Jan. 1997, S. 3-21.

Soelberg, P. O., Unprogrammed Decision Making, in: Industrial Management Review, Vol. 8, Nr. 1, 1967, S. 19-29.

Solomon, M. E., The Role of Products as Social Stimuli: A Symbolic Interactionism Perspective, in: Journal of Consumer Research, December 1983, S. 319-329.

Sommer, R., Die Psychologie der Marke. Die Marke aus der Sicht des Verbrauchers, Frankfurt a. M. 1998.

Staehle, P., Die Bedeutung der Marke bei der Präferenzbildung, unveröff. Diplomarbeit am Lehrstuhl für ABWL und Marketing II der Universität Mannheim, Mannheim 2000.

Staehle, W. H., Management. Eine verhaltenswissenschaftliche Perspektive, 7. Aufl., München 1994.

Standop, D., Sicherheitskommunikation, in: Berndt, R. / Hermanns, A., Handbuch Marketing-Kommunikation, Wiesbaden 1993, S. 945-964.

Statistisches Bundesamt, unter http://www.destatis.de/allg/d/ veroe /hoch/hochdow2.htm, Abruf vom 11.02.2003.

Statman, M., Behavioral Finance versus Standard Finance, Conference Proceedings on the Behavioral Finance and Decision Theory in Management Conference, Charlottesville 1995.

Steiner, M. / Bruns, C., Wertpapiermanagement, 7. Aufl., Stuttgart 1999.

Stephan, E., Die Rolle von Urteilsheuristiken bei Finanzentscheidungen: Ankereffekte und kognitive Verfügbarkeit, in: Fischer, L. et al. (Hrsg.), Finanzpsychologie, München 1999, S. 101-131.

Stigler, G., The Development of Utility Theory, in: Stigler, G. (Hrsg.) Essays in the History of Economics, London 1965, S. 66-155.

Stigler, G., The Economics of Information, in: Journal of Political Economy, Vol. 69, 1961, S. 213-225.

Stippel, P., Kunde schlägt Shareholder, in: Absatzwirtschaft, H. 4, 1998, S. 14-15.

Stone, R. N. / Gronhaug, K., Perceived Risk: Further Considerations for the Marketing Discipline, European Journal of Marketing, Vol. 27, Nr. 3, 1993, S. 39-50.

Strothmann, K.-H., Image-Politik für innovative Technologien, in: Meynen GmbH (Hrsg.), Jahrbuch der Industriewerbung, Wiesbaden 1986, S. 17-22.

Stuart, H., The Role of Employees in Successful Corporate Branding, in: Thexis, Nr. 4, 2001, S. 48-50.

Stuart, H., Towards a definitive model of the corporate identity management process, in: Corporate Communications, Vol. 4, No. 4, 1999, S. 200-207.

Stüfe, K., Das Informationsverhalten deutscher Privatanleger, Wiesbaden 1999.

Süchting, J., Finanzmanagement: Theorie und Politk der Unternehmensfinanzierung, 6. Aufl., Wiesbaden 1995.

Süchting, J., Investor Relations im Rahmen des Finanzmarketing, in: Zeitschrift für das gesamte Kreditwesen, 39. Jg., 1986, S. 654-659.

Süß, M., Externes Personalmarketing für Unternehmen mit geringer Branchenattraktivität, München 1996.

Sujan, M., Consumer Knowledge: Effects on Evaluation Strategies Mediating Consumer Judgements, Journal of Consumer Research, Vol. 12, Nr. 1, 1985, S. 31-46.

Tamura, H., Individual-Analyst Characteristics and Forecast Error, in: Financial Analysts Journal, July / August 2002, S. 28-35.

Teichert, T., Nutzenschätzung in Conjoint Analysen, Wiesbaden 2001.

Teufer, S., Die Bedeutung des Arbeitgeberimages bei der Arbeitgeberwahl, Wiesbaden 1999.

Thaler, R. H., The Psychology of Choice and the Assumptions of Economics, in: Roth, A. (Hrsg.) Laboratory experimentation in economics: Six points of view. Cambridge 1987, S. 99-130.

Thaler, R. H., The End of Behavioral Finance, in: Financial Analysts Journal, Vol. 55, No. 6, S. 12-18.

Thurm, M., Markenführung: Sondierungen, Methodologische Disposition, Konzeptioneller Grundriss, München 2000.

Töpfer, A., Plötzliche Unternehmenskrisen - Gefahr oder Chance? Grundlagen des Krisenmanagement, Neuwied 1999.

Tom, V. R., The Role of Personality and organizational Images in the recruiting process, in: Organizational Behavior and Human Performance, No. 6 1971, S. 573-592.

Topritzhofer, E., Absatzwirtschaftliche Modelle des Kaufentscheidungsprozesses unter besonderer Berücksichtigung des Markenwahlprozesses, Wien 1974.

Trommsdorff, V., Konsumentenverhalten, 4. Aufl., Stuttgart 2002.

Trommsdorff, V. / Bleicker, U. / Hildebrandt, L., Nutzen und Einstellung: Studenten beurteilen Marktforschungsbücher, Diskussionspapier Nr. 50 der Wirtschaftswissenschaftlichen Dokumentation, Berlin 1979.

Türk, K., Neuere Entwicklungen in der Organisationsforschung, Stuttgart 1989.

Tunder, R., Der Transaktionswert der Hersteller-Handel-Beziehung – Hintergründe, Konzeptualisierung und Implikationen auf Basis der Neuen Institutionenökonomik, Wiesbaden 2000.

Tversky, A., Investor Psychology and the Dynamics of Prices, in: Wood, A. S. (Hrsg.), Behavioral Finance and Decision Theory, in: Investment Management, Association for Investment Management and Research, Charlottesville 1995.

Tversky, A. / Kahneman, D., Judgement under Uncertainty: Heuristics and Biases, New York 1982.

Unser, M., Behavioral Finance am Aktienmarkt, Bad Soden / Taunus 1998.

Upshaw, L. B., Building Brand Identity: A Strategy for Success in a Hostile Marketplace, New York u. a. 1995.

Vahrenkamp, K., Verbraucherschutz bei asymmetrischer Information, Stuttgart 1991.

van Riel, C. B., Corporate Communication Orchestrated by a Sustainable Corporate Story, in: Schultz, M. / Hatch, M. J. / Larsen, M. H. (Hrsg.), The Expressive Organisation, Oxford / New York, 2000, S. 157-181.

Villegas, J. / Earnhart, K. / Burns, N., The Brand Personality Scale: An Application for the Personal Computer Industry, 108. Annual Convention of the American Psychological Association, Washington (DC), August 2000.

Voeth, M., Nutzenmessung in der Kaufverhaltensforschung, Wiesbaden 2000.

Vollmer, R. E., Personalimage, in: Strutz, H., Handbuch Personalmarketing, Stuttgart 1993, S. 179-204.

von Bassewitz, S., Die Geburt einer neuen Marke, in: Die Welt vom 23.11.2001, S. 9.

von Rosenstiel, L. / Stengel, M., Identifikationskrise, Bern 1987.

Wache, Th. / Brammer, D., Corporate Identity als ganzheitliche Strategie, Wiesbaden 1993.

Weber, M. et al., Behavioral Finance, Idee und Überblick, Arbeitspapier Nr. 0 der Behavioral Finance Group, Frankfurt a. M. 1999.

Weiber, R. / Adler, J., Der Einsatz von Unsicherheitsreduktionsstrategien im Kaufprozess: Eine informationsökonomische Analyse, in: Kaas, K. P.

(Hrsg.), Kontrakte, Geschäftsbeziehungen, Netzwerke – Marketing und Neue Institutionenökonmik, ZfbF Sonderheft 35 1995, S. 61-78.

Weiber, R. / Adler, J., Informationsökonomisch begründete Typologisierung von Kaufprozessen, in: ZfbF, 47. Jg., 1995, S. 43-63.

Weinberg, P., Das Entscheidungsverhalten von Konsumenten, Paderborn 1981.

Weinberg, P., Die Produkttreue der Konsumenten, Wiesbaden 1977.

Weis, M. / Huber, F., Der Wert der Markenpersönlichkeit. Das Phänomen der strategischen Positionierung von Marken, Wiesbaden 2000.

Welch, I., Herding among Security Analysts, in: Journal of Financial Analysts, Vol. 58, Nr. 3, 2000, S. 369-396.

Welge, M. K., Unternehmensführung, Bd. 2, Stuttgart 1987.

Williamson, O. E., Die ökonomischen Institutionen des Kapitalismus: Unternehmen, Märkte und Kooperationen, Tübingen 1990.

Williamson, O. E., Markets and Hierarchies. Analysis and Antitrust Implications, New York 1975.

Wilson, A. M., Understanding organisational culture and the implications for corporate marketing, in: European Journal of Marketing, Vol. 35, Nr. 3/4, 2001, S. 353-367

Wiltinger, K., Personalmarketing auf Basis von Conjoint Analysen, in: Albach, H. (Hrsg.), ZfB Sonderheft 3 / Personal, 1997, S. 55-80.

Wittke-Kothe, C., Interne Markenführung, Verankerung der Markenidentität im Mitarbeiterverhalten, Wiesbaden 2001.

Young, M. / O'Neil, B., Mind over Money: The Emotional Aspects of Financial Decisions, in: Journal of Financial Planning, Vol. 5, Nr. 1, 1992, S. 32-38.

Young, P. T., Motivation and Emotion, A survey of the determinants of human and animal activity, New York 1961.

Zeithaml, V. A., Consumer Perceptions of Price Quality and Value, A Means-End Model and Synthesis of Evidence, in: Journal of Marketing, Vol. 52, July 1988, S. 2-22.

Zerfass, A., Unternehmensführung und Öffentlichkeitsarbeit – Grundlegung einer Theorie der Unternehmenskommunikation und Public Relations, Opladen 1996.

Zimbardo, P. G. / Gerrig, R., Psychologie, 7. Aufl., Berlin 1999.

Zimmermann, R. et al., Brand Equity Review, in: BBDO Group Germany (Hrsg.), Brand Equity Excellence, Bd. 1: Brand Equity Review, Düsseldorf 2001, S. 1-24.

SCHRIFTEN ZUM MARKETING

Band 1 Friedrich Wehrle: Strategische Marketingplanung in Warenhäusern. Anwendung der Portfolio-Methode. 1981. 2. Auflage. 1984.

Band 2 Jürgen Althans: Die Übertragbarkeit von Werbekonzeptionen auf internationale Märkte. Analyse und Exploration auf der Grundlage einer Befragung bei europaweit tätigen Werbeagenturen. 1982.

Band 3 Günter Kimmeskamp: Die Rollenbeurteilung von Handelsvertretungen. Eine empirische Untersuchung zur Einschätzung des Dienstleistungsangebotes durch Industrie und Handel. 1982.

Band 4 Manfred Bruhn: Konsumentenzufriedenheit und Beschwerden. Erklärungsansätze und Ergebnisse einer empirischen Untersuchung in ausgewählten Konsumbereichen. 1982.

Band 5 Heribert Meffert (Hrsg.): Kundendienst-Management. Entwicklungsstand und Entscheidungsprobleme der Kundendienstpolitik. 1982.

Band 6 Ralf Becker: Die Beurteilung von Handelsvertretern und Reisenden durch Hersteller und Kunden. Eine empirische Untersuchung zum Vergleich der Funktionen und Leistungen. 1982.

Band 7 Gerd Schnetkamp: Einstellungen und Involvement als Bestimmungsfaktoren des sozialen Verhaltens. Eine empirische Analyse am Beispiel der Organspendebereitschaft in der Bundesrepublik Deutschland. 1982.

Band 8 Stephan Bentz: Kennzahlensysteme zur Erfolgskontrolle des Verkaufs und der Marketing-Logistik. Entwicklung und Anwendung in der Konsumgüterindustrie. 1983.

Band 9 Jan Honsel: Das Kaufverhalten im Antiquitätenmarkt. Eine empirische Analyse der Kaufmotive, ihrer Bestimmungsfaktoren und Verhaltenswirkungen. 1984.

SCHRIFTEN ZU MARKETING UND MANAGEMENT

Band 10 Matthias Krups: Marketing innovativer Dienstleistungen am Beispiel elektronischer Wirtschaftsinformationsdienste. 1985.

Band 11 Bernd Faehsler: Emotionale Grundhaltungen als Einflußfaktoren des Käuferverhaltens. Eine empirische Analyse der Beziehungen zwischen emotionalen Grundhaltungen und ausgewählten Konsumstrukturen. 1986.

Band 12 Ernst-Otto Thiesing: Strategische Marketingplanung in filialisierten Universalbanken. Integrierte Filial- und Kundengruppenstrategien auf der Grundlage erfolgsbeeinflussender Schlüsselfaktoren. 1986.

Band 13 Rainer Landwehr: Standardisierung der internationalen Werbeplanung. Eine Untersuchung der Prozeßstandardisierung am Beispiel der Werbebudgetierung im Automobilmarkt. 1988.

Band 14 Paul-Josef Patt: Strategische Erfolgsfaktoren im Einzelhandel. Eine empirische Analyse am Beispiel des Bekleidungsfachhandels. 1988. 2. Auflage. 1990.

Band 15 Elisabeth Tolle: Der Einfluß ablenkender Tätigkeiten auf die Werbewirkung. Bestimmungsfaktoren der Art und Höhe von Ablenkungseffekten bei Rundfunkspots. 1988.

Band 16 Hanns Ostmeier: Ökologieorientierte Produktinnovationen. Eine empirische Analyse unter besonderer Berücksichtigung ihrer Erfolgseinschätzung. 1990.

Band 17 Bernd Büker: Qualitätsbeurteilung investiver Dienstleistungen. Operationalisierungsansätze an einem empirischen Beispiel zentraler EDV-Dienste. 1991.

Band 18 Kerstin Ch. Monhemius: Umweltbewußtes Kaufverhalten von Konsumenten. Ein Beitrag zur Operationalisierung, Erklärung und Typologie des Verhaltens in der Kaufsituation. 1993.

Band 19 Uwe Schürmann: Erfolgsfaktoren der Werbung im Produktlebenszyklus. Ein Beitrag zur Werbewirkungsforschung. 1993.

Band 20 Ralf Birkelbach: Qualitätsmanagement in Dienstleistungscentern. Konzeption und typenspezifische Ausgestaltung unter besonderer Berücksichtigung von Verkehrsflughäfen. 1993.

Band 21 Simone Frömbling. Zielgruppenmarketing im Fremdenverkehr von Regionen. Ein Beitrag zur Marktsegmentierung auf der Grundlage von Werten, Motiven und Einstellungen. 1993.

Band 22 Marcus Poggenpohl: Verbundanalyse im Einzelhandel auf der Grundlage von Kundenkarteninformationen. Eine empirische Untersuchung von Verbundbeziehungen zwischen Abteilungen. 1994.

Band 23 Kai Bauche: Segmentierung von Kundendienstleistungen auf investiven Märkten. Dargestellt am Beispiel von Personal Computern. 1994.

Band 24 Ewald Werthmöller: Räumliche Identität als Aufgabenfeld des Städte- und Regionenmarketing. Ein Beitrag zur Fundierung des Placemarketing. 1995.

Band 25 Nicolaus Müller: Marketingstrategien in High-Tech-Märkten. Typologisierung, Ausgestaltungsformen und Einflußfaktoren auf der Grundlage strategischer Gruppen. 1995.

Band 26 Nicolaus Henke: Wettbewerbsvorteile durch Integration von Geschäftsaktivitäten. Ein zeitablaufbezogener wettbewerbsstrategischer Analyseansatz unter besonderer Berücksichtigung des Einsatzes von Kommunikations- und Informationssystemen (KIS). 1995.

Band 27 Kai Laakmann: *Value-Added Services* als Profilierungsinstrument im Wettbewerb. Analyse, Generierung und Bewertung. 1995.

Band 28 Stephan Wöllenstein: Betriebstypenprofilierung in vertraglichen Vertriebssystemen. Eine Analyse von Einflußfaktoren und Erfolgswirkungen auf der Grundlage eines Vertragshändlersystems im Automobilhandel. 1996.

Band 29 Michael Szeliga: Push und Pull in der Markenpolitik. Ein Beitrag zur modellgestützten Marketingplanung am Beispiel des Reifenmarktes. 1996.

Band 30 Hans-Ulrich Schröder: Globales Produktmanagement. Eine empirische Analyse des Instrumenteeinsatzes in ausgewählten Branchen der Konsumgüterindustrie. 1996.

Band 31 Peter Lensker: Planung und Implementierung standardisierter vs. differenzierter Sortimentsstrategien in Filialbetrieben des Einzelhandels. 1996.

Band 32 Michael H. Ceyp: Ökologieorientierte Profilierung im vertikalen Marketing. Dargestellt am Beispiel der Elektrobranche. 1996.

Band 33 Mark Unger: Die Automobil-Kaufentscheidung. Ein theoretischer Erklärungsansatz und seine empirische Überprüfung. 1998.

Band 34 Ralf Ueding: Management von Messebeteiligungen. Identifikation und Erklärung messespezifischer Grundhaltungen auf der Basis einer empirischen Untersuchung. 1998.

Band 35 Andreas Siefke: Zufriedenheit mit Dienstleistungen. Ein phasenorientierter Ansatz zur Operationalisierung und Erklärung der Kundenzufriedenheit im Verkehrsbereich auf empirischer Basis. 1998.

Band 36 Irene Giesen-Netzer: Implementierung von Rücknahme- und Recyclingsystemen bei Gebrauchsgütern. 1998.

Band 37 Frithjof Netzer: Strategische Allianzen im Luftverkehr. Nachfrageorientierte Problemfelder ihrer Gestaltung. 1999.

Band 38 Silvia Danne: Messebeteiligungen von Hochschulen. Ziele und Erfolgskontrolle. 2000.

Band 39 Martin Koers: Steuerung von Markenportfolios. Ein Beitrag zum Mehrmarkencontrolling am Beispiel der Automobilwirtschaft. 2001.

Band 40 Frank Wolter: Koordination im internationalen Umweltmanagement. Dargestellt an Beispielen aus der Automobilindustrie. 2002.

Band 41 Mirko Caspar: Cross-Channel-Medienmarken. Strategische Optionen, Ausgestaltungsmöglichkeiten und nachfragerseitige Bewertung. 2002.

Band 42 Andreas Seifert: Typologie des Marketing-Management. Theoretisch-konzeptionelle Grundlagen und internationale empirische Befunde. 2002.

Band 43 Markus Dömer: Ressourcenbasierte Erschließung neuer Märkte. Dargestellt am Beispiel der Textilindustrie. 2002.

Band 44 Jens Röder: Europäische Markterschließungsstrategien im Schienenverkehrsdienstleistungsbereich am Beispiel des Personenverkehrs der Deutschen Bahn AG. 2003.

Band 45 Andreas Bierwirth: Die Führung der Unternehmensmarke. Ein Ansatz zum zielgruppenorientierten Corporate Branding. 2003.

Band 46 Mathias Giloth: Kundenbindung in Mitgliedschaftssystemen. Ein Beitrag zum Kundenwertmanagement - dargestellt am Beispiel von Buchgemeinschaften. 2003.

Band 47 Fabian Hieronimus: Persönlichkeitsorientiertes Markenmanagement. Eine empirische Untersuchung zur Messung, Wahrnehmung und Wirkung der Markenpersönlichkeit. 2003.

Band 48 Marcel Kranz: Die Relevanz der Unternehmensmarke. Ein Beitrag zum Markenmanagement bei unterschiedlichen Stakeholderinteressen. 2004.

Peter Lang · Europäischer Verlag der Wissenschaften

Andreas Bierwirth

Die Führung der Unternehmensmarke

Ein Ansatz zum zielgruppenorientierten Corporate Branding

Frankfurt am Main, Berlin, Bern, Bruxelles, New York, Oxford, Wien, 2003.
XX, 229 S., zahlr. Abb.
Schriften zu Marketing und Management. Herausgegeben von Heribert Meffert.
Bd. 45
ISBN 3-631-39428-4 · br. € 40.40*

Unter dem Schlagwort des „Corporate Branding" steht ein weiterer Aspekt der Markenführung im Fokus des Markenmanagements. Dessen Bedeutung resultiert aus den vielfältigen Wirkungen einer Unternehmensmarke. So symbolisiert diese nicht nur gegenüber Konsumenten institutionelle und damit vielfach vertrauenschaffende Eigenschaften eines Unternehmens. Sie attraktiviert vielmehr auch aktuelle und potenzielle Arbeitnehmer, Aktionäre und viele weitere Zielgruppen. Durch die simultane Ausrichtung auf unterschiedliche Zielgruppen ergeben sich für die Führung der Unternehmensmarke besondere Herausforderungen, welche im Rahmen dieser Arbeit problematisiert und entsprechende Lösungsansätze aufgezeigt werden.

Aus dem Inhalt: Herausforderungen der Führung einer Unternehmensmarke · Lösungsansätze · Wirkungen der Unternehmensmarke bei den unterschiedlichen Zielgruppen · Möglichkeiten zur zielgruppenspezifischen sowie zur zielgruppenübergreifenden Führung der Unternehmensmarke

Frankfurt am Main · Berlin · Bern · Bruxelles · New York · Oxford · Wien
Auslieferung: Verlag Peter Lang AG
Moosstr. 1, CH-2542 Pieterlen
Telefax 00 41 (0) 32 / 376 17 27

*inklusive der in Deutschland gültigen Mehrwertsteuer
Preisänderungen vorbehalten
Homepage http://www.peterlang.de